월급이 부족한 직장인이여, 시작하라!

퇴근 후 스마트스토어로 투잡하기(개정증보판)

퇴근 후
스마트스토어로
투잡하기

해밀(박하나) 지음

저자 소개

해밀(박하나)

월급만으로는 죽기 전에 절대 내 집 마련을 못 할 것 같아서 온라인 비즈니스를 시작하였다. 그리고 스마트스토어를 개설한 지 한 달 만에 월 매출 1000만 원 이상을 달성했다. 현재는 스마트스토어에 정착하였고, 스마트스토어 운영 방법을 속 시원하게 알려주는 곳이 없어 모든 노하우를 100% 공개하는 강의를 하고 있다.

- 네이버 '방구석 비즈니스' 카페 운영(https://cafe.naver.com/1inschool)
- 2019 탈잉 연말 대상 '베스트튜터상' 수상
- 온채널 최고 레벨 과정 2기 키워드 강의
- 사설 교육기관 스마트스토어 입문 과정 강의
- 연세대학교 미래교육원 브랜드전문가과정 수료

나는 아래 보기에 해당하는 사람인지 생각해보자.

01 월급 외 **부수익**을 얻고 싶은 사람

02 **지금보다 나은 내일**을 만들고 싶은 사람

03 나의 **능력**을 올리고 싶은 사람

04 나의 **사업**을 별도로 하고싶은 사람

보기 4개 중에서 하나라도 해당한다면 이 책을 끝까지 읽기를 바란다.

이 책은 오로지 '투잡과 부업' 목적의 스마트스토어 예비창업자 독자들을 위해 만들어졌다. 필자는 직장을 다니면서 스마트스토어를 시작하여 한 달 만에 월 1,000만 원의 매출을 달성했다. 필자의 수강생 중에서도 직장과 병행하면서 파워 등급을 달성한 분과 월 매출 2,000만 원을 달성한 분들이 계신다. 또한 순수익이 월급의 2배를 넘겨 퇴사한 분도 계신다. 필자보다 더 높은 매출이 나오고 있는 것이다. 투잡을 하면서 높은 매출을 달성하는 방법은 대체 무엇일까? 이 책에는 실제로 월 1,000만 원의 매출을 올린 노하우가 고스란히 들어있다.

이렇게 필자의 모든 노하우를 책에 담는 것에 대해서 주변 사람들은 걱정한다.

'그렇게 모든 걸 알려주면 경쟁자가 늘어나는 것 아니야?'라고 말이다. 수강생 중에서도 나에게 이런 질문을 하는 분들이 있다. '진짜 노하우 다 알려주는 거 아니죠?', '이런 노하우를 왜 다 알려주세요?'라고. 이유는 간단하다.

첫 번째. 단순 지식팔이가 되고 싶지 않았다.

스마트스토어를 시작하기 전부터 지금까지 강의비로 2,000만 원 정도를 지출했다. 실무에 적용

스마트스토어를 시작하기 전부터 지금까지 강의비로 2,000만 원 정도를 지출했다. 실무에 적용되지 않는 네이버 매뉴얼을 그대로 읊어주는 강사와 저렴한 가격으로 매출을 올려주겠다며 상위노출을 위한 마케팅 비용 100~4,000만 원을 요구하는 강사 등 여러 강사의 강의를 들었으나 노하우는 무엇이고 어떻게 운영을 하라는 건지 알 수 없었다. 가슴이 아닌 입으로만 지식을 팔고 있었다.

강의를 듣는 사람의 대부분은 절실한 사람이다. 경험한 모든 것을 알려주어 시행착오의 시간을 줄이고 빠르게 성장하는 방법을 알려줘야 한다.

두 번째. 어차피 실천을 안 한다.
노하우를 들어도 실천을 하는 사람은 극히 드물다. '조금만 더 공부하고 시작하자.', '망하면 어떻게 하지?'라고 핑계를 대며 자기 합리화를 하거나 남의 시선을 신경 쓰면서 시작하기도 전에 실패를 두려워한다. 수업 때마다 '실천하지 않는 지식은 똥입니다.', '실천하지 않으면 변화에 대응하지 못합니다.' 입이 아프게 말해도 실천하는 사람은 극소수이다.

수강 후 곧바로 시작하지 않고 6개월 뒤 시작한 수강생은 스마트스토어 로직이 바뀌어서 다시 공부를 해야 했다. 같이 수강했던 사람들은 매출이 나오는 중이었다. 운영하는 중에 스마트스토어가 바뀌면 큰 영향이 없지만 운영 전에 바뀌면 어떤 게 바뀌었는지 와 닿지 않고 많이 당황한다. 어차피 할 거면 일단 해라. 고민하는 동안 스마트스토어는 변하고 있고 이미 시작한 사람들은 돈을 벌고 있다.

실천을 하는 사람만 매출이 나오는 것은 변치 않는 사실이니 이 책을 완독 후 반드시 실천하라.
자, 이제 시작해보자!

100% 당첨!

독자님께 감사의 의미로 이벤트를 진행합니다.

✓ 무료 증정 이벤트

· 마진계산기
· 대량등록 양식 파일
· 대량등록 실습 동영상 강의

카페 가입과 등업 완료 후 이벤트에 참여하시면 모든 분께 위 세 가지를 무료로 드립니다.

✓ 특별한 강의 혜택

· 스마트스토어 강의 30% 할인

저자의 첫 도서 출간 기념으로 무료 증정 이벤트와 강의 혜택까지 모두 드립니다!

✓ 이벤트 참여 방법

1. 도서 구매사이트에 도서 리뷰 남기기

   책을 구매하신 사이트에 도서 리뷰를 남겨 주신 후 캡처하세요!

2. 네이버 '방구석 비즈니스' 카페에 구매와 리뷰 인증 남기기

   https://cafe.naver.com/1inschool

✓ '도서 구매 인증 게시판'에 인증 글 작성 시 들어가는 내용

1. '구매 사이트'와 '개인 SNS'에 남긴 도서 리뷰 캡처 사진

   두 군데 모두 리뷰를 올려주시는 분께는 그 누구에게도 공개하지 않은 저자만의 비밀 사이트를 알려드립니다.

2. 책 결제 내역 or 영수증

   위 두 가지를 인증 글에 남기시면 영업일 기준 3일 이내로 '방구석 비즈니스' 카페의 '또바기' 등급으로 1차 등업이 됩니다. 이후 글 5개, 댓글 10개를 조건에 맞게 등록해 주시면 '5천 나르샤'로 등업 완료입니다. '5천 나르샤'로 등업이 되면 '스토어 독자 자료실'에서 영상 강의를 무료로 수강할 수 있습니다. 영상 강의로 쉽게 따라 해보세요! 자세한 내용은 카페 공지사항을 통해 확인해 주세요.

✔ 카페 등급 안내

	등급명	설명
♥	입문자	구매 인증 전 상태
★	또바기	도서 구매 인증 독자님
♣	5천 나르샤	인증 후 활동 가능한 상태, 구매 인증글 + 글 5개
		게시글 ⬚6 개, 댓글 ⬚10 개, 방문 ⬚5 회, 가입 ⬚0 주 후 만족 시 등업 신청 가능
♣	1억 느루	스마트스토어 종합반 수강생
♣	5억 비나리	파워 등급 인증하신 대표님
♣	10억 산다라	사입 강의 수강하시는 대표님

[입문자]

카페 가입 직후 도서 구매 인증 전의 등급입니다.

[또바기]

리뷰이벤트 + 구매 인증 완료하신 독자님의 등급입니다.

- 마진 계산기, 대량등록 양식 및 강의를 열람 가능 (등업은 영업일 기준 3일 이내 진행됩니다.)

[5천 나르샤]

또바기로 등업 후 출석 5회, 글 5개, 댓글 10개 조건 달성한 독자님의 등급입니다.

게시글은 모바일 기준 5줄 이상 5개, 댓글은 15자 이상 10개 남겨야 등업이 가능합니다.

- 무료 강의, 하이브리드 마진 계산기 등 여러 자료 열람 가능, 질문 게시판에 질문 가능

✔ 등업이 까다로운 이유

1〉 작은 번거로움을 이겨낸 분들께 더 좋은 자료를 드리기 위함입니다.

2〉 무료입니다. 카페에는 수익을 내고 있는 많은 대표님들이 계신데, 이런 대표님들과 정보도 주고받고 이야기도 나눌 수 있습니다. 보통의 비즈니스 세계에서는 이런 '만남의 장'에도 돈을 내야 합니다. 무료로 매출을 내고 있는 현직 투잡러 대표님들과 소통해보세요.

3〉 직장인의 수동적인 자세로는 결코 사업을 할 수 없습니다. 능동적인 자세의 첫걸음을 만들기 위함입니다.

개정판 이후 업데이트 되는 모든 내용은
'방구석 비즈니스' 카페에 상시 공지 및 내용 공유하고 있습니다.

내용이 바뀐 부분이 있다면 어려워 마시고
'방구석 비즈니스' 카페로 오셔서 업데이트된 내용을 확인 부탁드립니다.

▶ 방구석 비즈니스(https://cafe.naver.com/1inschool)
정보공유 게시판, 스토어 독자 자료실을 참고해주세요.

이 책의 저자, 해밀 님의 오프라인 마지막 강의를 들은 수강생입니다. 강의를 들을 때는 당장이라도 시작할 수 있을 것 같다는 마음이었습니다. 그러나 정작 집에 돌아오니 부족한 재정에 대한 걱정과 두려움으로 인해 컴퓨터 앞에 앉는 것조차 힘들었습니다. 그렇게 시간은 흘러가고 한 달이 지났습니다. 제 삶에 달라진 것은 아무것도 없었고 오히려 통장의 잔고는 마이너스가 되었습니다. 불안함과 초조함에 한숨을 쉬고 있는데, 불현듯 '실천하지 않는 지식은 X입니다.'라는 해밀 님의 강의 내용이 생각났습니다.

'그래, 한번 실천형 인간이 되어보자.'는 마음으로 시작한 스마트스토어.
새로운 인생을 시작하려는 제가 도전할 수 있도록 도와준 해밀 님께 다시 한번 감사드립니다.
'이 책을 사야 하나?', '수많은 사람이 투잡으로 인터넷 쇼핑몰을 하고 있는데 될까?' 고민하는 분이 있다면 일단 책을 먼저 구매하는 실천을 해보기를 권하고 싶습니다. 책의 설명을 따라 하나씩 천천히 실천하기 시작하니 주문이 들어오기 시작했습니다. 제품을 꾸준히 올리다 보면 분명 고객이 원하는 제품이 생긴다는 말을 믿고 마음을 다잡으며 실천에 옮긴 결과였습니다.
미래에 대한 불안함만으로 보내던 시간은 가고 이제는 미래에 대한 꿈을 꿉니다. 지금 여러분 안에 꿈틀거리는 열정이 있다면 이 책을 적극 추천합니다. 머무르면 아무런 변화도 경험하지 못합니다. 움직여야 내 통장의 잔고가 달라집니다.
피와 땀은 절대 배신하지 않는다는 것을 경험해 보고 싶다면, 지금 컴퓨터 앞에 앉아 책을 펴고 네이버 스마트스토어에 가입하길 바랍니다.

김광성

요즘은 월급 하나만 보고 살기에는 힘겨운 시대입니다. 주변만 봐도 월급 외의 수익을 벌려고 N 잡을 하는 분들이 많습니다. 그런데 막상, 내가 N잡을 하고 싶을 땐 무엇을 어떻게 시작해야 할지 고민이 됩니다.
이 책은 직장인도 '1인 대표'로 성장하는 지름길을 알려줍니다. 연봉이 오르는 속도보다 스스로 개척한 길에서 더 빠르게 부수입을 얻을 수 있도록 저자가 가진 노하우를 세밀하게 소개합니다. 처음 스마트스토어를 접한 분, 몇 번이나 강의를 들어도 이해가 안 되는 분 모두에게 도움이 되는 정보가 가득 담겨 있습니다.

책을 한 장씩 읽고 실행하다 보면 어느 순간 여러분은 스마트스토어라는 무궁무진한 시장에 월급 외의 부수입을 얻는 1인 대표로서 성장해 있을 겁니다. 그러니 책을 펴신 여러분, 지금 당장 시작하세요.

손창화

다른 책들과는 다르게 구성이 확실합니다. 스마트스토어 판매 내용에 대해 A부터 Z까지, 기초 및 응용까지 확실하게 엑기스로만 구성되어 있습니다. 스마트스토어의 모든 것이 담겨있는 저자의 내공이 느껴집니다.

첫 수확을 제대로 맺고 싶다면, 필수 도서입니다.

윤현정

어떤 일이든 항상 '시작'하는 것이 가장 어렵습니다. 스마트스토어도 처음 시작하려는 사람에게는 모든 것이 막막합니다. 사업자등록증부터 어디서 물건을 가져와서 팔아야 하는지, 얼마만큼의 마진을 남겨야 하는지 등에 대한 지식이 없어서 시작하는 것 자체가 어렵고 막연한 것이 현실이죠. 이 책은 처음에 어떻게 사업자등록증을 내고, 물건을 등록하고, 가격을 결정하는지에 대한 내용부터 매우 상세하게 설명합니다.

또한 실제 경험과 저자의 지식이 잘 담겨 있습니다. 등록한 상품이 상표 분쟁으로 300만 원 내용 증명을 받은 내용이 그 예시입니다. 이러한 실사례를 소개하기 때문에 다른 책보다 더욱 와닿고, 믿고 따라 할 수 있습니다.

실제 스마트스토어에 대해 전혀 모르는 사람이라도 이 책을 따라 하면 많은 팁을 얻을 수 있을 것입니다.

임재곤

과거 스마트스토어 도전에 실패한 경험이 있습니다. 사업자등록, 과세 신고 문제부터 핸드폰, 집 주소 노출 등 사소한 문제까지 모르는 것이 많아 어려움을 겪었습니다. 결정적으로 키워드 선정에 있어 알 수 없는 제재에 부딪히거나 상위 노출에 어려움을 겪어 운영을 포기했습니다. 그런데 이 책을 읽는 내내 놀라움의 연속이었습니다. 이 한 권의 책에 당시 어려움을 겪었던 모든 문제의 해법들이 하나부터 열까지 모두 담겨있었기 때문입니다. 이렇게 모든 노하우를 공개해도 저자의 수익률에 문제는 없을지 되려 걱정될 정도로 '혼자만 알고 싶은 지식'으로 가득 차 있습니다.

특히 SEO 상위 노출 방법 및 상품 대량 등록 노하우는 본 도서의 백미라고 할 수 있습니다. 더불어 이미지나 동영상을 쉽게 제작하는 방법부터 스토어명을 네이밍하는 방법까지, 저자의 디테일한 시행착오가 모두 담겨있어 최단 시간 내 시작할 수 있다는 점이 본 도서의 매력입니다.

설령 스마트스토어에 관심 없는 독자일지라도 매출 최전선에 살아있는 마케팅 기법, 트렌드를 주도하는 상품 분석, 사업 아이템 분석, 코로나-19로 인한 경제의 간접 조망에 이르기까지 다양한 인사이트를 얻을 수 있는 유익한 책이므로 꼭 읽어보시길 추천합니다.

허민

PART 01   위탁판매 기초 이론 익히기

PART 02   스마트스토어 오픈 준비하기

차 례

PART 03　매출을 올리는 전략과 실습

차 례

PART 04 투잡에 최적화된 상품 등록 전략과 실습

차 례

PART 07   참고사이트

PART 08   퇴근 후 돈 벌 계획을 세워보자!

01

위탁판매
기초 이론 익히기

소자본 투잡/부업에 최적화된 위탁판매 정복하기

1-1 시작 전 용어 익히기

✔ 공급사

학창시절 유통의 경로를 배울 때 상품이 공장에서 만들어지고 도매상과 소매상을 거쳐 고객에게 온다는 것을 배웠을 것이다. 요즘 시대에는 도매상과 소매상의 구분이 없어지고 있어서 도매상과 소매상을 통틀어 공급사라고 부른다. 추가로 도매사이트에서 상품을 공급해 주는 곳도 공급사라고 부른다. 대부분 중국에서 물건을 가져와 도매사이트에 상품을 올리고 있다. 위탁판매에서 공급사는 상품 공급과 배송을 담당하고 있고 고객과는 직접 연락하지 않는다.

✔ 판매자

공급사가 제공하는 상품을 개인 스마트스토어에 올려서 판매하는 사람을 말한다. 스마트스토어에 판매를 하게 될 우리가 '판매자'라고 알고 있으면 된다. 위탁판매에서는 상품 판매와 고객 응대를 담당하고 있다.

✔ 도매사이트

공급사들이 판매하는 상품을 볼 수 있는 곳이 도매사이트다. 이곳에는 상품을 직접 제조하는 제조사와 브랜드에서 상품 판매 권한을 받은 총판, 물건을 중국이나 국내에서 가져오는 공급사 등 여러 가지 형태가 있는데 통틀어서 공급사라고 부른다. 공급사가 가지고 있는 상품을

스마트스토어 오픈 준비하기

매출을 올리는 전략과 실습

틈새에 최적화된 상품 등록 전략과 실습

상품 등록 후 CS하기

스마트스토어 운영 TIP!

참고 사이트

퇴근 후 돈 벌 계획을 세워보자!

사이트에 올리면 판매자가 사이트에서 상품을 보고 스마트스토어에 올린다. 도매사이트는 공급사에게만 수수료를 받으며 운영하고 있다.

(대표적인 사이트 : 온채널, 도매매, 오너클랜, 도매창고, 도매토피아)

✅ 공급가

쉽게 말하면 '도매가'이다. 공급사가 판매자에게 상품을 판매하는 가격, 판매자가 공급사에게 상품을 구매하는 가격을 말하며, 도매사이트에서는 '공급가'라는 용어를 사용한다. 또는 공급사가 판매자에게 판매하는 가격이라고 해서 '판매자가'라고도 한다. 이 책에서는 '공급가'라는 단어로 통일하여 사용한다.

✅ CS

고객 서비스 'Customer Service'의 약자이다. 상황에 따라 여러 의미로 쓰이는데 스마트스토어에서는 고객이 요청하는 반품, 교환, 취소, 상품문의 및 배송문의를 말한다.

✅ 발주

위탁판매에서 말하는 발주는 고객의 주문&배송 정보를 공급사에 전달해 주는 것을 말한다. 공급사는 발주가 들어오면 상품을 포장하고 배송 정보를 택배사에 전달하여 고객에게 배송되도록 한다. 일반 쇼핑몰에서는 판매자가 주문 확인 후 택배를 포장하고 배송 정보를 택배사로 전달한다.

✅ 판매자 등급

스마트스토어 판매자 등급은 총 여섯 등급으로 나누어진다. 씨앗에서 프리미엄 순으로 등급이 높아지며 처음 스마트스토어를 개설하면 씨앗 등급이 된다. 투잡을 위한 위탁판매는 파워 등급을 목표로 하며, 잘 되는 경우는 빅파워 등급까지 올라갈 수 있다.

판매자 등급의 산정 기준은 구매확정된 주문 건을 기준으로 최근 3개월 판매 건수 & 판매 금액이다. 이때, 부정 거래나 직권 취소, 배송비는 제외된다.

| 판매자 등급 | | 굿 서비스 | | 상품등록 한도 |

판매자님의 거래 규모에 따라 구간별로 등급명이 표기 됩니다
사용자들이 믿고 구매할 수 있도록 네이버 쇼핑 및 스마트스토어 판매자 정보 영역에 아이콘이 표기됩니다.

등급표기		필수조건		
등급명	아이콘 노출	판매건수	판매금액	굿서비스
플래티넘		100,000건 이상	100억원 이상	조건 충족
프리미엄		2,000건 이상	6억원 이상	조건 충족
빅파워		500건 이상	4천만 이상	-
파워		300건 이상	800만원 이상	-
새싹	-	100건 이상	200만원 이상	
씨앗	-	100건 미만	200만원 미만	

· 산정 기준 : 최근 3개월 누적 데이터, 구매확정 기준(부정거래, 직권취소 및 배송비 제외)
· 등급 업데이트 주기 : 매월 2일 (예) 10월 등급 산정 기준: 7월~9월 총 3개월 누적 데이터 (월:1일~말일)
· 플래티넘과 프리미엄은 거래규모 및 굿서비스 조건까지 충족시 부여되며, 굿서비스 조건 불충족시 빅파워로 부여됩니다

그림 1-1-01 스마트스토어 판매자 등급표

❶ 씨 앗 : 판매 건수 100건 미만 + 판매 금액 200만 원 미만
❷ 새 싹 : 판매 건수 100건 이상 + 판매 금액 200만 원 이상
❸ 파 워 : 판매 건수 300건 이상 + 판매 금액 800만 원 이상
❹ 빅파워 : 판매 건수 500건 이상 + 판매 금액 4천만 원 이상

위 판매 건수와 판매 금액의 조건을 모두 충족하여야 등급을 받을 수 있다.

< 판매 건수 >

• 기간 내 구매확정 상품 주문번호 건수 - 구매확정 후 취소 상품 주문번호 건수 - 부정 거래 건수
• 하나의 상품 주문번호 내 수량 상관없이 1건으로 집계
• 일반 상품만 포함하며, 추가 상품은 제외

위탁판매 기초 이론 익히기

스마트스토어 오픈 준비하기

매출을 올리는 전략과 실습

투정에 최적화된 상품 등록 전략과 실습

상품 등록 후 CS하기

스마트스토어 운영 TIP!

참고 사이트

퇴근 후 돈벌 계획을 세워보자!

< 판매 금액 >

- 기간 내 구매확정 상품 주문번호의 결제금액 합계 – 구매확정 후 취소 상품 주문번호의 결제금액 합계 – 부정 거래 상품 주문번호의 결제금액 합계
- 결제금액이므로 수수료가 포함된 결제금액
- 일반 상품, 추가 상품을 포함하며, 배송비 결제금액은 제외

스마트스토어 판매자 등급은 매월 2일에 업데이트된다. 또한 씨앗, 새싹 등급은 네이버쇼핑에서 등급명과 아이콘이 노출되지 않는다.

(e.g. 6월 등급 : 3월~5월 3개월의 1일~말일까지의 누적 데이터로 산정, 6월 2일에 판매자 등급으로 반영)

그림 1-1-02 네이버쇼핑에서 보이는 빅파워, 파워 등급

그림 1-1-03 네이버쇼핑에서 보이는 씨앗, 새싹 등급

[그림 1-1-02]처럼 파워 등급 이상부터는 스토어명 아래에 등급명과 아이콘을 노출시켜주지만 씨앗이나 새싹 등급은 노출되지 않는다. 등급명과 아이콘이 보이면 고객이 상품을 구매할 때 스토어를 더 신뢰하게 되며 무엇보다 내 스토어명 밑에 등급이 표시가 되면 기분이 매우 좋고 성

취감이 느껴진다. 매출, 신뢰감, 성취감 등을 위해 우리는 파워 등급을 목표로 달려보자.

기준	상세
구매만족	리뷰 평점 4.5 이상
빠른배송	영업일 2일 이내 배송완료가 전체 배송건수의 80% 이상
CS응답	고객문의 1일 이내 응답이 90% 이상 (판매자 문의 기준, 상품 문의 제외)
판매건수	최소 판매건수 20건 이상 (구매확정 상품주문번호 기준, 직권취소 제외)

그림 1-1-04 굿서비스 조건

그림 1-1-05 판매자 등급과 굿서비스 확인하는 방법

굿서비스는 네 가지 기준을 모두 충족해야 부여된다.

네이버쇼핑과 스마트스토어 판매자 정보에 노출되어 고객이 상품을 구매할 때 참고할 수 있다. 판매자 등급과 마찬가지로 굿서비스가 보이면 고객이 더 신뢰한다. 판매자 등급이 최근 3개월을 기준으로 반영된다면 굿서비스는 최근 1개월의 데이터를 기준으로 반영된다. 안타깝게도 위탁판매에서는 굿서비스를 받기 힘들다. 초반에는 상품이 많이 없어서 굿서비스를 받고 시작하는 경우가 많지만 상품이 많아지다 보면 배송이 지연되는 경우가 반드시 생긴다. 아니면 배송 중에 분실되거나 여러 가지 택배 사고도 발생할 수 있다. 리뷰 평점도 4.5 이상 받기가 힘들어서 굿서비스를 잘 못 받게 된다. 그러니 굿서비스의 기준을 충족시키지 못하더라도 크게 아쉬워하지 말자.

판매자 등급과 굿서비스는 스마트스토어 판매자센터 〉 판매자정보 〉 판매자 등급 메뉴에서 자세히 확인할 수 있다.

1-2 무재고, 무배송으로 쇼핑몰을 운영할 수 있다고?

유튜브로 스마트스토어 관련 내용을 공부한 적이 있다면 '단군 이래 돈 벌기 가장 좋은 시대'라는 문장을 보았을 것이다. 필자도 이 문장을 보고 고개를 끄덕였던 기억이 있다. 투잡을 위해서 쉽게 스마트스토어를 운영할 수 있고 재고 관리를 하지 않아도, 택배 포장을 하지 않아도 운영할 수 있다니 정말 돈 벌기 가장 좋은 시대이다. 기회가 주어졌으니 덥석 잡아서 스마트스토어를 투잡으로 삼아야 하는 것은 이 시대에서 필수가 되어가고 있다. 재고가 없어도 되는 '무재고', 배송을 직접 하지 않는 '무배송'의 시스템을 '위탁판매'라고 한다. 공급사의 상품을 고객에게 대신 판매해 주는 방식이라고 생각하면 된다. 상품을 공장에서 가져오는 것, 재고를 관리하는 것과 택배 포장하는 것, 택배를 발송하는 것 모두 공급사가 대신해 준다. 우리는 스마트스토어에 상품을 올려 판매하는 것과 CS만 하면 된다. 짚고 넘어가자면 판매를 대신한다고 해서 공급사에게 판매수수료를 주는 것은 아니다.

공급사는 상품을 가지고 있지만 판매하는 것이 어렵거나 고객 응대가 어려워서 판매만 판매자에게 맡기는 것이다. 그래서 주문이 들어오면 주문이 들어온 만큼 공급사에게 상품값을 공급가로 지불한다. 상품값을 받은 공급사가 고객에게 직접 배송하고 있다. 공급가로 상품을 구매하는 방식은 일반 쇼핑몰과 같지만 공급사가 대신 배송을 해준다는 차이점만 있는 것뿐이다. 이러한 위탁판매는 초보자가 아주 하기 쉽고 하루에 시간을 많이 쓰지 못하는 직장인 투잡으로 제격이다.

1-3 그림으로 보는 위탁판매 원리

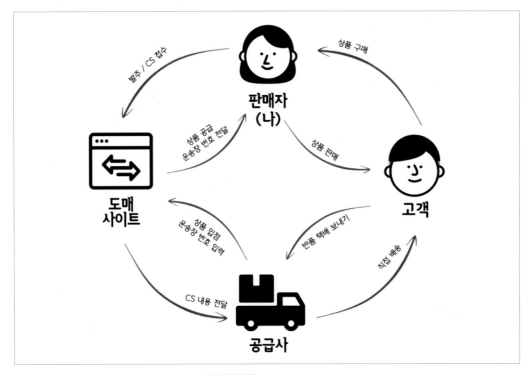

그림 1-1-06 위딕판매의 원리

1) 판매자(나)와 도매사이트의 관계

상품을 공급받고 운송장 번호를 확인한다. 주문이 들어오면 발주를 넣는다.

2) 도매사이트와 공급사의 관계

공급사로 CS 내용을 전달해주고 공급사는 사이트에 상품 입점을 하며 발송 후에 판매자가 볼 수 있도록 운송장 번호를 입력한다.

3) 공급사와 소비자(고객)와의 관계

고객에게 직접 배송하고 고객이 반품 신청 시 택배기사님을 보내 직접 회수한다.

4) 소비자(고객)와 판매자(나)의 관계

스마트스토어를 이용하여 상품을 판매하고 구매한다.

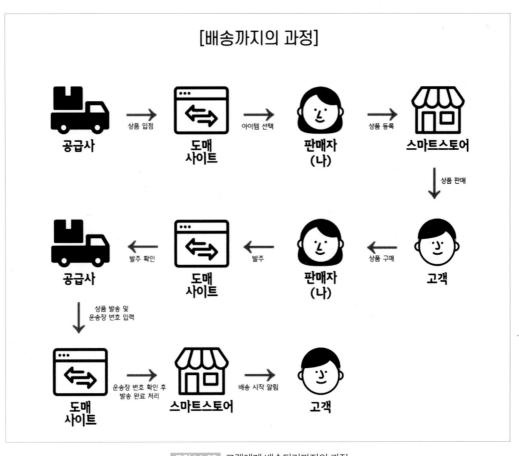

[배송까지의 과정]

공급사 → 상품 입점 → 도매사이트 → 아이템 선택 → 판매자(나) → 상품 등록 → 스마트스토어

상품 판매 ↓

공급사 ← 발주 확인 ← 도매사이트 ← 발주 ← 판매자(나) ← 상품 구매 ← 고객

상품 발송 및 운송장 번호 입력 ↓

도매사이트 → 운송장 번호 확인 후 발송 완료 처리 → 스마트스토어 → 배송 시작 알림 → 고객

그림 1-1-07 고객에게 배송되기까지의 과정

❶ 공급사가 도매사이트에 상품을 올린다.

❷ 판매자는 도매사이트에서 상품을 골라 스마트스토어에 올린다.

❸ 고객이 스마트스토어에서 상품을 보고 주문한다.

❹ 도매사이트에 발주를 넣는다.

❺ 발주를 확인한 공급사가 운송장 번호를 입력 후 고객에게 택배를 보낸다.

❻ 도매사이트에서 운송장 번호를 복사하여 스마트스토어에 넣고 발송 완료한다.

❼ 고객에게 배송이 시작되었다는 알람이 간다.

❽ 약 1~2일 후 고객은 택배를 받는다.

1-4 위탁판매의 장점과 단점

위탁판매는 초보자가 접근하기 좋지만 그렇다고 장점만 있는 것은 아니다. 위탁판매의 장단점을 살펴보자.

[단점]

01 많은 자본이 들어가지 않지만 나의 노동력이 필요하다.
02 마진이 크지 않다.
03 처음에 스토어를 키우기 위해 최소 3개월은 집중해야한다.

그림 1-1-08 위탁판매의 단점

단점은 간단하다. 최소 3개월 이상 퇴근 후 열심히 상품 등록을 해야 하고 고생한 만큼 마진은 크지 않다는 것. 마진은 스스로 설정하는 것이지만 보통 10~35% 정도이며, 필자는 상품에 따라 다르게 설정하는데 보통 20~25% 정도 된다. 스마트스토어를 운영하는 필자의 친구는 이율 높고 돈 빨리 받는 적금과 같다고 했다. 그렇게 생각하니 나의 스토어가 이렇게 예쁠 수 없다.

[장점]

01 아이템을 심사숙고하여 고르지 않아도 된다.
02 물건을 구매해오는 비용이 들어가지 않는다.
03 재고 관리하지 않는다.
04 직접 배송을 하지 않는다.
05 시간의 여유가 있고 공간의 자유가 있다.
06 여행 가서도 업무를 할 수 있다.

그림 1-1-09 위탁판매의 장점

위탁판매 기초 이론 익히기

스마트스토어 오픈 준비하기

매출을 올리는 전략과 실습

특정에 최적화된 상품등록 전략과 실습

상품 등록 후 CS하기

스마트스토어 운영꿀팁

참고 사이트

퇴근 후 돈별 계획을 세워보자!

위탁판매가 아닌 사입(중국에서 물건을 사오는 것)을 하는 스마트스토어는 아이템을 심사숙고하여 골라야 한다. 안 팔리면 바로 재고가 되어 돈은 돈대로 나가고 처치가 곤란해지기 때문이다. 위탁판매는 올리고 싶은 것을 마음껏 올려도 된다. 물건을 먼저 구매하는 것이 아니어서 아이템 선택의 자유도가 높다.

일반적인 쇼핑몰은 사입을 하는데 사입할 때 보통 100~500개 정도의 상품을 먼저 구매한다. 반면에 위탁판매는 일단 상품을 스마트스토어에 올려놓고 주문이 들어오면 그 상품값만 지불하면 된다. 공급사에서 재고와 배송 관리를 하고 있기에 우리는 주문을 받은 뒤 공급사로 고객 배송 정보를 전달하고 운송장 번호를 받아 스마트스토어에 입력하면 끝이다. 이후 CS가 들어오면 CS 처리를 해야하지만 핸드폰이나 노트북으로 충분히 처리할 수 있어서 장소 제약 없이 운영할 수 있는 점이 큰 장점이다.

1-5 많이 하는 질문들

✅ **자본금**

• **초기 자본금이 들어가나요?**

들어간다. 적게는 30만 원에서부터 많게는 200만 원이다. 자본금은 한 번에 들어가지 않고 주문이 들어올 때마다 주문 금액에 맞게 지출하게 된다. 스토어를 오픈하면 바로 대박이 날 것 같지만 처음에는 생각보다 주문이 들어오지 않아 큰 금액을 지출하진 않는다.

• **초기 자본금은 어디에 쓰이나요?**

초반 광고비 10만 원과 주문이 들어와서 발주를 넣을 때 공급사에게 물건값을 지불하는 용도이다.

• **업무 관련 프로그램 구입 비용이 들어가나요?**

프로그램 구입 비용은 없다. 필자는 일부러 무료인 곳만 찾아서 이용하며 공유하고 있다. 프로그램 비용으로 1년에 몇백만 원 내라는 일부 강사가 있기에 이런 문의를 많이 받아 책에 넣게 되었다.

- 신용카드를 추천해 줄 수 있나요?

온채널은 무통장입금만 가능하므로 신용카드는 불필요하다. 신용카드를 추천해달라고 하는 사람은 스마트스토어로 하는 구매대행을 먼저 접한 사람이다. 위탁판매는 국내 배송으로 이루어지고 구매대행은 해외 사이트에서 구매하여 배송대행지를 통해 한국에 있는 고객에게 보내주는 것이다. 구매대행이 해외 사이트를 이용하는 거라 해외이용수수료가 없는 카드나 할인, 적립 카드가 있으면 좋아서 카드사마다 혜택을 비교하여 추천을 받고 발급한다. 하지만 온채널을 이용한 위탁판매에서는 신용카드를 쓰지 않으므로 추천하기 어렵다.

✔ **사업자**

- 사업자 등록을 꼭 하고 시작해야 하나요?

꼭 사업자 등록을 해야 한다. 스마트스토어는 사업자 없이 만들 수 있지만 온채널은 도매사이트라서 사업자등록증 인증을 해야 이용할 수 있다. 사업자가 없으면 스마트스토어 개설은 가능하지만 도매사이트 이용이 안 되니 꼭 사업자 등록을 해야 한다.

- 간이과세자로 할까요? 일반과세자로 할까요?

간이과세자와 일반과세자의 상난섬이 분닝하게 있기에 하나를 선택해서 추천하기가 어렵다. 보통은 간이과세자로 시작한다. PART 2-3 서류 준비하기에서 다루는 간이과세자와 일반과세자의 비교 내용을 보고 상황에 맞게 선택하면 된다. 또 지역에 따라서 간이과세자가 안 되는 곳도 있다. 사업자 등록 관련 문의는 관할 세무서로 하면 친절히 답변해 주신다.

✔ **업무능력**

- 사진 촬영 필요 없나요?

공급사에서 만든 상세페이지를 그대로 이용하므로 사진 촬영은 안 해도 된다. 간혹가다가 도매사이트에서 상품을 직접 구매하고 사진을 촬영하여 등록하려는 사람이 있는데, 효자 상품이 생기면 그렇게 해도 되지만 우리는 스마트스토어에 상품을 몇백 개에서 몇천 개를 등록할 예정이라 그 모든 상품을 구매할 수 없다. 그러니 공급사에서 제공한 상세페이지를 그대로 이용하는 것이 비용과 시간을 절약할 수 있는 방법이다.

위탁판매 기초 이론 익히기

스마트스토어 오픈 준비하기

매출을 올리는 전략과 실습

부업에 최적화된 상품 등록 전략과 실습

상품 등록 후 CS하기

스마트스토어 운영 TIP!

참고 사이트

퇴근 후 또는 밤에 계획을 세워보자!

• 포토샵 잘 못하는데 괜찮나요?

필자는 포토샵을 다룰 줄 알지만 스마트스토어를 하면서 한 번도 포토샵을 실행해본 적이 없다. 포토샵을 배우려고 하거나 학원에 다니는 사람들이 있는데 포토샵이 필요한 경우는 중국에서 상품을 사 와서 판매할 때이다. 상품 사진을 촬영하고 상세페이지를 만들 때 필요한 거라 위탁판매할 때는 필요 없다. 이 책에 있는 대로만 편집하면 충분하다. 가끔 카페에 올라온 글을 보면 포토샵을 이용하여 이미지에 신경을 많이 쓰는 것을 많이 본다. 절대 불필요한 부분이다.

• CS 직접 해야 하나요?

그렇다. 직접 해야 한다. 필자도 처음 시작할 때 CS에 대해서 두려움이 많았다. 사회 초년생 때 콜센터에서 아르바이트를 한 적이 있는데 고객 대부분이 화가 나 있고 좋은 말을 하려고 전화하는 사람이 없었다. 또한 반품, 교환도 처리가 복잡할 것 같았다. 처음에 CS도 해주는 공급사를 찾아보려고 했고 인터넷에 CS를 직접 해야 하는지 질문도 많이 했다. 그때는 스마트스토어를 하는 사람이 많이 없어서 정보를 얻기가 쉽지 않아 울며 겨자 먹기로 직접 하게 되었는데 생각보다 힘들지 않았다. 물론 첫 고객 응대, 첫 반품, 첫 교환 처리는 처음이기에 헤맸지만 몇 번 해보니 쉬웠다. 아주 가끔 힘들게 하는 고객이 있으나 정말 아주 가끔이다. CS에 겁먹지 말고 스트레스도 받지 말자!

✓ 시간투자

• 상품은 얼마나 올려야 하나요?

스마트스토어 상위노출 특성상 하루에 최대한 많이 올려야 하고 주 5일 연속으로 꾸준히 올려야 한다. 하루에 몇 개 올려야 하는지는 사람마다 환경이 다르기에 정할 수는 없다. 중요한 것은 하루에 최대한 많이 등록하고 주 5일 연속으로 최소 3개월 이상 꾸준하게 상품을 등록하여야 한다.

• 하루 2~3시간 정도만 할 수 있나요?

가능하다. 하지만 스마트스토어는 자본을 쓰지 않을 경우 시간을 투자한 것에 대비하여 매출이 나오므로 하루 4~5시간 운영하는 사람과 같은 매출을 바라면 안 된다. 하루에 할애할 수 있는 시간대별로 계획을 세우는 것은 PART 8에서 다루고 있으니 참고하여 하루 계획을 세우면 된다.

✓ 수수료

• 도매사이트에 수수료를 내나요?

도매사이트에서는 공급사에게만 수수료를 받고 있다. 따라서 판매자가 내는 수수료는 스마트스토어 수수료뿐이다.

• 위탁판매는 대신 팔아주고 수수료를 받는 건가요?

결론부터 이야기하면 아니다. 예를 들어 공급가 5천 원인 상품을 스마트스토어에 등록할 때 1만 원으로 판매한다. 고객에게 받은 1만 원에서 스마트스토어 수수료와 공급사에게 주는 공급가 5천 원을 제외한 금액이 나의 수익이 되는 것이다. 주문이 들어왔을 때 수수료가 아닌 물건값만 공급사에 주면 된다.

✓ 수익

• 월 천만 원 매출이면 수익은 얼마나 되나요?

상품마다 설정하는 마진율이 모두 다 달라서 정확한 수익을 계산하는 것이 어렵다. 대략 계산해보면 매출이 1,000만 원이라고 했을 때 월 200만 원에서 250만 원 정도가 수익이 된다. 정확한 수익은 아니며, 박리다매 스타일로 판매하느냐 아니면 마진율의 기준을 정해서 판매하느냐에 따라 달라질 수 있다. 예를 들어 박리다매는 '수익이 적더라도 많이 팔 거야'라는 운영방식인데 초보자에게는 추천하지 않는다. 판매량은 많으나 수익이 적어서 김이 빠져 그만두는 사람들이 많다. 마진율은 정답이 없지만 대부분의 판매자들이 '나는 무조건 최종 마진율이 n%가 되도록 판매할 거야!'라고 스스로 마진율의 기준을 정하여서 판매하고 있다. 필자는 대부분의 상품 최종 마진율을 20~25%로 고정하여 판매한다.

• 시작하고 얼마쯤 있다가 매출이 생기나요?

필자는 시작 후 2일 만에 매출이 발생했으나 보통 빠르면 일주일, 길면 한 달이 걸린다. 몇 개월이 걸리는 경우도 있다. 매출이 언제 생기는지는 중요하다고 생각하지 않는다. 사람마다 속도가 다르니 다른 사람 매출이 빨리 나왔다고 해서 조급해하지 않길 바란다. 꾸준히 하는 것이 중요하고 그런 사람들이 시작은 느리더라도 매출이 높은 편이다.

위탁판매 기초 이론 익히기

스마트스토어 오픈 준비하기

매출을 올리는 전략과 실습

특정에 최적화된 상품 등록 전략과 실습

상품 등록 후 CS하기

스마트스토어 운영 TIP!

참고 사이트

퇴근 후 돈 벌 계획을 세워보자!

 비교

• **구매대행이랑 다른가요?**

대부분 구매대행으로 스마트스토어를 먼저 접하게 되는데 구매대행은 말 그대로 해외에 있는 상품을 대신 구매해주는 것이다. 고객이 해외 사이트 이용하는 것을 어려워하거나 해외 사이트에서 고객의 집으로 바로 배송해주는 경우가 드물어 판매자가 직접 해외 사이트에서 구매하여 배송대행지를 통해 한국에 있는 고객에게 보내준다. 위탁판매의 해외판이라고 보면 된다. 다른 점은 위탁판매가 마진으로 수익을 창출한다면 구매대행은 구매대행 수수료로 수익을 창출한다. 세금 신고할 때 위탁판매는 매출과 물건을 구매한 공급가, 부가세와 수익을 신고하는데 구매대행은 수수료만 신고를 한다. 세금 신고를 다르게 하기에 구매대행도 하고 싶다면 사업자를 별도로 내고 스토어도 따로 개설하여 운영해야 한다. 또한 구매대행은 전용 프로그램을 많이 사용하고 해외 결제되는 신용카드가 필요하다.

 아이템

• **어떤 상품을 판매하나요? 한 상품군만 팔아도 되나요?**

처음에는 가리지 않고 모든 상품을 판매해야 한다. 간혹 애완용품, 인테리어 소품, 자동차 용품 등 특정한 상품군을 지정하고 그 상품만 판매하려는 사람이 있는데 나의 브랜드가 없고 마케팅 비용, 광고 비용 없는 위탁판매에서 특정 상품만 판매하는 것은 힘들다. 또한 이제 막 시작한 스마트스토어의 경우에는 단어 하나만 상위에 노출될 수 있다. 예를 들어서 '트렁크 정리함'이라는 단어로 1페이지에 노출되었다고 하면 '트렁크 정리함'이 들어간 다른 상품은 1페이지에 노출될 가능성이 낮다. 이러한 환경에서 초보자가 특정 상품군만 한다는 것은 위험하다. 추천하는 방식은 가릴 것 없이 모든 상품을 판매하는 것이고, 굳이 특정 상품군을 판매하고 싶다면 우선 모든 상품을 다 판매한 뒤 노하우가 생길 때 새로 스토어를 만들어서 해보는 것이 좋다.

2 달력으로 보는 스마트스토어 운영 2개월

2-1 달력으로 보는 저자의 스토어 운영 방법

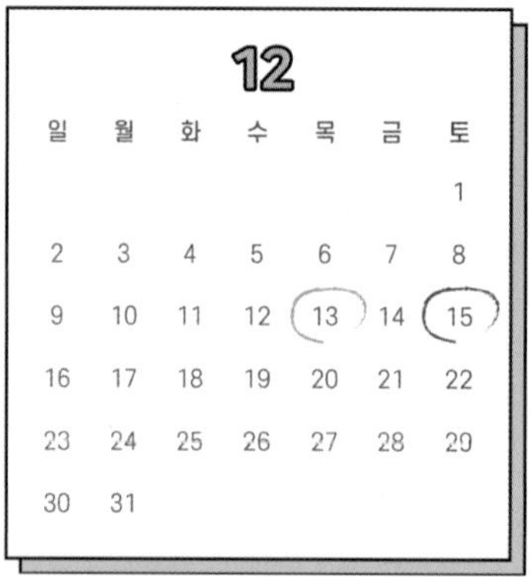
12
일 월 화 수 목 금 토
1
2 3 4 5 6 7 8
9 10 11 12 13 14 15
16 17 18 19 20 21 22
23 24 25 26 27 28 29
30 31

그림 1-2-01 2018년 12월 달력

2018년 10월에 스토어를 개설하고 2018년 12월 13일부터 업로드를 시작했다. 그 당시에는 스마트스토어 유튜브나 책, 성공 사례가 거의 없어 시작 전 두려움이 있었다. '내가 할 수 있을까?' 하면서 말이다. '해보기 전에 포기하지 말자, 판단하지 말자'라는 생각으로 일단 시작했다. 스마트스토어는 시작 전 두려움을 떨쳐내고 실행에 옮기는 것이 가장 큰 첫걸음이다.

12월은 주 5일 동안 매일 17개씩 상품을 등록했다. 시작 전 연습할 때는 1개 등록하기까지 4시간이 걸렸는데 2시간에서 1시간으로 점점 등록 시간이 줄었다. 하루에 17개씩 올릴 수 있었던 이유는 주말에 미리 상품명을 만들어 놓고 출퇴근하면서 어플로 이미지 편집을 해놓았기 때문이다. 자투리 시간을 이용한다면 큰 무리 없이 하루에 5개 이상 올릴 수 있다. 이 방법은 PART 3에서 다룬다.

상품을 등록하고 이틀 뒤 첫 주문 4건이 들어왔다. 필자는 첫 주문이 빠르게 들어온 편이다. 보통 1주~한 달 뒤 첫 주문이 들어온다. 이 과정에서 절대 다른 사람과 비교하면 안 된다. '나는 왜 첫 주문이 안 들어오지?' 이런 조급함이 나를 갉아먹는다. 첫 주문이 빠르게 들어온 이유는 PART 4에서 다루고 있으니 기대해도 좋다. 12월 총 주문은 177건이었다.

그림 1-2-02 2019년 01월 달력

1월은 상품 등록을 총 1,690개 했다. 여기까지 말하면 대부분 놀라서 입이 벌어진다. 많이 등록할 수 있었던 이유는 1월 14일부터 대량 등록(PART 6-1)을 시작했기 때문이다. 대량 등록은 엑셀로 간단하게 200개씩 상품을 등록하는 것을 말한다. 분석하는 과정 없이 그냥 등록하는 것이기에 손으로 등록하는 수기등록보다는 매출이 많지 않다. 14일부터는 하루에 10~15개씩 수기로 등록하면서 엑셀로 20~200개씩 등록하는 것을 병행하였고 총 주문 건수는 1,075건이었다.

그림 1-2-03 2019년 02월 달력

1월 매출로 [파워] 등급이 되었다. 2월 2일까지 상품을 등록하였고 수기등록 4개, 대량 등록 200개로 총 204개를 업로드하였다. 2월 3일부터는 들어오는 주문만 받으면서 자유의 몸이 되었다. 짧고도 긴 약 3개월의 상품 등록 일지였다. 필자처럼 매일 10개 이상 등록하면 매출이 빠르게 나오지만 하루에 시간을 3시간 이상 쓰지 못한다면 매일 3~5개만 올려도 된다. 스마트스토어 운영에서 '숫자'는 정해진 답이 없으니 그 답은 내가 만들면 되는 것이고, 절대 다른 사람과 비교하면서 가랑이 찢어지는 일이 없도록 해야 한다.

2-2 그래프로 보는 스마트스토어의 시작

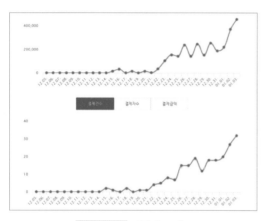

그림 1-2-04 시작 후 그래프

그림 1-2-05 시작 후 3개월의 매출

[그림 1-2-04] 그래프는 하루 결제금액 그래프이고 [그림 1-2-05] 그래프는 하루 결제 건수 그래프이다. 그래프를 첨부하면서 이 책을 읽는 독자들에게 꼭 하고 싶은 말이 있다.

1) 그래프를 보면서 일희일비하지 말 것

주문이 들어오는 날은 기쁨을 잠깐만 느끼고 이 상품이 왜 팔렸는지 분석을 해야 한다.

반대로 주문이 들어오지 않은 날은 우울해하지 말고 왜 구매로 전환되지 않았는지 분석해야 한다. 대부분의 사람들은 주문이 안 들어오는 날이나 적은 날에 우울 모드가 되는데 사업은 감정으로 하는 것이 아니다. 필자도 감정의 폭이 크지만 일하면서는 최대한 차가운 뇌를 가지려고 한다. 머리는 차갑게, 심장은 뜨겁게 말이다. 진심으로 바라건대 실시간 유입수를 쳐다보지 말아라. 주식 차트 보듯이 아침부터 켜놓고 하루 종일 쳐다보는 경우가 있다. 실시간으로 들어오는 고객을 본다고 할 수 있는 일은 없다. 그 시간에 상품 등록을 하나라도 더 하는 것이 매출에 도움이 된다.

2) 매출이 많은 판매자도 주문이 적은 날이 있다

스마트스토어를 하다 보면 그래프가 올라가기만을 원한다. 아쉽게도 그래프는 들쑥날쑥할 것이다. 올라가는 날이 있으면 반드시 내려가는 날이 있다. 그래프가 내려갈 수 있다는 마음의 준비를 미리 해야 한다. 내가 평소보다 주문이 적으면 다른 사람도 주문이 적은 시기라고 생각하면 된다. '오늘 주문이 저조한데 저만 그런가요?'라고 확인을 받지 않아도 된다.

2-3 처음 스토어를 운영한 후 매출 공개

그림 1-2-06 4월 판매자 등급

그림 1-2-07 5월 판매자 등급

2월 2일에 파워 등급이 되고 난 후 상품 등록을 멈췄지만 필자의 스토어는 계속하여 파워 등급을 유지하였다. 이처럼 계속 유지하기 위해서는 초반에 빠른 성장을 하는 것이 중요하다. 뒤에서도 다루지만 빠른 성장을 위해서는 상품 등록 많이 하기, '쇼핑검색광고' 하기, 꾸준히 하기가 포인트이다.

3 스마트스토어 익히기

3-1 스마트스토어란?

1) 네이버가 제공하는 쇼핑몰 서비스이다.
2) 쇼핑몰과 블로그의 장점이 결합된 블로그형 쇼핑몰이다.
3) 네이버의 다양한 검색 결과에 상품이 노출되어 고객을 빠르게 많이 만날 수 있다.
4) 스마트스토어 수수료를 제외한 추가 운영비가 없어 자금 부담이 적다.
5) 우리나라 1위 검색 사이트 '네이버'에서 운영하기에 신뢰도가 높다.

불과 2년 정도 전까지만 해도 네이버의 대표 서비스는 블로그와 지식인이었다. 스마트스토어가 활성화되기 전까지 네이버에서 고객이 쉽게 상품을 살 수 있는 방법은 블로그마켓 정도 되는 것 같다. 스마트스토어는 블로그마켓의 확장판이라고 보면 된다. 블로그마켓 판매자 같은 소규모 판매자들을 위해 쇼핑몰을 만들어 브랜드화할 수 있도록 하였다. 그렇기에 대부분의 로직이 블로그와 똑같다. 블로그 잘 키우는 방법과 위탁판매 스마트스토어 잘 키우는 기본적인 원리가 똑같다는 뜻이다. 스마트스토어를 배움으로써 블로그의 기본 원리도 배우게 되니 나중에 블로그를 할 기회가 생긴다면 기본은 알고 시작하는 1석 2조의 효과도 있다.

스마트스토어는 2012년 3월경 샵N으로 시작되어 2014년에 '스토어팜'을 거쳐 2018년 '스마트스토어'로 변경된 네이버의 쇼핑몰 서비스이다. '스토어팜'부터는 판매 수수료를 내야 하는 오픈마켓 형식에서 벗어나 판매수수료와 입점비가 없는 무료 판매 쇼핑몰로 바뀌어 지금까지 유지하고 있다. 아무래도 초보 판매자에게는 판매 수수료가 큰 부담이 될 수 있는데 수수료도 적고 판매 수수료와 입점비가 없으니 접근하기 아주 좋은 쇼핑몰이라고 본다.

또한 네이버 이곳저곳에 나의 상품이 노출되다 보니 대형 판매자가 아니더라도 쉽게 판매할 수 있고 네이버를 이용하는 모든 사람이 나의 고객이 될 수 있다는 점에서는 큰 장점이다.

알고가기! **네이버쇼핑과 스마트스토어**

스마트스토어랑 네이버쇼핑이랑 같은 말 아닌가요?

네이버쇼핑에서 스마트스토어가 보이니 같은 것인 줄 알고 있는 사람들이 많다. 간단히 말하자면 스마트스토어는 네이버에서 제공하는 쇼핑몰 서비스이고 네이버쇼핑은 온라인에 있는 많은 상품의 가격을 비교하는 가격비교 서비스이다. 에누리, 다나와 같은 곳이라고 생각하면 된다.

- **스마트스토어 : 쇼핑몰**
- **네이버쇼핑 : 가격비교 서비스**

스마트스토어는 네이버쇼핑에 보인다.

3-2 왜 스마트스토어를 해야 할까?

필자가 중요하게 생각하는 순서대로 1~7번을 나열했다.

1) 초보자와 고수 모두 공평하게 판매 가능

소셜커머스(티몬, 위메프 등)나 오픈마켓(G마켓, 11번가 등)은 담당 MD가 있다. 보통 MD는 담당하는 카테고리가 있고 상품과 가격을 기획하는 업무를 한다. 따라서 초보자보다 상대적으로 판매량이 많은 대형 판매자에게 더 많은 기회를 준다. 스마트스토어는 'MD'가 없어서 기존의 대형 판매자 또는 고수들과 공정하게 경쟁할 수 있다. 또한 네이버쇼핑은 화면 구성이 광고보다 검색 결과가 많아서 광고 비용을 많이 쓰지 않아도 노출될 기회를 얻는다. 그래서 판매 건수나 리뷰가 적은 상품을 판매하는 신규 판매자도 공평하게 판매할 수 있다.

2) 빠른 정산

타 사이트와 비교해보자면 스마트스토어가 가장 빠른 그룹에 속해 있다. 2021년에 '빠른 정산'이라는 서비스를 시작했는데, 빠른정산은 집화처리된 상품주문 건에 대하여 구매확정까지 기다리지 않고 영업일 기준 집화처리일의 다음날 바로 100% 정산 받을 수 있는 무료 서비스다.

❶ 구매확정까지 기다릴 필요없이 집화처리일 +1영업일 정산예정금액 100% 정산 *

❷ 별도의 수수료 부과 없이 무료 이용 가능한 서비스 *

❸ 별도 서류 제출없이 빠른정산 신청 조건만 맞으면 간단하게 신청 가능 (PC에서만 가능)

❹ 신청완료 다음날 집화완료건부터 즉시 적용

※ 집화처리일 : 네이버가 택배사로부터 전송받아 처리한 집화처리일시 기준으로 택배사 집화일시와 차이가 존재할 수 있다.

※ 네이버페이 주문관리 수수료 등은 빠른정산 적용과 무관하게 동일하게 부과

※ 빠른정산은 상품주문에 한하여 적용되며, 배송비 및 공제/환급비용은 구매확정 후 +1영업일에 지급된다.

[빠른정산 적용 예시]

09월 05일 (월)	09월 06일 (화)	09월 07일 (수)	09월 08일 (목)	09월 09일 (금)
A주문 상품 집화처리	상품주문금액 빠른정산 지급		A주문 구매확정	배송비 일반정산 지급

· 상품주문 정산 : 09월 05일 집화처리 → 09월 06일 해당 상품주문의 정산예정금액 100% 빠른정산 지급

· 배송비 정산 : 09월 08일 구매확정 → 09월 09일 배송비의 정산예정금액 지급

위탁판매 기초 이론 익히기

스마트스토어 오픈 준비하기

매출을 올리는 전략과 실습

두 번째 최적화된 상품 등록 전략과 실습

상품 등록 후 CS하기

스마트스토어 운영 TIP!

참고 사이트

퇴근 후 돈 벌 계획을 세워보자!

알고가기! 빠른정산 신청안내

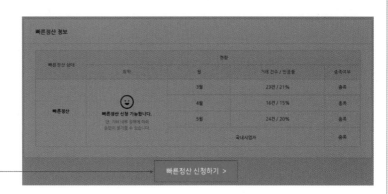

- 스마트스토어센터 > 정산관리 > 빠른정산 메뉴에서 '빠른정산 신청하기' 클릭 (PC환경에서만 가능)
- 신청가능 기간 : 매월 2일~말일 (매월 1일 신청 불가)

알고가기! 빠른정산 신청 및 유지 조건

· 빠른정산 신청조건 (신청 시 판단)
  - 빠른정산 신청 시 [직전 3개월 연속 거래 건수 20건 이상] and [반품률 20% 미만] 승인조건을 충족해야 합니다.

· 빠른정산 유지조건 (매월 1일 갱신 시 판단)
  - 빠른정산 승인 후 [직전 3개월 거래 건수 합계 10건 이상] and [반품률 20% 미만] 유지조건을 충족해야 합니다.

※ 2022년 09월 01일부터 변경된 기준입니다.

  - 빠른정산 승인 이후 매월 1일 갱신 시 유지조건 충족 여부를 판단합니다.
  - 유지조건을 충족하지 못한 경우, 빠른정산 이용이 중단되며 중단 이후 매월 1일 갱신 시 유지조건을 충족할 경우, 자동으로 빠른정산이 재적용됩니다.

구분	22년 09월 01일 이전	22년 09월 01일 이후
신청조건	신청 직전 3개월 연속 거래건수 20건 이상 & 반품률 20% 미만	신청 직전 3개월 연속 거래건수 20건 이상 & 반품률 20% 미만
유지조건	갱신 직전월 거래건수 10건 이상 & 반품률 20% 미만	갱신 직전 3개월 거래건수 합계 10건 이상 & 직전월 반품률 20% 미만

※ 신청 및 유지 예시

- 신청 : 09월 신청 시 , 06월,07월, 08월 거래 건수 20건 이상 & 반품률 20% 미만인 경우 빠른정산 신청(승인) 가능

- 유지 : 10월 갱신 시 07월~09월 거래 건수 합계 10건 이상 & 09월 반품률 20% 미만 충족할 경우, 10월 빠른정산 적용 유지

- 유지 : 10월 갱신 시 07월~09월 거래 건수 합계 10건 이상 & 09월 반품률 20% 미만 충족하지 않을 경우, 10월 빠른정산 적용 중단

※ 거래건수 : 주문번호 기준으로 당월 구매확정된 주문번호 중 정산 후 취소를 반영하여 거래건수를 계산합니다.

※ 반품률 : 상품주문번호 기준으로 귀책사유 무관하게 정산 후 취소, 반품 완료건을 반영합니다.

· 빠른정산의 중단

- 빠른정산 이용약관 제12조 2항에 따라, 아래와 같은 사유로 빠른징산 이용이 중단이 될 수 있습니다.

❶ 반품의 급등 또는 구매자 분쟁 다수 접수
❷ 가집화 등의 어뷰징 행위 적발 및 대량의 배송지연 발생
❸ 가품/이미테이션 판매 적발 등
❹ 비정상적인 거래 발생 또는 합리적 의심

더 자세한 내용은 스마트스토어센터 > 정산관리 > 빠른정산에서 확인할 수 있다

위탁판매 기초 이론 익히기

스마트스토어 오픈 준비하기

매출을 올리는 전략과 실습

투쟁에 최적화된 상품 등록 전략과 실습

상품 등록 후 CS하기

스마트스토어 운영 TIP!

참고 사이트

퇴근 후 돈 밭 계획을 세워보자!

**빠른정산은 집화처리 기준으로
정산받을 수 있는 무료 서비스 입니다.**

구매확정까지 기다리지 않고 **빠르게** 정산 받으세요!

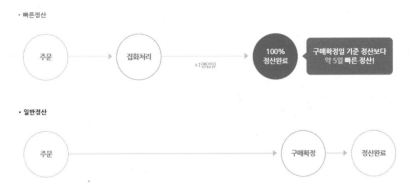

· 빠른정산

주문 ······→ 집화처리 +1영업일 ······→ 100% 정산완료 / 구매확정일 기준 정산보다 약 5일 **빠른 정산!**

· 일반정산

주문 ·······························→ 구매확정 → 정산완료

그림 1-3-01 일반 정산과 '빠른정산' 비교

	판매 플랫폼	고객이 구매 확정시	고객이 구매 미확정시	수수료
네이버	스마트스토어	익일 정산	· 배송 완료 후 8일 자동 구매 확정 · 익일 정산	최대 5.630%
오픈마켓	G마켓/옥션	익일 정산	· 배송 완료 후 8일 자동 구매 확정 · 익일 정산	4~13%
	11번가	익일 정산 처리 후 1영업일 이내 정산	· 발송 일로부터 21일 후 자동 구매 확정 · 익일 정산처리 · 익익일 정산	5~20%
소셜커머스	쿠팡	주정산/월정산 <주정산> · 1주내 구매확정된 주문에 대해 70%를 그 주 일요일로부터 영업일 기준 15일 후 지급 · 30%는 최종액 정산으로 매월 말일자 기준 익익월 1일(영업일 기준)에 지급 <월정산> 한달내 구매확정된 주문에 대한 금액을 그 달 말일로부터 영업일 기준 15일 후 100% 지급		5.8~10.8%
	위메프	주정산/월정산 <주정산> 월~일 배송완료, 차차차주 수요일 100% 지급 <월정산> 배송완료일 기준 1일~10일 (초순) : 익익월 4일 11일~20일 (중순): 익익월7일 21일~30일 (하순) : 익익월 9일		서버이용수수료: 99,000원 (매출 100만원이상 판매자) 대략 10~20% (MD협의를 통한 조정 가능 여부 있음)

그림 1-3-02 타 사이트와 수수료, 정산주기 비교

3) 최저 수수료

또한 수수료도 동종업계에서 최저라 자본금이 많지 않은 투잡러들에게는 좋은 조건이다. 스마트스토어는 수수료의 종류가 두 가지로 나뉜다.

㉠ 매출연동 수수료

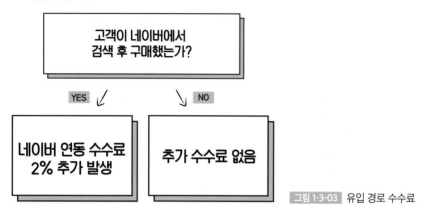

그림 1-3-03 유입 경로 수수료

먼저 유입 경로 수수료는 고객이 내 스토어에서 물건을 구매할 때 네이버에서 검색을 했는지 안 했는지에 따라 발생한다. 만약 내가 무선마우스를 판매한다고 가정했을 때 고객이 네이버로 검색한 뒤 검색 결과에 나온 나의 무선마우스를 클릭하여 들어와 구매하거나 네이버쇼핑에서 검색하고 상품 리스트에서 내 무선마우스를 클릭해 들어와 구매하면 2%의 수수료가 추가로 발생한다. 고객이 검색 결과로 들어와 구매하지 않고 스마트스토어 링크로 들어오거나 광고, SNS 등 검색이 아닌 유입 경로로 들어올 때는 2%의 수수료가 발생하지 않는다.

그림 1-3-04 주문관리 수수료(사업자 등급별 수수료)

ⓛ 주문관리 수수료(사업자 등급별 수수료)

2022년 1월31일 결제부터 수수료율이 인하됩니다.				
영세	중소1	중소2	중소3	일반
1.980%	2.585%	2.750%	3.025%	3.630%

그림 1-3-05 주문관리 수수료
(사업자 등급별 수수료)

주문관리 수수료는 국세청 기준의 매출 규모(영세/중소/일반)에 따라 차등 적용된다.
스토어의 국세청 매출 등급은 [스마트스토어센터 > 정산관리 > 정산 내역(일별/건별)] 메뉴 "수수료 과금 기준"에서도 참고 가능하다.

그림 1-3-06 주문창에서 보이는 유입 경로

스마트스토어 수수료는 매출연동 수수료와 주문관리 수수료가 더해져서 최대 수수료 5.63%가 된다. 마진 계산할 때는 매출연동 수수료 2%와 사업자 등급을 확인하여 주문관리 수수료를 더하여 계산하면 된다.

판매자의 성장 단계별 데이터를 기반으로 설계한
새로운 판매자 성장 지원 프로그램

스타트 제로수수료

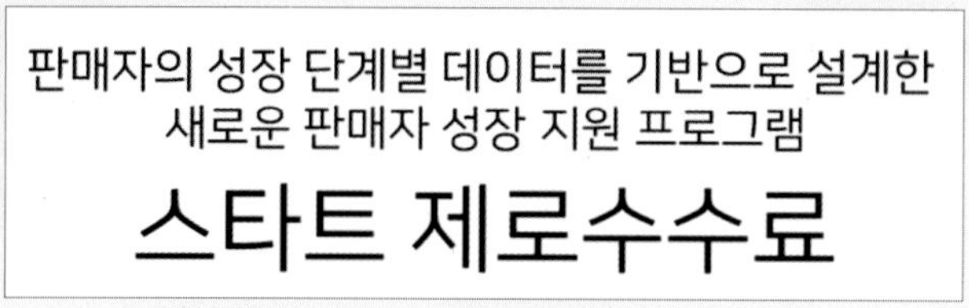

그림 1-3-07   스타트 제로수수료 안내

스타트 제로수수료는 사업 초기 단계의 판매자에게 주문관리수수료를 12개월간, 매출연동수수료를 6개월간 무료로 지원하여 사업 초기 안정화를 돕는 판매자 지원 프로그램이다.

1. 신청 조건
- 스마트스토어 국내 사업자 중 최초 가입승인일이 일반과세자 13개월 미만, 간이과세자 20개월 미만이며 판매등급이 새싹, 씨앗 등급인 판매자(제로수수료 신청일 기준)

2. 승인/지원 조건
- 연 매출 5억원 이하인 사업자
- 기준 매출 기간 : 2018년 7월 1일~2019년 6월 30일까지의 매출에 대한 국세청 신고분

3. 신청 위치
- 스마트스토어센터 > 판매자정보 > 판매자 등급 > 스타트 제로수수료
  https://sell.smartstore.naver.com/#/seller/grade

4. 지원 기간
- 승인일 다음날부터 최대 12개월간 지원합니다.
  예) 승인일 2020.02.01 / 지원기간 2020.02.02~2021.02.01

5. 지원 방법
- 매월 500만 원까지의 순결제금액(당일 취소분 반영)의 결제 수수료 0% 적용

6. 지원 시 유의사항
- 매월 순결제금액이 500만 원에 도달한 경우 다음날부터 해당 월의 지원은 중지되며, 다음 달 2일 초기화된다.
  예) 지원 시작 02.02~ / 500만 원 도달 02.15 / 지원 중지 02.16.~03.01 / 순결제금액 초기화&지원 시작 03.02~
- 결제 수수료만 지원되며, 채널 수수료 및 매출연동 수수료는 포함되지 않는다.
- 최대 지원기간 도달 / 국세청 등급 영세, 중소1 외 등급으로 변경 / 양도양수 승인 완료된 경우 다음 달 2일부터 지원 종료되며 복구 재시작, 재지원, 재신청되지 않는다.

- 국세청 가맹점 등급 산정 전월(1월, 7월)에는 네 가지 조건만 충족되어도 신청 가능하다. 단, 승인 시에는 국세청 가맹점 등급에 따라 거부될 수 있다.

사업자 유형	국내 사업자
사업자 가입 승인일	간이 과세자 최근 20개월 미만, 일반 과세자 최근 13개월 미만
사업자 상태	정상
사업자 판매자 등급	새싹, 씨앗
국세청 가맹점 등급	영세, 중소1

그림 1-3-08 스타트 제로수수료 승인조건

4) 다양한 영역에 노출

스마트스토어가 네이버쇼핑 서비스라고 해서 네이버쇼핑에만 보이는 것이 아니다. 네이버가 제공하는 서비스 중에서 총 다섯 군데에 보이는데 어디에 스마트스토어 상품이 보일지 잠깐 생각해보자.

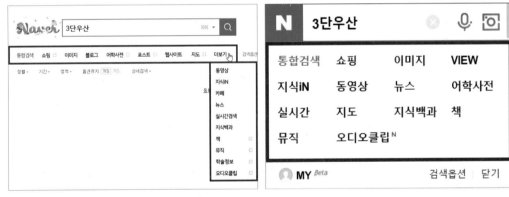

그림 1-3-09 PC에서 보이는 네이버 서비스   그림 1-3-10 모바일에서 보이는 네이버 서비스

정답은 통합검색, 네이버쇼핑, 웹사이트, 이미지, 동영상이다. 어떻게 보이는지 하나씩 살펴보자.

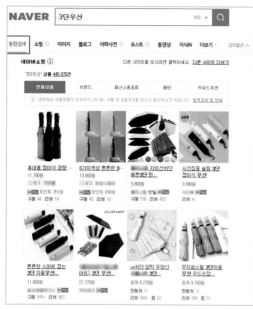

그림 1-3-11 통합검색 결과

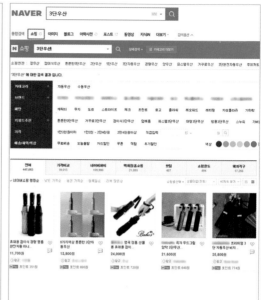

그림 1-3-12 쇼핑 검색 결과

네이버 메인 화면 검색창에 검색하면 왼쪽 사진처럼 통합검색 화면이 기본적으로 보인다. 통합
검색 화면에서 스마트스토어는 네이버쇼핑에 노출된다. 상위노출된 상품들이 바로 뜨기 때문
에 판매자들이 상위노출하려고 노력하는 것이다. 통합검색에서 '쇼핑 더보기'를 누르거나 통합
검색 '쇼핑' 또는 '네이버쇼핑 스마트스토어' 상품명으로 [이미지] 판에 노출이 된다.

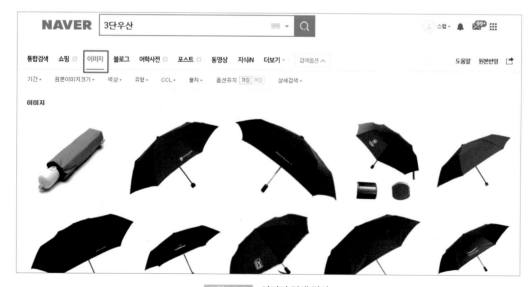

그림 1-3-13 이미지 검색 결과

이미지 파일명으로도 검색 노출이 된다!
파일명을 '01', '02' 같은 숫자로 저장하지 말고 핵심 단어를 넣어서 저장하면 된다.
'3단우산_01', '미끄럼방지제_3' 식으로 말이다.

그림 1-3-14　동영상 검색 결과

그림 1-3-15　웹사이트 검색 결과

동영상은 2019년 10월에 새로 생긴 시스템이다. 검색 결과에 노출되기 위하여 필수로 동영상을 만들어야 한다. 5초 만에 만드는 방법을 알려드리니 겁먹지 말고 시도해보자! 웹사이트로 들어오는 고객이 적어서 필자는 중요하게 생각하지 않는다. 어떠한 행동을 하지 않아도 웹사이트에 자동 노출된다.

5) 원스톱 쇼핑몰 구축 솔루션

개인 인터넷 쇼핑몰을 만들려면 어떤 과정이 필요할까? '도메인 구매', '쇼핑몰 디자인(웹디자인)', '카드 결제 제휴사 계약' 등 하나하나의 과정이 모두 돈과 시간이다. 투잡을 위한 쇼핑몰은 스마트스토어로도 아주 훌륭하다. 쇼핑몰을 만드는 데 돈이 들어가지 않고 가입 절차만 밟은 후 로고만 넣으면 나의 쇼핑몰이 만들어진다. 로고 넣는 방법은 PART 2-4 스마트스토어 오픈 준비에서 다룬다.

6) 대한민국 검색엔진 1위 '네이버'

대한민국 사람들이 가장 많이 쓰는 검색엔진은 '네이버'다. 요즘 젊은 사람들은 구글, 유튜브로 많이 검색한다고 하지만 아직 네이버의 1위 자리는 굳건하다. 상품을 판매할 때도 당연히 사람이 많은 곳에 나의 상품을 노출해야 한다. 아무도 없는 곳에서는 좋은 물건을 팔아도 구매하는 사람이 없다는 것을 기억해야 한다. 또한 네이버에 어떠한 정보를 얻으려고 검색하고 나서 네이버쇼핑에 나온 상품을 보고 구매하는 경우도 있다.

새싹보리 효능이 궁금해서 검색하니 '네이버쇼핑'이 뜬다.

- (상품 구매 의도 없이) 검색하다가 구매하는 경우가 있다.
- (상품 구매할 의도로) 검색 후 네이버 스마트스토어를 이용한다.

그림 1-3-16 새싹보리효능 검색 결과

7) 네이버 간편결제 시스템 '네이버 페이'

그런 경험이 있는지 떠올려보아라. 물건을 구매하려고 하는데 결제하는 과정이 굉장히 번거롭고 오류가 나서 다시 정보를 입력하다가 결국엔 포기했던 경험이 있는가. '네이버 페이'는 네이버 아이디만 있으면 비밀번호 하나로 간편하고 쉽게 결제가 되어 결제 과정에서의 이탈률은 줄어든다. 간편 결제가 나온 이후 고객은 지갑을 쉽게 열게 되었다. 우리는 이렇게 좋은 시대에 사업을 하게 되는 것이니 이것을 기회 삼도록 하자. 또한, 여러 제휴사가 있어서 포인트 사용하는 것이 쏠쏠하다. 필자는 배달 앱을 많이 이용하는데 배달 앱에서 '네이버 페이'로 결제하고 '네이버 페이

그림 1-3-17 네이버 페이 결제 화면

위탁판매 기초 이론 익히기

스마트스토어 오픈 준비하기

매출을 올리는 전략과 실습

투잡에 최적화된 상품등록 전략과 실습

상품등록 후 CS하기

스마트스토어 운영 TIP!

참고 사이트

판고 후도 발 계를 세워보자!

포인트'를 받는다. 그 포인트로 스마트스토어에서 물건을 구매할 때나 배달 앱에서 결제할 때 사용할 수 있다. 이렇게 포인트를 제공하면서 재구매를 유도하기도 한다.

8) '에이아이템즈'와 'FOR YOU 검색'

네이버 인공지능 시스템 '에이아이템즈(AiTEMS)'는 AI와 상품을 뜻하는 Items의 합성어로, AI 가 고객의 행동을 파악해서 취향을 분석한 뒤 상품을 추천하는 시스템이다. 우리는 물건을 구매 할 때 바로 구매하지 않고 많은 검색과 많은 상품을 보게 되는데, 이러한 행동을 파악한다는 것 이다.

에이아이템즈는 우선 수억 개의 상품 중 일차적으로 고객 취향에 맞는 추천상품 후보들을 수천 개 추려낸다. 그 후 고객의 상품 검색/클릭 기록, 구매 기록과 상품명, 카테고리명, 가격대, 상품 이미지 등의 정보를 모두 활용하여 상품을 추천한다. 구매 이력을 분석해서 비슷한 것을 추천하 는 방식이 아닌 검색어+클릭한 상품들을 기반으로 추천하므로 구매전환율을 높여준다. 이러한 에이아이템즈 시스템으로 검색 결과를 보여주는 것이 '에이아이템즈 추천상품'과 'FOR YOU 검 색'이다.

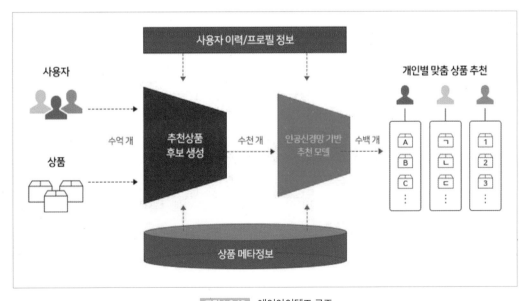

그림 1-3-18 에이아이템즈 구조

그림 1-3-19 에이아이템즈 추천 상품 화면

그림 1-3-20 FOR YOU 화면

이것이 우리에게 중요한 이유가 있다. 네이버에 등록된 쇼핑 상품의 개수는 5억여 개에 달하고 매일 400만 여개의 신규 상품이 등록되고 있지만, 검색 채널을 통해서는 이용자들이 많이 찾는 인기 상품이 상대적으로 더 잘 노출되는 경향이 있다. 에이아이템즈는 고객의 취향 파악과 행동을 분석한 후 상품을 추천해 준다. 그래서 인지도가 없는 신규 상품일지라도 상품이 가지고 있는 특성을 분석해 고객 취향에 맞는 요소가 포함되어 있으면 고객에게 노출될 수도 있으므로 신규 판매자인 우리에게 중요하다. 아쉽게도 FOR YOU 검색 탭은 최근 1년간 인기 있었던 패션 키워드에 한하여 제공되며, 고정값이 아니어서 계속 바뀐다. 지금은 패션 카테고리에 한정되어 있지만 네이버에서는 향후 FOR YOU 검색을 가전, 리빙, 식품 등 다양한 카테고리와 브랜드로 확대 적용하고 개인화 추천 영역을 강화할 예정이라고 하였으니 우리에게는 더없이 좋은 기회이다.

3-3 자금이 도는 방향

보통의 사업에서는 자금 회전이 중요한데, 스토어에서도 굉장히 중요하다. 필자는 처음에 자금이 도는 방향과 기간을 몰라서 애를 먹었던 적이 있다.

1) 자금 흐름 1단계 - 주문

그림 1-3-21 자름 흐름 1단계

고객이 스마트스토어에서 주문을 하면 고객의 돈은 네이버 스마트스토어에서 보관한다.

2) 자금 흐름 2단계 - 발주 및 배송

그림 1-3-22 자름 흐름 2단계

나의 돈으로 먼저 도매사이트에 주문이 들어온 만큼만 입금한다. 입금을 확인한 공급사가 고객에게 상품을 배송한다.

위탁판매 기초 이론 익히기

스마트스토어 오픈 준비하기

매출을 올리는 전략과 실습

두껍게 처리되는 상품 등록 전략과 실습

상품 등록 후 CS하기

스마트스토어 운영 TIP!

참고 사이트

퇴근 후 돈 벌 계획을 세워보자!

3) 자금 흐름 3단계 - 정산

그림 1-3-23 자름 흐름 3단계

배송 완료 후 7일이나 고객이 구매확정 버튼을 누른 다음날에 수수료를 제외한 나머지 금액을 정산받는다. 최종적으로 주문 후 최대 10일 뒤 정산받는다고 기억하면 된다.

3-4 스마트스토어의 기본 원리와 핵심 전략

그림 1-3-24 기본 원리와 핵심 전략

모든 온라인 투잡에서 공통적으로 적용되는 내용이지만 스마트스토어는 특히 더 그렇다.

• **많이 등록하자**

하루에 시간이 되는 만큼 상품을 등록하면 되지만 시간을 꽉 채워서 쓰자. 예를 들어 퇴근 후에 집에서 3시간 정도 스마트스토어 운영을 할 수 있다면 3시간은 무섭게 집중해서 최대한 많은 상품을 올려야 한다. 적어도 하루 3개 이상 주 5일 올려야 한다. 요일은 상관없다. 하루 1개 등록한 날과 하루 5개 등록한 날, 10개 등록한 날의 체감 매출이 다른 것을 느낄 수 있을 정도로 하루에 올리는 개수가 중요하다.

- 꾸준히 등록하자

올리다 말고를 반복하면 스마트스토어를 하는 의미가 없다. 오프라인으로 비유하자면 가게를 오픈하고 가게 문을 열었다 안 열었다 하는 것과 같다. 처음 3개월만 꾸준하게 등록해보자.

- 배운 대로 등록하자

요즘 유튜브나 책을 통해 많은 사람들이 스마트스토어를 알려주고 있다. 스마트스토어의 운영은 정해진 틀이 없어서 사람마다 방법이 조금씩 다르다. 초보일 때는 한 사람을 잡고 그 사람의 스타일만 따라 해보는 것이 좋다. 초보자는 응용하기가 힘들기 때문이다. 한 사람을 잡았다면 그 사람이 알려주는 대로만 해보자. 분명히 중간 이상은 올라간다. 수강생의 스토어를 방문해보면 여러 강사 스타일이 섞인 모습이 자주 보인다. 그것까지는 괜찮으나 매출이 잘 나오지 않는 것을 볼 때 안타깝다. 필자가 아니더라도 좋으니 초반에는 한 사람만 잡고 진득하게 따라가보자.

- 아는 것은 병이다

필자는 몇 년 전에 연기 학원을 다니고 뮤지컬 노래 레슨을 받은 적이 있다. 그때 뮤지컬 선생님이 필자에게 '너는 쪼(습관)가 없어서 가르치는 재미가 있다'고 말씀하셨다. 누군가에게 어떻게 배운 그 습관이 굳어져 버리면 다시 알려주려고 해도 그 습관이 배어 있어서 바르게 고치거나 선생님이 유도하는, 가르치는 방향대로 이끌어가기가 힘들다고 했다. 필자도 스마트스토어 강의를 할 때 똑같은 생각이 많이 든다. 이미 스마트스토어 지식이 조금이라도 있는 사람에게는 피드백이나 코칭을 해도 본인만의 생각이 굳어져버려서 피드백을 수용하기 힘들어 한다. 오히려 백지인 사람이 더 빨리 성장하는 경향이 있다. 뮤지컬 선생님이 말씀하신 '가르치는 재미'가 무엇인지 알 것 같다. 아무 지식이 없다고 두려워하지 않아도 되며 스마트스토어에 대해서 어느 정도 아는 사람은 그 틀 안에 갇혀 있지 말고 생각을 열어두면 매출에 도움이 된다.

02

스마트스토어
오픈 준비하기

1 상호 만들기

상호란 사업자등록증에 들어갈 상호와 스마트스토어에 들어가는 스토어명을 말한다. 사업자등록증 상호를 스마트스토어 상호로 해도 되지만 나중에 경쟁사가 나의 사업자 정보를 알게 될 때 스마트스토어를 찾아낼 수 있다. 우리는 돈을 쓰지 않고 스마트스토어를 키우기에 스마트스토어 자체가 노하우다. 최대한 나의 정보들을 숨기고 보호하는 것이 좋다.

짧고 기억하기 쉽게

상호를 만들 때 짧고 기억하기 쉬운 것으로 정하라. 멋있어 보이려고 영문을 넣거나 외국어 발음을 한글로 표기하거나 길이를 길게 만드는 경우가 있는데 고객은 기억을 잘 못 한다. 예를 들어보자면 '아미따드몰레', 'florescence'처럼 말이다. 길어도 다섯 글자는 넘어가지 않도록 하고 한글로 하는 것이 좋다. 이름 짓기가 어렵다면 '00상점', '00상회', '00쇼핑', '00글로벌', '00샵', '00이네' 이런 형식으로 지어보면 쉽다. 지금은 변경했지만 필자의 첫 스토어 이름도 '봉천상회'였고. 테스트용 스토어 이름은 '차남상회'이다. '00상회'로 했던 이유는 단순하다. 옛 감성을 좋아하기 때문이다. 근현대사를 좋아하고 옛날 건물이나 가게를 좋아해서 '00상회'라는 스토어명을 만들었다.

필자의 첫 사업자등록증 상호 : 모드니스 / 첫 스마트스토어 상호 : 봉천상회

모드니스는 멋있는 말 같지만 '모든있어'에서 '모든있으', '모드니스'로 된 것이다. '다이소'가 '다 있소'라는 발음인 것 같아서 생각하다가 만들었다.

스토어명은 개설 후에 스마트스토어 판매자센터에서 설정을 하면 네이버에 스토어명을 검색할 때 검색이 된다.

그림 2-1-01 스토어명이 검색결과에 노출되는 화면

'모드니스'와 '봉천상회' 모두 만들었을 당시 네이버에 검색하면 다른 스토어나 사업자가 뜨지 않았다. 혹시라도 고객이 나의 상호를 기억하고 검색했을 때 바로 나의 스토어가 보여야 한다는 생각에 아무 것도 뜨지 않는 상호를 선택하였다.

위탁판매 기초 이론 익히기

스마트스토어 오픈 준비하기

매출을 올리는 전략과 실습

특정에 최적화된 상품 등록 전략과 실습

상품 등록 후 CS하기

스마트스토어 운영 TIP!

참고 사이트

퇴근 후 돈 벌 계획을 세워보자!

위에서 필자의 경험을 이야기한 것처럼 간단하게 만들어도 되므로 상호 만드는 것에 시간을 많이 투자하지 않아도 된다.

중요한 POINT 짧게 만든다.
쉽게 만든다.
영어 사용을 자제한다.
네이버에 검색했을 때 다른 스토어나 사업자가 없으면 좋다.

이 책을 읽은 많은 판매자 분들이 상호명에 '상회'를 넣었다. '간단하고 쉽게 만들자!'가 포인트며 '상회'는 필수가 아니다.

2

스마트스토어 개설하기

이제 드디어 나의 스토어를 만든다. 서류가 없어도 개설은 할 수 있으니 우선 스마트스토어를 만들고 서류를 발급해도 된다. 이제부터 스마트스토어 개설을 함께 해보자.

1) 스마트스토어 판매자센터 접속 및 스토어명 중복 확인

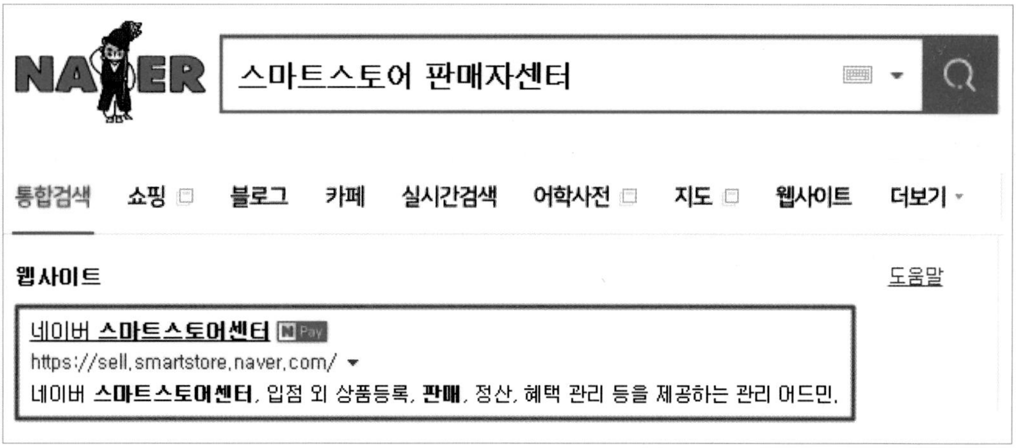

NAVER 스마트스토어 판매자센터

통합검색   쇼핑 ☐   블로그   카페   실시간검색   어학사전 ☐   지도 ☐   웹사이트   더보기 ▾

웹사이트   도움말

네이버 **스마트스토어센터** **N** Pay
https://sell.smartstore.naver.com/ ▾
네이버 **스마트스토어센터**, 입점 외 상품등록, **판매**, 정산, 혜택 관리 등을 제공하는 관리 어드민.

그림 2-2-01 스마트스토어 판매자센터 검색

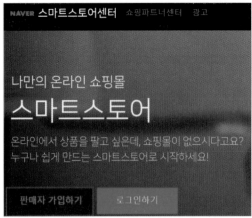

그림 2-2-02 판매자 가입하기　　　　　　　그림 2-2-03 사용 가능 이름 조회하기

❶ 네이버 검색창에 '스마트스토어 판매자센터'를 검색

❷ 사진에 보이는 웹사이트를 클릭

❸ '판매자 가입하기' 클릭

❹ '개인'으로 선택 (추후 사업자로 전환할 예정이다)

❺ '사용 가능 이름 조회하기' 클릭

알고가기!　스마트스토어 가입 심사 필수 서류

우리는 개인 판매자로 스마트스토어를 개설한 후 사업자로 전환할 예정이다.

이렇게 하는 이유는 사업자 판매자로 먼저 개설할 경우 개설되는 시간이 오래 걸리고 개인판매자로 먼저 개설하면 추후 서류 발급할 때 편하기 때문이다.

서류 없이 개인 판매자로 스마트스토어에 가입할 수 있지만 도매사이트에 가입하려면 서류가 필요하므로 필수로 발급해야 한다.

· 사업자등록증 사본 1부
· 통신판매업신고증 사본 1부
· 대표자 명의 통장 사본 1부
· (휴대폰 인증이 안될 경우) 대표자 인감증명서 사본 1부

서류는 각각 신청 후 3일 정도 소요된다. 발급이 되면 사진을 찍어 두거나 스캔을 해서 컴퓨터에 저장해두고 사업자로 전환 신청할 때 첨부하면 된다. 방법은 차근차근 알려드리도록 하겠다.

위탁판매 기초 이론 익히기
스마트스토어 오픈 준비하기
매출을 올리는 전략과 실습
특정계 차적화된 상품 등록 전략과 실습
상품 등록 후 CS하기
스마트스토어 운영 TIP!
참고 사이트
오픈 후 단계별 계획을 세워보자!

알고가기! | **고객확인제도(AML)란?**

스마트스토어에서 2020년 07월 31일부터 시행하는 고객확인제도(AML)는 특정 금융거래정보의 보고 및 이용 등에 관한 법률 5조 2항에 따라 스마트스토어를 이용 중인 모든 사업자에 대하여 신원정보를 확인하는 제도이다.

대상자는 신규 가입 또는 2020년 7월 31일 이전 가입 완료 판매자이며, 2020년 7월 31일 이전 가입 완료된 판매자는 인입 심사량을 고려하여 매달 선정된다. 대상자로 선정되었을 시 별도 팝업으로 확인 가능하며 [판매자정보 > 심사내역조회]에서 진행 가능하다.

금융 거래를 할 때 휴대폰 인증을 하는 것처럼 스마트스토어 입점 시에도 신원확인을 위해 인증을 해야 한다. 입점심사와 신원확인 심사가 별개로 진행되며, 판매자의 신원확인 심사는 결과 안내까지 3~5영업일이 소요된다. 이 기간 동안 판매 활동은 가능하지만 정산은 되지 않으니 참고하자!

<입점 유형에 따른 인증 서류>
[국내 개인판매자]
· 내국인 : 별도 서류 제출 없음
· 외국인 : 여권 사본 1부 및 국내 거소증 또는 외국인 등록증 사본 1부(신분증 앞면 뒷면 모두 필요)

[국내 개인사업자]
· 내국인 : 휴대폰 본인인증 불가 시 신분증(주민등록증 또는 운전면허증, 여권)
· 청소년 : 여권 + 청소년증 + 등본으로 대체 가능
· 외국인 : 여권 사본 1부 및 국내 거소증 또는 외국인 등록증 사본 1부(신분증 앞면 뒷면 모두 필요)

사용 가능 이름 및 URL 조회하기 ✕

가입 전, 사용 가능한 스마트스토어 이름 및 URL을 확인해보세요!

단 현재 시점 기준 사용 가능한 이름이며, 실제 가입 시에는 다른 판매자 님이 사용 중일 수 있습니다.

조회하기

스마트스토어 이름	해밀이네

⊘ 이미 등록된 사이트명 입니다.

네이버 검색 시 검색어로도 활용되며, 가입 후 1회 수정 가능 합니다.

스마트스토어 URL	ham2ne

✓ 사용가능

https://smartstore.naver.com/ 뒤에 사용하실 스토어 고유의 주소이며, 가입 후 수정 불가능합니다.

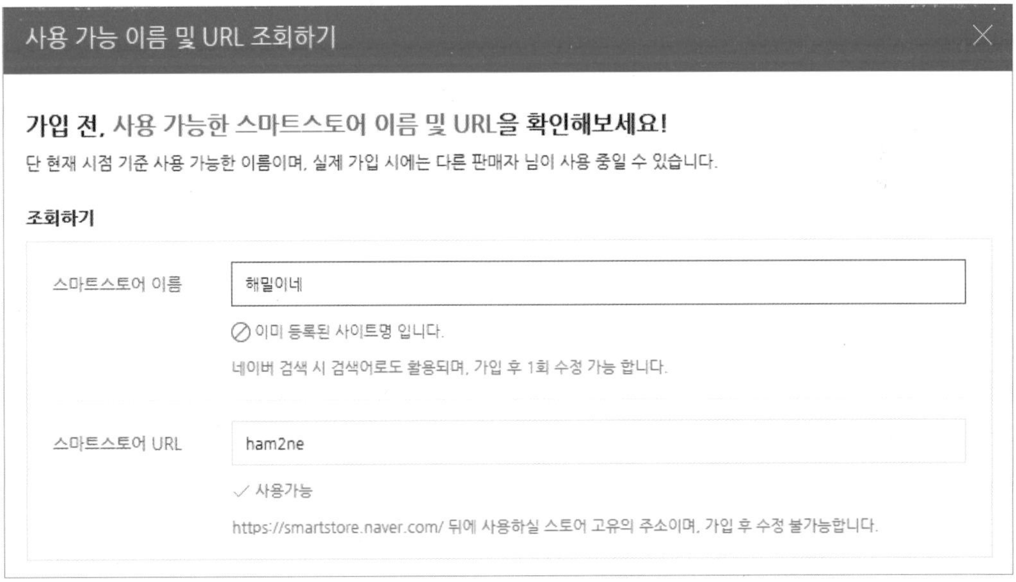

그림 2-2-04 스토어명, URL 중복 확인하기

❻ '스마트스토어 이름'에 하고 싶은 스토어명 입력

❼ '스마트스토어 URL'에 하고 싶은 주소 입력

❽ '사용가능' 확인 후 닫기

TIP URL을 입력해서 들어오는 고객은 극히 드물다. 시간을 많이 소비하지 않도록 한다.

그림 2-2-05 스마트스토어 이름과 상호명이 다른 경우의 예시

간혹 사업자등록증 상호와 스마트스토어 상호가 다르면 페널티를 받진 않을까 걱정하는 사람이 있는데, 네이버에서도 괜찮다고 하니 걱정을 덜어도 된다.

2) 판매자 유형 선택

그림 2-2-06 휴대전화 본인인증

그림 2-2-07 인증 완료 후 화면

❶ '휴대전화 본인인증' 진행

❷ 인증 완료 후 '다음'

위탁판매 기준 이론 익히기

스마트스토어 오픈 준비하기

매출을 올리는 전략과 실습

특정에 최적화된 상품 등록 전략과 실습

상품 등록 후 CS하기

스마트스토어 운영 TIP!

참고 사이트

퇴근 후 돈 벌 계획을 세워보자!

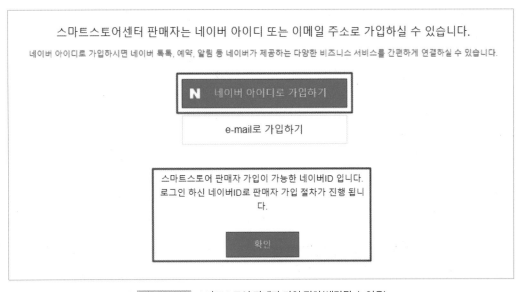

스마트스토어 판매자는 네이버 아이디 또는 이메일 주소로 가입하실 수 있습니다.

네이버 아이디로 가입하시면 네이버 톡톡, 예약, 알림 등 네이버가 제공하는 다양한 비즈니스 서비스를 간편하게 연결하실 수 있습니다.

N 네이버 아이디로 가입하기

e-mail로 가입하기

스마트스토어 판매자 가입이 가능한 네이버ID 입니다. 로그인 하신 네이버ID로 판매자 가입 절차가 진행 됩니다.

확인

그림 2-2-08 스마트스토어 판매자 가입 절차(생략될 수 있음)

그림 2-2-09 가입 정보 입력(생략될 수 있음)

❸ '네이버 아이디로 가입하기' 선택

❹ '휴대전화 번호 인증' 또는 '이메일 주소 인증' 진행 (필자는 이메일 주소로 인증하였다)

❺ 다음을 누르면 인증번호 발송

❻ 이메일로 도착한 인증번호 확인

❼ 인증번호 입력 후 '인증 완료'

❽ '다음'

그림 2-2-10 이메일로 수신된 인증번호 화면(생략될 수 있음)

그림 2-2-11 네이버 비즈니스 서비스 연결하기

위탁판매 기초 이론 익히기

스마트스토어 오픈 준비하기

매출을 올리는 전략과 실습

특정에 최적화된 상품 등록 전략과 실습

상품 등록 후 CS하기

스마트스토어 운영 TIP!

참고 사이트

퇴근 후 돈 벌 계획을 세워보자!

❾ '네이버쇼핑' 활성화 (활성화를 시켜야 '네이버쇼핑'에 노출이 된다)

❿ 광고 대행사 '선택 없음'

⓫ '네이버 톡톡' 활성화

('네이버 톡톡'은 스마트스토어에서 고객과 메시지를 주고받을 수 있는 메신저이다. 활성화시켜 주어야 고객 전화로 스트레스 받는 일이 덜하다)

⓬ '다음'

그림 2-2-12 약관 동의

⓭ 약관 동의 체크 ((선택) 약관은 동의하지 않아도 된다)

3) 정보 입력

그림 2-2-13 판매자 정보 입력

그림 2-2-14 스마트스토어 정보 입력

❶ '주소'에 집 주소 입력

❷ 모두 입력 후 '다음'

> **TIP** **집 주소 입력이 꺼려진다면?**
> '비상주사무실'이라고 해서 월 2~10만원 정도 결제하면 사무실 주소를 빌려주는 곳이 있다. 실제 사무실에서 상주하지 않지만 임대차계약서를 받을 수 있고 사업자 등록 시에 사업장 주소로 쓸 수 있다. 집 주소를 공개하지 않아도 되는 장점이 있지만 나중에 마음 급한 고객이 택배를 비상주사무실로 보내는 것보다 우리 집으로 보내는 것이 낫다고 생각된다.

❸ '스마트스토어 이름' 입력 (가입 후 1회 수정 가능)

❹ '스마트스토어 URL' 입력

❺ '소개글' 간단히 작성 (수시로 수정 가능)

❻ '고객센터 전화번호' 입력

❼ 모두 입력 후 '다음'

> **TIP** 고객센터 전화번호를 입력하면 스토어 개설 후 스팸전화가 엄청 많이 온다. 하루 평균 3~5통, 심할 경우 7~10통 오는 것 같다. 또한 핸드폰 번호를 입력할 경우 사생활이 노출된다. 인스타그램, 페이스북, 카카오톡 등 다 볼 수 있다. 걱정이 된다면 PART 5-3을 참고하여 스토어용 전화번호를 받도록 하자.

그림 2-2-15 판매 상품정보 입력

❽ 대표상품 카테고리 : 생활/건강

(추후에 변경 가능하며 원하는 카테고리를 선택하면 된다. 스토어를 소개하는 용도여서 상품을 판매할 때 주는 영향은 없다. 그렇지만 위탁판매는 대부분 생활용품이므로 '생활/건강' 카테고리를 추천한다)

❾ 상품 판매권한 신청 : 신청하지 않음

(구매대행이나 건강기능식품, 의료기기, 전통주처럼 정부에서 별도로 허가를 받아야 하는 상품은 허가를 받은 후 상품 판매권한 신청을 해야 한다. 우리는 위탁판매라서 해당하지 않는다. 다만 건강기능식품이나 의료기기에 관심이 있다면 판매 허가를 받은 후 판매해도 된다)

그림 2-2-16 상품 출고지 주소 입력

그림 2-2-17 반품/교환지 주소 입력

❿ 상품 출고지 주소

  - 출고지 이름 : 상품 출고지

  - 출고지 주소 : 사업장 주소와 동일

  - 출고지 연락처1 : 고객센터 전화번호와 동일하게 입력

⓫ 반품/교환지 주소

  - 반품/교환지 이름 : 반품교환지

  - 반품/교환지 주소 : 사업장 주소와 동일

  - 반품/교환지 연락처1 : 고객센터 전화번호와 동일하게 입력

> **TIP** 상품 출고지와 반품/교환지 주소를 입력할 때 '주소 수정'하여 주소지 뒤에 반품불가 안내를 넣
> 어주면 좋다. 예를 들어 서울시 서초구 우면동 해밀아파트 1층 101호 (반품불가 주소, 판매자에
> 게 반드시 문의) 이런 식이다. 회수하러 방문하는 기사님을 기다리지 않고 우리 주소를 보고 스
> 스로 보내는 고객이 있는데 주소 옆에 반품불가 메시지를 넣으면 그런 상황을 방지할 수 있다.
>
> * 서류나 사이트 가입 시 기재하는 주소: 사업장 주소지
> * 고객에게 보이는 주소(출고지와 반품지): 사업장 주소지 끝에 반품불가 메시지 추가

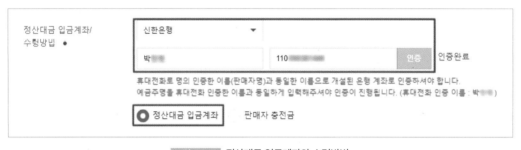

그림 2-2-18 정산대금 입금계좌와 수령방법

⓬ 정산받을 계좌번호 입력 후 인증

⓭ 수령방법 선택

  (정산대금 입금계좌는 정산금이 생기면 익일에 입력한 계좌의 통장으로 입금해준다. 판매자
  충전금은 충전금식으로 모아놨다가 원할 때 계좌로 받을 수 있다. 원하는 방법으로 선택하면
  된다)

그림 2-2-19 담당자 정보 입력 화면

❶❹ 휴대전화 번호 인증

❶❺ 이메일 주소 인증 후 '신청 완료' 클릭

❶❻ 마지막으로 고객 확인만 하면 끝!

4) 가입신청 완료

그림 2-2-20 담당자 정보 입력 화면

가입이 완료되었다. 이제 나의 스마트스토어가 개설된 것이다. 개설 후에는 정식으로 투잡을 하기 위한 서류를 준비해야 한다. 차근차근 따라 해보자.

인터넷판매 기초 이론 익히기

스마트스토어 오픈 준비하기

매출을 올리는 전략과 실습

투잡에 최적화된 상품 등록 전략과 실습

상품 등록 후 CS하기

스마트스토어 운영 TIP!

참고 사이트

퇴근 후 돈 벌 계획을 세워보자!

서류 준비하기

3-1 직장인 투잡, 사업자 등록에 대하여

> # 회사는 모른다

사업자 등록한 사실을 회사는 알 수 없지만 사업자 등록 후 내 사업자로 직원을 고용하면 회사에서 투잡하는 것을 알 수 있다. 또한 스마트스토어 위탁판매 기준으로 연 매출이 약 2억 이상 되었을 때 국민연금 납부액이 높아져서 회사에서 알게 될 수 있으니 참고하자. 우리는 1인 창업이라 앞의 상황은 잘 발생되지 않아 크게 걱정하지 않아도 된다. 추가로 직장 근로계약서에 '겸업 금지 조항'이 있으면 사업자를 낼 수 없다. 계약 위반이기 때문이다. 이런 상황의 수강생이 많았는데 대부분 가족 명의나 배우자 명의로 사업자를 등록하여 스토어 운영을 하였다.

❶ 직원을 고용하면 회사에서 투잡하는 것을 알 수 있다.
❷ 연 매출이 약 2억 이상 되면 국민연금 납부액이 높아져서 알 수 있다.

> **TIP** • **국민연금**
> 투잡을 해서 수입이 더 생기면 국민연금을 더 내야 한다.
> 단, 월 소득이 398만 원이 넘어간다면 소득이 많아져도 국민연금을 더 내지 않는다.
>
> • **건강보험**
> 직장+사업의 형태는 직장건강보험 1개만 낸다. 직장 2곳을 다니는 투잡이라면 직장마다 건강보험을 낸다. 각각 납부하므로 총 2개를 납부한다.

3-2 간이과세자, 일반과세자의 차이

이제 사업자 등록을 해야 하는데 사업자는 '간이과세자와 '일반과세자' 두 가지로 나뉜다.
장단점이 뚜렷하게 나타나기에 하나를 골라 추천하긴 어렵고 비교하여 상황에 맞는 것으로 선택하면 좋다. 그럼 '간이과세자'와 '일반과세자'가 어떻게 다른지 그림으로 확인해보자.

	간이과세자	일반과세자
기준	직전 연도 매출 8천만원 미만 (부동산임대업, 과세유흥장소 4,800만원 기준)	직전 연도 매출 8천만원 이상 간이과세자 배제 업종 또는 지역 해당 할 경우
부가가치세 세율	1.5%~4% 적용	10% 적용
납부면제	직전연도 매출 4,800만원 미만	해당없음
세금계산서 발행의무	직전연도 매출 4,800만원 ~8,000만원인 경우 다음해 7.1일부터	직전연도 매출 8,000만원 이상인 경우 다음해 7.1일부터
매입세액 공제	공급대가×0.5% 공제	매입가액×10% 공제
과세기간	1.1~12.31	1.1~6.30 / 7.1~12.31
부가세환급	불가	가능
신고납부	1.1~1.25	1.1~1.25 / 7.1~7.25
예정신고여부	7.1~7.25	없음 (실적부진의 경우 가능)

그림 2-3-01 간이과세자와 일반과세자의 비교내용

간이과세자와 일반과세자를 구분하는 것은 매출이다. 연간 매출액 8,000만 원을 기준으로 그 이상이면 일반과세자, 미만이면 간이과세자로 사업자를 신청하면 된다. 매출이 얼마나 나오는지 모르는 상황에서 대박을 꿈꾸며 일반과세자로 신청을 하는 사람들이 많은데 세금과 관련이 깊으므로 현실적으로 생각하여 선택했으면 좋겠다.

필자의 경우 '간이과세자'로 먼저 사업자 등록하였고, 스토어 운영 2주 후에 '일반과세자'로 변경했다. 변경한 이유는 대량주문이 많았는데 대량주문은 보통 기업이나 사업자가 하기에 세금계산서를 요구했다. 세금계산서는 일반과세자만 발급할 수 있고 대량주문이 많이 들어와서 모두

성사시키고 싶은 욕심에 변경했다. 선택에 후회는 없다. 일반과세자로 변경하고 나서 경기도 화성에 있는 군부대에 납품까지 해봤기 때문이다.

필자가 일반과세자라고 하면 이유 상관없이 일반과세자로 신청하는 사람이 있다. 아까도 말했 듯이 세금 문제와 여러 가지 장단점이 있으니 꼼꼼히 비교 후 선택하자.

> **TIP** 간이과세자일 때 세금계산서를 요구한다면 '네이버쇼핑 구매 영수증'으로 가능한지 꼭 물어보 자! 된다고 하는 기업이 분명히 있다. 일반과세자로 변경하지 않아도 대량주문을 받을 수 있기 에 꼭 물어보자.

3-3 사업자등록증 신청하기

사업자 유형을 정했다면 이제 사업자 등록을 하자. 사업자 등록은 온라인으로 간편히 신청할 수 있다. 온라인으로 신청하기 위해서는 공인인증서가 필요한데 은행에서 보안카드를 발급받아 은행 홈페이지에서 공인인증서를 발급받으면 된다. 함께 사업자 등록을 해보자. 통신판매업이 처음인 경우에는 바로 이어서 있을 [ⓒ 사업자 등록이 처음인 경우]부터 따라 하면 된다.

ⓐ 통신판매업 외 다른 사업자가 있는 경우

그림 2-3-02 홈택스 검색 화면

위탁판매 기초 이론 익히기

스마트스토어 오픈 준비하기

매출을 올리는 전략과 실습

특정에 최적화된 상품 등록 전략과 실습

상품 등록 후 CS하기

스마트스토어 운영 꿀팁!

참고 사이트

마감 후 판매 계획을 세워보자!

그림 2-3-03 화면 상단의 '로그인' 버튼

❶ 국세청 홈택스 홈페이지를 검색하여 접속한다.

❷ '로그인'을 눌러 공인인증서로 로그인한다.

TIP 아이디로 로그인하거나 비회원으로 로그인해도 나중에 공인인증서가 필요하니 꼭 준비하자.

그림 2-3-04 메인 화면에서 '사업자등록'의 위치

그림 2-3-05

❸ 메뉴 > 신청/제출 > 사업자등록신청/정정 등 > 사업자등록신청(개인)
   (메인 화면에서 세금종류별 서비스 > 사업자등록을 눌러도 된다.)

그림 2-3-06 인적사항 입력 화면

❹ 상호명 입력

❺ 주민등록번호, 성명 입력

❻ 사업장전화번호 입력

> **TIP** 추후 원활한 금융거래나 서류 발급을 위하여 상호명에 특수문자는 넣지 않는 것이 좋다.

> **TIP** 입력한 연락처로 광고 전화가 많이 온다. 광고 전화가 싫다면 PART 5-3을 참고하여 업무용 번호를 만들자.

➊ **업종 선택**   ☞ 전체업종 내려받기   **업종 입력/수정**   **선택내용 삭제**

선택	업종구분	업종코드	업태명	업종명	산업분류코드	제출서류

➋ **사업장정보 추가입력**

- 선택한 업종이 영위하고자 하는 사업 내용을 정확하게 반영하지 못하는 경우에는, 실제 영위하고자 하는 사업에 대한 설명을 추가 입력하시기 바랍니다.

사업설명

그림 2-3-07 업종 선택 화면

❼ 업종 입력/수정 클릭

그림 2-3-08 업종 선택의 팝업창

그림 2-3-09 업종코드 [525101] 조회 결과

❽ '검색' 클릭

❾ '업종코드'에 [525101]을 입력하고 '조회하기' 클릭

❿ 업태명: [도매 및 소매업] 확인, 세세분류명: [전자상거래 소매업] 확인

⓫ 더블 클릭하여 정보 가져오기

그림 2-3-10 '등록하기' 버튼   그림 2-3-11 '업종 등록' 버튼

⓬ '등록하기' 클릭

⓭ '선택' 박스에 체크

⓮ '업종 등록' 클릭

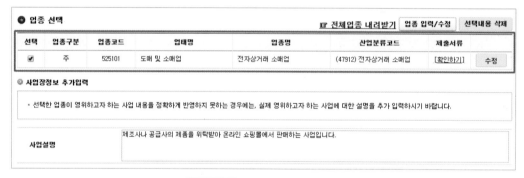

그림 2-3-12 업종 선택이 완료된 화면

⓯ 업종 선택 완료

⓰ '사업설명' - 선택사항

(제조사나 공급사에 제품을 위탁받아 쇼핑몰에서 판매하는 사업이다.)

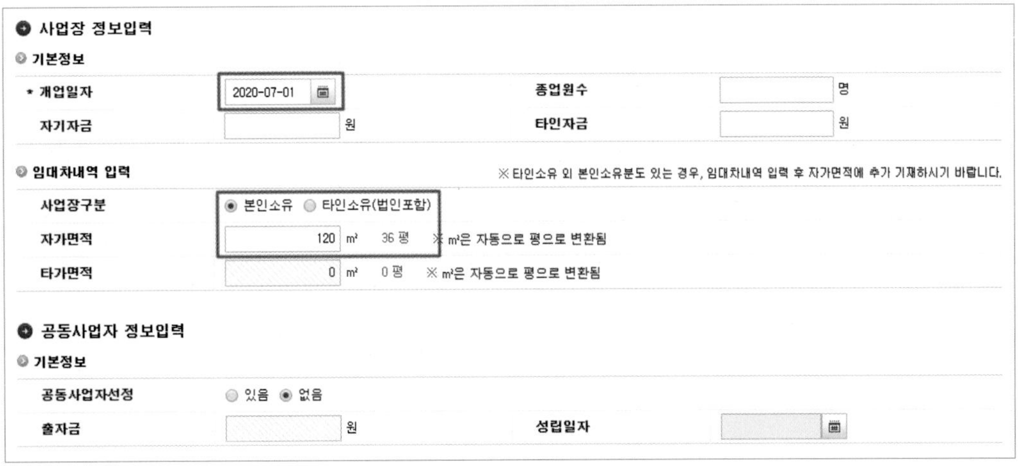

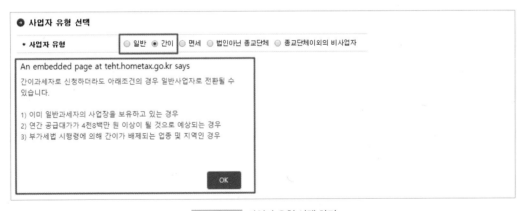

사업장 정보입력
기본정보
* 개업일자
2020-07-01
종업원수
명
자기자금
원
타인자금
원
임대차내역 입력
※ 타인소유 외 본인소유분도 있는 경우, 임대차내역 입력 후 자가면적에 추가 기재하시기 바랍니다.
사업장구분
본인소유 타인소유(법인포함)
자가면적
120 m² 36 평
※ m²은 자동으로 평으로 변환됨
타가면적
0 m² 0 평
※ m²은 자동으로 평으로 변환됨
공동사업자 정보입력
기본정보
공동사업자선정
있음 없음
출자금
원
성립일자

그림 2-3-13 사업장 정보입력 화면

❶ '개업일자' 선택

❷ '사업장 구분' - 본인소유

❸ 자가면적 입력

TIP 1. 개업일자는 자유롭게 입력하면 된다. 지난 날짜나 앞으로의 날짜 모두 상관없지만 잘 모르겠다면 스토어 개설일자로 하면 된다. 사업장구분은 집으로 할 경우 '본인소유', 사무실을 빌려서 할 경우 '타인소유'이다.

2. 자가면적은 대략적인 집의 면적을 넣어주면 된다.

사업자 유형 선택
* 사업자 유형
일반 간이 면세 법인아닌 종교단체 종교단체이외의 비사업자
An embedded page at teht.hometax.go.kr says
간이과세자로 신청하더라도 아래조건의 경우 일반사업자로 전환될 수 있습니다.
1) 이미 일반과세자의 사업장을 보유하고 있는 경우
2) 연간 공급대가가 4천8백만 원 이상이 될 것으로 예상되는 경우
3) 부가세법 시행령에 의해 간이가 배제되는 업종 및 지역인 경우
OK

그림 2-3-14 사업자 유형 선택 화면

❹ 사업자 유형 선택

그림 2-3-15 선택사항 입력 화면　　그림 2-3-16 제출서류 선택 화면

❺ [선택사항] 건너뛰기

❻ '저장 후 다음'

❼ [제출서류 선택] 건너뛰기

❽ '다음' 클릭

> **TIP** 관할세무서마다 처리 방식이 다르지만 등본상 주소와 사업장 주소가 같으면 임대차계약서를
> 안내도 된다. 전세, 월세 상관없이 집주소로 사업자 등록할 수 있다. 등본상 주소로 신청한다면
> [제출서류 선택]에서 파일 첨부 없이 넘어가면 된다.

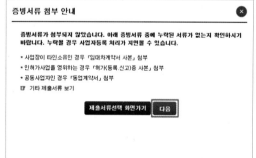

그림 2-3-17 제출서류 선택 화면

그림 2-3-18 '제출서류 확인하기' 버튼의 위치

❾ [증명서류 첨부 안내] - '다음' 클릭

❿ '확인하였습니다.' 체크

⓫ '제출서류 확인하기'

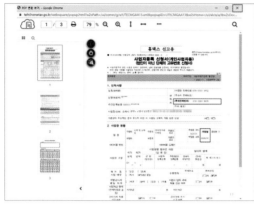

그림 2-3-19

그림 2-3-20 '신청서 제출하기' 버튼의 위치

⓬ 정보 확인 후 '닫기'

⓭ '신청서 제출하기'

⓮ 사업자 등록증 신청 완료

그림 2-3-21

⓯ 처리상태 - 접수완료

⓰ 영업일 기준 1~3일 뒤 처리 완료 문자 확인

위탁판매에 기초 이론 익히기

스마트스토어 오픈 준비하기

매출을 올리는 전략과 실습

특정제 차적화된 상품 등록 전략과 실습

상품 등록 후 CS하기

스마트스토어 운영 TIP!

참고 사이트

퇴근 후 돈 벌 계획을 세워보자!

그림 2-3-22 홈택스 좌측 상단 'My홈택스' 버튼   그림 2-3-23

⓱ 완료 문자 확인 후 홈택스 재접속

⓲ 좌측 상단 'My홈택스' 클릭

⓳ '민원처리결과조회' 클릭

그림 2-3-24 처리상태와 발급번호 확인

⓴ '발급번호' 클릭 - 사업자등록증 사본 출력가능

㉑ 세무서 방문 - 사업자등록증 원본 수령 가능
 (사본 출력만 해도 운영하는 데 문제가 없다)

ⓒ 사업자 등록이 처음인 경우

2021년, 통신판매업을 시작하는 분들을 위해 '간편신청'이라는 것이 생겼다. 승인도 영업일 기준 1~2일 정도 소요되며, 신청도 아주 간단하다

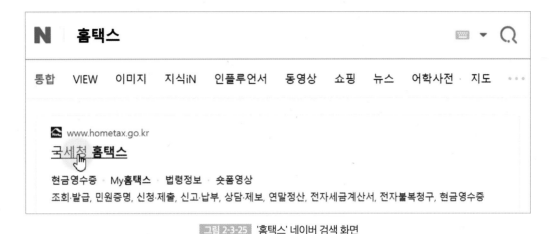

그림 2-3-25 '홈택스' 네이버 검색 화면

❶ 국세청 홈택스 홈페이지를 검색하여 접속한다.

❷ '로그인'을 눌러 공인인증서로 로그인한다.

> TIP 아이디로 로그인하거나 비회원으로 로그인해도 나중에 공인인증서가 필요하니 꼭 준비하자.

그림 2-3-26 홈택스 메인 화면

❸ 메뉴 > 신청/제출 > 사업자등록신청/정정 등 > 사업자등록간편신청(개인)-통신판매업

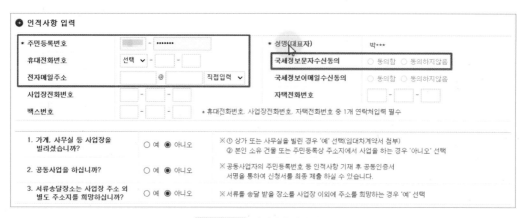

그림 2-3-27 인적사항 입력 화면

❹ 주민등록번호와 성명은 자동입력이다. (버퍼링 있음)

❺ 휴대전화번호 입력 > 국세정보문자수신동의 (동의함 or 동의하지않음)

> **TIP** 입력한 연락처로 광고 전화가 많이 온다. 광고 전화가 싫다면 PART 5-3을 참고하여 업무용 번호를 만들자.

> **참고** 비상주 사무실을 계약했다면 [1. 가게, 사무실 등 사업장을 빌리셨습니까?]에 '예'를 선택하고 임대차계약서를 첨부해야 한다.

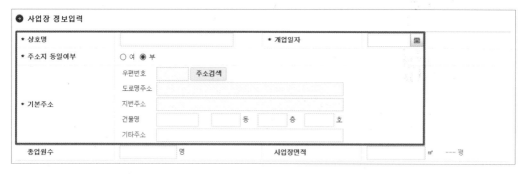

그림 2-3-28 사업장 정보입력 화면

위탁판매 기초 이론 익히기

스마트스토어 오픈 준비하기

매출을 올리는 전략과 실습

특징에 최적화된 상품 등록 전략과 실습

상품 등록 후 CS하기

스마트스토어 운영 TIP!

참고 사이트

퇴근 후 돈 벌 계획을 세워보자

❻ 상호명 입력

❼ 개업일자 선택 (현재와 가까운 아무 날짜로 선택하면 된다.)

❽ 주소 검색 > 주소 입력

> **TIP** 추후 원활한 금융거래나 서류 발급을 위하여 상호명에 특수문자는 넣지 않는 것이 좋다. 또한 정
> 보 보호를 위하여 스토어명과 다른 이름으로 정하자.

그림 2-3-29 업종 선택 화면

❾ [업종 입력/수정] 클릭

그림 2-3-30 업종 선택 - 업종코드목록

❿ 세세분류명 > 전자상거래 소매업 > 선택

⓫ [업종 등록] 클릭

그림 2-3-31 업종 선택 완료 화면

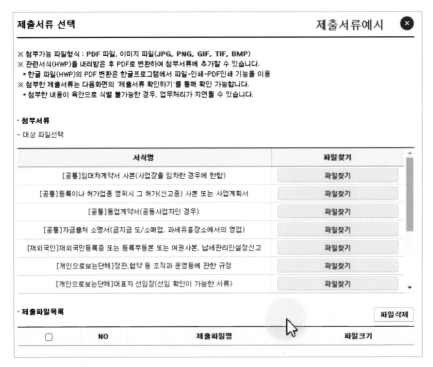

그림 2-3-32 사업자 유형 선택

⓬ 사업자 유형 > 일반 or 간이 중 선택

⓭ [저장 후 다음] 클릭

제출서류 선택   제출서류예시 ✕

※ 첨부가능 파일형식 : PDF 파일, 이미지 파일(JPG, PNG, GIF, TIF, BMP)
※ 관련서식(HWP)를 내려받은 후 PDF로 변환하여 첨부서류에 추가할 수 있습니다.
  • 한글 파일(HWP)의 PDF 변환은 한글프로그램에서 파일-인쇄-PDF인쇄 기능을 이용
※ 첨부한 제출서류는 다음화면의 '제출서류 확인하기'를 통해 확인 가능합니다.
  • 첨부한 내용이 육안으로 식별 불가능한 경우, 업무처리가 지연될 수 있습니다.

· 첨부서류
- 대상 파일선택

서식명	파일찾기
[공통]임대차계약서 사본(사업장을 임차한 경우에 한함)	파일찾기
[공통]등록이나 허가업종 영위시 그 허가(신고증) 사본 또는 사업계획서	파일찾기
[공통]동업계약서(공동사업자인 경우)	파일찾기
[공통]자금출처 소명서(금지금 도/소매업, 과세유흥장소에서의 영업)	파일찾기
[재외국인]재외국민등록증 또는 등록부등본 또는 여권사본, 납세관리인설정신고	파일찾기
[개인으로보는단체]정관,협약 등 조직과 운영등에 관한 규정	파일찾기
[개인으로보는단체]대표자 선임장(선임 확인이 가능한 서류)	파일찾기

· 제출파일목록   파일삭제

□	NO	제출파일명	파일크기

그림 2-3-33 제출서류 선택(제출하는 서류 없음, 비상주 사무실 계약한 경우 제외)

위탁판매 기초 이론 익히기

스마트스토어 오픈 준비하기

매출을 올리는 전략과 실습

특별에 최적화된 상품 등록 전략과 실습

상품 등록 후 CS하기

스마트스토어 운영 TIP!

참고 사이트

퇴근 후 돈 버는 계획을 세워보자!

❹ 스크롤 내려서 '다음' 클릭

- 비상주 사무실의 임대차계약서가 있는 경우 임대차계약서 사본을 이 단계에서 첨부하면 된다

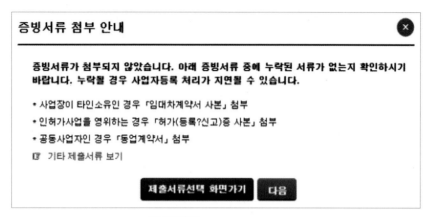

그림 2-3-34 증빙서류 첨부 안내

❺ '다음' 클릭

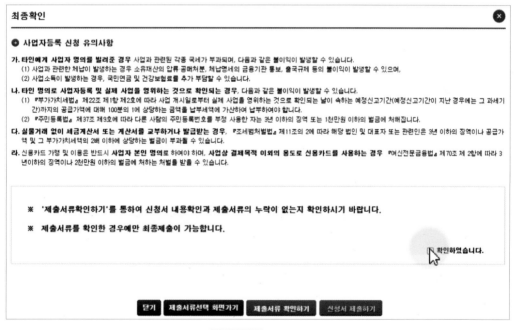

그림 2-3-35 최종확인1

⓰ [확인하였습니다] 체크

그림 2-3-36 최종확인2

⓱ [제출서류 확인하기] 선택

그림 2-3-37 업종 선택 완료 화면

⓲ '닫기' 클릭 (내용 검토가 필요하면 살펴보고 클릭한다.)

그림 2-3-38   신청서 제출하기

⓳ [신청서 제출하기] 클릭

그림 2-3-39   제출 확인

❷⓪ '확인' 클릭

그림 2-3-40 인터넷접수목록조회

신청이 완료되면 '인터넷접수목록조회' 화면으로 넘어가면서 접수된 내역이 보인다.

간편신청은 영업일 기준 1~2일 소요되며, 대부분 영업일 기준으로 익일 오전에 처리된다고 한다.

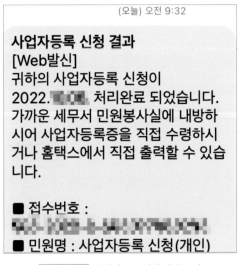

(오늘) 오전 9:32

사업자등록 신청 결과
[Web발신]
귀하의 사업자등록 신청이
2022.▓▓ 처리완료 되었습니다.
가까운 세무서 민원봉사실에 내방하
시어 사업자등록증을 직접 수령하시
거나 홈택스에서 직접 출력할 수 있습
니다.

■ 접수번호 :
▓▓▓▓▓▓▓▓▓▓▓
■ 민원명 : 사업자등록 신청(개인)

그림 2-3-41 사업자등록 신청 결과 문자

처리가 완료되면 문자가 온다. 사업자등록증을 발급하는 방법은 [그림 2-3-22]부터 따라 하면 된다.

3-4 통신판매업 신고하기

온라인에서 상품을 판매하기 위해서는 통신판매업 신고를 꼭 해야 한다. 과정은 [사업자등록 완료 > 구매안전서비스 이용확인증 발급 > 통신판매업 신고]이다. 통신판매업 신고를 하고 나면 등록면허세를 내게 되는데 지역별로 상이하니 [그림2-3-42]를 참고하자.

▮ 면허 : 지방세법 제34조

종별인구	50만 이상의 시	기타 시	군지역
제1종	67,500원	45,000원	27,000원
제2종	54,000원	34,000원	18,000원
제3종	40,500원	22,500원	12,000원
제4종	27,000원	15,000원	9,000원
제5종	18,000원	7,500원	4,500원

그림 2-3-42 통신판매업 면허세 구분표

통신판매업은 제3종에 해당된다. 2019년도까지 간이과세자는 등록면허세가 면제였지만 2020년부터 일반과세자와 똑같이 부과된다. 사업자 등록이 완료되었다면 이제 통신판매업 신고를 하러 가보자.

1) 구매안전서비스 이용확인증 발급

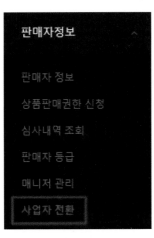

사업자등록증 사본과 대표자 통장 사본이 필요하다. 사진 촬영본도 가능하지만 컴퓨터로 신청하는 것이라 컴퓨터 파일로 준비해놓아야 한다.

그림 2-3-43 스마트스토어 판매자센터 내 판매자정보 화면

❶ 스마트스토어 판매자센터 접속

❷ 판매자정보 > 사업자 전환

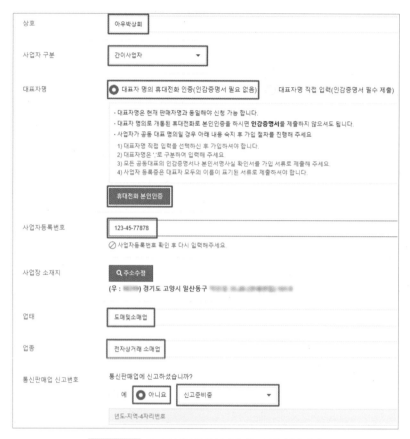

상호   아우박상회

사업자 구분   간이사업자

대표자명   ⦿ 대표자 명의 휴대전화 인증(인감증명서 필요 없음)   대표자명 직접 입력(인감증명서 필수 제출)

· 대표자명은 현재 판매자명과 동일해야 신청 가능 합니다.
· 대표자 명의로 개통된 휴대전화로 본인인증을 하시면 **인감증명서**를 제출하지 않으셔도 됩니다.
· 사업자가 공동 대표 명의일 경우 아래 내용 숙지 후 가입 절차를 진행해 주세요

1) 대표자명 직접 입력을 선택하신 후 가입하셔야 합니다.
2) 대표자명은 ','로 구분하여 입력해 주세요
3) 모든 공동대표의 인감증명서나 본인서명사실 확인서를 가입 서류로 제출해 주세요.
4) 사업자 등록증은 대표자 모두의 이름이 표기된 서류로 제출하셔야 합니다.

[휴대전화 본인인증]

사업자등록번호   123-45-77878
⊘ 사업자등록번호 확인 후 다시 입력해주세요.

사업장 소재지   [🔍 주소수정]
(우 : ▩▩▩) 경기도 고양시 일산동구 ▩▩▩ ▩▩▩▩▩▩▩ ▩▩▩

업태   도매및소매업

업종   전자상거래 소매업

통신판매업 신고번호   통신판매업에 신고하셨습니까?
예 ⦿ 아니요   신고준비중 ▾
년도-지역-4자리번호

그림 2-3-44   사업자 정보와 통신판매 신고번호 입력 화면

❶ 상호: 사업자등록증에 있는 상호 입력

❷ 사업자구분: 간이 or 일반

❸ 휴대전화인증: 안될 경우 인감증명서 제출

❹ 사업자등록번호 입력

❺ 사업장 소재지: 확인

❻ 업태: 도매 및 소매업

❼ 업종: 전자상거래 소매업

❽ 통신판매업 신고번호: 아니요 - 신고 준비 중

그림 2-3-45 정산대금 입금 계좌 및 수령 방법 선택 화면

그림 2-3-46 서류 첨부 화면

❾ 정산대금 수령방법 선택 후 계좌 인증

❿ 사업자등록증, 대표자 통장 사본 첨부

⓫ '신청' 클릭

그림 2-3-47	그림 2-3-48 우측 상단 '구매안전서비스 이용확인증' 버튼
'판매자 정보' 위치	

⓬ 신청 후 '판매자 정보' 클릭

⓭ 우측 '구매안전서비스 이용확인증' 클릭

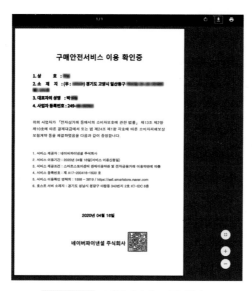

그림 2-3-49 구매안전서비스 이용 확인증

❹ 구매안전서비스 이용 확인증 캡처 or 키보드 'Prt Sc' 누른 후 그림판에서 저장

❺ 파일 확장자 'jpg'로 저장

> TIP 나운로드할 경우에 pdf로 다운로드가 되는데 pdf 확장자는 통신판매업 신고할 때 서류 첨부가 안 된다. 반드시 화면을 캡처하여 jpg로 저장하도록 하자.

2) 통신판매업 신고

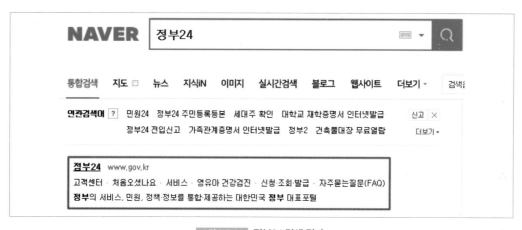

그림 2-3-50 정부24 검색 결과

❶ '정부24' 홈페이지 접속

❷ 공인인증서 로그인

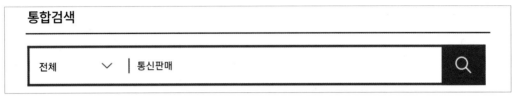

그림 2-3-51 정부24 사이트 내에서 '통신판매' 검색

통신판매업신고-시.군.구

전기통신매체, 광고물 등을 통해 소비자와 직접 상거래가 이루어지는 통신판매업을 하고자 하는 경우 신고하는 민원사무입니다. 공정거래위원회는 소비
자 권익보호를 위해 민원인이 신고한 통신판매업자의 신원정보(전화번호, 주소 등)를 위원회 홈페이지(www.ftc.go.kr)에 공개하고 있습니다.

민원서비스　공정거래위원회　인증서 필요(본인)　　　　　　　　　　　　　　　　　　　　　　　　　　　　　신청

그림 2-3-52 통신판매업신고 신청 버튼

❸ '통신판매' 검색

❹ 통신판매업신고 '신청' 클릭

> **TIP** **'정부24'와 '국세청 홈택스'의 차이**
> 1. 정부24: 통신판매 신고
> 2. 국세청 홈택스: 사업자 등록 신청 및 세금 신고

그림 2-3-53 업체 정보 입력 화면

위탁판매 기초 이론 익히기

스마트스토어 오픈 준비하기

매출을 올리는 전략과 실습

투잡에 최적화된 상품 등록 전략과 실습

상품 등록 후 CS하기

스마트스토어 운영 TIP!

참고 사이트

판로 확보 후 도별 계획을 세워보자!

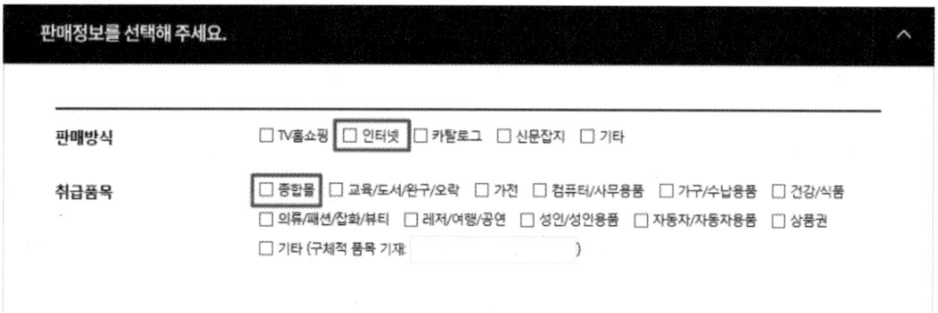

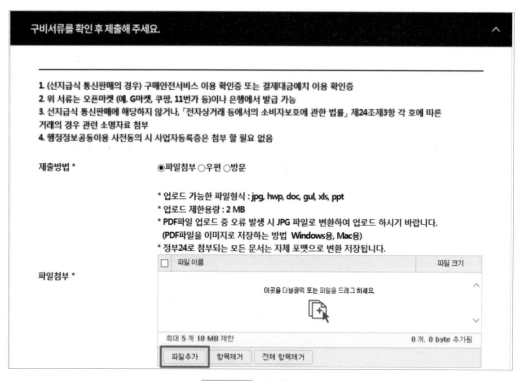

그림 2-3-54 판매정보 선택 화면

❺ 업체정보 : 사업자등록증과 똑같이 입력

❻ 판매방식: 인터넷

❼ 취급품목: 종합몰

> **TIP** 사업자등록증과 글자 하나라도 다를 경우 처리가 지연될 수 있으니 반드시 똑같이 입력한다.

그림 2-3-55 서류 첨부 화면

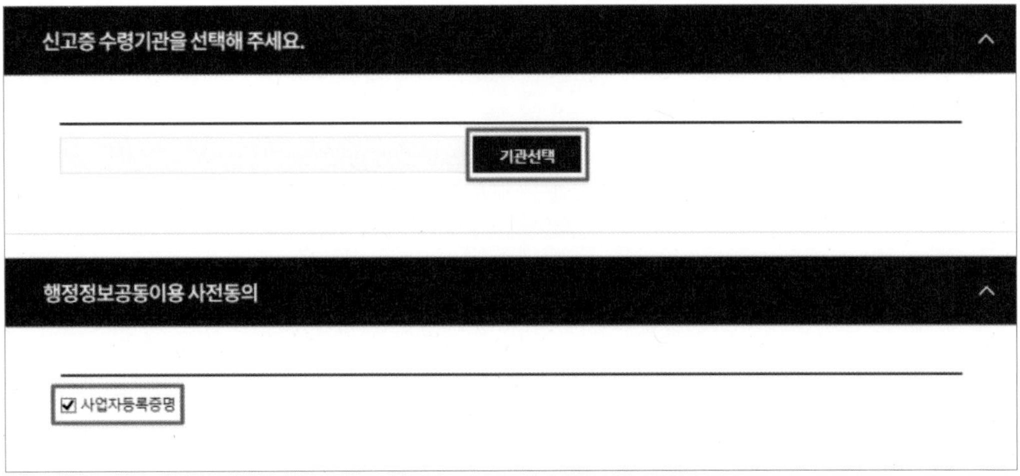

우리판매 기초 이론 익히기

스마트스토어 오픈 준비하기

매출을 올리는 전략과 실습

투경에 최적화된 상품등록 전략과 실습

상품 등록 후 CS하기

스마트스토어 운영 TIP!

참고 사이트

퇴근후돈되는부업 계획을 세워보자!

신고증 수령기관을 선택해 주세요.

기관선택

행정정보공동이용 사전동의

☑ 사업자등록증명

그림 2-3-56 수령기관과 행정정보공동이용 사전동의 화면

❽ '구매안전서비스 이용확인증' 첨부

❾ 사업자등록증은 첨부하지 않는다.

❿ 수령기관: 등본상의 주소지로 자동 선택

> **TIP** 통신판매신고증은 직접 방문하여 수령을 원한다면 수령기관 선택 시 OO구청 무슨 과인지 확
> 인해야 한다. 구청마다 부서명이 달라서 헷갈릴 수 있다.

통신판매 신고가 완료되었다. 영업일 기준으로 1~3일 후 처리되며 처리완료 연락을 받는다. 통
신판매 신고증을 직접 수령할 때는 신청한 시군구청에 가서 수령해야 한다.

온라인으로 수령을 원한다면 위택스나 이택스 홈페이지에서 출력이 가능하다

4 스마트스토어 오픈 준비

4-1 나만의 로고 만들기

스마트스토어의 간판과 프로필 사진의 역할을 하는 로고는 꼭 만들어야 한다. 스토어의 신뢰성을 주는 요소이기 때문이다. 그렇다고 해서 로고에 힘을 많이 쏟거나 3~5만 원씩 돈을 주고 만드는 사람도 있는데 위탁판매에서 그럴 필요는 없다. 로고 만드는 방법은 어렵지 않으니 같이 해보자!

> **TIP** 미리캔버스는 화면이 조금씩 자주 바뀐다. 그러나 큰 틀은 같다. 책을 읽는 시점에 화면이 조금 바뀌어 있어도 당황하지 않고 따라 할 수 있다. 그래도 어렵다면 카페에 질문을 남기면 된다.

1) 로고 만들기 실습 1

그림 2-4-01 미리캔버스 메인 작업 화면　　그림 2-4-02 '로고/프로필'의 위치

❶ '미리캔버스' 가입 후 로그인(https://www.miricanvas.com)

❷ 우측 상단 '디자인 만들기' 클릭

❸ 템플릿 > 검색창 아래 '모든 템플릿' 클릭

❹ 로고/프로필 선택

> **TIP** 미리캔버스는 예쁜 이미지를 쉽게 만들 수 있는 사이트로 필자가 정말 애용하는 사이트이다.
> 무료로 이용할 수 있으며 로고, PPT, 유튜브 썸네일, 명함 등 많은 템플릿이 있고 원하는 대로 꾸밀
> 수도 있다. 필자는 포토샵을 다룰 줄 알지만 이 사이트를 알고 나서 포토샵을 열어본 적이 없다.

그림 2-4-03 로고 예시1

그림 2-4-04 로고 예시2

❶ 마음에 드는 로고 선택

❷ 오른쪽 큰 화면에서 글자만 바꿔준다.

❸ 간단하게 로고 완성

❹ 완성 후 우측 상단 '다운로드' 클릭

❺ 'PNG' 선택 후 다운로드

2) 로고 만들기 실습 2

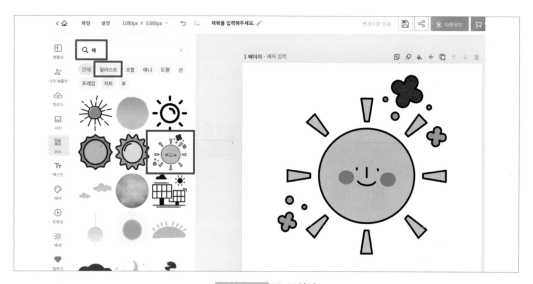

그림 2-4-05 '요소' 화면

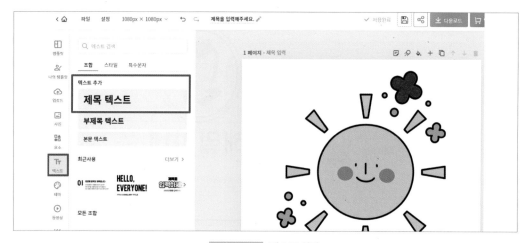

그림 2-4-06 '텍스트' 화면

❶ 요소 > 스토어 상징하는 단어 검색

❷ 마음에 드는 이미지 선택

❸ 텍스트 > 텍스트 추가 > 제목 텍스트

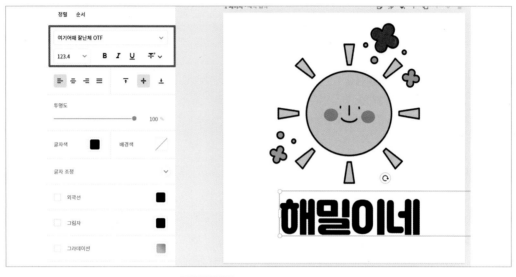

그림 2-4-07 글자체와 글자 크기 선택

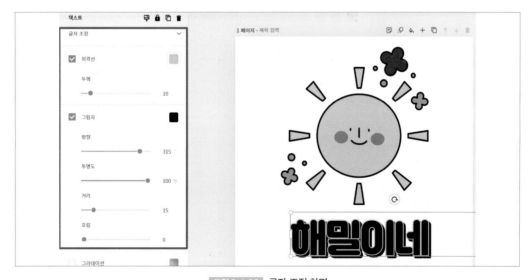

그림 2-4-08 글자 조정 화면

❹ 텍스트 입력

❺ 글자체 선택

❻ 글자 크기 선택

❼ 쉽게 로고 완성

❽ 완성 후 우측 상단 '다운로드' 클릭

❾ 'PNG' 선택 후 다운로드

> **TIP** **책에서 다룬 텍스트 설정값**
> 1. 외곽선 체크 - 두께 10
> 2. 그림자 체크 - 방향 315 / 투명도 100 / 거리 15 / 흐림 0

3) 로고 만들기 실습 3(추천)

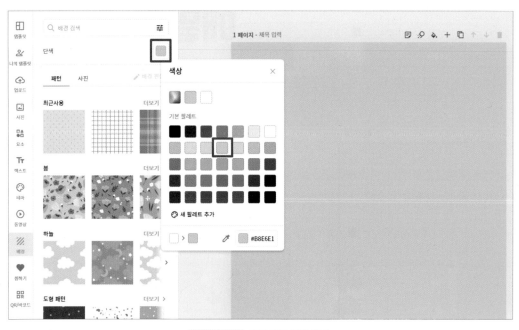

그림 2-4-09 배경 색상 선택 화면

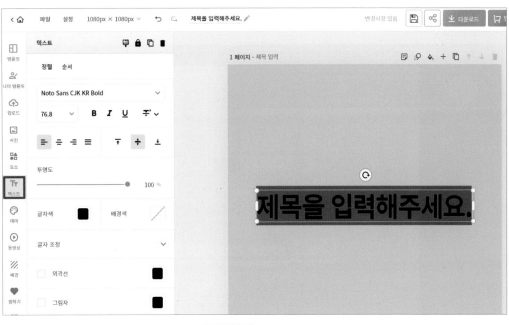

그림 2-4-10 '텍스트' 화면

❶ 배경 > 색상 선택

❷ 텍스트 > 텍스트 추가 > 제목 텍스트

❸ 화면을 스토어명으로 꽉 채우기

❹ 완성 후 우측 상단 '다운로드' 클릭

❺ 'PNG' 선택 후 다운로드

그림 2-4-11 로고 완성 예시

TIP [그림 2-4-11]의 스타일이 스토어명을 기억하기가 쉽고 잘 보인다. 스마트스토어의 로고는
카카오톡 프로필 사진보다 작게 보이므로 그림보다는 스토어명을 크게 쓰는 게 좋다.

4) 로고 적용하기

그림 2-4-12 로고 삽입 경로

그림 2-4-13 로고 등록 후 화면

❶ 스마트스토어 판매자센터 접속

❷ 스토어 전시관리 > 스토어 관리

❸ 스토어 대표 이미지 > 로고 추가

❹ 저장

❺ 영업일 기준 1~3일 후 적용

그림 2-4-14

스마트스토어센터에서 보이는 로고

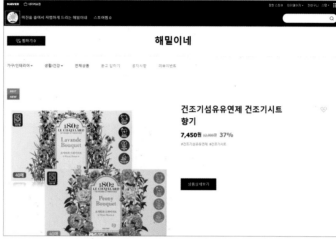

그림 2-4-15 PC화면에서 보이는 로고

그림 2-4-16

스마트스토어센터에서 보이는 로고2

그림 2-4-17 PC화면에서 보이는 로고2

액티판매 기초 이론 익히기

스마트스토어 오픈 준비하기

매출을 올리는 전략과 실습

투잡에 최적화된 상품 등록 전략과 실습

상품 등록 후 CS하기

스마트스토어 운영 TIP!

참고 사이트

퇴근 후 돈 버 계획을 세워보자!

4-2 경쟁력을 키우는 스토어 세팅 방법

카페에 지속적으로 업데이트하고 있으니 화면이 바뀌었을 때 카페에 있는 자료를 통해 따라 하면 된다. 카페에 자료가 없을 시 요청하면 된다.

1) 스토어 전시관리 > 스마트스토어
㉠ 공통 관리 - 컬러 테마

그림 2-4-18 스토어 전시관리 위치

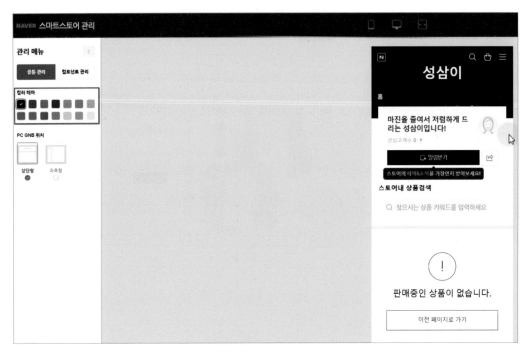

그림 2-4-19 컬러 테마

❶ 스마트스토어 판매자센터 접속

❷ 스토어 전시관리 > 스마트스토어

❸ 공통 관리 > 컬러 테마 (스토어 분위기와 어울리는 색으로 선택)

❹ 배경 관리: 스토어와 어울리는 색상 선택

ⓛ 공통 관리 - PC GNB 위치

그림 2-4-20 PC GNB 위치 상단형

그림 2-4-21 PC GNB 위치 좌측형

❶ 상단에 '모니터' 아이콘을 누르면 PC화면으로 바뀐다

❷ 상단형과 좌측형 중에서 원하는 스타일로 선택

ⓒ 컴포넌트 관리 - 스토어 이름~카테고리 & 메뉴

그림 2-4-22 스토어 이름 관리

❶ 컴포넌트 관리 > 스토어 이름

> **TIP** • 텍스트형 : 기본 형태
> • 로고형 : 스토어에서 스토어명을 이미지로 보이게 한다.
> 필수가 아닌 선택사항이며 필자 스토어는 기본 형태인 '텍스트형'으로 되어있다.

그림 2-4-23 미리캔버스 사이즈 선택 화면

❷ 미리캔버스 접속

❸ 좌측 상단 '1080px × 1080px' 클릭 (사이즈 숫자는 다르게 보일 수 있다.)

❹ 사이즈 직접입력: 400×90 변경

그림 2-4-24 완성 예시

❺ 배경 흰색

❻ 텍스트 > 제목 텍스트 추가

❼ 자유롭게 만들기

TIP **책에서 다룬 텍스트 설정값**
1. 글자 색상 - 흰색
2. 글자 조정 클릭
3. 외곽선 체크 - 두께 조절 / 색상 변경

그림 2-4-25 다운로드 옵션

그림 2-4-26 '컴포넌트 관리'에서 '이미지 등록' 화면

❽ 완성 후 '다운로드' 클릭

❾ 다운로드: PNG, 투명한 배경

❿ 고해상도 다운로드

⓫ 스마트스토어 판매자센터 - 스토어 이름 관리

⓬ PC&모바일: 등록

⓭ '적용하기' 클릭

그림 2-4-27 텍스트형 그림 2-4-28 로고형 – PC

그림 2-4-29 텍스트형과 로고형 – 모바일

위탁판매 기초 이론 익히기

스마트스토어 오픈 준비하기

매출을 올리는 전략과 실습

틈새에 최적화된 상품 등록 전략과 실습

상품 등록 후 CS하기

스마트스토어 운영 TIP!

참고 사이트

태그 후 단별 계획을 세워보자!

관리 메뉴   카테고리 & 메뉴 관리   ✕

| 공통 관리 | **컴포넌트 관리** |

스토어 이름

카테고리 & 메뉴

프로모션 이미지

스토어 및 셀러 정보

고객혜택 배너

베스트 상품
베스트리뷰 상품
신상품
자유상품
자유배너
쇼핑 스토리
전체상품
기획전 배너
스토리형 상품

푸터

＋ 컴포넌트 추가

카테고리 관리
그 외 판매자 설정 카테고리는 **스토어 전시관리 > 카테고리 관리** 메뉴에서 확인할 수 있습니다.

베스트
전시상품은 베스트 선정 기준에 따라 자동추출되며, 수동으로 선정할 수 없습니다.

| 베스트 | 3/15 |

메뉴 관리
메뉴명은 텍스트로만 설정 가능합니다.

공지사항 관리 ›
메뉴명 변경이 불가능 합니다.

판매자 정보 관리 ›
메뉴명 변경이 불가능 합니다.

기획전 관리 ›
PC 에서만 노출되는 메뉴입니다.

| 기획전 | 3/15 |

묻고 답하기 관리 ›
PC 에서만 노출되는 메뉴입니다.

| 묻고 답하기 | 6/15 |

쇼핑스토리 관리 ›

| 쇼핑스토리 | 5/15 |

리뷰이벤트 관리 ›

| 리뷰이벤트 | 5/15 |

그림 2-4-30 카테고리 & 메뉴 관리

❹ 카테고리 & 메뉴 관리는 모두 OFF

❺ 좌측에 보이는 메뉴들도 '전체 상품'을 제외하고 모두 OFF하자.

위탁판매에서는 베스트 상품을 가려야 한다. 경쟁사에서 배껴가기 때문이다.

ㄹ 컴포넌트 관리 - 프로모션 이미지(선택사항)

그림 2-4-31 '컴포넌트 관리' 내 '프로모션 이미지'

다음은 프로모션 이미지이다. 스토어명 아래 큰 이미지를 넣어 스토어의 전문성을 보여주거나 세일상품, 주력상품을 보여줄 수 있다. 말 그대로 나의 스토어나 상품을 홍보하는 이미지이다. 위탁판매에서는 프로모션 이미지가 없어도 아무런 영향이 없으니 시간이 오래 걸린다면 그냥 넘어가면 된다. 필자도 매출이 안정되고 난 후 늦게 설정했다. 필자가 실제로 설정했던 스토어 프로모션 이미지와 주력상품 프로모션 이미지를 같이 만들어보자.

그림 2-4-32 스토어 프로모션 이미지 예시

그림 2-4-33 주력 상품 이미지 예시

· 스토어 프로모션 이미지 만들기

그림 2-4-34 미리캔버스 사이즈 설정 화면

❶ 미리캔버스 접속
❷ 사이즈 직접입력: 1920×400 변경

그림 2-4-35 가이드선의 위치
그림 2-4-36 '가이드선 보기' 활성화 

❸ 설정 > 가이드선 > '가이드선 보기' 활성화
❹ 세로 가이드선 추가

그림 2-4-37 이미지 크기 가이드

우리는 지금까지 메뉴 상단형으로 꾸몄는데 메뉴 상단형은 글자를 1280px만큼 넣으라고 한다. 1280px의 영역을 표시한 후 그 안을 꾸미면 된다. 메뉴 상단형은 메뉴와 카테고리 버튼이 가로로 상단에 위치하고 메뉴 좌측형은 세로로 왼쪽에 위치한다.

그림 2-4-38 '세로 가이드선 1'의 위치

그림 2-4-39 '세로 가이드선 2'의 위치

❺ 세로 가이드선 1 > 320px에 놓기
❻ 세로 가이드선 2 > 1600px에 놓기
❼ 320px에서 1600px 사이를 꾸미면 된다.

그림 2-4-40 템플릿 선택 후 '맞추기' 선택 화면

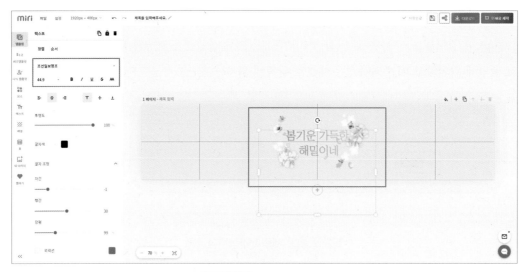

그림 2-4-41 텍스트 변경 화면

⑧ 템플릿 > 마음에 드는 디자인 선택

⑨ 화면 중앙에서 '맞추기' 선택

⑩ '봄날 세일'을 지우고 원하는 문구를 넣는다.

⑪ 꽃을 양쪽으로 벌려주었다.

TIP 책에서 다룬 텍스트 설정값

1. 글자체: 조선일보명조
2. 글자 크기: 44.9
3. 글자 조정 클릭
3. 외곽선 체크 - 두께 조절 / 색상 변경

그림 2-4-42 완성 예시1

⓬ 배경색 유지 or 배경색 변경(선택사항)

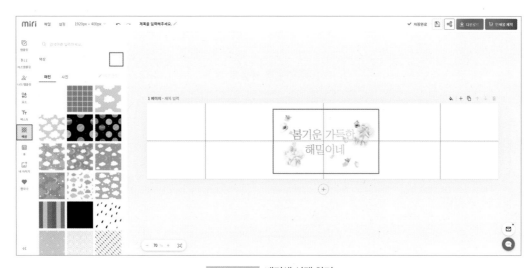

그림 2-4-43 배경색 선택 화면

그림 2-4-44 완성 예시2

⓭ 배경 > 색상 > 흰색

⓮ 스토어 프로모션 이미지 완성

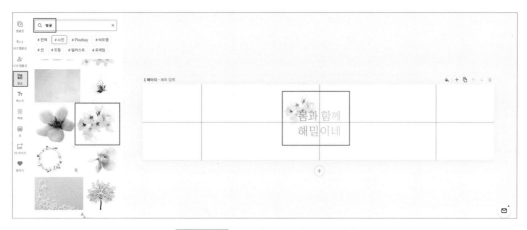

그림 2-4-45 '요소'에서 마음에 드는 꽃 선택

위탁판매 기초 이론 익히기

스마트스토어 오픈 준비하기

매출을 올리는 전략과 실습

틈새에 최적화된 상품 등록 전략과 실습

상품 등록 후 CS하기

스마트스토어 운영 TIP!

참고 사이트

퇴근 후 돈 벌 계획을 세워보자!

봄과 함께
해밀이네

그림 2-4-46 완성 예시3

조금 더 예쁘게 꾸며보고자 한다면 요소에서 '벚꽃'을 검색하고 마음에 드는 이미지를 선택하여
넣어준다. 문구도 마음에 드는 문구로 넣어주면 된다.

지금까지 PC에서 보이는 이미지를 만들었다. 이번에는 모바일용 이미지를 만들어보자! 이제부
터는 아주 쉽다.

그림 2-4-47 미리캔버스 사이즈 실징

그림 2-4-48 '채우기' 버튼 클릭

위탁판매 기초 이론 익히기

스마트스토어 오픈 준비하기

매출을 올리는 전략과 실습

투자절차적으로 상품등록 전략과 실습

상품 등록 후 CS하기

스마트스토어 운영 TIP!

참고 사이트

퇴근 후 돈 벌 계획을 세워보자!

❶ 직접 입력 사이즈: 750×600

❷ '채우기' 선택

❸ 모바일용 이미지 완성

그림 2-4-49 '요소'에서 '벚꽃' 검색하여 삽입한 화면

그림 2-4-50 완성 예시

더 꾸미고 싶다면 '요소'에서 이미지를 넣어도 된다. (선택사항)

· 주력 상품 이미지 만들기

다음은 주력상품 이미지를 만들어보자. 스토어 프로모션 이미지와 똑같다.

사이즈는 1920×400, 세로선도 320px에 하나 1600px에 하나 넣어준다.

그림 2-4-51 템플릿 선택 화면

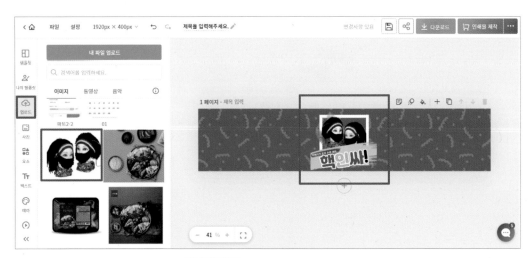

그림 2-4-52 '내 파일 업로드' 삽입 화면

❶ 템플릿 > 마음에 드는 템플릿 선택

❷ '맞추기' 선택

❸ 업로드 > 내 파일 업로드 > 주력 상품 이미지 열기

위트폐쇄 기초 이론 익히기

스마트스토어 오픈 준비하기

매출을 올리는 전략과 실습

투경에 최적화된 상품 이동 전략과 실습

상품 등록 후 CS하기

스마트스토어 운영 TIP!

참고 사이트

퇴근 후 또또 계획을 세워보자기

TIP **사진 배경 쉽게 지우기**

1. https://www.remove.bg 접속
2. 이미지 업로드
3. 다운로드(사이즈 크게)
4. 배경 지우기 완성!

해당 사이트는 무료 사이트이며 사진을 업로드만 하면 자동으로 배경을 지워준다. 배경 지우는 것을 '누끼 딴다'라고도 하는데 누끼 따는 것을 배우려고 학원에 다니는 사람들도 있다. 요즘에는 좋은 사이트들이 많으니 간편하게 이용하자. 물론 자동으로 배경을 지우는 거라 배경이 복잡하면 잘 안 지워질 수 있다.

❹ 원하는 문구를 넣기

❺ 텍스트 설정하기

❻ 완성!

모바일도 스토어 프로모션 이미지처럼 750×600으로 변경해주고 '채우기'를 클릭한다.

그림 2-4-53 사이즈 변경 후 '채우기' 버튼 화면

완성이다! 참고로 자메이카 모자랑 수염세트는 필자의 실제 효자템 중 하나이다.

◎ 프로모션 이미지 적용하기

그림 2-4-55 주력상품 프로모션 이미지 적용 화면

<스토어 프로모션 이미지>

❶ '제목을 입력하세요.' 클릭

❷ PC와 모바일에 이미지 넣기

❸ 링크: 링크 없음

❹ 제목 색상 자유, 문구 자유롭게 입력

<주력상품 프로모션 이미지>

❶ '이미지 추가' 누르기

❷ PC와 모바일에 이미지 넣기

❸ 이미지링크:상품>상품추가>해당상품클릭>상품등록

❹ 제목 내용 없음 (있어도 됨, 자유롭게)

그림 2-4-56 스토어 프로모션 이미지가 적용된 모습 - PC

그림 2-4-57 주력 상품 프로모션 이미지가 적용된 모습 - PC

그림 2-4-58 스토어 프로모션 이미지가 적용된 모습 - 모바일 그림 2-4-59 주력 상품 프로모션 이미지가 적용된 모습 - 모바일

ⓗ 스토어 및 셀러 정보 - 스토어 및 셀러 정보 관리

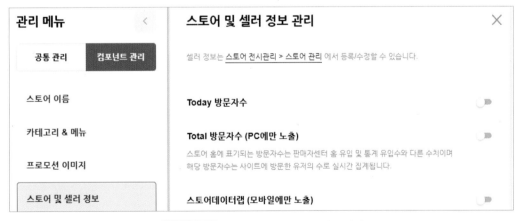

그림 2-4-60 '컴포넌트 관리'에서 '랭킹상품' 화면

❶ 경쟁사로부터 나의 스토어를 보호하기 위해 스토어등급을 제외한 모든 항목을 OFF한다.

2) 쇼핑파트너센터 - 구매건수 노출

스토어를 방어하는 세팅을 하나 더 해보자!

그림 2-4-61 스마트스토어 판매자센터 화면

그림 2-4-62 쇼핑파트너센터 화면

❶ 스마트스토어 판매자센터 접속

❷ 좌측 상단 '쇼핑파트너센터' 클릭

❸ 쇼핑파트너센터 > 정보관리 클릭

그림 2-4-63 '상품 구매건수 노출여부' 화면

❶ 맨 하단 > 상품 구매건수 노출여부 > 노출안함

❷ 저장

위탁판매 기초 이론 익히기

스마트스토어 오픈 준비하기

매출을 올리는 전략과 실습

두잼재 저작권 침 상품 등록 전략과 실습

상품 등록 후 CS하기

스마트스토어 운영 TIP!

참고 사이트

퇴근 후 도전 계획을 세워보자!

상품 구매건수 노출은 무엇인지 간단히 알아보자.

 고밀도 만능 1인용 2인용 3인용 4인용 쇼파커버 소파커버

28,900원

가구/인테리어 > 홈데코 > 커버류 > 소파커버/패드

종류 : 소파커버 | 사용인원 : 3인용, 4인용 | 주요소재 : 패브릭 | 사용형태 : 팔걸이낮음,
피카손 지중해를 담아, 소파에 옷을 입힌다

리뷰 9,179 · 구매건수 6,487 · 등록일 2016,06, · ♡ 찜하기 4,754 · 🔔 신고하기 💬 톡톡

 **극세사 스판 쇼파커버 패드 가죽 카우치 커버링 2인용 3인용 4인용**

20,400원

가구/인테리어 > 홈데코 > 커버류 > 소파커버/패드

종류 : 소파커버 | 사용인원 : 2인용, 3인용, 4인용 | 주요소재 : 극세사, 기타, 패브릭, 폴리에스테르
| 사용형태 : 팔걸이낮음, 팔걸이높음 | 패턴 : 무지, 체크 | 색상계열 : 그레이, 네이비, 브라운,

리뷰 846 · 구매건수 1,670 · 등록일 2019,01, · ♡ 찜하기 816 · 🔔 신고하기 💬 톡톡

 **순면 극세사 쇼파패드 쇼파커버 50종/스툴커버/1-5인용**

27,900원

가구/인테리어 > 홈데코 > 커버류 > 소파커버/패드

종류 : 소파패드 | 사용인원 : 1인용, 2인용, 3인용, 4인용, 5인용, 6인용 | 주요소재 : 극세사, 면, 코튼,
고품질제품만 취급합니다!

리뷰 2,202 · 구매건수 1,791 · 등록일 2015,08, · ♡ 찜하기 1,478 · 🔔 신고하기 💬 톡톡

그림 2-4-64 | 상품 구매건수 '노출함'으로 설정한 경우

상품 구매건수가 노출되면 [그림 2-4-64]처럼 구매건수가 보인다. 구매건수는 6개월간의 주문건수이다. 대형 판매자는 고객에게 일부러 노출시키지만 초보 판매자는 구매건수가 높지 않아서 고객에게 일부러 보여줄 필요가 없다. 오히려 구매건수를 가려서 경쟁사가 나의 스토어 매출을 파악하는 것을 막을 수 있다. 스토어 매출이 높으면 상품명을 복사해가거나 분석의 대상이 되므로 최대한 막는 것이 좋다.

 **순면 프릴 쇼파패드 3컬러 (3인/4인용)**

22,900원

가구/인테리어 > 홈데코 > 커버류 > 소파커버/패드

리뷰 45 (네이버페이 21) · 등록일 2020,02, · ♡ 찜하기 51 · 🔔 신고하기 💬 톡톡

그림 2-4-65 | 상품 구매건수 '노출안함' 설정한 경우

4-3 네이버 톡톡 연결 및 매니저 추가하기

네이버 톡톡은 고객이 배송 관련 안내를 받을 수 있고 판매자와 고객이 대화할 수 있는 메신저인데, 설치나 절차 없이 대화할 수 있다. 고객은 문의 게시판에 질문을 남기고 기다리는 것보다실시간으로 대화하는 것을 더 선호한다. 판매자로서도 전화를 걸지 않고 간단히 내용을 확인하기에 편하다는 장점이 있다. 하지만 네이버 톡톡을 이용하려면 판매자가 네이버 톡톡을 활성화해야 한다. 우리가 할 수 있는 방법인 네이버 톡톡 활성화를 해보자!

1) 네이버 톡톡 활성화 및 가입하기

그림 2-4-66 '노출 서비스 관리' 화면

❶ 스마트스토어센터 > 노출관리 > 노출 서비스 관리)

❷ 네이버 톡톡: 사용함

> **TIP** **1. 네이버쇼핑: 사용함**
> - 네이버쇼핑에 보이게 하려면 반드시 체크해야 한다.
>
> **2. 웹사이트 검색등록: 설정함**
> - 네이버 검색창에 내 스토어 이름을 검색하면 스토어가 검색된다.
> (설정 후 4시간~익일에 반영된다)

자세한 톡톡 가입 방법과 세팅 방법은 방구석 비즈니스 카페에서 무료 강의로 수강할 수 있다.

(또바기 등급)

위탁판매 기초 이론 익히기

스마트스토어 오픈 준비하기

매출을 올리는 전략과 실습

특별히 취약했던 상품 도표 전략과 실습

상품 등록 후 CS하기

스마트스토어 운영 TIP!

참고 사이트

퇴근 후 돈 벌 계획을 세워보자!

3) 매니저 추가하기(선택사항)

네이버 아이디가 여러 개 있거나 가족, 또는 친구와 함께 운영하는 경우에 아이디를 매니저로 추가하여 추가한 아이디로도 스마트스토어를 관리할 수 있다. 필자는 네이버 아이디가 3개라서 3개 모두 추가하였다. 어떤 아이디로 로그인해도 스마트스토어를 관리할 수 있게 된 것이다. 이 것도 필수사항은 아니고 필요한 상황이 올 때 아래 과정을 따라 하면 된다.

그림 2-4-67 매니저 관리 화면

❶ 스마트스토어 판매자센터 접속
❷ 판매자정보 > 매니저 관리
❸ '매니저 초대' 클릭

그림 2-4-68 매니저 정보 입력 **그림 2-4-69** 정보 확인

그림 2-4-70 초대 완료 메시지

❶ 초대할 사람의 이름과 연락처 넣기

❷ '추가' 버튼 클릭

❸ 매니저 권한 선택 (계정 주매니저or 계정 부매니저)

❹ '확인' 클릭

❺ 초대 완료

알고가기! 권한별 접근 권한

• 계정 주매니저: 스마트스토어 계정의 전체 기능과 스마트스토어 판매자센터 모든 메뉴를 이용할 수 있다.

• 계정 부매니저: 상품 등록/수정, 채널 정보 변경 등 일부 기능만 이용할 수 있다.
  (판매관리/정산관리/정보변경 등 일부 메뉴 접근 제한)

쉽게 말해 '계정 주매니저'는 모든 걸 이용할 수 있고, '계정 부매니저'는 상품 등록만 할 수 있다.

그림 2-4-71 수락하기 전 화면

그림 2-4-72 수락 후 화면

입력한 번호로 매니저 초대 문자가 간다. 초대받은 사람이 문자를 받고 수락하기 전까지는 '초대중' 상태로 보인다. 수락하면 아이디가 등록되면서 '수락일자'가 보인다. 이제 다른 아이디로도 스마트스토어를 관리할 수 있다.

위탁판매 기초 이론 익히기

스마트스토어 오픈 준비하기

매출을 올리는 전략과 실습

특정에 최적화된 상품 등록 전략과 실습

상품 등록 후 CS하기

스마트스토어 운영 TIP!

참고 사이트

퇴근 후 돈 벌 계획을 세워보자!

도매사이트 익히기

5-1 도매사이트 가입하기

상품을 스마트스토어에 올리기 위해서는 도매사이트에 필수로 가입해야 한다. 여러 도매사이트가 있지만 초보자에게 제일 적합한 곳은 '온채널'이라는 사이트인데, 화면 구성도 쉽게 되어있고 모바일로 관리하기가 아주 편하기 때문이다.

타 도매사이트의 경우 발주를 넣을 때 '우편 번호 찾기'로 주소를 검색하여 넣는 과정을 두 번 반복하는 번거로움이 있다. 주소를 검색하기 위해 모바일에서 발주를 넣을 때 고객의 주소를 외우거나 도매사이트에서 스마트스토어로 화면 이동을 자주 하게 된다. 반면에 온채널은 스마트스토어에서 주소를 복사하여 붙여넣기만 하면 되니 이용이 쉽고 시간을 효율적으로 사용할 수 있다.

도매사이트는 대부분 사업자만 이용할 수 있다. 따라서 회원가입은 사업자등록 후에 가능하다. 이 책의 독자들을 위해 온채널로부터 혜택을 받아왔다. 혜택 내용에서 단독상품관이란 온채널 단독 공급 제품관이다. 원래 최근 3개월 월평균 매출 100만 원 이상일 때 이용 가능한 서비스이며 가격을 반드시 준수해야 한다.

✔ **혜택 내용**

❶ 첫 발주 포인트 3,000원 지원 (신규 가입 시)
❷ 단독상품관(구 가격 준수 B2B) 이용 가능

✔ **혜택받는 방법**

회원가입 시 '연결할 파트너스 리더가 있나요?'라는 질문에 '있어요'를 선택하고 '박하나'를 검색하

위탁판매 기초 이론 익히기

스마트스토어 오픈 준비하기

매출을 올리는 전략과 실습

특정에 최적화된 상품 등록 전략과 실습

상품 등록 후 CS하기

스마트스토어 운영 TIP!

참고 사이트

막고 후 돈 별 계획을 세워보자!

여 '박하나 우노'를 클릭한다. 파트너스 리더를 '박하나 우노'로 설정해야 자동으로 혜택이 들어간다. (자세한 내용은 '방구석 비즈니스' 카페 공지사항 참고)

그림 2-5-01 회원 정보 및 약관 동의 화면1   **그림 2-5-02** 회원 정보 및 약관 동의 화면2

❶ 정보 입력

❷ 인증번호 전송 (카카오톡으로 인증번호 확인 후 인증)

❸ '연결할 파트너스 리더가 있나요?'에 '있어요' 선택

❹ '박하나' 검색 후 '박하나 우노' 선택

❺ '모든 약관에 동의합니다' 옆에 화살표를 클릭하여 '선택 약관' 선택 해제 (선택사항)

❻ '다음' 버튼 클릭

사업자 정보를 입력해 주세요

사업자 번호
123-45-67896 ✓

사용할 수 있는 사업자 번호예요

상호명
방구석 비즈니스

사업의 종류(업태)
도매 및 소매업

사업의 종류(종목)
전자상거래업

사업장 주소
서울 강남구 가로수길 5 🔍

상세 주소
1호

간이사업자 ▼

사업자 등록증을 올려 주세요

* PDF, PNG, JPG, JPEG 형식의 파일만 올릴 수 있어요

🖼 파일 업로드

🖼 그림 2-5-02.png ✕

다음

그림 2-5-03 사업자 정보 입력

❶ 나의 사업자 정보 입력 (일반 사업자일 경우 유통 분류는 '판매사'를 선택한다.)

❷ '파일 업로드'를 클릭해 사업자 등록증 첨부

❸ '다음' 버튼 클릭

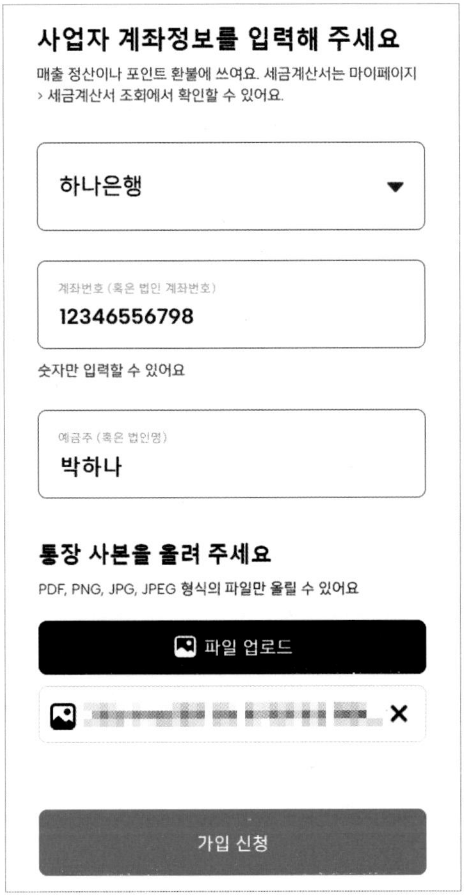

그림 2-5-04 사업자 계좌정보 입력

❶ 온채널에서 사용할 계좌번호 입력 (개인 계좌 가능)

❷ '파일 업로드'를 클릭해 통장 사본 첨부

❸ '가입 신청' 버튼 클릭

**회원가입 신청이
완료됐어요!**

아래의 휴대폰 번호로 승인 완료 소식을 알려드릴
게요.
승인은 신청한 날로부터 1일(영업일 기준) 정도 걸
려요.

이름	해밀
대표 휴대폰 번호	010-████ ████
대표 이메일	████@naver.com

담당자 정보를 미리 등록해 보세요

담당자 정보를 입력해 주시면, 상품/배송/정산에 관한 소식을 해
당 담당자 연락처로 빠르게 전달해 드릴게요.
담당자 정보가 없으면, 대표 연락처로 모든 안내를 보내드려요.

나중에 마이페이지에서 등록할 수도 있어요.

[담당자 정보 추가하기]

나중에 등록

그림 2-5-05 회원 가입 완료

영업일 기준으로 넉넉하게 2일 후에 담당자가 가입을 승인한다. 담당자 정보는 중요하지 않으
니 나중에 등록해도 괜찮다.

5-2 도매사이트 살펴보기 + 꿀팁

1) 판매사 가이드

그림 2-5-06 메인 화면에서 '판매사 가이드' 위치　　　그림 2-5-07 '판매사 가이드' 내용

스마트스토어와 온채널을 이용하면서 어렵거나 궁금할만한 내용들을 책이나 카페에서 다루겠지만 기본적으로 이용 방법을 알고 있으면 바로 해결되는 상황이 많아진다. 판매사 가이드를 읽으며 대략적인 이용 방법을 파악하자.

2) 데이터센터

그림 2-5-08 온채널 메인 화면 - 데이터센터

그림 2-5 09 '데이터센터' 메인 화면   그림 2-5-10 '데이터센터'에서 이용 가능한 상품 목록

'데이터센터'는 말 그대로 모든 데이터들이 있는 곳이다. 카테고리별 모든 상품을 볼 수 있고 그 동안의 온채널 베스트 상품을 볼 수 있다. 이곳에서는 2개 이상의 상품을 한 번에 스마트스토어로 업로드할 때 필요한 엑셀 파일을 다운로드받을 수 있다. 한 번에 올리고 싶은 상품을 선택 후 엑셀 폼을 선택하여 다운로드하면 엑셀 파일이 다운로드된다. 엑셀로 한 번에 올리는 방법은 PART 6-1에서 다루겠다.

3) 명예의 전당

그림 2-5-11 온채널 메인 화면 - 명예의 전당

그림 2-5-12 우수상품관(명예의 전당) 메인 화면

다음은 가장 많이 보는 곳인 '명예의 전당'이다. 명예의 전당은 품절의 우려가 적고 배송이 우수하며 판매량이 꾸준히 상승 중인 상품 1,000개가 모여 있는 곳이다. 시작 후 3개월 정도는 여기에 있는 상품만 등록해도 매출이 충분히 나온다.

4) 상품정보

상품을 하나 누르면 상품페이지로 이동하는데 여기에 있는 내용이 정말 중요하므로 하나하나 자세히 살펴보도록 하겠다.

그림 2-5-13 상품정보 화면

㉠ 이미지

큰 사진과 그 아래 작은 사진은 우리가 사용할 이미지이다. [그림 2-5-13]의 상품은 작은 사진이 1개지만 사진의 개수는 상품마다 다르다. 온채널에 올라온 이미지는 편하게 사용해도 된다.

구매 판매 기초 이론 익히기

스마트스토어 오픈 준비하기

매출을 올리는 전략과 실습

구입에 최적화된 상품 등록 전략과 실습

상품 등록 후 CS하기

스마트스토어 운영 TIP!

참고 사이트

퇴근 후 돈 벌 계획을 세워보자!

ⓛ **상품명**

상품명은 공급사에서 세세한 키워드 분석 없이 만들어 올린다. 그대로 사용할 수 없지만 상품명을 만들 때 큰 힌트를 얻을 수 있다.

ⓒ **공급사 평점**

공급사의 점수는 총 5.00점 만점이며, 5점 만점에 몇 점인지 (4.63/5점)과 같이 표기된다. 매월 1일에 점수가 업데이트되며 채점 기준은 배송지수, 답변율, 반품/교환, 선호도다.

그림 2-5-14 공급사 세부 점수

각 점수의 평균으로 공급사 점수가 매겨진다. 점수가 많이 낮은 공급사와 거래할 경우 연락이 잘 안 되거나 배송에 문제가 발생할 때 빠른 해결이 어려우니, 운영할 때 이 점수를 참고하자.

알고가기! 공급사 평점 기준

· **배송지수**

배송일자, 취소일자에 관련되어 점수가 매겨진다.
배송일자가 입금확인일로부터 1일이 지날 경우 차등 차감된다.
취소일자는 입금확인일자 또는 배송일자로부터 2일이 지날 경우 차등 차감된다.

· **답변율**

요청 문의가 발생했을 시 최초의 답변이 1일을 지날 경우 차등 차감된다.

· **반품지수**

반품지수는 공급사가 3개월 동안 처리한 사항에 대한 점수이다.
반품 신청이 발생한 날로부터 7일이 지날 경우 차등 차감된다.

· **선호도**

선호도는 전월 기준 입점한 상품의 판매량을 기준으로 점수가 매겨진다.

㉒ 추천키워드

추천키워드는 공급사에서 나름대로 분석한 상품과 관련된 단어들이다. 상품 등록 시에 참고하면 좋지만 우리는 분석한 키워드를 사용할 예정이라 사용하진 않는다.

㉓ 스마트스토어 카테고리

상품을 등록하는 시점에서의 네이버 카테고리와는 다를 수 있어서 상품 등록할 때 그대로 입력하면 안 된다. 상품 등록할 때 넣는 카테고리는 PART 3-6 상품명보다 중요한 카테고리 정복하기에서 다룬다.

㉔ 추천 연관 키워드

도매사이트에서 제공하는 유료 서비스다. 어차피 분석하는 과정에서 자동으로 수집되는 키워드이기에 결제하지 않아도 된다.

㉕ 제품코드

상품마다 부여된 고유 식별 코드다. 상품을 등록할 때 이 코드를 복사하여 넣게 되며 주문이 들어오면 코드로 상품을 찾아서 발주를 넣는다. 이때 품절 및 단종 상품은 검색 결과에 나타나지 않는다.

그림 2-5-15 제품코드의 모습

◎ 소비자가/판매사가/운영채널분류

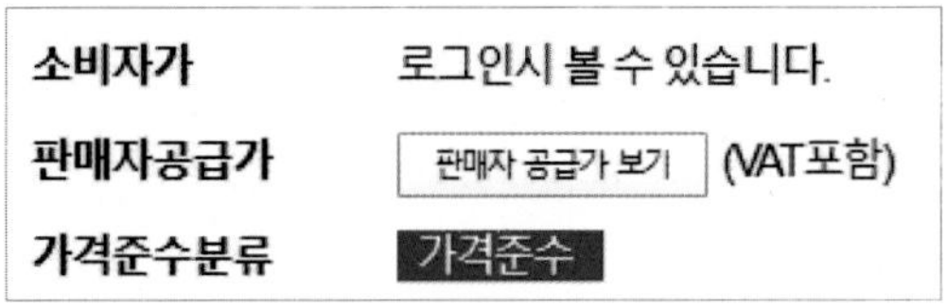

소비자가	로그인시 볼 수 있습니다.	소비자가	5,200원
판매자공급가	판매자 공급가 보기 (VAT포함)	판매자공급가	판매자 공급가 보기 (VAT포함)
가격준수분류	가격준수	가격준수분류	가격자율

그림 2-5-16 '가격준수' 표시 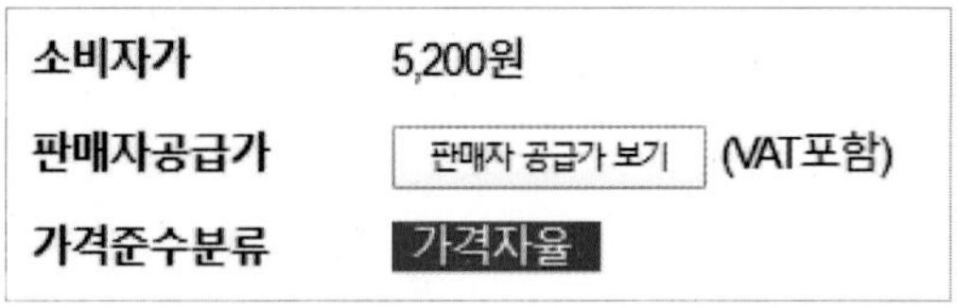 　　　　　　　　　그림 2-5-17 '가격자율' 표시

위탁판매 기초 이론 익히기

스마트스토어 오픈 준비하기

매출을 올리는 전략과 실습

틈새시장의 상품 등록 전략과 실습

상품 등록 후 CS하기

스마트스토어 운영 TIP!

참고 사이트

퇴근 후 투잡 계획을 세워보자!

'가격준수분류'가 2023년 '운영채널분류'로 변경되었다. '운영채널분류'는 '가격준수'와 '가격자율'로 나뉜다. 가격준수는 '소비자가' 또는 '최종준수가'를 꼭 지켜달라는 뜻이다. 가격자율은 '소비자가'를 신경쓰지 않고 원하는 가격으로 판매해도 된다는 뜻이다.

'옵션별 보기'를 클릭하면 다음과 같은 팝업창이 뜬다.

🖨 옵션복사 ✖				
옵션명	**최종준수가**	**소비자가**	**판매자가**	**최소수량**
카키 95	자율	9,900	3,700	1
카키 100 (단종)	자율	9,900	3,700	1
카키 105 (단종)	자율	9,900	3,700	1
카키 110 (단종)	자율	9,900	3,950	1
카키 115 (단종)	자율	9,900	3,950	1
민트 95	자율	9,900	4,050	1
민트 100	자율	9,900	4,050	1
민트 105	자율	9,900	4,050	1
민트 110	자율	9,900	4,300	1

그림 2-5-18 '옵션별 보기' 클릭시 팝업창

ⓐ 최종준수가: 가격준수 상품인 제품 한정으로 아무리 적어도 '최종준수가' 이상 판매하라는 말이다.

ⓑ 소비자가: 공급사가 제안하는 판매가격이다. 가격자율 상품인 경우는 소비자가를 보지 않고 판매자가 공급가를 가지고 계산하여 판매하게 된다. 가격준수 상품은 소비자가를 반드시 준수해야한다.

ⓒ 판매자가: 공급사가 판매자에게 받는 상품 가격이다. 반대로 말하면 우리가 공급사에게 주는 상품의 가격이다. 이 책에서는 '공급가'라고 말한다. 이 가격에 마진과 수수료를 넣고 최종 판매가를 계산하게 된다.

⊗ 택배비/택배사

배송비/택배사	일반 2,750원제주도 3,000원 도서산간 3,000원/ 롯데택배(구현대택배)
마감/발송처/기간	오후 4시/(주)케이메이트/당일발송

그림 2-5-19 배송비 화면

이 상품은 배송비가 2,750원이다. 그렇다면 스마트스토어에 배송비를 얼마로 등록하면 좋을까? 뒷 내용을 보기 전에 잠시 생각해보자.

알고가기!   스마트스토어 배송비의 수수료

스마트스토어는 배송비에서도 최대 3.85% 수수료를 뗀다.
계획 없이 2,750원을 그대로 올린다면 2,750×3.85%를 계산한 106원을 주문건수만큼 손해를 보게 된다. 필자도 초반에 배송비 수수료를 몰라서 손해를 보았다.

이렇듯 스마트스토어에서는 배송비에서 수수료를 뗀다. 정해진 답은 없으나 스마트스토어에 배송비를 등록하는 두 가지 방법을 살펴보겠다. 두 가지 모두 실제 판매자들이 많이 사용하는 방법이며, 취향대로 선택하면 된다.

ⓐ 배송비 2,500원으로 한다.
스마트스토어에서 배송비를 2,500원으로 설정하고 남은 250원 + 97원(2,500원에 대한 배송비 수수료 3.85%) = 347원을 상품 가격에 넣는다. 배송비가 3,000원이면 판매가 잘 안 될까봐 걱정하는 판매자들이 많이 선택하는 방법이다.

ⓑ 배송비 3,000원으로 한다.
3,000원 - 2,750원(배송비) - 106원(수수료) = 144원
배송비에서 144원의 마진이 생겼다. 필자는 모든 상품의 배송비를 3,000원으로 등록한다.

위의 예시는 배송비가 2,750원이었을 때다. 3,000원일때는 어떻게 해야 할까?

위탁판매 기초 이론 익히기

스마트스토어 오픈 준비하기

매출을 올리는 전략과 실습

독점계약체결과 상품등록 전략과 실습

상품 등록 후 CS하기

스마트스토어 운영 TIP!

참고 사이트

퇴근 후 돈 벌 계획을 세워보자

ⓐ는 동일한 방법으로 하면 된다. ⓑ는 3,000원×3.85% = 116원을 상품 가격에 넣으면 된다. 배송비를 3,000원으로 하면 잘 안 팔릴 것 같다고 하는 사람이 많다. 고객을 나의 경험으로만 판단하는 것은 위험하다. 걱정과는 다르게 배송비 3,000원까지는 주문이 잘 들어온다. 필자도 3,000원의 배송비는 고민 없이 지불하는 편이다. 그래서 모든 상품의 배송비를 3,000원으로 올리고 있다. 제주도와 도서산간의 배송비는 3,000원과 6,000원의 추가 비용을 기준으로 세워두고 공급사가 더 높게 받는다면 그 상품만 더 높게 설정한다.

㉒ 주문마감/발송처/기간

공급사마다 마감 시간이 다르다. 기재한 시간까지 접수된 발주 건은 당일 발송한다는 뜻이다. 하지만 당일 발송이 되지 않는 경우가 많으니 확신하지는 말자.

마감 시간은 오전 8시부터 오후 5시까지 다양하고 택배기사님이 택배를 가지고 가는 시간이라 생각하면 된다. 마감 시간을 보고 계획을 잘 세워야 한다. 직장에서 하루 종일 발주를 넣을 수는 없으니 말이다. 만약 점심 시간이 12~13시라면 12시와 13시 마감 위주의 상품이나 출근 시간인 8시 30분 정도에 마감하는 공급사, 또는 16시경 쉬는 시간에 마감하는 공급사의 상품을 공략하는 방법도 있다. 안 가리고 올리는 것이 제일 좋긴 하지만 회사에서 시간을 많이 할애할 수 없다면 이렇게 마감 시간을 보고 전략을 세우면 된다.

㉓ 판매 신청하기/발주하기

그림 2-5-20 '판매신청하기' 버튼

www.onch3.co.kr says

판매신청 하시겠습니까?

OK   Cancel

그림 2-5-21 '판매신청하기' 확인 문구

www.onch3.co.kr says

신청완료 되었습니다.

OK

그림 2-5-22 '판매신청하기' 완료

상품관리를 원활하게 하려면 판매할 상품의 '판매신청하기' 버튼을 꼭 눌러주어야 한다. '판매신청하기'를 누르면 '판매승인완료'로 품절, 재입고 안내를 받을 수 있다.

그림 2-5-23 판매신청 완료 후 '판매승인완료' 로 변경된 버튼의 모습

'발주하기'는 주문이 들어오면 누르는 곳이다. 고객의 성함, 연락처, 주소 주문정보를 공급사에게 전달할 수 있다.

그림 2-5-24 발주서 화면1

그림 2-5-25 발주서 화면2

주문받은 옵션과 수량을 설정해주고 '추가하기'를 누르면 총입금액에 '공급가'+'배송비'로 세팅이 된다. 고객이 주문한 옵션과 수량을 입력하고 나서 반드시 다시 검토해야 한다. 순간의 실수로 오배송이 되어 고객 클레임을 받을 수 있다. 고객이 스마트스토어로 주문할 때 입력한 배송 정보를 배송지 입력란에 넣어주고 '주문완료하기'를 눌러주면 된다. 주소를 잘못 넣으면 택배가 엄한 곳으로 가니 이곳도 꼼꼼하게 확인하자. 발주를 넣는 실습은 PART 5-1 첫 주문이 들어왔다! 발주 넣자!에서 자세히 다룬다.

5) 마이페이지(첫화면)

그림 2-5-26 온채널 메인 화면 – 마이페이지 | 그림 2-5-27 마이페이지 메인 화면 – 내 판매 정보

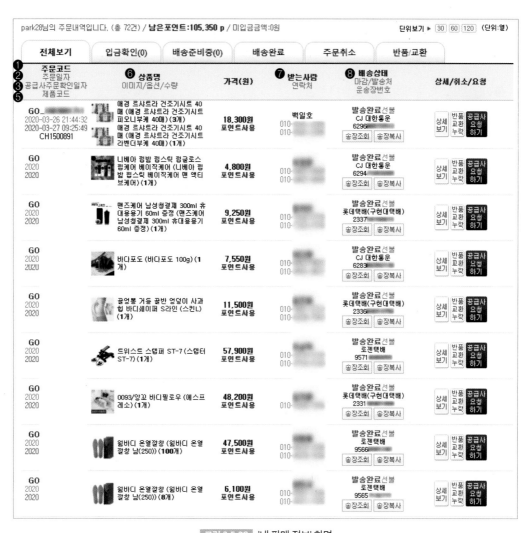

그림 2-5-28 '내 판매 정보' 화면

위탁판매 기초 이론 익히기

스마트스토어 오픈 준비하기

매출을 올리는 전략과 실습

독보적 차별화된 상품 등록 전략과 실습

상품 등록 후 CS하기

스마트스토어 운영 TIP!

참고 사이트

도매 유통 및 배송을 세워보자

첫 화면에는 내가 그동안 발주를 넣었던 목록들이 보인다. 온라인 쇼핑몰의 주문내역 또는 구매내역과 같다고 생각하면 된다. 왼쪽부터 주문코드, 상품명, 가격, 받는사람, 배송상태, 상세/취소/요청 순으로 정보를 볼 수 있다.

❶ 주문코드: 주문건마다 고유의 번호가 부여된다.

❷ 주문일 : 내가 발주를 넣은 시간 (회색의 날짜와 시간)

❸ 공급사주문확인일자: 공급사가 주문을 확인한 시간. (초록색의 날짜와 시간)

❹ 미확인 시 초록색 날짜 시간이 있는 자리에 빨간 글자로 '미확인중(취소가능)'이라고 써있다. ([그림 2-5-29] 참고)

❺ 제품코드: 제품마다 가진 고유의 번호

❻ 상품명: 이곳은 내가 발주 넣은 옵션과 수량이 보인다.

❼ 받는사람: 고객 성함과 연락처

❽ 배송상태: 공급사에서 운송장 번호를 입력하기 전에는 '배송준비중'으로 보이고, 운송장 번호를 입력하면 '발송완료', '택배사', '운송장 번호' 이렇게 보이게 된다.

6) 마이페이지(배송상태와 상세/취소/요청)

그림 2-5-29 공급사에서 확인 전의 화면

[그림 2-5-29]는 발주를 넣고 공급사에서 확인하기 전의 이미지이다. 왼쪽을 보면 회색의 날짜와 시간이 있고 '미확인중(취소가능)'이라고 되어있다.

❶ 배송상태: 배송준비중 (공급사에서 운송장 번호 입력하기 전)

❷ 주문취소: 공급사에서 확인하기 전에는 '주문취소'가 가능하다.

그림 2-5-30 공급사 확인 후 '배송준비중' 상태

그림 2-5-31 공급사 확인 후 '발송완료' 상태

공급사가 확인한 후의 이미지이다. 왼쪽 회색의 날짜와 시간 밑에 공급사가 확인한 날짜와 시간이 초록색으로 있다. 주문취소 버튼이 반품/교환/누락으로 버튼으로 바뀐다. 공급사가 운송장번호를 입력하면 보이는 것처럼 택배사와 운송장번호를 확인할 수 있다.

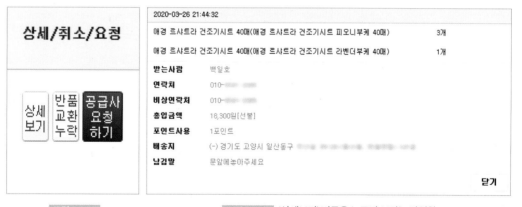

그림 2-5-32
'상세/취소/요청'의 버튼

그림 2-5-33 '상세보기' 버튼을 누르면 보이는 팝업창

❸ 상세보기: 발주 넣을 때 선택한 옵션과 수량, 배송 정보를 볼 수 있다.

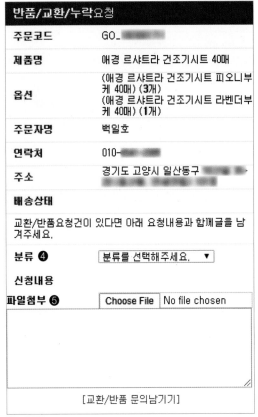

그림 2-5-34 '반품/교환/누락'의 화면

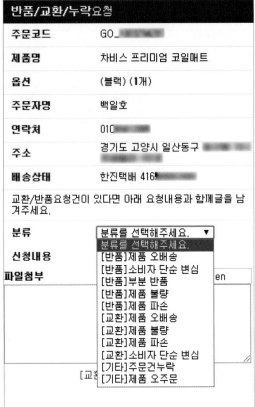

그림 2-5-35 반품/교환 사유 선택 화면

❹ 분류: 반품,교환 사유를 선택할 수 있다.

❺ 파일첨부: 사진을 첨부할 수 있다.

❻ 반품과 교환을 하는 방법은 PART 5-2 걱정 없는 취소/교환/반품 처리 전략에서 자세히 다룬다.

다음 [그림 2-5-36] '공급사 요청하기'는 '상품 문의하기'처럼 공급사로 연락을 취하는 곳이다. 발주 후 발주 건에 대해서 전달할 사항이나 궁금한 사항이 있을 때 이용한다.

위탁판매 기초 이론 익히기

스마트스토어 오픈 준비하기

매출을 올리는 전략과 실습

투잡에 최적화된 상품 등록 전략과 실습

상품 이후 등록 CS하기

스마트스토어 운영 TIP!

참고 사이트

퇴근 후 돈 버는 계획을 세워보자!

요청하기 이용안내

1. ①주문건 요청하기 아이콘 → ②공급사에 요청하기(교환/반품/주문취소/배송준비중) → ③공급사 직접확인후 업무처리 완료
2. 요청사항은 아래 주문건 우측의 요청하기 버튼을 통해 교환/반품/취소/환불 건의 업무처리가 가능합니다.
3. 아래 주문건의 요청하기 버튼을 통해 판매사가 요청한 건은 문자로 전달되며 입점사(공급사)에서 직접 처리합니다.(09:00~18:00)
4. 담당자 변경시 내정보 수정에서 담당자명, 연락처를 변경해주시기 바랍니다.

요청남기기 [송장번호 ▼]

※문의전 확인바랍니다.

송장번호는 한진택배 4165●●●●●●● 입니다. 해당 송장이 맞지 않을경우 문의주시기 바랍니다.

이미지등록 [Choose Files] No file chosen

[요청하기] [닫기]

그림 2-5-36 '공급사 요청하기' 화면

7) 마이페이지(요청함보기)

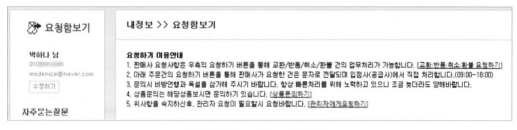

그림 2-5-37 '요청함보기' 메인 화면

요청하기 이용안내

1. ①주문건 요청하기 아이콘 → ②공급사에 요청하기(교환/반품/상품문의) → ③공급사 직접확인후 업무처리 완료
2. 아래 주문건의 요청하기 버튼을 통해 판매사가 요청한 건은 문자로 전달되며 입점사(공급사)에서 직접 처리합니다.(09:00~18:00)
3. 담당자 변경시 내정보 수정에서 담당자명, 연락처를 변경해주시기 바랍니다.

요청남기기 [상품문의 ▼]

이미지등록 [Choose Files] No file chosen

[요청하기] [닫기]

그림 2-5-38 '상품문의하기' 팝업창

마이페이지에 들어온 후 왼쪽 상단에 쪽지 아이콘과 함께 '요청함보기'라는 곳이 있다. 클릭하면 '상품문의하기'와 '관리자에게요청하기'가 보인다.

'상품문의하기'는 고객이 문의 주는 내용이 상세페이지에 없을 경우 공급사로 질문할 수 있는 곳이다. 또는 재입고 일정을 물어볼 수 있고, 10개 이상의 대량주문이 들어왔을 때 재고가 있는지 확인할 수 있다.

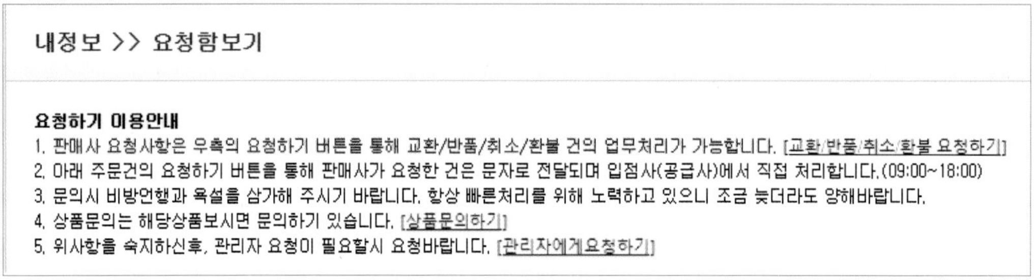

내정보 >> 요청함보기

요청하기 이용안내
1. 판매사 요청사항은 우측의 요청하기 버튼을 통해 교환/반품/취소/환불 건의 업무처리가 가능합니다. [교환/반품/취소/환불 요청하기]
2. 아래 주문건의 요청하기 버튼을 통해 판매사가 요청한 건은 문자로 전달되며 입점사(공급사)에서 직접 처리합니다.(09:00~18:00)
3. 문의시 비방언행과 욕설을 삼가해 주시기 바랍니다. 항상 빠른처리를 위해 노력하고 있으니 조금 늦더라도 양해바랍니다.
4. 상품문의는 해당상품보시면 문의하기 있습니다. [상품문의하기]
5. 위사항을 숙지하신후, 관리자 요청이 필요할시 요청바랍니다. [관리자에게요청하기]

그림 2-5-39 '관리자에게 요청하기' 버튼

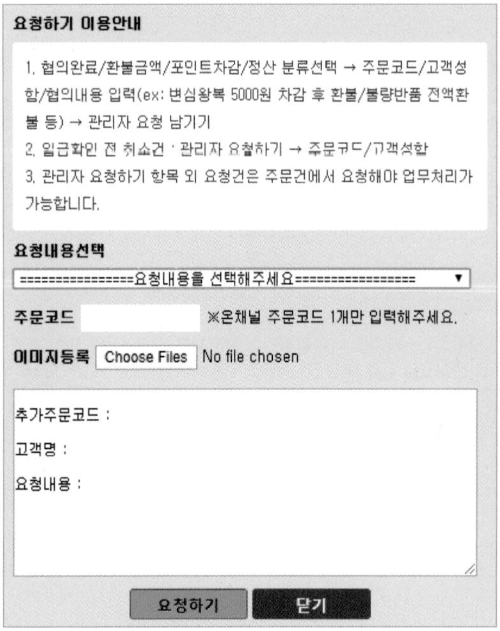

요청하기 이용안내

1. 협의완료/환불금액/포인트차감/정산 분류선택 → 주문코드/고객성함/협의내용 입력(ex: 변심왕복 5000원 차감 후 환불/불량반품 전액환불 등) → 관리자 요청 남기기
2. 입금확인 전 취소건 : 관리자 요청하기 → 주문코드/고객성함
3. 관리자 요청하기 항목 외 요청건은 주문건에서 요청해야 업무처리가 가능합니다.

요청내용선택

==============요청내용을 선택해주세요============== ▼

주문코드 [   ] ※온채널 주문코드 1개만 입력해주세요.

이미지등록 [Choose Files] No file chosen

추가주문코드 :

고객명 :

요청내용 :

[요청하기] [닫기]

그림 2-5-40 '관리자에게 요청하기' 팝업창

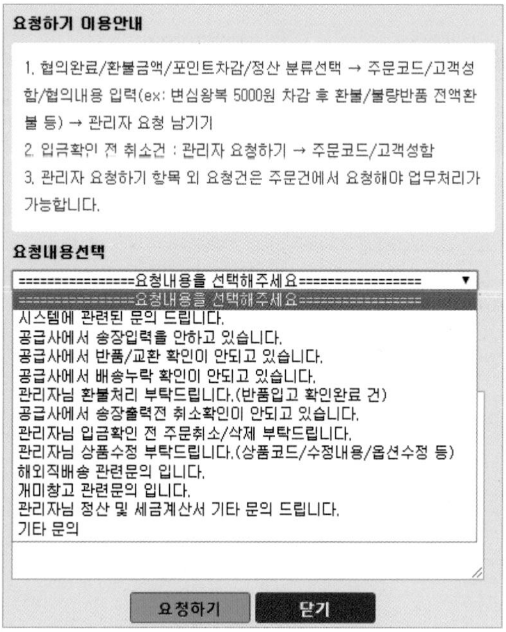

요청하기 이용안내

1. 협의완료/환불금액/포인트차감/정산 분류선택 → 주문코드/고객성함/협의내용 입력(ex: 변심왕복 5000원 차감 후 환불/불량반품 전액환불 등) → 관리자 요청 남기기
2. 입금확인 전 취소건 : 관리자 요청하기 → 주문코드/고객성함
3. 관리자 요청하기 항목 외 요청건은 주문건에서 요청해야 업무처리가 가능합니다.

요청내용선택

==============요청내용을 선택해주세요============== ▼
==============요청내용을 선택해주세요==============
시스템에 관련된 문의 드립니다.
공급사에서 송장입력을 안하고 있습니다.
공급사에서 반품/교환 확인이 안되고 있습니다.
공급사에서 배송누락 확인이 안되고 있습니다.
관리자님 환불처리 부탁드립니다.(반품입고 확인완료 건)
공급사에서 송장출력전 취소확인이 안되고 있습니다.
관리자님 입금확인 전 주문취소/삭제 부탁드립니다.
관리자님 상품수정 부탁드립니다.(상품코드/수정내용/옵션수정 등)
해외직배송 관련문의 입니다.
개미창고 관련문의 입니다.
관리자님 정산 및 세금계산서 기타 문의 드립니다.
기타 문의

[요청하기] [닫기]

그림 2-5-41 요청 내용 선택 화면

다음은 '관리자에게 요청하기'이다. '상품문의하기'로 공급사에게 문의하였으나 약 2시간 이상 답변이 없을 때 이용하면 좋다. '관리자에게 요청하기'를 보내면 온채널 관리자가 공급사에게 전화로 확인하고 회신을 준다. 만약 문의하는 내용이 주문건이라면 '주문코드'를 넣어주고(마이페이지-내판매정보) 주문건이 아니면 '제품코드'를 넣어준다. 요청 내용은 '공급사로 문의 드렸으나 답변이 없어 관리자님께 문의 드립니다.'로 시작하고 뒷부분은 문의사항을 적어주면 된다.

8) 마이페이지(판매상품목록)

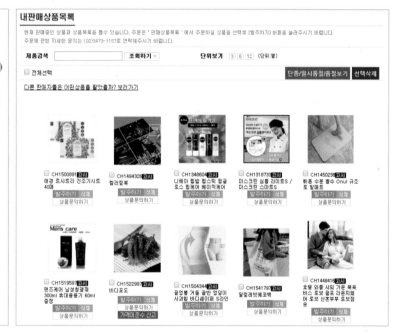

그림 2-5-42 마이페이지 - 판매상품목록

그림 2-5-43 '내판매상품목록' 화면

상품페이지에서 '판매신청하기'를 눌렀던 상품들이 모아지는 곳이다. 상품 문의할 때 보기도 하고 다음날 등록할 상품을 미리 '판매신청하기'를 눌러 이곳에 모아 놓기도 한다.

9) 마이페이지(단종/일시품절/품절)

그림 2-5-44 마이페이지 -
단종/일시품절/품절

그림 2-5-45 '단종/일시품절/품절'의 화면

품절되거나 단종, 재입고된 상품들의 목록을 보여준다. 품절은 재입고된다는 뜻이고 단종은 재입고 없이 공급이 끝났다는 뜻이다. 또한 배송비와 가격이 인상 또는 인하된 상품들도 볼 수 있다. 처음에는 상품이 몇 개 없어서 품절 관리가 편하지만 상품이 많아지게 되면 다 관리하기 힘들어서 주문이 들어오면 발주 넣는 과정에서 품절 확인하는 것이 편하다. 필자는 이곳에서 재입고 일정이 기재되어 있는지 확인하고 재입고 일정이 없으면 '상품문의하기'로 재입고 문의를 한다.

> **TIP** 품절을 관리하는 쉬운 방법은 매일 아침 확인하는 것보다 주문이 들어오면 확인하는 것이다.
> 상품 수가 많아지면 하나씩 확인하기 어려운 시기가 오기 때문이다

10) 포인트결제

그림 2-5-46 마이페이지 – 포인트결제

그림 2-5-47 '포인트결제' 화면

온채널은 포인트 제도를 사용하는데 현금을 미리 충전해놓고 발주 넣을 때 사용하는 방식이다. 포인트 충전 후에 포인트를 사용할 일이 없다면 현금 환불 가능하다. '포인트 충전/내역'에서 이용 내역을 확인할 수 있다.

그림 2-5-48 '포인트구매하기'를 누르면 보이는 팝업창

위탁판매 기초 이론 익히기

스마트스토어 오픈 준비하기

매출을 올리는 전략과 실습

특정에 최적화된 상품 등록 전략과 실습

상품 등록 후 CS하기

스마트스토어 운영 TIP!

참고 사이트

퇴근 후 돈 버는 재택일

❶ 입금자명: 판매자 고유의 번호를 부여 받는다. 온채널에 무통장 입금시 입금자명을 고유 번호로 변경하여 입금해야 입금이 확인된다.

([그림2-5-48]의 입금자 코드는 필자의 코드이므로 반드시 개인의 고유 코드를 사용해야 한다.)

❷ 포인트금액: 5만 원 이상부터만 충전이 가능하다.

❸ 결제방법: 무통장입금으로만 충전이 가능하다.

❹ 충전시간: 24시간 365일 자동으로 충전이 가능하다.

5-3 꼭 기억해야 하는 주의사항

1) 가격준수

[가격준수] 상품은 반드시 가격을 준수해야 한다. 가격을 준수하지 않으면 공급사로부터 가격을 수정해달라는 전화를 받게 된다. 판매자들이 준수하지 않아서 가격이 붕괴되어 공급사가 온채널에서 상품을 내리는 것을 몇 번 보았다. 나의 욕심으로 다른 사람들에게 피해주지는 말자.

2) 발주 넣을 때 성함, 연락처, 주소 꼭 확인하기!

초보 판매자가 흔히 실수하는 것 중 하나이다. 주문이 여러 개 들어올 경우 긴장하여서 정신없이 발주를 넣다가 주소가 뒤바뀌어 다른 곳으로 배송되는 경우가 많다. 실수하지 않도록 천천히 심호흡하며 발주를 넣자.

3) 옵션, 수량

배송 관련 실수 중 가장 많은 실수이다. 예를 들어 고객이 [작업용안전장갑-블루]라는 옵션을 선택하여 구매했는데 발주 넣을 때 고객이 취소할까봐 마음이 급해지니 글자가 비슷한 [작업용안전장갑-블랙]을 누른다. 또는 수량이 16개인데 잘못 보고 15개로 발주를 넣는 경우가 있다. 나는 안 그럴 것 같지만 누구나 실수한다. 필자도 초보 시절 그랬었다. 떨리고, 고객이 취소할 것 같아서 급하게 발주하면 이런 실수들이 생긴다. 실수하면 고객 클레임이 생기고 이를 처리하는 과정에서 많은 스트레스를 받게 되니 발주 넣을 때부터 꼼꼼하게 처리하여 이런 일을 방지해야 한다.

4) 발주 마감 시간

공급사마다 발주 마감 시간이 다르다. 직장에서 여유 있는 시간대인 점심시간이나 쉬는 시간대의 상품을 올리자. 직장에서 하루 종일 여유롭다면 모든 상품을 다 올리는 것이 제일 좋다. 간혹 마감 시간이 지나도 택배기사님이 오시기 전이면 발주를 받아서 발송하는 경우도 있다. 마감 시간이 지나 주문이 들어오면 급한 주문건은 발주를 넣고 공급사로 오늘 발송할 수 있는지 물어보면 된다. 마감 시간으로부터 1시간을 초과했을 때는 익일 발송된다고 생각하자.

5) 포인트 충전 - 24시간 자동 충전 시스템

2020년 8월까지의 온채널 포인트는 주말 및 공휴일을 제외한 영업일 오전 9시~오후 6시에 충전할 수 있었다. 그렇기에 월요일 오전 9시에 포인트 충전 타이밍과 발주 마감 타이밍이 안 맞으면 당일 발송이 안 되어 금요일에 2~3배의 포인트를 충전하여 월요일 오전 9시까지 넉넉하게 사용했었다. 하지만 지금은 24시간 공휴일 상관없이 충전이 가능하여 판매자가 원할 때 언제든지 포인트를 충전하여 발주를 넣을 수 있다.

03

매출을 올리는
전략과 실습

상위노출,
절대 어렵지 않다

1-1 상위노출이란?

한마디로 말하자면 네이버 메인 화면이나 '네이버쇼핑'에서 상품을 검색했을 때 1페이지에 노출되는 것을 말한다. 1페이지 중에서도 순서가 위에 있으면 더 좋다. 예를 들어 '블라인드'라고 검색했을 때 나의 상품이 '네이버 랭킹순'에서 1페이지에 노출되는 것이다. 이때, 기본 정렬이 네이버 랭킹순이다.

요즘 고객들의 구매 패턴을 보면 대부분 1~3페이지 이상은 보지 않는다. 여러 개의 상품을 비교하는 시간도 소중하게 생각한다. 필사도 온라인쇼핑을 많이 하는데 며칠 전 '보색샴푸'라는 상품을 구매할 때도 '네이버 랭킹순' 1페이지 첫 번째(광고 제외)에 위치한 상품을 구매했다. 다만 브랜드명과 모델명을 분명히 알고 있을 경우에 고객은 '네이버 랭킹순'이 아닌 '낮은 가격순'으로 정렬하여 본다. 다행인 것은 우리가 브랜드 제품을 판매하는 것이 아니어서 '낮은 가격순'은 신경 쓰지 않아도 된다. '네이버 랭킹순'에서 상위노출을 노리자!

알고가기! **'네이버 랭킹순'이란?**

전체	가격비교	네이버페이
7,315,371	573,771	2,919,045

✔ 네이버 랭킹순 · 낮은 가격순 · 높은 가격순 · 등록일순 · 리뷰 많은순

네이버쇼핑 랭킹순
적합도 지수, 상품의 인기도/신뢰도 지수 등을 점수화하여 정렬단. 광고상품은 별도기준에 따라 상단정렬

적합도 지수: 검색어에 대한 상품 정보 연관도/카테고리 선호도
인기도 지수: 네이버쇼핑을 통한 상품클릭수·판매실적·구매평수·찜수·최신성
신뢰도 지수: 네이버쇼핑 페널티, 상품명 SEO 스코어

'네이버쇼핑 랭킹순'은 네이버에서 정한 여러 항목들을 점수화하여 높은 점수의 상품이 상위에 올라가고 점수대로 상품이 나열된다. 항목은 크게 '적합도', '인기도', '신뢰도'로 나누어지며 이 세 가지를 잘 지키면 돈을 쓰지 않아도 상위에 노출될 수 있다.

그림 3-1-01 '네이버 랭킹순'의 정렬기준

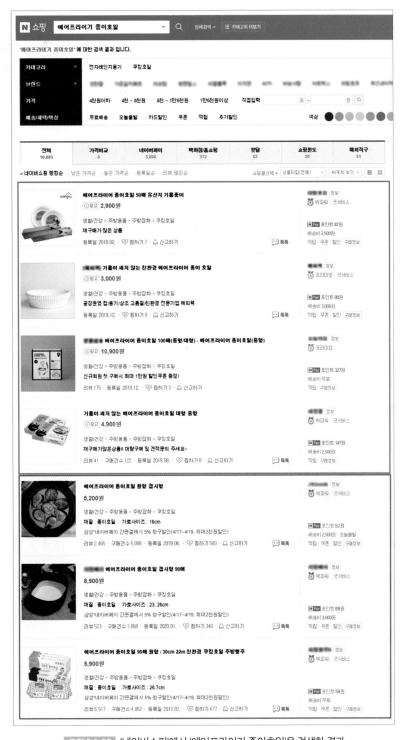

그림 3-1-02 '네이버쇼핑'에서 '에어프라이기 종이호일'을 검색한 결과

위탁판매 기초 이론 익히기

스마트스토어 오픈 준비하기

매출을 올리는 전략과 실습

판매에 최적화된 상품 등록 전략과 실습

상품 등록 후 CS하기

스마트스토어 운영 TIP!

참고 사이트

퇴근 후돈 버는 계획을 세워보자!

[그림 3-1-02]는 상품을 검색하면 보이는 결과 페이지이다. 파란색 박스 안에 있는 상품 4개가 쇼핑검색광고로 노출된 상품이고 그 밑 다섯 번째부터가 상위노출 1위, 2위다. 중요한 것은 상위노출이 '상품검색어'를 넣어서 검색했을 때 노출되는 순위라는 것이다(e.g. 텀블러, 욕조 덮개, 떡볶이 소스, 대용량 텀블러, 이불 압축팩).

간혹 본인의 내 스토어명을 검색하고 들어와서 구매하길 바라는 판매자가 있는데, 초보 판매자의 경우에는 스토어명보다 키워드(상품)를 검색해서 들어오는 경우가 더 많다. 판매를 하다 보면 고객이 알아서 스토어명을 검색하고 들어오므로 처음에는 '상품을 검색하고 들어왔을 때 어떻게 상위노출이 될까?'를 공부해야 한다. 그럼 어떻게 공부를 해야 할까? 기본적으로는 스마트스토어에서 판매를 하는 것이니 네이버가 요구하는 사항을 잘 따르면 된다. 그럼 네이버는 어떤 기준을 세우고 판매자에게 요구하는지 살펴보겠다.

1-2 네이버가 요구하는 상위노출 기준

1) 네이버쇼핑 검색 알고리즘

위에서 말했듯이 네이버쇼핑 검색 결과의 노출 순위를 결정하는 기준은 크게 적합도, 인기도, 신뢰도의 3가지로 구성된다.

그림 3-1-03 쇼핑검색 랭킹 구성 요소

이를 바탕으로 판매자가 제공하는 상품정보와 네이버에서 수집하는 각종 쇼핑 데이터 및 검색, 고객의 로그를 종합적으로 평가하여, 검색어 및 고객 요구에 맞게 재구성하여 검색 결과가 만들어진다. 이 과정에서 검색 결과 품질을 높이고, 고객에게 다양한 검색 결과를 제공하기 위한 별도의 검색 알고리즘이 반영될 수 있으며, 이를 보완하는 로직 및 대책이 수시로 반영될 수 있다. 적합도, 인기도, 신뢰도는 각각 세부적인 항목들이 있는데 하나를 골라서 지키는 것이 아니라 모두 골고루 지켜주어야 검색에 노출된다. 어떤 항목들이 있는지 보도록 하겠다.

2) 적합도

고객이 검색창에 입력한 검색어가 판매자가 등록한 상품의 상품명, 카테고리, 제조사/브랜드, 속성/태그 등 상품정보 중 어떤 필드와 연관도가 높은지, 그리고 검색어와 관련하여 어떤 카테고리의 선호도가 높은지 산출하여 적합도 점수로 반영된다.

㉠ 필드 연관도

검색어가 나이키인 경우 나이키는 브랜드 유형으로 인식되며, 상품명에 나이키가 기입되어 있는 것보다 브랜드 입력란에 나이키로 기입되어 있는 것이 우선적으로 노출된다.

㉡ 카테고리 선호도

'강아지 백팩' 검색어의 경우 여러 카테고리 상품이 검색되지만, [생활/건강 > 애완 > 애견용품 > 캐리어] 카테고리의 선호도가 매우 높다. 검색 알고리즘은 해당 카테고리의 상품을 먼저 보여줄 수 있도록 추가 점수를 주게 된다.

그림 3-1-04 카테고리 선호도 예시

3) 인기도

해당 상품이 가지는 클릭수, 찜수, 판매실적, 구매평수, 최신성 등의 고유한 요소를 카테고리 특성을 고려하여, 인기도로 반영한다. 인기도는 카테고리별로 다르게 구성되어 사용된다.

그림 3-1-05 인기도의 항목

㉠ 클릭수, 찜수

최근 7일 동안 쇼핑검색에서 발생한 상품 클릭수를 지수화한다. 찜수는 개별 상품의 찜수를 카테고리별 상대적으로 환산하여 지수화한다. 클릭수와 찜수 모두 네이버에서 자체적으로 집계하고 있다. 클릭과 찜의 점수를 많이 받으려고 업체에 맡기는 경우가 있는데 네이버는 과학적인 방법을 동원해 클릭수, 찜수를 집계하고 있다. 잘못하다가 스토어가 정지될 수 있으니 하지 말아야 한다. 특히나 최근에는 광고대행사의 클릭수, 찜수를 올리는 프로그램을 막으려고 눈에 불을 켜고 있다. 실제로 프로그램이 막히거나 순위 변동이 심한 경우가 생겼다. 개인 스토어일 때는 클릭수, 찜수에 돈을 쓰지 말자. 이렇게 말해도 대행사에 돈을 주고 맡기는 경우가 있어서 안타까울 뿐이다.

㉡ 판매지수

최근 2일/7일/30일 동안 쇼핑검색에서 발생한 판매수량/판매금액을 지수화한다. 상품명, 상품

이미지처럼 서비스에 노출되지는 않지만 검색 랭킹에 매우 중요한 역할을 하는 것이 판매지수이다. 만약에 같은 '파워' 등급이라고 했을 때 판매지수가 더 높은 스토어의 상품 순위가 더 높다. 상품검색 결과 노출에 매우 유리하게 작용하기에 다른 판매자의 상품보다 상위에 노출될 기회를 얻을 수 있다.

ⓒ 리뷰수, 최신성

개별 상품의 리뷰수를 카테고리별 상대적으로 환산하여 지수화하고 있으며, 고객이 구매 결정을 내릴 때 많은 영향을 주는 부분이다. 최신성은 스마트스토어에 상품을 등록하는 순간 등록일이 부여되고, 이를 기준으로 상대적 지수화하여 상품별로 점수를 부여한다. 그래서 신상품은 일시적으로 상위노출을 유도하는 효과가 있다. 필자가 전략으로 세웠던 부분이 최신성이다. 최신성을 받기 위해서 다른 랭킹 점수를 버리고 상품을 재등록하는 것은 무의미하며, 해당 어뷰즈 행위에 대해서는 모니터링을 통해 발견 시 몰 단위의 제재가 가해질 수 있다. 상품을 삭제하고 재등록하는 일은 없도록 조심해야 한다.

4) 신뢰도

네이버쇼핑 페널티, 혜택, 상품명 SEO(검색엔진 최적화), 이미지 SEO 등의 항목을 통해 해당 상품이 이용자에게 신뢰를 줄 수 있는지를 산출한다.

그림 3-1-06 신뢰도의 항목

㉠ 네이버쇼핑 페널티

배송과 상품 만족도, 구매평 어뷰징 정보와 판매실적, 상품정보 어뷰징 등에 대한 정보를 가지고 상품이나 스마트스토어 단위에 페널티가 부여된다. 쇼핑몰의 배송, 결제, 고객 대응에서 고객의 만족도로 평가되는 신용 정보가 나쁠 경우 랭킹에 불이익이 주어지게 된다. 구매평, 구매 데이터 등에서도 고의적인 데이터 변경 및 어뷰즈 행위가 발견될 때, 약관에 위배되는 즉 정상적인 판매 행위를 벗어날 때에는 해당 상품 또는 스마트스토어에서 취급하는 모든 상품에 대해 랭킹에 불이익이 주어질 수 있다.

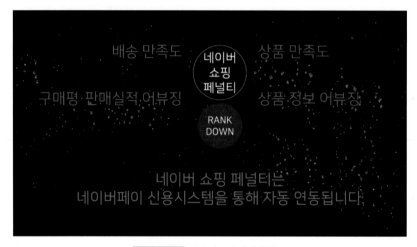

그림 3-1-07 네이버쇼핑 페널티 항목

알고가기! **어뷰즈 행위는 절대 금물**

검색 결과가 홍보 수단으로 활용되면서 각종 소프트웨어, 매크로(자동화 프로그램)를 이용해서 특정 상품을 노출하려는 악의적인 시도 등이 늘고 있는데, 이러한 어뷰즈 행위는 검색 품질을 훼손하고 고객의 불편을 초래하기에 네이버에서 적극적으로 차단하고 있다. 프로그램을 사용하는 광고대행사를 이용하는 것도 어뷰즈 행위이다. 진짜 공식 대행사는 우리에게 먼저 전화하여 영업하지 않는다. 영업 전화를 받고 절대 결제하지 말자. 무료라고 속이는 업체도 있는데 사실상 무료가 아닌 경우가 많다.

㉡ 상품명 SEO

단어 중복, 혜택/수식 문구, 특수문자, 지나치게 긴 상품명 사용을 조심해야 한다. 상품명 가이드라인을 벗어난 상품에 페널티를 부여한다. 상품명, 카테고리, 브랜드/제조사, 속성 등에서 해당 상품과 관련 없는 정보를 포함할 때는 처리 규칙에 따라 랭킹에 불이익이 주어진다. SEO 스코어는 매

위탁판매 기초 이론 익히기

스마트스토어 오픈 준비하기

매출을 올리는 전략과 실습

무점포 창업하면 상품 등록 전략과 실습

상품 등록 후 CS하기

스마트스토어 운영하기

참고 사이트

퇴근 후 두 번 재택을 세워보자!

우 강력한 조치로 일부 상품정보가 잘 구성되어 있어도 랭킹에서 상당한 불이익을 받게 된다.

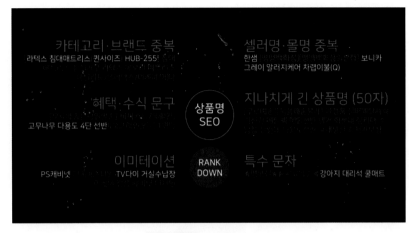

그림 3-1-08 상품명 SEO 항목

쇼핑검색 랭킹을 구성하는 요소 중에서 우리가 양심적으로 돈을 쓰지 않고 운영하는 방법은 적합도와 신뢰도, 그리고 인기도에 속해 있는 최신성을 공략하는 것이다.

> 상품을 등록할 때 적합한 정보들을 넣어 등록하고 (적합도)
> 올바른 정보를 넣고, 부정행위 없이 발송일자를 잘 지키고 (신뢰도)
> 꾸준히 새로운 상품을 등록한다. (인기도 – 최신성)

기본 뼈대는 이렇게만 하면 된다. 최신성을 제외한 인기도는 클릭수, 찜수, 리뷰수, 구매건수, 매출 등이 있는데 고객의 행동으로 결정되는 요소들이어서 클릭을 잘할 수 있도록 이미지와 상품명을 신경 써주고 쿠폰을 주어 찜을 하게끔 하는 방법 등 고객이 행동하도록 유도하는 항목이다. 꽤 많은 판매자가 인기도에서 어뷰즈 행위를 한다. 대표적으로 클릭수 조작, 찜수 조작, 리뷰 조작, 가구매(가짜로 구매해서 구매건수와 매출을 늘리는 행위) 등을 하는데 부정행위를 하게 되면 스토어 정지나 폐점 처리가 될 수 있으니 돈을 잠깐 많이 벌기 위해서 부정행위는 하지 않도록 하자.

[네이버쇼핑에서 검색이 잘되기 위한 좋은 상품 정보(네이버 제공 자료)]

네이버쇼핑에서 검색이 잘되는 상품 DB를 만드는 것은 어렵지 않다. 아래에서 소개되는 랭킹

요소를 상황에 맞게 잘 구성하면 검색 사용자에게는 좋은 검색 결과를 제공하고, 입점몰에는 쇼핑검색에서 잘 노출될 수 있는 혜택을 준다.

그림 3-1-09 상위노출 점수표

위에 표시된 랭킹 요소는 모두 좋은 검색 결과 제공을 위해서 필요하다. 오른쪽 상단에 표시된 숫자가 클수록 중요하지만, 다양한 요소를 골고루 만족시켜야만 검색 결과 상위에 노출될 가능성을 높일 수 있다. 중요도가 마이너스로 표시된 요소를 위반한다면 다른 요소와 관계없이 랭킹에 불이익을 받게 된다.

자세한 상품 DB 사례 및 준수 사항에 대해서는 아래 상세한 가이드를 참고한다. 네이버 카페 '방구석 비즈니스'의 '스토어 독자 자료실'에서 다운로드 가능하다.
• 네이버쇼핑 상품정보 제공 가이드
• 네이버쇼핑 EP(Engine Page) 가이드

위탁판매 기초 이론 익히기

스마트스토어 오픈 준비하기

매출을 올리는 전략과 실습

특정에 최적화된 상품 등록 전략과 실습

상품 등록 후 CS하기

스마트스토어 운영 TIP!

참고 사이트

퇴근 후 돈 벌 계획을 세워보자!

네이버 지식쇼핑 제공 정보 네이버 지식쇼핑에 제공하는 상품 정보 최적화 가이드		쇼핑몰 상품 정보 개별 쇼핑몰의 상품 페이지에 담긴 정보의 최적화 가이드	
상품정보		**만족도**	
상품명	표준 상품명 준수하여 공식적인 상품 정보를 사용하여 50자 이내로 작성 중복 단어, 특수기호, 관련 없는 키워드 제외	결제	네이버 페이와 같은 간편한 결제 서비스 제공
이벤트 필드	상품과 관련된 이벤트, 판매조건, 할인 가격, 쿠폰, 적립 등 판매 정보는 상품명에 기입하지 않고 이벤트 필드를 사용	배송	정확하고 빠른 배송 및 사후 처리
상품 이미지	상품을 정확히 표현할 수 있는 선명하고 고해상도의 이미지를 제공 이미지 내 텍스트/워터마크/도형 노출 금지	고객 대응	고객 문의 및 이슈 발생 시 공정한 대응
부가정보		**상품정보**	
카테고리	상품과 관련된 정확하고 세부적인 카테고리를 선택 카테고리 명칭과 관련된 키워드로 검색	태그/ 메타정보	상품 페이지 내 검색이 가능한 태그나 메타 키워드를 입력
브랜드/ 제조사	공식 브랜드/제조사명을 해당 필드에 입력 해당 키워드 검색 시 관련성이 높은 것으로 분석되어 랭킹에 유리하고 필터링 기능 제공	구매옵션	하나의 상품 페이지에는 대상 상품만을 판매 색상/사이즈 등의 간결한 구매 옵션을 제공
속성	카테고리별 상품에 적합한 속성을 선택 속성 키워드 검색 시 관련성이 높은 것으로 분석되어 랭킹에 유리하고 필터링 기능 제공	모바일 대응	모바일에 최적화된 화면 및 정보 구성 1초 이내의 빠른 페이지 로딩 속도
가격비교	공식 상품코드 및 상품명을 사용하여 가격비교 상품으로 매칭 가격 경쟁력이 있을 경우 상위 노출이 가능	상품정보 구성	이미지와 텍스트로 구성된 상품 설명 하나의 이미지로 작성된 상품 설명은 피함
인기도			
구매평	EP 가이드를 준수하여 구매평 정보를 제공 만족도가 높은 구매평 제공 시 랭킹에 유리 상품평 많은 순과 같은 정렬 옵션 제공		
구매 데이터	판매지수/CPA 같은 구매 데이터 제공 시 상품의 랭킹 인기도로 반영되고 랭킹에 매우 유리하게 적용		
신용정보	네이버페이 가맹점의 경우 신용정보(배송/결제/사후처리)가 나쁠 경우 페널티를 부여함		
SPAM/ ABUSE	상품과 관련 없는 정보를 상품정보에 포함할 경우, 처리 규칙에 따라 랭킹에 불이익 부여		

1-3 실무에서 쓰이는 핵심 상위노출 방법 네 가지

[그림 3-1-09]에서 보았듯이 상위노출을 구성하는 요소와 항목들이 매우 많다. 이 많은 요소들을 외울 수도 없고 상품 등록할 때마다 보고 있을 수 없기에 상위노출의 핵심만 파악하면 된다.

그림 3-1-10 핵심 상위노출 네 가지 요소

필자가 중요하게 생각하는 요소는 네이버가 제시한 적합도, 인기도, 신뢰도 구성이 아닌 적합도, 인기도, 최신성, 신뢰도의 구성이다. 최신성은 인기도에 속해 있는 것인데 초보 판매자 및 위탁판매에서 매우 중요한 요소라 따로 빼서 네 가지의 요소로 설명하겠다.

이제 네이버가 요구하는 상위노출에 대해서는 대략적으로 알았을 것이다.

> **적합한 정보를 넣어주고 고객이 행동해주고 신상품을 등록하고 올바른 정보를 넣어준다.**

네이버가 요구하는 것을 보았으니 이제부터는 실무에 적용되는 핵심만 설명하며, 상위노출에 대해 조금 더 깊게 알아보는 시간을 갖도록 하겠다.

1) 적합도

적합도
상품명 중복 단어
상품명 길이
상품명 특수문자
불필요한 단어
카테고리 매칭
단일종류상품
제품속성
태그매칭
모델코드
바코드정보
고해상도 이미지
제조사/브랜드

적합도에는 여러 가지 항목이 있는데, 실무에서 제일 중요한 것은 '상품명 중복 단어와 길이, 특수문자', '불필요한 단어, 카테고리 매칭'이다. 총 다섯 개를 기억하자!

㉠ 상품명 중복 단어

상품명에 중복된 단어가 들어가지 않도록 해야 한다. 쉬운 것 같지만 정신을 차려보면 상품명에 중복 단어가 들어가 있는 것을 발견하게 된다. 상품을 등록하기 전에 상품명을 다시 검토하여 중복된 단어를 확인하도록 하자. 이 부분에서 수강생들이 제일 놀랄 것 같다. 강의에서는 중복 단어를 이용하여 상품명을 만드는 방법을 알려주고 있는데 책에서는 중복 단어를 넣지 말라고 하니 말이다. 원래대로라면 중복 단어를 넣지 않는 것이 맞고 필자의 상위노출 테스트 결과대로 일부러 중복 단어를 넣어서 노출을 유도하는 방법은 따로 있다. 아래 예시처럼 중복 단어를 제외하는 것이 원칙이다.

> [사무실 층간 소음슬리퍼 소음 방지 키높이 거실화] X
> [사무실 층간 소음 방지 키높이 슬리퍼 거실화] O
>
> 중복 단어인 '소음'을 지우고 자연스럽게 읽히도록 '슬리퍼'를 '키높이' 뒤에 배치했다.

ⓛ 상품명 길이

띄어쓰기를 포함하여 32자를 넘지 않도록 한다. 상품명은 띄어쓰기 포함 100자까지 쓸 수 있다. 네이버에서 권장하는 길이는 50자 이내지만 한눈에 보이고 깔끔하게 보이는 길이는 32자이다. '32자입니다.'라고 이야기하면 억지로 상품명을 늘려서 32자를 채우기도 하는데, 최대 글자 수가 32자이고, 짧다면 짧은 대로 하면 된다.

ⓒ 상품명 특수문자

어떠한 일이 있어도 상품명에는 특수문자를 넣지 않는다.

> [쿨론티/냉감티/여성/티셔츠] - 빗금 X
>
> 요즘에는 많이 안 보이지만 예전에는 빗금을 넣는 판매자가 많았다.

> [1+1 인덕션 전용 타지 않는 냄비] - 더하기 X
>
> 1+1, 2+1 같이 +를 상품명에 넣어도 되지만, 경험상 매년 1월마다 +를 넣은 상품은 순위 변동을 직격타로 맞았기에 초보 판매자 및 투잡을 위한 스마트스토어 판매자에게는 추천하지 않는다.

상품명에는 위 예시를 비롯하여 어떠한 특수문자도 넣지 않는다. 한글, 숫자, 영어만 들어갈 수 있으며 영어도 한글로 바꿀 수 있는 것은 한글로 넣어주는 것이 좋다.

ㄹ 불필요한 단어

필요 없는 단어를 상품명에 넣지 않는다. 상품명에 필요한 단어만 넣는다는 쉬운 내용이기에 자세한 설명은 생략하지만 스토어명을 상품명에 넣지 않는 것을 기억하자! 검색 결과에 노출되기 위해서 상품명에 스토어명을 넣는 경우가 있는데 네이버 가이드상 어뷰즈 행위이며, 상품명에 스토어명을 넣지 않아도 검색 결과에 노출된다.

ㅁ 카테고리 매칭

믿기지 않겠지만 고객이 검색하는 단어마다 소속되어 있는 카테고리가 있다. 상품을 등록할 때 선택한 카테고리와 상품명에 들어가는 모든 단어들의 카테고리가 맞아야 한다. 다를 경우 상위에 노출되지 않고 뒷페이지로 순위가 떨어지는 현상을 발견할 수 있다. 이 부분은 중요하니까 키워드 실습 후에 자세히 다뤄보겠다.

> **정리** 상품명 길이는 32자 이내로 하며 중복 단어와 특수문자, 불필요한 단어가 들어가지 않도록 한다.
> 또한 상품명에 들어가는 단어들은 모두 카테고리가 같아야 한다.

2) 인기도

인기도는 상품을 등록한 후 고객의 행동에 대한 점수인데 이 단계에서는 부정행위를 하지 않고 고객의 행동을 유도해야 한다. 유도할 수 있는 항목은 클릭수, 체류시간이다. 클릭수는 말그대로 고객이 나의 상품을 클릭하는 숫자로, 이미지나 상품명을 눈에 띄게 하여 클릭을 많이 하게끔 유도한다. 체류시간은 내 상품에 머물러있는 시간을 말한다. 오래 머무르게 하기 위해서는 동영상을 첨부하고 상세페이지에 텍스트를 넣으면 된다. 다시 말하지만 돈 주고 맡기지 말자.

인기도
클릭수
체류시간
판매건수
판매매출
찜수
리뷰 (동영상)
리뷰 (이미지)
리뷰 (텍스트)

위탁판매 기초 이론 익히기

스마트스토어 오픈 준비하기

매출을 올리는 전략과 실습

특정에 최적화된 상품 등록 전략과 실습

상품 등록 후 CS하기

스마트스토어 운영 TIP!

참고 사이트

퇴근 후 부업 계획을 세워보자!

3) 최신성

최신성
등록일을 기준으로
상대적 지수화시켜
일시적으로 랭킹을 유도한다.

필자가 제일 중요하게 생각하는 최신성이다. 네이버는 검색 사이트라서 새로운 정보와 정확한 정보를 중요하게 생각한다. 특히 블로그와 스마트스토어에서 크게 적용되는데 예를 들어 '일산 맛집'을 검색했을 때 3개월 전에 올라온 글과 어제 올라온 글 중에서 어떤 게 더 정확하다고 볼 수 있는가? 어제 올라온 글이 더 정확하다. 3개월 동안 가격이 오를 수도 있고 메뉴가 바뀔 수도 있고 그 가게가 다른 곳으로 이전했을 수 있어서이다. 그래서 네이버는 최신성과 정확도를 같이 중요하게 생각한다. 스마트스토어에서는 새로 등록된 상품을 일시적으로 상위에 올려준다. 최신성만으로는 1페이지에 못 가는 경우도 많지만 그래도 최신성 점수는 크다.

그림 3-1-11 새로 상품 등록하면 보이는 'NEW' 표시

상품을 새로 등록하면 상품 이미지 좌측 상단에 'NEW'라는 표시가 생긴다. 이 표시는 3~14일 정도 보이고 평균 7일 정도 보였다가 사라진다. 이 표시가 붙어있는 동안은 최신성 점수를 받고 있는 것이다.

4) 신뢰도

SEO는 검색 엔진 최적화라는 뜻으로 검색에 노출되게끔 하는 것이다. 상품명 SEO는 적합도와 이어지는 내용으로 단어 중복, 혜택/수식 문구, 특수문자, 지나치게 긴 상품명 사용을 조심해야 한다. 네이버가 우리에게 '내가 말한 것을 잘 지켜줘' 라고 말하는 느낌으로 가이드를 잘 지키면 된다. 이 상품명 가이드라인을 벗어나면 다른 것을 잘해도 상위노출에 어려움을 겪게 된다.

신뢰도
상품명 SEO
이미지 SEO
페널티
배송 만족도
상품 만족도
추가할인
무료배송
쿠폰

이미지 SEO도 네이버에서 정한 가이드를 잘 지키는지 체크한다. 자세한 설명은 이미지 부분에서 하겠지만 간단한 내용을 보자면 이렇다.

> • 이미지 크기: 1000×1000px
> • 이미지 수량: 기본 이미지 1개 + 추가 이미지 (2개 이상 권장)
> • 색상/사이즈 등이 다르거나 전/후/좌/우 상세 이미지는 추가 이미지로 제공
> (하나의 이미지는 하나의 상품정보만 제공)
>
> * 이미지 내에 과도한 텍스트/워터마크/도형 노출 금지

1-4 페널티 점수의 중요성

1) 페널티란?

스마트스토어에서는 판매자와 구매자 간의 건전하고 안전한 거래를 위해 판매관리 프로그램이 운영되고 있다. 이에 소비자의 권익을 해칠 수 있는 판매 활동이 일어나는 경우 판매관리 페널티가 부과되는데, 페널티 점수가 높아지면 스마트스토어에 어려움을 줄 수 있다. 주문이나 배송, 클레임 처리 지연 또는 판매 활동이 원활하게 진행되지 않을 때 페널티를 부여받는데, 페널티 부과 기준은 다음 표를 참고하자.

· **판매 관리 페널티 부과 기준**

항목	상세 기준	페널티 부여일	점수
발송처리 지연	발송유형별 발송처리기한까지 미발송 (발송지연 안내 처리된 건 제외)	발송처리기한 다음 영업일에 부여	1점
	발송유형별 발송처리기한으로부터 4영업일 경과후에도 계속 미발송 (발송지연 안내 처리된 건 제외)	발송처리기한 +5영업일에 부여	3점
	발송지연 안내 처리 후 입력된 발송예정일로부터 1영업일 이내 미발송	발송예정일 다음 영업일에 부여	2점
품절취소	취소 사유가 품절	품절 처리 다음 영업일에 부여	2점
반품 처리지연	수거 완료일로부터 3영업일 이상 경과	수거완료일 +4영업일에 부여	1점
교환 처리지연·	수거 완료일로부터 3영업일 이상 경과	수거완료일 +4영업일에 부여	1점

그림 3-1-12 페널티점수 부과 기준표

판매지연　　　　　　　　　　　　　　　　　　　　　　　　　최근 16:00 ↻

신규주문 지연	오늘출발 지연	배송준비 지연	취소 지연	반품 지연	교환 지연
0	0	0	0	0	0

그림 3-1-13 판매지연 항목

스마트스토어 판매자센터 메인 화면에서 판매지연 영역에서는 현재 지연되고 있는 내용을 항목별로 보기 쉽게 나열해놓았다. 주문이나 클레임 처리가 지연되고 있는 내용을 여기에서 볼 수 있는데, 지연되는 경우 페널티와 직결되어 판매에 영향을 줄 수 있다. 될 수 있으면 지연되지 않도록 주문이나 클레임을 빠르게 처리하는 것도 판매량을 늘리는 방법 중의 하나이다. 지연이 발생하는 날부터 하루하루 지날 때마다 페널티 점수가 올라가며, 지연이 길어지면 길어질수록 페널티 점수를 더 많이 받게 된다는 사실 또한 잊지 말자.

페널티　　　　　　↻

☒	판매 페널티	**4** 점 / 22 %
▱	제재 단계	-
🔔	지재권침해신고	**0** 건

문번호	상세내역	부여점수
?3450086.?1	품절 취소	2

그림 3-1-14 페널티 점수　　　　　　　　　　　**그림 3-1-15** 페널티 점수 부과 사유 확인

2) 판매관리 페널티 단계별 제재

판매자 단위로 최근 30일간 판매관리 페널티가 10점 이상이며, 판매관리 페널티 비율(판매관리 페널티 점수의 합/결제건수의 합)이 40% 이상인 경우에는 적발 횟수에 따라 판매 활동이 제한된다.

1단계 주의	2단계 경고	3단계 이용제한

그림 3-1-16 페널티 제재 단계

1단계: 주의

최근 30일 동안 스마트스토어의 페널티 점수의 합이 10점 이상이며, 판매관리 페널티 비율(판매관리 페널티 점수의 합/결제건수의 합)이 40% 이상이 최초로 발생된 상태이니 주의해주시기 바랍니다.

2단계: 경고

'주의' 단계를 받은 판매자 중 최근 30일 동안 스마트스토어의 페널티 점수의 합이 10점 이상이고, 판매관리 페널티 비율(판매관리 페널티 점수의 합/결제건수의 합)이 40% 이상인 경우이며 '경고' 단계를 받은 날로부터 7일간 신규 상품 등록이 금지(스마트스토어센터 및 API 연동을 통한 신규 상품 등록 금지)됩니다.

3단계: 이용제한

'경고' 단계를 받은 판매자 중 최근 30일 동안 스마트스토어의 페널티 점수의 합이 10점 이상이고, 판매관리 페널티 비율(판매관리 페널티 점수의 합/결제건수의 합)이 40% 이상인 경우이며 스마트스토어 이용정지 처리되어 판매 활동 및 정산이 제한됩니다.

> **point 페널티는 삭제된다 [무서워 말자]**
> 페널티는 최근 30일에 대한 것만 계산된다. 지난 것은 삭제된다.
> 오늘 일자를 기준으로 29일 전부터 오늘(당일 포함)까지 부과된 페널티로 계산된다.
> e.g. 오늘이 2023년 5월 4일(목)인 경우
>   2023년 4월 5일(수)~2023년 5월 4일(목) 기간 동안 부과된 페널티로 계산

3) 페널티 점수 안 받는 꿀팁!

필자는 첫날부터 페널티 4점을 먹고 시작했는데 많이 당황스럽고 왜 페널티를 받았는지 어리둥절하였다. 인터넷으로 검색하다 보니까 페널티를 많이 받으면 정산이 안 된다고 하여 겁을 먹고 방법을 연구하다가 알게 된 팁을 공유해본다.

☐	판매자 상품코드	상품주문번호	주문번호	상품명	옵션정보	수량	수취인명	발송기한
☐	CH1422409 1	20	20	셀프 웨딩	주문옵션: 메틀	2		2020.05.31 23:59:59
☐	CH1434173 디	20	20	3Way 고정	주문옵션: 블랙	1		2020.05.30 23:59:59
☐	CH1329827 1	20	20	어린이 생	주문옵션: (화이	2		2020.05.30 23:59:59
☐	CH1423231 디	20	20	400ML 실	주문옵션: 맥주	2		2020.05.30 23:59:59

그림 3-1-17 판매관리 화면에서 '발송기한'

<조건>
주문: 5/28
발송기한: 5/31

㉠ 발송기한 지키기

우선 주문이 들어온 후에는 발송기한을 꼭 지켜야 한다. 주문이 들어오면 영업일 기준으로 3일 안에 보내야 하는데 공급사에서 입고지연이나 품절 등의 사유로 발송기한 내에 못 보낼 때가 있다. 기한 내 발송을 못할 것 같으면 빠르게 공급사로 문의하여 언제 발송할 수 있는지 확인해야 한다.

㉡ 고객에게 일정 확인하기

발송기한은 5월 31일까지인데 공급사로 발송 일정을 확인했을 때 6/10일에 발송된다고 한다. 일정 확인 후 고객에게 문자나 톡톡이나 전화로 안내하면 된다.

> 안녕하세요. 네이버에서 (상품명) 구매하신 (스토어명)입니다. 해당 상품은 공급사에서 직배송하는 상품인데 정말 죄송하게도 현재 (품절or입고지연)으로 6/10에 발송 예정입니다. 일정 괜찮으신가요?

이렇게 안내하면 고객의 반응은 두 가지로 나뉜다. '네, 기다리겠습니다.' 또는 '아뇨, 취소해주세요.'로 말이다.

ⓒ 기다린다는 고객의 주문건 처리하기

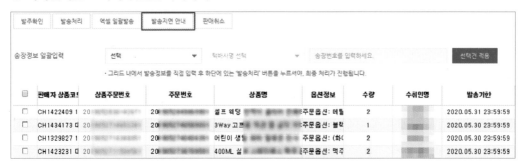

그림 3-1-18 '발송지연 안내' 버튼의 위치

발송지연 안내하기

・ 결제일로부터 3영업일 이내에 발송처리가 불가한 경우, '발송지연 안내' 처리를 하셔야 합니다.
・ 발송지연 안내 처리는 1회만 가능하며, 입력하신 지연사유를 구매자에게 안내가 됩니다.
・ 발송기한 경과시까지 발송처리가 되지 않으면 구매자 취소요청시 즉시 환불처리가 진행됩니다.
・ 발송기한은 결제일로부터 최대 90일까지 설정이 가능합니다.

발송지연 사유	상품준비중 ▼
발송 기한	[　　📅]
	※ 발송기한은 수정되지 않으니, 발송 가능한 일자를 정확히 선택해주세요
발송지연 상세 사유 (0/500자)	[　　　　　]

※ 입력하신 내용은 처리 후 수정이 불가합니다. 발송기한을 정확히 입력해 주세요

[발송지연 안내하기] [닫기]

그림 3-1-19 '발송지연 안내' 팝업창

❶ 주문창에서 '발송지연 안내' 클릭   ❹ '발송지연 상세사유' 입력
❷ 발송지연 사유: '상품준비중'   ❺ '발송지연 안내하기' 클릭
❸ '발송기한' 선택

> **TIP** **발송기한은 결제일로부터 최대 90일까지 설정할 수 있다.**
> 6/10에 공급사가 발송한다고 해서 발송기한을 6/10으로 설정하면 안 된다. 한 번 설정하면 일정 변경이 안되기 때문이다.
> **90일 뒤로 설정한 후 '발송지연 상세사유'에 '안내해 드린대로 6/10 발송예정이다.'라는 문구를 넣어주면 된다.**
> 필자의 고객이 4/28에 주문했는데 공급사에서 입고 지연으로 5월 첫째 주에 발송한다고 하였다. 고객의 양해를 구하고 넉넉하게 5월 말일로 설정했는데 6월 첫째 주에 발송되어 페널티 6점을 받았다. 한 번 설정하면 변경이 안 되니 최대한 길게 하는 것이 좋다.

㉣ 취소 요청 고객의 주문건 처리하기

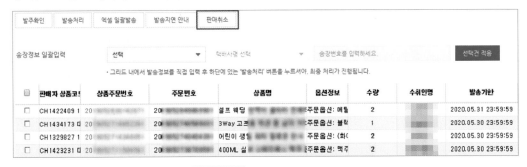

그림 3-1-20 '판매취소' 버튼의 위치

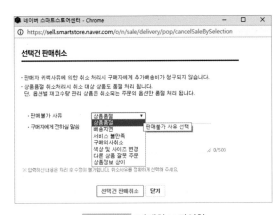

그림 3-1-21 '판매취소' 팝업창

❶ 주문창에서 '판매취소' 클릭

❷ 판매불가 사유 선택

❸ '구매자에게 전하실 말씀' 자유롭게 입력

❹ '선택건 판매취소' 클릭

> **TIP** 판매불가 사유를 보면 고객의 귀책사유와 판매자의 귀책사유로 나누어진다. 고객의 귀책사유를 선택하면 페널티를 받지 않고 판매자의 귀책사유일 경우 페널티를 받는다. 이 팁은 책에서 자세히 다루기가 어렵다. 여기까지밖에 내용을 담지 못하는 것이 아쉬울 뿐이다. 눈치가 빠른 사람은 깨달았을 거라 생각한다.

1-5 상위노출은 2단계로 이루어진다

상품을 등록한다고 해서 한 번에 노출 순위가 결정되는 것이 아니다. 크게 2단계로 나눠서 노출 순위가 결정된다.

1차 노출: 상품을 등록하고 나서 보이는 순위

1차 노출은 판매자가 상품 등록할 때 적합도와 상품명 SEO, 판매자의 등급 및 판매지수의 영향을 받아 보통 2~5페이지에 위치한다. 그래서 상품을 등록할 때 상품명 오타는 없는지 상품명 길이는 적당한지 또 판매자의 등급은 어떤지 판매지수는 어떤지를 점수화해서 노출 순위가 결정되는데 만약에 같은 상품을 올린다고 하더라도 파워 등급인 사람과 씨앗 등급인 사람의 순위는 또 다르게 나타난다. 상품을 등록할 때 판매자들은 바로 1페이지에 나의 상품이 노출되기를 원하지만 실제적으로는 높아야 2페이지에서 5페이지 정도에 노출된다. 키워드에 따라서 1페이지에 노출되기도 하지만 이때는 상품수가 많이 없는 키워드일 때가 많다.

2차 노출: 등록 후 고객의 행동으로 결정되는 순위

1차로 노출된 이후에 고객의 행동에 영향을 받는 인기도(클릭수, 체류시간, 구매, 리뷰)의 영향을 받아 결정되는 순위이며 2차 노출 때는 1페이지까지 올라갈 수 있다. 2차 노출을 결정하는 클릭수, 찜수, 체류시간, 구매건수, 리뷰 모두 어뷰즈 행위(부정행위)가 가능해서 몇십만 원에서 몇천만 원까지 돈을 지불하여 어뷰즈 행위의 유혹을 받게 되는데 돈을 쓰지 않아도 충분히 매출을 올릴 수 있으니 부정행위는 하지 않도록 한다.

> **TIP** **소자본으로 노출 유도하기!**
> - 클릭수: 상품명, 이미지
> - 찜수: 스토어찜 쿠폰 발급
> - 체류시간: 동영상, 상세페이지 글과 사진의 구성

2

실패 없는 아이템 선택 방법

2-1 이런 아이템을 팔아라! 저자의 아이템 전략

1) 내가 팔고 싶은 것만 등록하지 않는다

강의를 하면서 많은 사람을 만나보면 대부분 주관적으로 아이템을 선택한다. '와 이거 잘 팔리겠다.' 또는 '이건 안 팔릴 것 같아' 하면서 스스로 판단하는 것이다. 충분히 이해가 되지만 **구매는 내가 아닌 고객이 하는 것이다.** 필자의 효자템 대부분은 '이걸 사는 사람이 있을까?'라고 생각했던 것들이다. 얼마 전 수강생의 스마트스토어에 하루 다섯 개씩 2주간 상품을 올려주었다. 온채널 우수상품관에 있는 상품을 순서대로 올렸는데 그러다보니 안 팔릴 것 같은 상품이 걸렸다. '골프스타킹'이였다. 고객들이 정말 안 살 것 같았지만 그냥 올려보니까 판매가 되었다. 스스로 판단하지 않고 고객에게 판단을 맡긴다면 하나라도 더 판매할 수 있는 것이 스마트스토어의 재미인 것 같다.

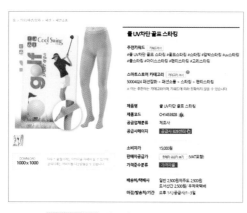

그림 3-2-01 생소한 '골프 스타킹' 상품

그림 3-2-02 '골프 스타킹'이 판매된 후의 대화

지금은 없어졌지만 작년에는 수강생들과 단톡방이 있었다. 어쩌다가 '안 팔릴 것 같은데 팔렸던 상품 자랑하기'로 대화가 진행되고 있었다. 필자도 사진을 올리며 이야기했다.

그림 3-2-03 안 팔릴 것 같았지만 효자템이 된 상품들

실제 모두 필자의 효자템이다. 이걸 단톡방에 올렸을 때 모두 웃어넘겼지만 한 분은 그냥 넘기지 않고 상품 등록을 했다. 그분은 두 번째 사진인 '문어 복면'이 효자템이 되었다. 세 번째 사진인 '휴대폰 목 거치대' 같은 경우는 수강생 중에 많은 사람이 사려고 했거나 구매한 제품이라고 한다. 다른 사람과 필자의 차이점은 '이게 팔릴까?' 갸우뚱하면서도 일단 등록했다는 것이다. 그러니 판단하지 말고 일단 등록해라. 효자템이 될 수도 있다.

2) 고객이 찾는 것을 팔아라

2018년 스마트스토어를 처음 시작할 때부터 지금까지 필자의 신념과 같다. 1번과 이어지는 내용이지만 더 추가한다면 내가 팔고 싶은 것을 판매하는 것이 아닌 고객이 찾는 것을 팔아야 한다. 고객이 찾는 것을 어떻게 알 수 있냐고 물을 수 있다. 간단히 말하자면 빅데이터를 이용하는 것이고 '네이버 데이터랩'이나 '키워드도구' 등으로 특정 단어를 고객이 한 달에 얼마나 검색하는지 알 수 있다. PART 3-5 매출이 일어나는 상품명 만드는 노하우(실습)에서 자세히 다뤄보겠다.

3) SNS를 활용하라

인스타그램, 페이스북을 이용하고 있는가? 안 한다면 지금 당장 가입해라. 스마트스토어를 포함한 유통 분야는 트렌드에 민감해야 한다. 요즘 사람들이 많이 이용하는 인스타그램과 페이스북을 하면서 어떤 광고가 많이 보이는지 체크하면 좋고, 필자는 이런 광고를 이용하여 버스를 타기도 한다. 버스 타는 것이 무슨 말인지 예를 하나 들어보겠다.

몇 년 전 SNS에서 투명관 속에 고무찰흙 덩어리를 넣어 관을 막은 후 에어 뚫어뻥으로 공기를 쏴서 고무찰흙을 뻥! 날려버리는 광고가 있었다. 그 광고가 크게 화제가 되었는데 그 때 온채널에도 같은 상품이 있길래 스마트스토어에 올려 큰 매출을 올렸었다. 아마 공급사도 그 광고를 보고 중국에서 물건을 가져온 것이 아닌가 예상된다.

그림 3-2-04 '에어 뚫어뻥'의 사진

이렇게 누군가 광고를 올릴 때 화제성을 이용하여 나도 매출을 올리는 것을 '버스 탄다'라고 표현한다. 운전기사님은 따로 계시고 올라타기만 하면 되니까 말이다. 또 하나는 인스타그램에서 종합몰을 팔로우하는 것이다. 그중에서 다이소가 제일 좋다. 다이소는 상품이 나올 때 인스타그램에 업로드를 해주는데 캐릭터 상품 외에 '봄', '김장철', '바캉스', '할로윈', '크리스마스' 등 시즌 상품이나 신상품을 올릴 때가 있다. 그러면 그 게시물을 보고 나도 똑같이 올리면 된다. 다이소도 분석을 하고 상품을 만들어서 판매하는 것이기에 어느 정도 매출에 도움이 될 수 있다.

그림 3-2-05 다이소 인스타그램

다이소 외에도 '10×10', '집꾸미기', '오늘의집' 등의 브랜드 계정을 팔로우해보자!

4) 아이템마다 상품 등록 타이밍이 있다

에어컨은 몇 월부터 성수기인지 알고 있는가? 모기장은 고객들이 언제부터 찾을까?

에어컨은 3월부터고, 모기장은 2월 말부터이다. 이 사실을 처음 알았을 때 아주 놀랐다. 당연히 여름에만 찾는 건 줄 알았기 때문이다. 계속 말하지만 내 생각으로만 한정 지어서 판단하는 것은 좋지 않다. 상품 등록할 때 계절을 타는 여름 상품이나 겨울 상품은 '네이버 데이터랩'이나 '키워드도구'에서 1년 그래프를 보아야 한다

> - 네이버 데이터랩: https://datalab.naver.com/ (접속 후 쇼핑인사이트 클릭)
> - 키워드도구: https://searchad.naver.com/ (접속 후 로그인, 키워드도구 클릭)

모기장은 2월 말부터 그래프가 올라가 6월에 정점을 찍고 내려온다. 계절상품은 그래프가 올라가기 대략 한 달 전에 스마트스토어에 상품 등록하면 된다. 그럼 모기장은 1월 말에 등록을 시작해야 한다. 여기서 핵심은 여름 상품이라고 여름에 파는 것이 아니라 그래프가 올라가는 시점에 판매를 해야 하는데 그 이유는 성수기가 될 때까지 클릭 점수나 방문자 수를 모으기 위해서이다. 미리 모아놓으면 성수기 때 상위 페이지로 올라가기가 쉽다. 그러니 계절상품은 그래프를 반드시 확인하자!

2-2 매출 나오는 아이템 찾는 방법 다섯 가지

1) 네이버쇼핑-베스트100
카테고리별로 잘 팔리는 100개의 상품을 보여준다. 7일마다 들어가서 확인하면 되며, 온채널에 있는 상품도 있으니 찾아서 스마트스토어에 올려보도록 하자!

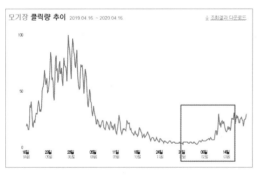

그림 3-2-06 '모기장'의 1년 클릭량 추이

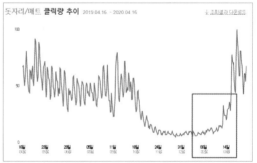

그림 3-2-07 '돗자리/매트'의 1년 클릭량 추이

그림 3-2-08   네이버쇼핑 '베스트 100' 화면

❶ '네이버쇼핑' 접속
❷ 우측 상단 '베스트100' 클릭

2) 네이버 데이터랩-쇼핑인사이트

계절상품 그래프에서 언급했던 그
사이트이다. 네이버는 모든 데이터
를 저장하는데 이곳에서는 저번 달
까지의 데이터를 확인할 수 있다. 계
절 상품의 그래프를 보기도 하지만
카테고리를 설정해 그 카테고리에서
특정 기간의 인기검색어는 어떤 거
였나를 볼 수 있다. 필자가 애용하는
사이트이다.

그림 3-2-09   '생활/건강' 카테고리의 인기검색어 500

❶ '네이버 데이터랩' 접속

❷ '쇼핑인사이트' 클릭

❸ 보고 싶은 카테고리 설정

❹ 기간: 1년

❺ 기기별/성별/연령: 전체

3) 뉴스

NAVER 뉴스	총선 TV연예 스포츠 뉴스스탠드 날씨
뉴스홈 속보 정치 경제 사회 생활/문화 세계 IT/과학 오피니언 포토 TV 랭킹뉴스	

그림 3-2-10 네이버 뉴스 메인 화면

유통은 트렌드에 민감하기에 흐름을 읽으려면 뉴스는 매일 꼭 보아야 한다. 필자도 시간 날 때마다 최신 뉴스를 보는 것이 습관이다.

• 마트 비닐봉투 사용금시	• 인천 붉은 수돗물 사건
• 일본 상품 불매운동	• 티백 차 미세플라스틱 검출
• 섬유유연제 미세플라스틱 검출	• 코로나 19
• 온라인 개학	

위에 언급한 모든 사건을 아는가? 강의하면서 모두 아는 사람을 못 보았다. 그럼 하나씩 풀어서 이야기해보겠다.

㉠ 마트 비닐봉투 사용금지

2019년 1월과 4월에 대형마트, 슈퍼마켓에서 1회용 비닐봉투 사용이 금지되었다. 의도한 건 아니었지만 마침 그쯤에 올렸던 장바구니가 매일 100~200개, 크게는 700개씩 대량주문이 들어오면서 대박이 터졌다. 이를 계기로 2019년 1월에 간이과세자에서 일반과세자로 바꾼 것이다.

✔ 카트형   ✔ 수납형

그림 3-2-11 접이식 장바구니   그림 3-2-12 카트형 장바구니

ⓛ 인천 붉은 수돗물 사건

인천 서구에서 2019년 5월 30일부터 현재까지 지속되고 있는 사건이다. 위키백과를 참고하면 이 사건은 인천광역시 서구는 물론 영종도와 강화군 일대까지 번졌고, 서울특별시 영등포구와 경기도 광주시, 평택시, 충청북도 청주시, 강원도 춘천시, 경상북도 포항시, 부산광역시 등 전국 각지로 확산한 것으로 나와 있다. 이 시기에 인천 서구에 갈 일이 있었는데 가게마다 문에 '생수로 만듭니다.'라는 문구가 있었다. 이 때 잘 팔렸던 것이 세면대 필터나 샤워기 필터 등의 수돗물 필터이며 생수, 우유, 빵도 잘 나갔다. 최근에는 '수돗물 벌레(깔따구 유충) 사건'으로 필터가 잘 나간다.

푸른숲 샤워필터/샤워필터기/ 샤워기필터/세면대필터/바…
제품번호 : CH1529181
소비자가 : 8,900원
영업범위 : 온/오프라인
제품상태 : 정상판매
입점일자 : 2019-12-17

상품 판매신청

샤워기 녹물 제거 필터/샤워기 헤드/샤워기필터/녹물제거…
제품번호 : CH1465319
소비자가 : 11,300원
영업범위 : 온/오프라인
제품상태 : 정상판매
입점일자 : 2019-07-22

상품 판매신청

녹물제거필터/녹물필터/수도 필터/싱크대필터/샤워기필터/…
제품번호 : CH1443988
소비자가 : 10,900원
영업범위 : 온/오프라인
제품상태 : 정상판매
입점일자 : 2019-04-24

상품 판매신청

윌로스 세면대 정수필터 세트 2개/세면대필터/정수필터/…
제품번호 : CH1303082
소비자가 : 41,450원
영업범위 : 온/오프라인
제품상태 : 품절
입점일자 : 2017-03-21

판매자모집완료

그림 3-2-13 수돗물 필터 상품들

ⓒ 일본 상품 불매운동(노노재팬)

2019년 8월에 일방적인 일본의 수출 규제 및 대한민국 화이트리스트 국가 제외에 대한 경제보

복과 무역제재에 항의하여 대한민국 국민들이 자발적으로 일본 제품을 사지 않는 운동이다. 국산이나 다른 해외 국가의 필기구나 의류 등이 잘 나갔다.

㉣ 티백 차 미세플라스틱 검출

2019년 9월에 나온 뉴스이다. 캐나다에서 티백 1개로 우려낸 차가 수십억 개의 미세플라스틱을 포함할 수 있다는 연구 결과가 발표되었다고 한다. 종이 티백에는 8대 2에서 7대 3정도 소량의 플라스틱 섬유를 섞지만 삼각 티백은 100% 플라스틱 섬유로 만들어진다. 이 때 고객들이 찾은 것은 우려먹는 잎차였다.

㉤ 섬유유연제 미세플라스틱 검출

2019년 9월에 국내에서 처음으로 섬유유연제 제품에서 미세플라스틱이 검출되었다는 뉴스가 나왔다. 미세플라스틱은 피부에 좋지 않고 체내에 들어오면 배출이 안 되므로 많은 사람들이 충격을 받았던 뉴스였다. 이 뉴스 후에는 미세플라스틱 검출이 안된 섬유유연제를 찾거나 식초도 많이 구매했다.

㉥ 코로나 19

2019년 12월부터 중국 우한에서 발생하여 현재까지 전 세계에서 진행되고 있는 새로운 유형의 코로나 바이러스에 의한 호흡기 감염질환이다. 우리나라에서는 2020년 2월 첫 확진자가 발생하였다. 코로나 19 초기 때를 기억하는가? 마스크를 없어서 못 팔 정도로 마스크 대란이 일어났다. 유통가에서는 마스크로 강남 건물 샀다는 소리도 돌고 있었고 3년 치를 한 달 만에 팔았다는 이야기도 있었다. 수강생에게 이런 대란템을 피할 것을 이야기했지만 많은 수강생이 마스크를 판매했었다. 결과는 잘 된 사람도 있고 힘들어서 포기한 사람도 있다. 결과가 어떻게 되었든 간에 좋은 경험을 한 것이라 생각한다. 그래도 대란템은 팔지 말라고 말리고 싶다. 마스크코인이라는 말이 생길 정도로 예전 비트코인 때처럼 가격이 내려갈 때 사고 올라갈 땐 버티기를 반복하거나 비싸게 주고 샀는데 갑자기 물량이 풀려서 가격이 내려가면 손해를 보지 않는가. 자주 연락하던 한 수강생은 마스크 2,000개를 가져온 날 공적마스크가 발표되어 울며 겨자먹기로 마진 없이 판매하였다. 또한 마스크 대란인 시절에 마스크 양심판매자 목록이 있었는데 필자도 마스크를 구매하려고 들어가니 양심판매자인데도 불구하고 Q&A 게시판이 대부분 불만이나 욕이었다. 사람들이 많이 예민해져 있음이 느껴지는 부분이다. 강의 때도 이야기하였지만 굳이 관련 아이템을 판매하고 싶다면 대란템보다는 그 아래 단계를 생각해보면 좋다. 예를 들어 '니트릴 장갑'이나 '강아지 마스크', '시식용 투명 마스크', '마스크 귀아픔 방지'처럼 말이다. 대란은 아니지만 코로나 19 영향으로 많이 찾는 아이템이다. 마스크보다 스트레스 덜 받으면서 판매할 수 있다.

Ⓐ 온라인 개학

코로나의 여파로 2020년 4월에 학교에서는 온라인으로 개학을 하였다. 이때도 의도한 건 아닌데 '방송용 마이크'가 판매되었다. 테스트 스토어에 상위노출 테스트용으로 올린 건데 고객과 이야기하다 보니 온라인 개학 때문에 구매한다고 하셔서 수강생들에게 '화상캠', '마이크', '크로마키' 등 방송 제품을 올리라고 전달하였고 아직까지도 필자와 수강생은 온라인 개학 상품을 잘 판매하고 있다. 이처럼 뉴스를 보면 판매할 수 있는 상품이 생긴다. 인터넷 뉴스를 보는 것을 습관으로 만들었으면 좋겠다.

4) 온채널-우수상품관

우수상품관에는 품절의 우려가 적고 배송이 우수한 베스트상품이 모여있다. 고객이 찾는 상품들이라서 처음에 우수상품관에 있는 것만 올려도 매출이 나온다.
'우수상품관이면 다른 사람도 많이 올려서 안 팔리는 거 아닌가요?'라고 많이 물어보는데 키워드 전략으로 판매하므로 경쟁이 심하지 않다. 키워드 전략은 키워드(단어)를 분석하는 것인데 판매자마다 선택하는 카테고리와 키워드가 다르다. 그래서 어떤 판매자의 효자템을 내가 올린다고 해서 잘 팔리지 않는 이유가 그 때문이다.

그림 3-2-14　온채널 메인 화면 - 우수상품관

그림 3-2-15　'우수상품관' 화면

5) 온채널 - 다른 판매자들은 무엇을 팔았을까?

마이페이지 다른 판매자들은 무엇을 팔았을까라는 곳이 있다. 가장 최신 트렌드를 볼 수 있다. 어제 온채널에서 가장 잘 나간 것과 1주일, 1개월, 3개월 단위로 볼 수 있다. 우수상품관 다음으로 매출에 좋은 영향을 준 곳이다. 3개월은 계절이 바뀌므로 1주일과 1개월을 보면 된다.

그림 3-2-16 온채널 '마이페이지' 메인 화면 – '다른 판매자들은 어떤 상품을 팔았을까? 보러가기'

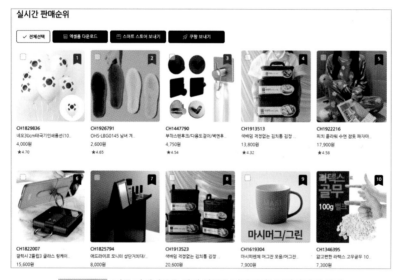

그림 3-2-17 '다른 판매자들은 어떤 상품을 팔았을까? 보러가기'의 화면

2-3 경쟁자가 많지 않나요?

아이템 시간에도 언급하였지만 이 질문은 수업 때 많이 받는 질문이다. 필자는 이 질문에 대해 '아니다.'라고 대답한다.

1) 가격 경쟁이 아닌 키워드 경쟁이다

가격 경쟁이라면 최저가만 살아남겠지만 요즘 시대에는, 특히 위탁판매는 가격 경쟁이 아니라 키워드 경쟁이다. 만약에 내가 판매하고자 하는 상품이 브랜드 상품이라면 고객은 브랜드와 모델명을 검색하여 같은 상품 중에서 가장 저렴한 걸 구매하겠지만 우리는 브랜드 상품이 아니라서 다른 곳과 같은 상품인 것을 최대한 숨기면 고객은 가격비교가 아닌 오롯이 상품을 보고 구매하게 된다. 이때 고객이 상품을 검색했을 때 결과 페이지에 보여져야 하니 그 검색어(키워드)를 미리 분석하여 상품명에 넣어야 하고 이미지도 차별화 전략으로 다른 판매자와 다른 상품인 것처럼 보여주면 된다. 방법은 키워드 실습과 이미지 실습 시간에 다뤄보겠다.

2) 중도에 포기하는 사람들이 많다

2019년 유튜브에서 쉽게 돈 번다는 내용으로 스마트스토어 붐이 생겼다. 그 열기는 약 2년도 채 우지 못한 채 열기가 식어가고 있다. 쉽게 돈 벌 수 있다고 하니 쉽게 생각하고 도전하다가 더 쉽게 돈을 벌 수 있다는 투잡이 생기면 중도에 포기하고 간다. 스마트스토어는 누구나 할 수 있다. 하지만 스마트스토어도 사업인지라 꾸준히 성실하게 하는 사람이 돈을 벌어간다. 2019년에 스마트스토어 열기가 정말 뜨거웠지만 그 때나 지금이나 하다가 그만두는 사람이 많아서 아직 스마트스토어의 시장이 좋다는 느낌을 받는다. 그만두는 사람들 뿐만 아니라 열심히 스마트스토어를 배운 뒤에 시작을 안 하는 사람들도 많다.

2-4 구매전환율을 확인하라

판매자마다 아이템을 찾는 스타일이 다른데 보통 두 가지로 나뉜다.

> ① 잘 나가는 아이템을 보고 키워드를 분석해서 상품 등록하는 판매자
> ② 키워드를 먼저 분석한 후 아이템을 찾아 상품 등록하는 판매자

필자는 1번 성향의 판매자이고 1번으로 하는 것을 추천한다. 2번은 키워드를 먼저 분석하고 아이템을 찾아야 하는데 키워드가 구매전환율이 높은지 먼저 검증해야 하고 구매전환율이 높다

고 해서 상품 등록할 아이템을 찾을 때, 내가 고른 아이템을 고객은 원하지 않을 수 있으므로 중간중간 위험한 요소들이 많이 있다. 그래서 제일 안전하고 쉽게 초보자들이 할 수 있는 1번 방법으로 하는 것을 추천한다.

'아이템스카우트'는 유튜브의 영향으로 스마트스토어 판매자들이 많이 이용하는 사이트이다. 카테고리를 넣으면 그 카테고리에 있는 키워드들이 보이면서 검색수보다 등록된 상품수가 적은 키워드를 볼 수 있다. 초보 판매자는 경쟁 강도가 0인 키워드를 보며 좋아하는 함정에 빠지게 된다. 경쟁이 낮다고 무조건 좋은 것이 아니다. 그 시장이 활발한지 체크해야 한다. 죽어있는 시장에 내가 들어간다고 해서 그 시장이 살아나지 않는다. 반대로 활발한 시장에 들어가면 나도 잘 팔린다. 이 말인즉슨 고객이 찾아오는 시장에 들어가야 한다는 것이다. 그럼 어떻게 찾을 수 있는지 방법을 설명하겠다. 참고로 필자는 요즘에 '아이템스카우트'를 이용하지 않는다. 이 사이트는 속도가 느린 편이라 다른 사이트를 이용하고 있는데 그 사이트는 수강생들에게만 알려주고 있다.

그림 3-2-18 '아이템스카우트' 메인 화면

❶ '아이템스카우트' 접속

❷ '아이템 발굴' 클릭

❸ 카테고리: 자유롭게 입력

❹ '브랜드 제거' 선택

❺ 기간 : 1개월~1년 정도로 자유 선택

❻ 총검색수: 직접 입력 1000~ (선택사항)

❼ 경쟁 강도 낮은 순으로 정렬

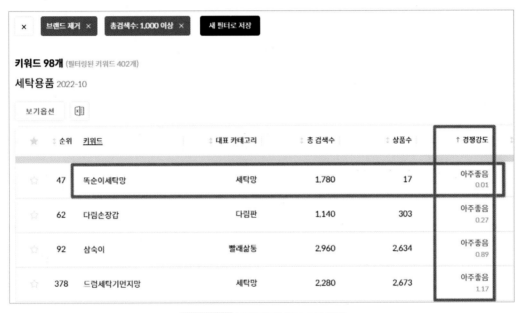

그림 3-2-19 경쟁 강도 낮은순으로 정렬

❽ 낮은 순으로 보면서 브랜드 제품 건너뛰기 (있을 경우)

❾ '드럼세탁기먼지거름망'으로 선택

여기까지가 보통 판매자들이 하는 과정이다. 경쟁 강도 0대를 찾아서 '심봤다'고도 한다. 대박 날 것이라는 상상과 함께 상품을 등록한 뒤 안 팔리면 스마트스토어는 돈이 안 된다며 떠나버린 다. 이렇게 하다가 다른 투잡 강의를 떠돌아다니는 수강생을 보고 마음이 아파 구매전환율 보는 방법을 커리큘럼에 넣고 강의하기 시작하였다. 그럼 이어서 해보겠다.

그림 3-2-20 온채널 검색창에 '먼지거름망' 검색

❿ 온채널에 핵심키워드만 넣어 검색한다.

> **TIP** 핵심키워드는 키워드를 최대로 쪼갠 뒤 고르면 된다.
> e.g. 드럼/세탁기/먼지/거름망
> 이렇게 쪼갰을 때 핵심 단어는 '거름망'이다. 그런데 '거름망'의 범위가 넓다. 싱크대 거름망
> 도 있고 화분 거름망도 있고 여러 가지가 많다. 그럴 때는 앞에 단어 하나만 넣어서 '먼지거
> 름망'을 핵심키워드로 잡으면 된다.

그림 3-2-21 온채널에서 판매되고 있는 먼지거름망 상품

그림 3-2-22 '네이버쇼핑' 검색창에 '드럼세탁기 먼지거름망' 검색

⓫ 온채널에 상품이 있는 것을 확인

❷ 네이버쇼핑에 '드럼세탁기 먼지거름망' 검색
(네이버쇼핑에 검색할 때는 '아이템스카우트'에서 확인한 전체 키워드를 넣어준다.)

리뷰, 구매건수, 등록일 확인

검색 결과 중 광고 4개 밑에 있는 첫 번째 상품이 1페이지 1위 상품이다. 1페이지 1위부터 마지막까지 전체적으로 구매가 잘 이루어지고 있어야 한다.

1위 상품
리뷰 16 / 구매건수 68 / 등록일 2019.10

<리뷰>
등록일부터 현재까지 쌓인 모든 리뷰의 수
스마트스토어의 경우 (리뷰×5)를 구매건수로 예상한다.
3~5명 중 한 명이 리뷰를 쓰는 경향이 있기에 3~5까지 자유롭게 설정해보면 된다.

<구매건수>
최근 6개월간 고객들이 구매한 건수

---

1) 리뷰로 계산하기

❶ (리뷰)16개 × 5 = 80건(예상 구매건수)

❷ (예상 구매건수)80건 × 1,960원(판매가) = 156,800원

❸ 156,800원 ÷ 8개월(등록일로부터) = 19,600원(한달 예상 매출)

2) 구매건수로 계산하기

❶ (구매건수)68건 × 1,960원(판매가) = 133,280원(6개월 예상 매출)

❷ 133,280원 ÷ 6개월 = 22,213원(한달 예상 매출)

만약 다른 판매자가 구매건수를 가려 놓았다면 리뷰로 예상 매출을 계산할 수 있지만 리뷰 계산

은 어림잡아 계산하는 방법이라 구매건수로 계산하는 것이 더 정확하다.

자! 이렇게 매출을 계산해보았다. '드럼세탁기 먼지거름망'이라는 키워드로 1위를 차지하고 있는 곳의 한달 매출은 22,213원이고 하루로 치면 740원이다. 경쟁 강도가 0이라고 해도 구매전환율이 낮다는 것을 숫자로 확인했다. 이번엔 필자의 스타일대로 하나 골라서 구매전환율을 계산해보겠다. 이 방법으로 하면 대부분 구매전환율이 좋은데 아쉽게도 아직 더 검증이 필요한 단계라 방법까지 구체적으로 언급은 힘들다.

순위	키워드	P광고단가	M광고단가	총 검색수	상품수	경쟁강도
130	건조대	320	580	14,820	961,820	64.90
11	해루질장비	70	310	14,580	5,856	0.40
1010	네이버장바구니	70	70	13,910	2,873	0.21
22	고리	80	160	13,320	3,053,245	229.22
31	천장빨래건조대	170	490	12,330	38,003	3.08
63	세탁바구니	300	460	10,870	223,981	20.61

그림 3-2-24 '아이템스카우트'에서 '해루질장비' 키워드 선택

필자가 고른 '해루질장비' 키워드는 총 검색수가 14,580이고 상품 수는 5,856이나.

상품 수에서 총 검색수를 나누어 경쟁 강도(비율)가 0.40으로 판매자들이 선호하는 경쟁 강도다. 필자가 선택한 키워드는 구매전환율이 얼마큼 좋은가 계산해보자! 한 번 더 강조하지만 키워드를 먼저 분석하고 아이템을 선택할 때는 구매전환율을 반드시 확인해야 한다.

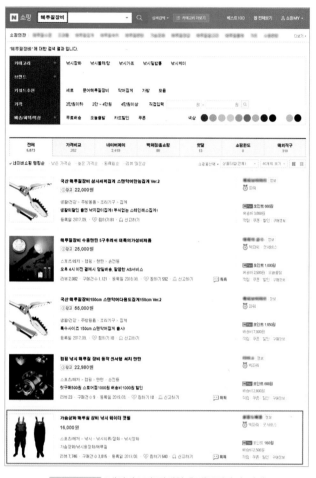

그림 3-2-25 '네이버쇼핑' 검색창에 '해루질장비' 검색

❶ '아이템스카우트'에서 '해루질장비' 키워드 선택

❷ 온채널에 상품이 있나 확인

❸ 네이버쇼핑에 '해루질장비' 검색

그림 3-2-26 리뷰, 구매건수, 등록일 확인

1) 리뷰로 계산하기

❶ (리뷰)7,746개 × 5 = 38,730건(예상 구매건수)

❷ (예상 구매건수)38,730건 × 16,000원(판매가) = 619,680,000원

❸ 619,680,000원 ÷ 81개월(등록일로부터) = 7,650,370원(한달 예상 매출)

2) 구매건수로 계산하기

❶ (구매건수)3,815건 × 16,000원(판매가) = 61,040,000원(6개월 예상 매출)

❷ 61,040,000원 ÷ 6개월 = 10,173,333원(한달 예상 매출)

리뷰로 계산하는 것은 구매건수를 예상하여 한달 매출을 계산하는 것이기에 구매건수로 계산하는 것이 더 정확하다. '해루질장비'의 경우처럼 한달 예상 매출이 어느정도 높은 키워드가 전환율이 좋은 키워드이다. 만약 아이템을 먼저 선택하는 방법이 아닌 키워드를 먼저 분석하는 방법으로 상품을 등록하고자 한다면 경쟁률의 늪에 빠지지 말고 전환율을 반드시 확인하자!

2-5 피해야 할 제품

이제부터 이야기하는 피해야 할 제품은 온전히 필자 경험에 의한 내용이며, 공급사나 상품마다 다를 수 있음을 먼저 고지한다. 필자에게 큰 스트레스를 안겨준 상품을 몇 개만 나열해보도록 하겠다.

1) 가구

가구 배송을 받아본 적 있는가? 택배기사님이 아닌 화물기사님이 오시는데 요즘 친절하신 기사님이 많이 계시지만 일부 기사님의 경우 거친 면이 있어 고객 클레임이 들어오기도 하고 가구를 옮기면서 장판이나 문턱이 찍힌 경우 다툼이 일어날 수 있다. 내가 중간에 있는 입장이기에 난처할 때가 많다. 마진이 크지만 배송 후 CS가 많이 발생하기에 피하는 것이 좋다.

2) 의류

반품율이 제일 높은 카테고리이다. 화면으로 보는 색상과 실제로 보는 색상의 차이가 클 수도

있고 실제로 입어보니 모델이 입은 것과 핏이 다를 수도 있다. 또는 사이즈를 잘못 선택하거나 박음질과 디테일 등 반품의 요소가 많은 것이 의류이다. 입은 흔적이 있는데 안 입었다고 반품 요청하는 경우도 꽤 많다. 반품이 많게 되면 반품 택배 회수 후 온채널에서 환불을 받을 때까지 계속 신경 쓰이니 피하는 것이 좋다. 남성의류는 반품이 적은 편인데, 반품 과정이 귀찮아서 그런 것으로 예상된다.

3) 속옷

크리스마스 이벤트 속옷은 찾는 사람이 많은데 그에 비해 판매되는 상품이 적어서 잘 팔린다. 그런데 크리스마스 때 입은 후에는 입을 일이 없으니 반품하는 사람들이 있다. 고객은 안 입었다고 주장하고 공급사는 입은 흔적이 있다고 주장하니 가운데서 머리가 많이 아팠다. 이때 깨달은 것은 여성 몸에 닿는 상품을 팔지 말자였다. 남녀의 반품 비율의 차이를 몸소 느껴보면 필자의 마음을 이해할 것이다.

4) D.I.Y

직접 조립하는 상품인데 D.I.Y의 모든 상품을 말하려는 것은 아니고 특정 상품에 대한 것이다. 반품 기준은 공급사마다 다를 수 있으니, 대부분 직접 조립하는 상품은 특성상 나사를 한 바퀴 조이면 반품이 안 된다. 한 명을 제외한 모든 고객이 교환이나 반품을 요청했고 공급사에서는 '상품엔 이상이 없으며 고객이 잘못 조립했다.'라면서 반품을 거부했다. 고객의 항의를 심하게 받았고 몇 명에게는 내 돈으로 직접 환불을 해줬다. 이런 식으로 중간 입장에서 골치 아픈 일이 많이 발생하기에 직접 조립하는 상품은 하지 않는 것을 추천한다.

2-6 저자의 효자템 공개

1) 비타민 스틱

비타민 스틱은 전자담배처럼 생겨서 비타민을 흡입하는 스틱이다. 4년 전에 처음 등장하여 사람들이 많이 찾기 시작했는데 사실 등록할 때는 유행인지 모르고 상품 등록을 했다. 금연을 계획하는 직장

그림 3-2-27 비타민 스틱

인이나 중년 남성분들이 많이 구매를 하였다. 그 분들의 특징은 비타민 스틱을 맛별로 구매한 다는 것이었다. 참고로 비타민 스틱의 맛은 7~12가지 정도가 있다. 계산해보면 비타민 스틱 하나당 1만 5000원 정도였고 최소 7개를 구매하니까 15,000원×7=105,000원을 한 사람당 결제했다. 하루에 몇 명씩 구매했으니 필자에게는 큰 효자템이 아닐 수 없다. 그런데 어느 날 이 상품이 판매 중지가 되었다. 당황스러워서 네이버로 확인하였더니 비타민 스틱은 네이버에서 판매 중지 상품이라 판매할 수 없다는 답을 받았다. 알고 보니 매출이 폭발했던 이유는 판매금지 상품이라 스마트스토어에서 판매하는 사람이 필자밖에 없었던 것이다. 그래서 비타민 스틱을 찾는 모든 사람이 구매했기에 큰 매출을 가져갈 수 있었다. 다행인 것은 2019년 7월부터 스마트스토어에서 비타민 스틱을 판매할 수 있도록 허가되어서 이제 판매할 수 있다. 다만 니코틴이 함유되어 있지 않아야 한다. 온채널에 있는 상품은 니코틴이 0.001mg 들어가 있는 거로 알고 있다. 그걸 확인 못하고 최근에 상품 등록했다가 다시 판매금지 처리가 되었다. 혹시 니코틴 없는 비타민 스틱을 발견한다면 당장 상품 등록해라. 검색수도 많고 등록되어 있는 상품이 적고 구매 전환율이 매우 높은 상품이라서 올리기만 하면 큰 매출을 볼 수 있을 것이다.

2) 충전기

[그림 3-2-28]처럼 생긴 충전기를 아는가? 보통 모텔이나 PC방에서 많이 사용한다. 이 충전기를 모텔이나 PC방 같은 업소에서 한두 개가 아니라 대량으로 구매하므로 큰 매출을 안겨줄 수 있는 상품이다. 간혹 가다가 인쇄를 해달라고 요청을 하는 경우가 있다. 예를 들어서 모텔 이름이나 기업 이름을 충전기 표면에 인쇄해달라고 한다. 그러면 해당 공급사로 문의해서 인쇄 가능 여부와 비용, 인쇄 기간을 확인한 다음 고

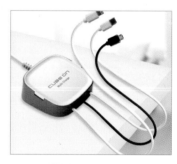

그림 3-2-28 충전기

객에게 다시 알려주면 된다. 급하게 주문하는 고객이 많아 인쇄 기간 때문에 주문이 취소될 때가 있다. 그렇다고 슬퍼하지 말고 다음 고객을 기다리자!

3) 매니큐어 진열대

매니큐어 진열대는 직접 조립하는 제품이다. 방금 전에 직접 조립하는 제품은 팔지 말라고 말했는데 왜 매니큐어 진열대는 팔아도 된다고 하는 걸까? 매니큐어 진열대는 아크릴 소재라서 간

혹 가다가 고객에게 도착했을 때 아크릴에 금이 가 있는 때도
있다. 파손된 상품을 사진으로 인증해주면 1~2영업일 후 바
로 새 상품이 도착할 수 있게끔 해주는 공급사의 업무 처리
속도가 좋아서 계속 판매하였다. 더불어 고객에게 반응도 좋
고 매출도 좋았다. 이 상품은 매니큐어를 진열할 수도 있지만
립스틱이나 피규어를 진열할 수도 있다. 이런 식으로 이 상품
이 또 어떤 용도에 쓸 수 있는가를 생각하면 좋다.

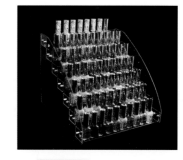

그림 3-2-29 매니큐어 진열대

4) 골무

필자는 다른 판매자보다 이상하리만큼 대량주문이 많았다.
이 골무 같은 경우도 대량주문으로만 판매가 되었던 제품인
데 그냥 골무가 아니라 종이를 넘길 때 쓰는 손가락 골무이
다. 은행, 경찰서, 법원 같은 곳에서 대량으로 많이 주문하였
고 일반 회사에서도 대량으로 주문하였다.

그림 3-2-30 실리콘 골무

5) 크로마키

크로마키라는 상품을 아는가? 크로마키 천을 벽에 걸어두고
카메라로 찍으면 배경을 투명하게 없애거나 합성할 수 있다.
그래서 유튜브나 인터넷 강의를 촬영하는 곳에서 사용한다.
필자도 역시 유튜브 방송하는 사람들을 위해서 상품을 등록
하였는데 생각보다 학교 방송반이나 기업 방송팀 그리고 부
동산에서 많이 구매하였다. 이 상품 같은 경우는 중국에서 물
건을 가져오는 공급사가 몇 군데 없어서 한 곳이 품절이면 대

그림 3-2-31 크로마키

부분 다른 곳도 품절되었다. 고객이 문의를 주었을 때 친절하게 답변하였더니 다 똑같이 기다리
라고 하는데 여기가 친절해서 여기서 기다리겠다고 말씀해 주셔서 기분이 좋았던 적이 있다. 크
로마키는 아직도 좋은 키워드들이 많으니 꼭 올려보길 바란다.

2-7 KC 인증에 대하여

1) KC 인증이란

산업통상자원부 국가기술표준원에서 국민의 안전 확보를 위해 안전관리
대상 어린이제품, 생활용품 또는 전기용품이 해당 제품의 안전요건을 만
족하는지 안전성을 확인 후 시장에 출시하도록 의무화하는 안전관리 제
도이다.

살면서 이렇게 생긴 KC 인증 마크를 본 적이 있을 것이다. KC 인증 제품에 부여되는 마크이다.
KC 인증은 아래 세 가지 분류로 나뉘게 된다.

> ① 모든 어린이 제품
> ② 신체에 닿는 대부분의 제품 (생활용품)
> ③ 전기, 전파 인증을 받아야 하는 모든 제품 (전기용품)

하나씩 자세히 살펴보도록 하자.

2) 어린이 제품

어린이가 사용하는 상품의 안전을 확보하여 어린이에게 안전한 환경을 조성하기 위한 기본적
인 사항을 규정함으로써 제품으로 인한 어린이 사고를 예방하고, 어린이 건강 유지와 증진을 목
적으로 한다.

구분 (어린이제품 안전 특별법)	내용
안전인증	안전인증대상 어린이제품의 제조업자 또는 수입업자가 출고 또는 통관 전에 모델별로 안전인증기관으로부터 안전인증(제품검사와 공장심사를 하여 어린이제품에 대한 안전성을 증명하는 것)을 받아야 하는 제도
안전확인	제조업자 또는 수입업자가 출고 또는 통관 전에 어린이제품의 모델별로 지정된 시험·검사기관으로부터 안전성에 대한 시험·검사를 받아 어린이제품의 안전기준에 적합한 것임을 확인한 후 이를 안전인증기관에 신고하는 제도
공급자적합성확인	공급자적합성 확인대상 어린이제품의 제조업자 또는 수입업자가 해당 어린이제품이 안전기준에 적합한 것임을 스스로 확인하고 공급자적합성 확인의 표시를 하는 제도

어린이제품 안전 특별법 제2조 제9호, 제11호, 제12호에 따라 아래와 같이 대상품을 정의한다.

안전인증	안전확인	공급자적합성확인
• 어린이용 물놀이기구 • 어린이 놀이기구 • 자동차용 어린이 보호장치 • 어린이용 비비탄총	• 유아용 섬유제품 • 합성수지제 어린이용품 • 어린이용 스포츠보호용품 • 어린이용 스케이트보드 • 유아용 삼륜차, 완구, 유아용 의자 • 어린이용 자전거 • 어린이용 일회용 기저귀, 학용품 • 보행기, 유모차, 유아용 침대 • 어린이용 온열팩 • 유아용 캐리어 • 어린이용 스포츠용 구명복	• 어린이용 가죽제품, 면봉 • 어린이용 안경테(선글라스 포함) • 어린이용 물안경, 우산 및 양산 • 어린이용 바퀴 달린 운동화 • 어린이용 롤러스케이트 • 어린이용 스키 용구, 스노보드 • 쇼핑카트 부속품, 어린이용 가구 • 어린이용 장신구, 킥보드 • 어린이용 인라인 롤러스케이트 • 아동용 섬유제품 • 기타 어린이제품

3) 신체에 닿는 대부분의 제품(생활용품)

생활용품의 구조·재질 및 사용방법 등으로 인하여 소비자의 신체에 대한 위해를 초래할 우려가 있는 생활용품의 안전성을 확보하여 소비자에게 안전한 환경을 조성하기 위한 목적이다.

구분 (전기용품 및 생활용품 안전관리법)	내용
안전인증	안전인증대상 생활용품의 제조업자 또는 수입업자가 출고 또는 통관 전에 모델별로 안전인증기관으로부터 안전인증(제품검사와 공장심사를 거쳐 제품의 안전성을 증명하는 것)을 받아야 하는 제도
안전확인	제조업자 또는 수입업자가 출고 또는 통관 전에 생활용품을 모델별로 지정된 시험·검사기관으로부터 안전성에 대한 시험·검사를 받아 생활용품의 안전기준에 적합한 것임을 확인한 후 이를 안전인증기관에 신고하는 제도
공급자적합성확인	공급자적합성 확인대상 생활용품의 제조업자 또는 수입업자가 출고 또는 통관 전에 모델별로 직접 제품시험을 실시하거나 제3자에게 제품시험을 의뢰하여 해당 제품이 안전기준에 적합한 것임을 스스로 확인하는 제도

전기용품 및 생활용품 안전관리법 제2조, 제10조, 제11조, 제12호에 따라 아래와 같이 대상품을 정의한다.

안전인증	안전확인	공급자적합성확인
• 가스라이터 • 물놀이기구 • 비비탄총	• 고령자용 보행차, 보행보조차 • 디지털 도어록 • 롤러스포츠 보호장구 • 스케이트보드, 스노보드 • 스키 용구, 이륜자전거 • 일회용 기저귀, 헬스기구 • 휴대용 레이저 용품 • 승차용·운동용 안전모 • 온열팩 • 수유패드 • 기름 난로	• 가구, 간이 빨래걸이, 면봉, 텐트 • 선글라스, 안경테, 모터 달린 보드 • 고령자용 신발, 지팡이, 쇼핑카트 • 고령자용 휠체어 테이블 • 고령자용 목욕의자, 위치추적기 • 반사안전조끼, 물안경, 가속눈썹 • 시각장애인용 지팡이, 킥보드 • 스테인레스 수세미, 우산, 양산 • 침대 매트리스, 속눈썹 열성형기 • 창문 블라인드, 휴대용 경보기 • (인라인) 롤러스케이트 • 쌍커풀 테이프, 접촉성 금속장신구 • 벽지 및 종이장판지

4) 전기용품

전기용품의 구조·재질 및 사용방법 등으로 인하여 발생될 수 있는 화재, 감전 등의 위험 및 장해를 예방하고 전기용품의 안전성을 확보하여 소비자에게 안전한 환경을 조성하기 위한 목적이다.

구분 (전기용품 및 생활용품 안전관리법)	내용
안전인증	안전인증대상 전기용품의 제조업자 또는 수입업자가 출고 또는 통관 전에 모델별로 안전인증기관으로부터 안전인증(제품검사와 공장심사를 거쳐 제품의 안전성을 증명하는 것)을 받아야 하는 제도
안전확인	제조업자 또는 수입업자가 출고 또는 통관 전에 전기용품을 모델별로 지정된 시험·검사기관으로부터 안전성에 대한 시험·검사를 받아 전기용품의 안전기준에 적합한 것임을 확인한 후 이를 안전인증기관에 신고하는 제도
공급자적합성확인	공급자적합성 확인대상 전기용품의 제조업자 또는 수입업자가 출고 또는 통관 전에 모델별로 직접 제품시험을 실시하거나 제3자에게 제품시험을 의뢰하여 해당 제품이 안전기준에 적합한 것임을 스스로 확인하는 제도

전기용품 및 생활용품 안전관리법 제2조, 제10조, 제11조, 제12호에 따라 아래와 같이 대상품을 정의한다.

안전인증	안전확인	공급자적합성확인
• 전선 및 전원코드 • 전기기기용 스위치 • 전원용 커패시티 및 전원필터 • 전기설비용 부속품 및 연결부품 • 전기용품 보호용 부품 • 절연변압기 • 전기기기 • 전동동구 • 정보, 통신, 사무기기 • 조명기기	• 전기기기용 스위치 • 절연변압기 • 전기기기 • 오디오, 비디오 응용기기 • 정보, 통신, 사무기기 • 조명기기	• 전기기기 • 전동공구 • 오디오, 비디오 응용기기 • 정보, 통신, 사무기기 • 조명기기

5) KC 인증 확인하는 방법

KC 인증은 공급사가 받는다. 우리는 온채널 상세페이지와 상품정보제공고시란에 KC 인증번호가 있는지만 확인하면 된다. KC 인증이 있으면 상품 등록할 때 넣어주면 되고 없으면 바로 넘어가면 된다.

㉠ 온채널 상세페이지, 상품정보제공고시 확인

그림 3-2-33 상세페이지내 KC 인증 내용 확인

* 전자상거래에 관련 상품정보 제공에 관한 고시 항목에 의거 본상품의 입점사에 의해 등록된 정보입니다.	
상품정보제공고시 구분	기타
품명 및 모델명	메이즈톨 데뚜르네 회전 전기모기채
허가 관련	KC인증
KC 인증 필 유무	방송통신기자재적합등록 R-REI-Mr9-□□-□□□
제조국 또는 원산지	중국oem
제조자/수입자	수입원 □□.□□□
관련 연락처	상품등록시 개별 판매자 연락처 표기
주문후 예상 배송기간	2~3일

그림 3-2-34 상세페이지 밑 '상품정보제공고시'에서 KC 인증 내용 확인

알고가기! 공급사가 KC 인증을 받지 않았다면?

공급사는 KC 인증을 받지 않을 때에 법적 처벌을 받을 수 있다. 자세한 내용은 아래 표를 참고하자. 추후에 중국이나 국내 공장에서 상품을 구매하여 고객에게 판매할 경우 해당 상품이 KC 인증을 받아야 하는 상품인지 확인하여 법적 처벌을 받지 않도록 하자!

구분	내용
벌칙	3년 이하의 징역 또는 3천만 원 이하의 벌금
	[어린이제품 안전 특별법 41조, 전기용품 및 생활용품 안전관리법 제40조]
과태료	1천만 원 이하의 벌금
	[어린이제품 안전 특별법 43조, 전기용품 및 생활용품 안전관리법 제42조]

ⓛ 스마트스토어에 입력하기

그림 3-2-35 스마트스토어 상품 등록 화면

온채널에서 KC 인증 정보를 확인 후 스마트스토어에 입력할 때는 '상품 주요정보' 탭에 있는 'KC 인증'란에 내용을 넣으면 된다. KC 인증 정보가 있다면 'KC 인증 있음'을 선택하고 없다면 'KC 인증 없음'을 선택한다. '인증선택'에 KC 인증정보를 넣어주면 끝이다. 공급사에서 제공한 정보만 입력하는 것이다. '인증기관'을 수기로 넣고 '인증번호'를 수기로 넣으면 된다. 이 정보가 맞는지 아닌지 확인하는 과정은 생략한다. 책임이 공급사에게 있기 때문이다. 공급사의 KC인증 번호를 확인하는 버튼이 아니라 그저 KC인증 검색 사이트로 이동하는 버튼이기 때문이다. 이 버튼 때문에 많이 헷갈리는데, 누르는 것이 아니라고 생각하면 편하다. '인증정보'는 '인증선택'에 내용을 넣었다면 넣지 않아도 된다.

> **TIP**　**KC 인증이 어렵게 느껴진다면?**
> 시작하시는 분들은 KC 인증 있는 경우를 어려워한다.
> 상세페이지에 KC 인증번호가 있는 경우 [KC인증 없음]으로 체크하고 넘어가도 된다.
> 상세페이지 이미지에 KC 인증번호가 없고 '상품정보제공고시'에만 있다면 상세페이지에 키보드로 적어주자.

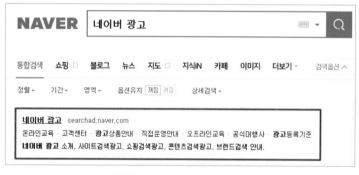

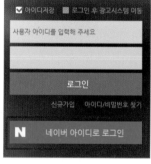

3 실습 시작 전, 준비 노하우 공개

3-1 사이트 가입

1) 네이버 광고 가입(사업자 등록 후)

사업자 등록 전에도 가입이 가능하다. '개인 광고주'로 가입 후 사업자 광고주로 전환하면 된다.

책에서는 사업자 등록 후에 '사업자 광고주'로 가입하는 방법만 설명한다.

광고 가입하는 이미지의 순서는 네이버 업데이트에 따라 조금씩 다를 수 있다. 방구석 비즈니스 카페에서 최신 화면으로 무료 강의를 제공하고 있으니 영상으로 따라 해보자. (또바기 등급)

그림 3-3-01 | '네이버 광고' 검색 결과

그림 3-3-02 | '네이버 아이디로 로그인' 버튼 위치

❶ '네이버 광고' 검색
❷ '네이버 아이디로 로그인' 클릭

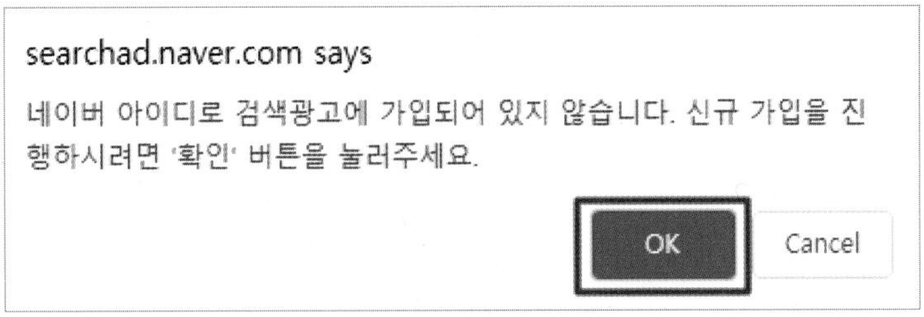

그림 3-3-03 팝업창 확인

그림 3-3-04 '네이버 아이디로
신규 회원가입' 버튼 위치

❸ 'OK' 클릭

❹ '네이버 아이디로 신규 회원가입' 클릭

❺ '네이버 광고' 검색

❻ '네이버 아이디로 로그인' 클릭

❶ 약관 동의

❷ '사업자 광고주' 클릭

❸ '사업자 등록번호' 입력

❹ 인증 완료

그림 3-3-05 스마트스토어 가입 약관

그림 3-3-06 인증 완료 메시지

그림 3-3-07 회원정보 입력 화면

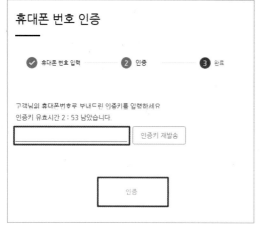

그림 3-3-08 휴대폰 번호 인증 화면

그림 3-3-09 휴대폰 번호 인증 완료

❶ 정보 입력

❷ 휴대전화 번호 인증

❸ 인증 완료

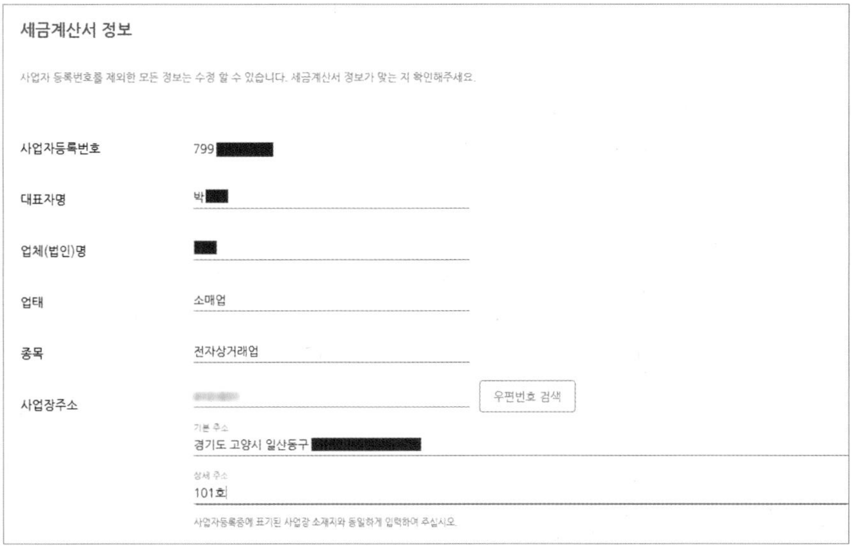

그림 3-3-10 사업자등록증 정보 입력

홍보성 메일/문자/톡톡

교육, 프로모션, 이벤트 안내 메일과 문자/톡톡 수신 여부를 설정합니다.
홍보성 안내 메일 수신을 거부할 경우 교육, 이벤트, 프로모션 안내가 제한될 수 있습니다.
가입 이후에도 내정보 > 메일/문자/톡톡 수신설정 메뉴에서 설정을 변경 하실 수 있습니다.

교육, 프로모션, 이벤트 안내 ☐ 이메일 수신하기 ☐ 문자메시지 수신하기 ☐ 톡톡 수신하기

광고운영 및 검수와 관련된 정보 문자 수신 설정은 가입 이후 내정보 > 메일/문자/톡톡 수신설정 메뉴에서 확인 및 변경 하실 수 있습니다.

가입   취소

그림 3-3-11 '가입' 버튼 위치

❶ 세금계산서 정보: 사업자등록증과 동일하게 입력
❷ 홍보성 메일/문자/톡톡: 선택사항
❸ '가입' 클릭

그림 3-3-12 가입 완료 화면

3-2 북마크 정리

1) 크롬 설치 및 북마크 만들기

그림 3-3-13 '크롬' 검색 결과

그림 3-3-14 'Chrome 다운로드' 버튼의 위치

❶ '구글 크롬' 검색 후 접속

❷ 'Chrome 다운로드' 클릭하여 다운로드

그림 3-3-15 점 세개 아이콘 or 주황색 느낌표 아이콘의 위치   그림 3-3-16 '북마크바 표시' 경로

❸ 크롬 실행

❹ 우측 상단 점 세 개 아이콘 or 주황색 느낌표 아이콘 클릭

❺ 북마크 > 북마크바 표시

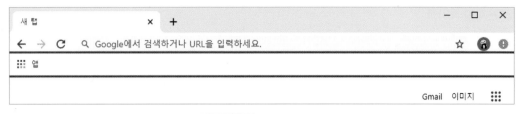

그림 3-3-17 북마크바의 모습

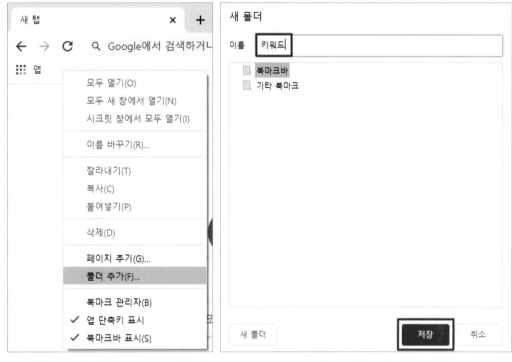

그림 3-3-18 북마크바에서 마우스 우클릭한 화면

그림 3-3-19 폴더 이름과 경로 선택 화면

❻ 북마크에 오른쪽 마우스 클릭

❼ '폴더 추가' 클릭

❽ 이름: 키워드

❾ '저장' 클릭

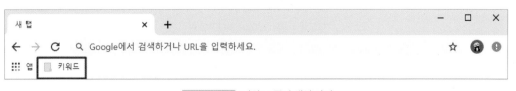

그림 3-3-20 '키워드' 폴더 생성 화면

2) 온채널 북마크

그림 3-3-21 홈페이지 주소 옆 '☆' 모양의 북마크 아이콘

그림 3-3-22 북마크 저장 경로

❶ 온채널 접속

❷ 우측 상단 ☆ 아이콘 클릭

❸ 이름: 온채널

❹ 폴더: 키워드

❺ '완료' 클릭

3) 네이버 북마크

그림 3-3-23 '네이버' 북마크 화면

❶ 네이버 접속

❷ 우측 상단 ☆ 아이콘 클릭

❸ 이름: NAVER or 네이버

❹ 폴더: 키워드

❺ '완료' 클릭

키워드 분석을 처음 시작하는 곳이 네이버 검색창이다.

4) 네이버 데이터랩(쇼핑인사이트) 북마크

그림 3-3-24 '데이터랩' 검색 결과

그림 3-3-25 '쇼핑인사이트' 화면

그림 3-3-26 '쇼핑인사이트' 북마크 화면

❶ '네이버 데이터랩' 검색 후 접속

❷ '쇼핑인사이트' 선택

❸ 우측 상단 ☆ 아이콘 클릭

❹ 이름: 쇼핑인사이트

❺ 폴더: 키워드

❻ '완료' 클릭

상품과 관련된 키워드를 추가적으로 얻을 수 있는 사이트

5) 네이버 광고(키워드도구) 북마크

그림 3-3-27 '네이버 광고' 메인 화면에서 '키워드도구' 버튼

그림 3-3-28 '키워드도구' 북마크 화면

❶ '네이버 광고' 검색 후 접속

❷ '키워드도구' 선택

❸ 우측 상단 ☆ 아이콘 클릭

❹ 이름: 키워드도구

❺ 폴더: 키워드

❻ '완료' 클릭

키워드의 검색수를 확인할 수 있고 연관키워드를 얻을 수 있는 사이트

6) 셀러마스터 북마크

그림 3-3-29 '셀러마스터' 북마크 화면

❶ '웨어이즈포스트' 검색 후 접속(whereispost.com/seller)

❷ 좌측 '셀러마스터' 선택

❸ 우측 상단 ☆ 아이콘 클릭

❹ 이름: 셀러마스터

❺ 폴더: 키워드

❻ '완료' 클릭

그림 3-3-30 북마크 최종 완료 화면

키워드가 들어가 있는 모든 상품수와 키워드 경쟁률을 보여준다.

3-3 필수 프로그램 설치

1) 포토스케이프(이미지 편집 프로그램)

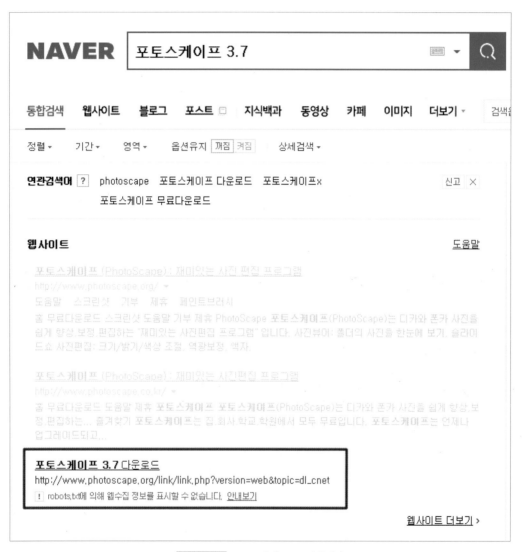

그림 3-3-31 '포토스케이프 3.7' 검색 화면

❶ '포토스케이프 3.7' 검색 후 접속 (포토스케이프x보다 화면 구성이 쉬워서 3.7을 추천한다.)

❷ 검색 결과 중 '포토스케이프 3.7 다운로드' 클릭

그림 3-3-32 '포토스케이프 3.7' 다운로드 화면

❸ 3.7 버전 확인

❹ 'Download Now' 클릭

❺ 다운로드 후 실행

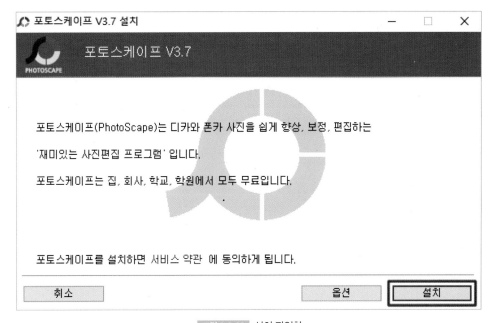

그림 3-3-33 설치 팝업창

❻ '설치' 클릭

❼ 설치 완료 후 '마침'

그림 3-3-34 '포토스케이프 3.7' 메인 화면

2) 뱁믹스(동영상 편집 프로그램)

그림 3-3-35 '뱁믹스' 검색 화면

❶ '뱁믹스' 검색 후 접속

❷ 검색 결과 중 '뱁믹스' 클릭

그림 3-3-36 '뱁믹스' 홈페이지에서 다운받기   그림 3-3-37 설치 팝업창

❸ 다운로드 후 설치

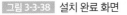

그림 3-3-38 설치 완료 화면   그림 3-3-39 '무료 회원가입' 버튼

❹ 설치 완료 후 '시작하기'

❺ '무료 회원가입' 클릭

그림 3-3-40 회원가입 약관 동의

그림 3-3-41 가입 완료 버튼

❻ 약관 동의

❼ 정보 입력 후 '가입' 클릭

그림 3-3-42 로그인 버튼

그림 3-3-43 '뱁믹스' 메인 화면

3) 메모잇(선택사항)

그림 3-3-44 네이버에서 '메모잇' 검색 화면

❶ '메모잇' 검색

❷ '소프트웨어 정보'에 있는 '메모잇' 확인 후 '다운로드' 클릭

그림 3-3-45 '무료 다운로드' 버튼 위치

❸ '무료 다운로드'를 눌러 설치한다.

④ 좌측 상단 아이콘을 누르면 메뉴가 나온다.

그림 3-3-46	'메모잇'의 좌측 상단 아이콘
그림 3-3-47	메뉴 화면

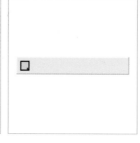

⑤ 공간을 더블 클릭하면 메모장이 접힌다.

그림 3-3-48	'메모잇' 상단의 공간
그림 3-3-49	접힌 모습

그림 3-3-50 메모잇 사용 예시

4 매출이 일어나는 상품명 만드는 노하우(이론)

위탁판매 기초 이론 익히기

스마트스토어 오픈 준비하기

매출을 올리는 전략과 실습

특정에 최적화된 상품도로 전략과 실습

상품 등록 후 CS하기

스마트스토어 운영 TIP!

참고 사이트

퇴근 후 돈 버는 계획을 세워보자!

4-1 키워드란?

키워드라는 것은 온라인 비즈니스에서 정말 많이 쓰이는 단어다. 스마트스토어에 적용되는 뜻은 핵심 단어와 핵심 검색어라는 뜻이고 상품명을 구성하는 요소들의 뜻도 가지고 있다. 우리의 거의 모든 전략이 키워드에 있기에 키워드를 잘 분석해서 상품명을 만들면 상위노출에 도움이 된다. 고객은 키워드로 검색을 하고 내 상품에 들어와 구매를 하니 어떤 키워드를 상품명에 넣을지 정확히 분석해야 한다. 키워드를 다룰 때는 주의해야 할 점이 있는데 '적합도'와 내용이 같지만 실제로 판매자들이 많이 헷갈리는 부분이어서 몇 가지 간략하게만 보도록 하겠다

㉠ 오타 금지

상품명을 검사하다 보면 오타를 넣는 사람들이 은근히 많다. 고객이 열쇠를 들고 내 상품 자물쇠를 열어야 하는데 열지 못하도록 열쇠 없는 자물쇠를 채워버리는 것과 똑같다. 몇 개의 오타들은 네이버에서 수정을 해주기도 하지만 수정이 안 되는 단어도 있으므로 상품을 등록하기 전에 반드시 오타 검사를 하고 등록하길 바란다.

㉡ 특수문자 금지

적합도에서 말한 것처럼 상품명에는 어떠한 특수문자도 들어가면 안 된다. 1+1이라는 특수문자도 조심하도록 하자.

ⓒ 상품명 길이

스마트스토어에서 상품명 길이는 100자까지 입력할 수 있고 네이버에서 추천한 길이는 50자 이내이지만 적합도에서 말한 것처럼 32자 이내로 작성하도록 해야 한다. 넣을 키워드가 없다면 32자를 억지로 맞출 필요는 없고 분석해서 나온 만큼의 키워드를 최대한 활용하면 된다. 최대로 길면 32자고 그것보다 짧아도 괜찮다.

ⓔ 중복 단어 금지

상품명을 만들 때는 기본적으로 중복 단어가 들어가지 않도록 해야 한다. 상품 등록 전에 중복 단어는 없는지 한 번 살펴보고 등록하자.

ⓜ 홍보문구 금지

'무료배송', '할인쿠폰' 이런 단어들은 상품명에 들어가지 않도록 해야 한다. 상품 등록하는 곳에 혜택 부분을 입력하는 곳이 있으니 그곳에 입력해야 한다.

ⓗ 한 카테고리의 단어만 넣기

상품명에 들어가는 모든 단어는 카테고리가 똑같아야 한다. 상품명 만드는 실습 시간에 하는 방법을 배워본다.

ⓢ 욕심 부리지 않기

키워드를 분석하고 나서 상품명을 만들 때 다 넣고 싶은 욕심이 들기 마련이다. 필자도 물론 그랬다. 하지만 욕심이 나서 꾸역꾸역 넣다 보면 오히려 상품명이 더 좋지 않게 만들어진다. 앞으로 배울 상품명의 기준에 맞춰서 등록하도록 하자.

위 내용들을 반드시 숙지하고 상품명을 만들어야 네이버가 말하는 SEO 기준을 지켜서 노출될 수 있다.

위탁판매 기초 이론 익히기

스마트스토어 오픈 준비하기

매출을 올리는 전략과 실습

특정에 최적화된 상품 등록 전략과 실습

상품 등록 후 CS하기

스마트스토어 운영 TIP!

참고 사이트

픽업 후 도둑 발계획을 세워보자!

4-2 스마트스토어는 OOO를 판매하는 것이다

스마트스토어는 아이템을 파는 것이 아닌 키워드를 판매하는 것이다. 필자는 수업 중에 '신박한 아이템은 어디서 찾나요?', '차별화된 아이템을 어디에서 찾나요?'라는 질문을 많이 받는다. 이런 질문을 하는 사람 중에는 특이하거나 세상에 첫선을 보이는 아이템을 골라서 대박을 내고 싶어 하는 사람이 많다. 안타깝게도 소자본으로 운영하는 위탁판매에서는 '신박한 아이템'이나 '차별화된 아이템'은 독이 된다. 몇 년 전에 페이스북과 인스타그램으로 대박난 상품이 있다. '마약 베개'라고 들어보았는가?

그림 3-4-01 '마약 베개' 동영상 광고 캡처 사진

베개 내용물이 목을 감싸주고 잠이 잘 온다고 홍보하는 베개이다. 광고의 내용은 이렇다. 계란 한 판을 놓고 그 위에 베개를 놓아 밟았는데 계란이 멀쩡한 걸 보여주었다. 당시 이 영상을 본 사람들은 충격을 받아서 구매를 하기 시작해 대박이 났다. 필자도 그 광고를 보고 구매했는데 잘 맞지 않아 원래 쓰던 베개를 썼던 기억이 있다. 이런 아이템은 '여러분 보세요! 이 베개가 이런 기능이 있습니다.'라는 식으로 광고를 해야 한다. 아이템을 선택해서 30초에서 1분짜리 동영상을 만들어 페이스북과 인스타그램 광고 등록을 하여 광고비를 지불해야 하고 고객이 신뢰할 수 있도록 내 스토어나 홈페이지를 브랜드화해야 한다. 단순히 상품을 등록하는 위탁판매와는 길이 다르다고 볼 수 있다.

혹시 위탁으로 판매를 하시는 분들 계신가요?

직원 🆔 1:1 채팅   💬 댓글 29   URL 복사 ⋮

스토어팜으로 이것저것 구매대행위주로 팔고 있는, 이제 갓 시작한 사람입니다.
그러던 중 동생이 제품을 하나 만들었습니다.(동생도 이름만 제조업 사업자이지 자본력이 없는 1인 개발기업입니다..)
전동웨건이라고 일반 웨건과 같은 외형이지만, 전동 모터와 충전형 배터리가 달려서 무거운 걸 싣고도 평지나 언덕이나
운행할때 힘들지 않고 갈 수 있고, 모터를 구동하는 배터리에 usb허브를 연결해서 핸드폰충전이나 다른usb로 구동되는 것들을 같이
충전하거나 사용할 수 있게 만들었습니다.

> 문제는 이러한 제품이 우리나라에 처음 선보이는 것이라 사람들이 존재자체를 몰라 검색을 안한다는것이죠..
> 분명히 블루오션인데, 그 이유때문에 존재자체를 모르니..

저나 동생이나 자본력이 없는 1인 기업이다시피 한 사람들이라..홍보에 관해 문외한들 입니다..
그래서 생각한게 위탁판매형식(고객을 유치하거나 상품을 팔면 마진을 보전해주는) 입니다.
혹시 위탁판매를 하시는 분을 찾는 곳이 따로 있을까요?
제품의 존재를 알릴 수 있는 방법이 머가 있을지 사장님들의 조언 부탁드립니다..

매번 눈팅이나 답글만 달다가 이렇게 글을 쓰는게 처음이라 여기 게시판에 달아도 되는지 잘 모르겠습니다.

너무나 간절하고 답답한데 지식은 없어서 여쭈어봅니다.

그림 3-4-02 유통 커뮤니티 게시글

결국엔 신박한 아이템을 판매하려면 이 아이템이 신박하다고 홍보하는 자본이 필요하고 나의 브랜드를 널리 알리는 데도 자본이 또 필요하다. 그런데 키워드를 판매한다고 생각하면 이야기가 달라진다. 어떤 아이템을 보고 그 아이템의 키워드를 분석해서 고객이 어떤 키워드로 검색할지 예상을 하고 나의 상품을 클릭할 수 있게 상품명을 만들어주어야 한다. 단순히 검색수나 상품수, 경쟁률을 보는 것이 아니고 고객이 내 상품으로 오기까지 어떤 검색어로 들어올 수 있을까를 생각하면서 키워드를 분석한다면 더 도움이 될 것이다.

4-3 키워드의 종류(1) - 핵심키워드

키워드의 종류는 두 가지로 나뉘는데 먼저 첫 번째로 '핵심키워드'에 대해서 이야기해 보겠다. '핵심키워드'는 보통 '메인키워드'나 '대표키워드'라고 이야기한다. 필자는 중요함을 더 상기시키기 위해 '핵심키워드'라는 용어를 사용하고 있다. 핵심키워드란 상품명에 넣을 키워드를 분석하기 시작할 때 사용하는 키워드인데 분석을 시작할 때 사용하는 것이기에 핵심적인 단어를 고르는 것이 중요한 포인트다. 그럼 바로 핵심키워드 고르는 방법을 알려주도록 하겠다.

[미세먼지차단/향균작용] 다용도 붙이는 셀프 블라인드

추천키워드 [키워드복사]
#다용도 셀프블라인드 #붙이는 블라인드 #D.I.Y #셀프블라인드 #종이
블라인드 #투비블라인드 #다용도 셀프블라인드

스마트스토어 카테고리 [카테고리 복사]
50000859 가구/인테리어 > 커튼/블라인드 > 블라인드

제품명 [미세먼지차단/향균작용] 다용도 붙이는 셀프 블라
인드
제품코드 CH1320982
공급업체분류 제조사
공급사페이지 [공급사 B2B센터]

그림 3-4-03 '다용도 붙이는 셀프 블라인드' 상품

❶ 온채널에서 상품을 하나 고른다.

❷ 상품명이나 추천키워드를 보고 상품을 가장 잘 나타내는 키워드를 하나 고른다. 필자는 '다용
도 셀프블라인드'를 골라보겠다. (자유롭게 선택 가능)

❸ 고른 키워드의 단어들을 더는 쪼개지지 않을 때까지 최대한 쪼갠다. [다용도/셀프/블라인드]

❹ 쪼갠 단어 중에서 상품을 나타내는 단어를 고른다. [블라인드]

❺ 핵심키워드는 '블라인드'이다.

또 다른 예시를 들어보겠다.

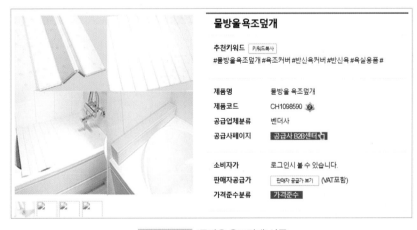

물방울 욕조덮개

추천키워드 [키워드복사]
#물방울욕조덮개 #욕조커버 #반신욕커버 #반신욕 #욕실용품 #

제품명 물방울 욕조덮개
제품코드 CH1098590
공급업체분류 벤더사
공급사페이지 [공급사 B2B센터]

소비자가 로그인시 볼 수 있습니다.
판매자공급가 [판매자 공급가 보기] (VAT포함)
가격준수분류 [가격준수]

그림 3-4-04 '물방울 욕조덮개' 상품

❶ 상품을 잘 나타내는 키워드 '욕조덮개'로 선택

❷ 키워드를 최대한 쪼갠다. [욕조/덮개]

❸ 쪼갠 단어 중 상품을 나타내는 핵심키워드 [덮개]

❹ '덮개'라는 핵심키워드는 많이 광범위하다. '밥상덮개'가 있을 수 있고 '배수구덮개'도 있다. 이렇게 광범위하게 추출될 때는 앞에 단어 하나를 더 넣어준다. 그럼 [욕조덮개]가 핵심키워드가 된다. 하나 더 해보겠다.

그림 3-4-05 '소음방지패드 긁힘방지패드' 상품

❶ 상품을 잘 나타내는 키워드 '긁힘방지패드'로 선택

❷ 키워드를 최대한 쪼갠다. [긁힘/방지/패드]

❸ 쪼갠 단어 중 상품을 나타내는 핵심키워드 [패드]

❹ '패드'도 광범위하다고 느껴진다. 앞에 단어 하나를 더 붙여보겠다. '방지패드'는 어색한 것 같다. 그럴 때는 하나 더 넣으면 된다. [긁힘방지패드]

상품마다 경우의 수가 달라서 세 가지의 경우를 보여주었다. 핵심키워드가 길어도 된다는 것을 보여주기 위해서 말이다. 다만 '블라인드'처럼 핵심키워드가 한 번에 나오는 것이 제일 좋고 그 다음은 단어를 하나씩 늘려가면서 만들면 된다. 단어는 1~2개 많게는 3개까지 들어간다. 이렇게 핵심키워드를 만드는 이유는 최대한 핵심인 단어만 검색창에 넣어야 관련된 키워드들이 많이 나와서 분석할 때 좋기 때문이다. 이런 방법을 쓰지 않는다면 관련 키워드가 적게 나오고 검색수가 낮은 키워드들이 많이 나와서 다른 판매자보다 매출이 낮을 수 있다.

4-4 키워드의 종류(2) - 세부키워드

핵심키워드가 분석을 위한 키워드라면 세부키워드는 상품명에 넣기 위한 키워드이다.

핵심키워드	세부키워드
원피스	가을원피스, 하객룩원피스, 뷔스티에원피스
텀블러	대용량텀블러, 900ml텀블러

위 예시처럼 세부키워드는 2개 이상의 단어가 합쳐진 것이다. 스마트스토어나 블로그에 관심이 있는 사람이라면 '세부키워드'라는 단어를 많이 들어보았을 것이다. 왜 세부키워드를 상품명에 넣어야 할까?

전체	전체
18,167,742	771,696

그림 3-4-06 원피스 vs 가을원피스

핵심키워드인 '원피스'로 검색했을 때의 상품수는 18,167,742개이고 세부키워드인 '가을원피스'로 검색했을 때의 상품수는 771,696개이다. 세부키워드를 사용하면 상품수가 적어지고 경쟁이 줄어든다. 핵심키워드는 검색량이 많고 보통 대기업이나 자본이 많은 판매자들이 상위노출을 하려고 경쟁을 하고 있다. 반면에 세부키워드는 고객의 의도에 맞게 세분화된 키워드이므로 높은 구매율과 매출을 기대할 수 있어 초보 판매자나 소자본으로 운영할 때는 필수로 세부키워드를 상품명에 넣어야 한다.

4-5 정보성 키워드의 논란을 정리하다

정보성 키워드는 고객이 네이버검색을 통해서 정보를 얻고자 할 때 입력하는 키워드를 말한다. 예를 들어서 '새싹보리 효능', '노니 효능'처럼 효능에 대해서 알고 싶을 때나 '분갈이 하는 법', '가습기 청소하는 법'처럼 어떤 방법을 알고 싶을 때 검색하는 키워드다. 이러한 정보성 키워드를 상품명에 넣어야 되나, 넣지 말아야 되나 강사들 사이에서 많은 공방전이 있었다. 필자는 넣어야 한다는 의견이다. 다만 그냥 넣어서는 안 되고 정보성 키워드가 판매까지 이어질 수 있는지 검증 후에 넣어야 한다. 어떻게 검증을 할 수 있을까? 방법을 알려주도록 하겠다.

그림 3-4-07 '새싹보리효능' 검색 결과   그림 3-4-08 '싱크대뚫는법' 검색 결과

❶ 모바일 네이버를 실행한다. (스마트폰이나 '네이버 웨일-모바일창'으로 실행)
❷ 검색창에 정보성 키워드를 넣고 검색한다.
❸ '네이버쇼핑'의 순서가 1페이지 안으로 들어오는지 확인

1페이지에 '네이버쇼핑'이 있으면 상품명에 넣어도 되고 1페이지에 없으면 상품명에 넣으면 안 된다. 고객이 정보성 키워드를 입력하고 구매까지 이어지는 것은 '네이버쇼핑'이 1페이지 안에 있을 때 확률이 높기 때문이다. 단순히 정보성 키워드를 넣느냐 넣지 말아야 하느냐의 문제가 아니라 위처럼 '모바일 기준'으로 검증을 해서 결정해야 한다.

4-6 다양한 쓰임새 생각하기

필자가 강의에서 몇 번을 강조하는 내용으로 '다양한 쓰임새 생각하기'라는 것이 있다. 유통을 하는 사람은 뇌가 말랑말랑해야 하고 고정관념이 없어야 된다고 생각한다. '이 상품은 여기에만 써야 돼' 또는 '이건 이거야'라는 생각보다는 '이 상품은 또 어디에 쓸 수 있을까?', '또 어떻게 쓰이면 좋을까?'를 많이 생각해야 한다.

그림 3-4-09 '김장매트' 상품

그림 3-4-10 '놀이매트' 상품

이 상품 같은 경우는 분명히 똑같은 상품임에도 불구하고 쓰임새가 다르다. 우리가 알기로는 김장을 할 때 사용하는 김장 매트로 알고 있지만 어린이들이 미술 할 때나 장난감을 가지고 놀 때 사용하는 놀이 매트로도 판매가 되고 있다. 필자는 이것을 발견했을 때 정말 충격적이었다. '어떻게 김장 매트를 어린이 매트로 판매할 생각을 하지?'라고 말이다. 하지만 이렇게 생각하는 사람이 분명 있어서 김장 매트로 팔 수 있고 놀이 매트로도 팔 수 있는 것이다. 이런 식으로 시야를 넓게 가지고 뇌를 말랑말랑하게 해서 생각의 폭을 넓혀야 한다.

그림 3-4-11 '몸빼바지' 상품

2019년 1월경 스마트스토어에 바지를 올렸었다. 보통은 '몸뻬 바지'나 '일 바지', '냉장고 바지'로 키워드를 분석해서 상품을 등록하는데 필자는 왜 그랬는지 모르겠지만 '체육대회 단체복'이라는 키워드를 상품명에 넣어서 등록하였다. 당연히 매출은 일어나지 않았다. 1월에 체육대회를 하는 사람은 없으니까 말이다. 그런데 2019년 4월부터 갑자기 한 건당 28개, 35개씩의 대량주문이 쏟아지기 시작했다. 학교에서 체육대회하는 학생들이 단체로 주문한 것이다. 만약에 그냥 '몸뻬 바지'나 '일 바지', '냉장고 바지'로 올렸다면 그 키워드를 사용한 수많은 경쟁자들과 키워드 경쟁을 해야 해서 단체 주문을 하는 고객의 선택을 받기 힘들었을지도 모른다. 다른 쓰임새를 생각했기에 좋은 결과가 생길 수 있었다.

그림 3-4-12 '나무관절인형' 상품

인테리어 소품으로 많이 쓰이는 나무 관절 인형이다. 지금은 이 상품을 인체 그리는 용도나 미술 관련 공부하는 사람들 대상으로 판매하는 사람이 많이 생겼지만 필자가 이 상품을 올렸을 당시에는 대부분 인테리어 소품이나 옷가게에서 사용하는 소품으로 올렸다. 필자는 인체 공부하는 학생들을 타겟으로 상품을 등록하였고 미술 공부하는 학생들이 왼손, 오른손, 아이 모형, 어른 모형을 모두 구매했다. 인테리어 소품은 상품수도 많고 경쟁이 치열한데 인체 공부하는 학생들을 키워드로 분석하여 상품명에 넣으니 더 판매가 잘 일어났던 것 같다.

위탁판매 기초 이론 익히기

스마트스토어 오픈 준비하기

매출을 올리는 전략과 실습

투잡에 최적화된 상품 등록 전략과 실습

상품 등록 후 CS하기

스마트스토어 운영 TIP!

참고 사이트

퇴근 후 돈 벌 계획을 세워보자!

4-7 이슈 키워드의 위험성

이슈 키워드는 말 그대로 이슈가 되고 있는 키워드를 상품명에 넣는 것이다. 대표적으로는 연예인이나 방송 프로그램 관련된 단어를 상품명에 넣는다. 필자는 이러한 이슈 키워드를 가지고 상품 등록을 은근히 잘하는 편이지만 큰일 날뻔했던 적이 있어서 경험담을 공유하고자 한다. '커피프렌즈'라는 TV 예능이 있었다. 연예인들이 제주도 카페에서 커피를 직접 내려 사람들에게 판매하는 예능이었는데 이때 사용한 '커피 그라인더'가 온채널에 있었다. 그래서 온채널에 있는 상품을 스마트스토어에 등록하였다.

그림 3-4-13 tvN 예능 '커피프렌즈' 캡처 화면

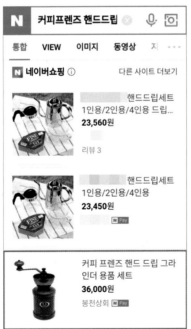

그림 3-4-14 '커피프렌즈 핸드드립'
모바일 검색 결과

그림 3-4-15 '커피프렌즈 그라인더'
모바일 검색 결과

상품을 등록한 결과, 광고의 도움을 받지 않고도 모바일에서 상위노출이 되었다. PC보다는 모바일에서 상위노출이 더 힘든데 운이 좋게도 모바일에서 2등까지 올라가게 된 것이다.

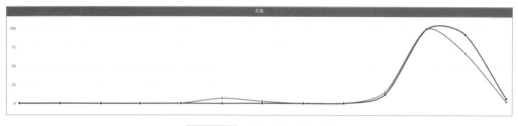

그림 3-4-16 '커피프렌즈'의 검색량

커피프렌즈의 검색량을 보면 당시 얼마나 갑자기 검색량이 폭등했는지를 알 수 있다. 그래프처럼 상당히 많은 사람이 나의 상품에 방문했었는데 판매자 중에 '커피프렌즈'를 보는 사람이 많이 없어서인지는 모르겠으나 커피프렌즈라는 예능 프로그램의 제목을 상품명에 넣은 사람은 필자밖에 없었다. 그러나 기쁨도 잠시 하루에 2만 원 정도 나가던 광고비가 10만 원이 넘게 나온 것이다. 이 커피프렌즈 상품 때문이었다. 하지만 구매는 1건이었다. 왜 수많은 사람이 방문을 했음에도 불구하고 구매는 1건밖에 일어나지 않았을까? 한동안 이유를 몰랐고 이해가 잘 안 되었는데 얼마 전에 이유를 알게 된 계기가 있었다. 필자는 '나 혼자 산다'라는 예능을 잘 봤었다. '나혼자 산다'에 남궁0 배우가 나와서 집을 공개했던 적이 있었다. 그때 그 아파트를 보고 네이버에 '남궁0 아파트'라고 검색을 했다. 그러면 필자는 남궁0 배우가 사는 아파트를 매매하려고 검색한 걸까? 아니다. 단순히 궁금해서이다. 이런 이슈 키워드 같은 경우는 '저 연예인은 어떤 걸 사용하는 걸까?', '저 방송에 나왔던 건 어떤 건가?'라고 생각하는 궁금증이 더 커서 클릭만 해보고 구매까지 이루어지진 않는다. 그러나 '아는 형님'에 나왔던 토끼 모자 같은 경우는 이미 길에서도 쉽게 볼 수 있고 이렇게 생겼는지도 알고 상품에 대한 이해가 있어서 구매까지 잘 이뤄지는 편이다. 그래도 방송 프로그램이나 연예인 이름을 상품명에 넣는 것은 진지하게 고민해봐야 할 일이다.

위탁판매 기초 이론 익히기

스마트스토어 오픈 준비하기

매출을 올리는 전략과 실습

특정제 최적화된 상품 등록 전략과 실습

상품 등록 후 CS하기

스마트스토어 운영 TIP!

참고 사이트

따라 후는 밤 계획을 세워보자!

4-8 나는 구매할 때 어떻게 검색하나?

고객의 행동 패턴을 이해하기 위해서는 '나는 어떻게 쇼핑을 하고 있나'를 되돌아보면 좋다. 필자의 경우는 우선 큰 범위의 검색어로 검색을 했다가 거기에서 마음에 드는 옵션이 생기면 세부적으로 검색하는 스타일이다. 예를 들어서 안경을 사고 싶을 때 일단 '안경'이라고 검색했다가 그다음 '빅사이즈 안경'이라고 검색하고 '블루라이트 차단 빅사이즈 안경'을 검색한다. 이런 식으로 점점 세부적으로 들어가는 스타일인데 지금 이 책을 보고 있는 독자들의 쇼핑하는 스타일은 어떤지 궁금하다. 그럼 아래 사진의 상품을 구매한다고 했을 때 어떻게 검색해 볼 건지 한 번 고민을 해보아라.

그림 3-4-17 16온스 종이컵

필자의 경우는 먼저 '종이컵'을 검색했다. 이 상품의 이름을 잘 모르기 때문이다 종이컵을 검색한 후 이 상품이 나올 때까지 스크롤을 내려서 찾는다. 그리고 이 상품이 나오면 상품명에서 이 상품의 정확한 이름이 무엇인지를 본다. 이 상품의 이름은 '16온스 종이컵'이라고 한다. 그래서 '16온스 종이컵'을 다시 검색창에 입력한 뒤 마음에 드는 상품을 구매하게 되는 것이다. 고객도 똑같다. 모든 상품의 이름을 알고 있는 것이 아니므로 큰 범위의 핵심키워드부터 먼저 입력하고 그다음 상품 목록을 보면서 내가 원하는 상품의 단어를 보고 그 단어를 핵심키워드 앞에 넣으면 세부키워드가 되는데 이 세부키워드로 최종 구매를 결정하게 된다. 그래서 우리가 세부키워드 전략으로 가야 하는 이유를 고객의 상품 구매 과정을 통해서 알 수 있다.

4-9 기억해야 할 다섯 가지

1) 경쟁률이 낮다고 좋은 것이 아니다

구매전환율에서 다룬 내용으로, 경쟁률이 낮은 것이 좋은 것이 아니라 구매전환율이 높아야 좋은 키워드인 것을 기억하자. 키워드를 먼저 찾을 때는 그 키워드의 시장이 활발한지 체크해야 한다. 활발한 시장에 들어가야 나도 물건을 판매할 수 있다.

2) 절대 내 생각으로만 상품명 만들지 말 것

'분석 결과에는 없었는데 그냥 넣고 싶어서 넣었어요.'라는 말을 들어보았다. '이 키워드 넣으면 대박날 것 같은데?' 이런 마인드는 위험하다. 상품명에는 온전히 분석이 된 키워드만 들어가야 한다. 예전에는 괜찮았을지 몰라도 지금은 그래야 살아남는다.

3) 브랜드 조심!

안녕하세요.
지금은 해밀님이 올려주신 새 강의를 보고 키프리스에 상표권 검색하고 등록하고 있지만, 지난 2019년 11월 27일에 상표권에 대해서 전혀 모르던 상태에서 등록했던 제품이 있어요.
지금까지 딱 2건 판매가 된 제품으로 가격도 7,000원이고, 이 상품으로 인해 나온 매출이 아주 적어서 신경을 안쓰고 있었거든요, 상표권이 등록된 건지도 몰랐고요.
그런데 오늘 내용증명서가 왔어요.
2019년 11월 5일에 등록된 상표권이고 시정조치와 손해배상 300만원을 요구하는데 심장이 막 떨리네요..
저 근무도 안하고 있고 말그대로 거의 백수인 상태인데.. 저한테는 너무 큰 돈이라서요.
물론 모르고 등록한 건 제 잘못이 크시만 금액이 너무 과다한 것 같아요..
원만하게 해결할 수 있는 방법이 없을까요?
나름대로 검색하고 알아보고는 있는데 정신도 너무 없고 혹시 비슷한 경험이 있으실까해서 질문글 작성해봐요.

그림 3-4-19 상표권 관련 카페 질문글

수강생이 카페에 올린 글이다. [그림 3-4-19]를 읽어보면 알겠지만 상표권이 있는 브랜드명을 넣게 되었고 시정조치와 손해배상 300만원을 요구하는 내용증명서를 받게 되었다. 상품명에 브랜드명을 넣는 것은 조심해야 한다. 이 수강생뿐 아니라 의외로 많은 수강생이 내용증명서를 받았고 필자도 초반에 메일로 경고장을 받아보았다. 공통점은 브랜드인 줄 모르고 넣는다는 것이다. 어떤 느낌이냐면 '할머니양말', '사과비누', 이런 것처럼 브랜드로 인지가 되지 않는 것들이 많다. 만약 키워드를 분석하다가 헷갈리는 것이 있으면 '키프리스'라는 사이트에서 상표권을 검색해보아야 한다.

특허정보넷 키프리스   지식재산권 검색

특허·실용신안 | 디자인 | 상표 | 심판 | KPA

그림 3-4-20 '키프리스' 메인 화면

'키프리스' 사이트 접속 후 지식재산권검색 > 상표를 클릭하여 헷갈리는 키워드를 검색하면 된다.

참고1 가짜 내용 증명서가 있다.

실제로 해당 브랜드는 가만히 있는데 일부 변호사들이 브랜드와 상관없이 내용 증명서를 보내는 경우가 있다. 이런 경우는 무척이나 많다.

순진한 판매자들은 내용 증명서를 받고 매우 놀라 전화를 건다. 축하한다. 낚인 것이다.

일부 변호사들이 합의금 장사를 하기 위해서 수많은 판매자들에게 대량으로 내용 증명서를 보낸다. 누구에게 보냈는지 정확히 인지가 되지 않을 때도 많다. 그리고 전화가 오길 기다린다. 전화가 오면 강압적인 분위기를 연출하며 합의금을 내도록 한다.

정작 브랜드는 아무것도 모르는데 말이다. 정말 브랜드에서 연락이 온다면 대부분은 상품 삭제나 수정을 먼저 요청한다. 내용 증명서부터 보내는 브랜드는 거의 없다.

98%는 이런 가짜 내용 증명서이니 겁먹지 말자.

참고2 내용증명서를 받았다면?

[그림3-4-19]의 내용에서는 수강생이 '시정조치와 손해배상 300만원'을 요구 받았다고 했다. 보통은 기한 내 시정조치(상품명에서 브랜드명을 삭제하는 것) 요구를 먼저하고 기한 내에 시정하지 않으면 '손해배상 300만원'을 요구하는 내용이다.

[그림3-4-19]의 경우도 필자가 수강생의 내용증명서를 보지 못했지만 아마도 시정 미조치시 손해배상청구한다는 내용일 가능성이 높다. 많이 당황하면 글 전체를 보기보다는 '손해배상 300만원'만 보일 수 있기 때문이다.

만약 브랜드명인줄 모르고 상품명에 브랜드를 넣어 내용증명서를 받았다면 침착하게 내용을 읽어보자.

시정조치를 요구하는 내용증명서라면 즉시 시정하면 되고 시정조치의 내용없이 손해배상청구 한다고 하면 업체에 연락하여 '초보 판매자여서 상표권에 대해 무지하였고 즉시 시정하였으며 추후 이런 일이 없도록 하겠다.'고 이야기하면 대부분 좋게 끝난다.

내용증명서는 판매자에게 겁을 주거나 이런 내용을 판매자에게 고지 했다는 증명으로 사용되기에 침착하게 대응하면 된다.

TIP 실전에서 사용하는 대처법

상품을 삭제하고 무대응하면 된다.

외에 다른 사례는 네이버 카페 '방구석 비즈니스'에서 검색하면 정보를 얻을 수 있다. 등업 후 질문 게시판에 질문을 남기면 필자와 선배들이 답변을 남기니 혼자 끙끙 앓지 말고 언제든 글을 남기자.

4) 키워드가 마음에 안 든다고 상품을 포기하지 마라

필자가 초반에 자주 했던 행동이다. 상품을 고르고 키워드를 찾다가 별로 안 좋은 것 같아서 그냥 포기한다. 지금은 좋은 것과 안 좋은 것의 구분 없이 모두 올리고 있다. 판단을 내가 하면 안 된다고 생각하면서부터다. 말 그대로 스스로 판단하면 안 된다. 선택은 고객이 해주는 것이다. 키워드가 안 좋은 것 같고 어렵더라도 그냥 올려보자. 어차피 등록한 모든 상품이 판매되지 않는다. 필자는 상품을 2,100개 올렸는데 주기적으로 돌아가며 팔리긴 하지만 주기당 20개가 넘지 않는다. 그러니 가벼운 마음을 가지고 경험을 쌓는다는 생각으로 포기하지 말고 등록하자.

4-10 태그(Tag)

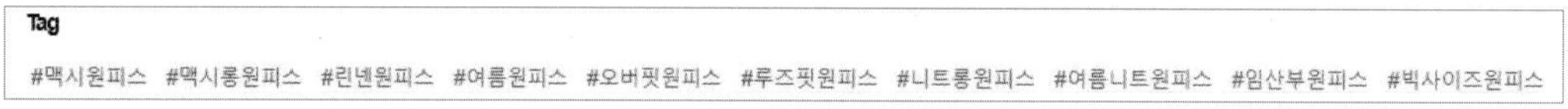

Tag

#맥시원피스 #맥시롱원피스 #린넨원피스 #여롱원피스 #오버핏원피스 #루즈핏원피스 #니트롱원피스 #여름니트원피스 #임산부원피스 #빅사이즈원피스

그림 3-4-21 스마트스토어 상세페이지 아래에는 판매자가 입력한 태그가 노출된다

필자가 처음 스마트스토어를 운영할 때는 태그에 대해서 자세히 알려주는 곳이 없어 잘 알지 못한 채 운영했던 기억이 난다. '인스타그램은 해시태그(#)가 중요한데 스마트스토어는 아닌가?' 하면서 공부를 하기 시작했다. 직접 겪어본 태그는 상위노출과 마찬가지로 네이버가 말하는 기준과 실무에서 쓰이는 기준이 달랐다.

1) 네이버가 말하는 태그

상품 페이지 내 검색할 수 있는 태그를 입력하여 다양하고 세부적인 질의에 대해 검색 결과에서 정확하게 노출될 수 있다. 네이버쇼핑 검색에서는 구축되어 있는 태그사전에 등록된 태그에 대해서만 노출하게 되며, 태그사전에 미등록된 태그나, 등록 기준에 맞지 않는 태그는 노출되지 않는다. 판매자가 입력한 태그의 수가 적거나, 태그가 정제 대상에 포함되어 노출 대상이 많지 않을 때, 네이버쇼핑에서는 상품정보를 기반으로 추출한 자동태그를 추가로 노출하고 있다.

㉠ 감성 표현 태그 사용

하늘하늘 원피스, 발랄한 프렌치룩 등의 감성 표현을 많이 사용해야 한다.

ⓛ 상품정보와 중복되는 태그 입력 X

브랜드, 제조사, 판매처같이 기존 상품정보 필드에 기입해야 하는 키워드는 각각의 필드에 입력하는 것이 검색에 더 도움이 된다. 이런 키워드의 경우는 해당 키워드의 동의어도 모두 포함하여 정제 로직에 따라 노출 및 검색에서 제외될 수 있다. 키워드 유형 구분은 네이버쇼핑에서 자체적으로 구축한 쇼핑 사전 정보를 기반으로 하며, 쇼핑 사전은 수시로 쇼핑 DB의 품질에 맞춰 변경된다.

ⓒ 이슈 제한 키워드 사용 X

사회적 이슈가 크고, 사용이 적절하지 않은 키워드 사용은 어뷰징으로 판단하여 정제되게 된다.

ⓔ 상품과 관련 없는 태그 입력 X

상품과 관련 없는 태그를 입력하거나 타사 지적 재산권을 침해하는 태그 사용은 금지하고 있다.

2) 실무에 적용되는 태그

ⓐ 태그의 개수는 상관없다

스마트스토어를 조금 공부해 본 사람이라면 태그를 10개 모두 채우는 게 좋다는 말을 들었을 것이다. 그 이유는 상품명에는 넣을 수 있는 키워드가 한정되어 있어서 태그를 통해서 검색에 노출되는 것을 도움받기 위함이다. 실제로는 10개가 아니더라도 상관없다. 네이버 가이드 상 태그를 입력하지 않아도 자동 매칭하여 나의 상품을 보여준다고 되어있고, 또 개인적인 체감상 태그를 10개 등록했을 때나 1개 등록했을 때 매출에 별다른 차이가 없었기 때문이다. 필자가 상품명을 잘 만들어서 그럴 수도 있다. 중요한 것은 꼭 10개를 채우지 않아도 된다고 말하고 싶다. 그렇다고 해서 10개를 무조건 채우지 말라는 것은 아니고 만약에 태그에 넣을 키워드가 10개 있다면 그냥 넣으면 된다. 태그에 넣을 키워드가 없다면 그냥 없는 대로 하면 된다. 태그 10개를 채우고자 시간을 소비하는 것이 아깝다는 생각이 든다.

ⓑ 상품명 만들고 남은 키워드를 넣어라

태그를 넣기 위해서 따로 분석하는 것을 봤다. 하지만 태그는 따로 분석해서 넣을 정도로 시간을 소비하지는 않아도 되고, 그저 상품명을 만들고 남은 키워드를 태그에 넣으면 된다. 그게 몇 개라도 상관없다. 상품명 만들고 상품명에 못 들어간 키워드를 태그에 넣어라.

ⓒ 판매가 되어야 태그도 검색이 된다

상품 등록할 때 태그를 넣으면 바로 태그가 검색되지 않는다. 판매가 되어야 그다음에 태그도 검색에 노출되게 되는데 아래 예시를 한 번 보도록 하겠다.

태그를 검색했을 때 판매가 이루어진 상품이 검색 결과에 노출되는 것을 확인할 수 있다.

물때안끼는 욕실화 미끄럼방지 쿠션 실내화 발편한 슬리퍼
욕실용품>욕실잡화>욕실화   자세히
등록일 : 2020-02-18

태그 :
욕실실내화,고급욕실화,미끄럼방지욕실화,화장실실내화,EVA욕실화,욕실슬리퍼,남성욕실화,여성욕실화,모던욕실화,발편한슬리퍼   태그로 조회하기

키워드를 입력하세요   검색

⬤ 광고제외   검색 범위 50 페이지   ▼

남성욕실화
18,473개 상품 중 1번 페이지 11번째
2020.04.09 (목) 14:43

화장실실내화
37,330개 상품 중 3번 페이지 10번째
2020.04.09 (목) 14:42

미끄럼방지욕실화
60,586개 상품 중 3번 페이지 14번째
2020.04.09 (목) 14:42

고급욕실화
8,628개 상품 중 2번 페이지 6번째
2020.04.09 (목) 14:42

욕실실내화
90,340개 상품 중 3번 페이지 11번째

그림 3-4-22 잘 판매되는 상품의 태그 검색 순위 결과

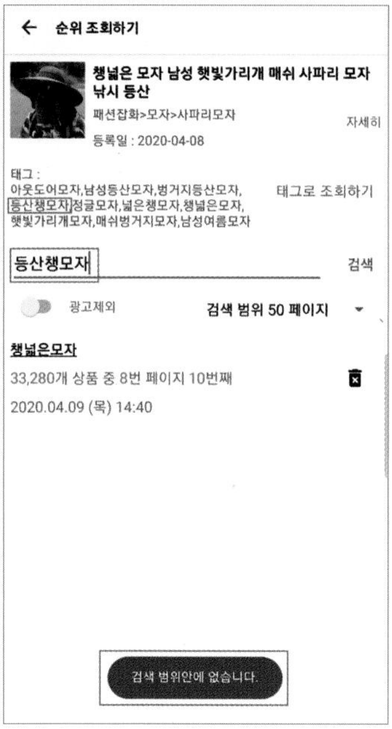

그림 3-4-23 새로 등록한 상품의 '등산챙모자'
태그 검색 순위 결과

그림 3-4-24 '남성등산모자'
태그 검색 순위 결과

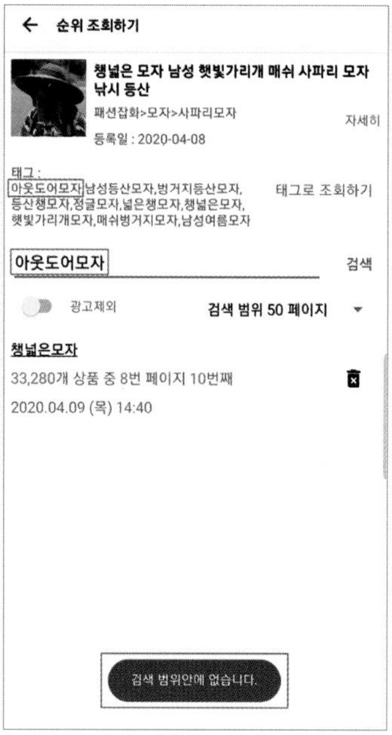

그림 3-4-25 '아웃도어모자'
태그 검색 순위 결과

반면 판매가 이루어지지 않은 상품은 모든 태그를 검색해도 '검색 범위 안에 없습니다.'라며 노출이 되지 않는다. 결과적으로 판매가 이루어져야 태그가 검색되는데 우리는 올리는 모든 상품이 판매가 되는 것이 아니므로 큰 시간과 노력을 들이지 않고 빠르게 넘어가야 할 부분이다.

② 태그사전을 이용하지 말아라

그림 3-4-26 상품 등록 페이지 내 태그사전 화면

태그는 상품 등록 시 '검색설정' 탭에서 '태그'에 등록하게 된다. '요즘 뜨는 HOT 태그', '감성태그', '이벤트형 태그', '타겟형 태그'가 있는 부분을 '태그사전'이라고 한다. 위에서 말한것처럼 태그는 '태그 직접 입력'을 눌러서 상품명을 만들고 남은 키워드를 입력해야 하고 정말 넣을 키워드가 없을 때 태그사전에서 1~2개 선택하는 것은 괜찮지만 태그사전에 있는 태그로만 넣는 것은 노출에 좋지 않다. 태그사전은 고객의 선호도를 매칭시켜주는 용도로 만들었지만 활용도가 떨어지기 때문이다.

5

매출이 일어나는 상품명 만드는 노하우(실습)

스마트스토어 운영에서 제일 중요한 상품명 만들기와 카테고리 찾는 방법을 필자의 노하우와 함께 익혀보자. 상품명 만드는 단계는 총 네 단계이다.

1단계: 연관 키워드 수집
2단계: 검색수 필터링 및 연관 키워드 수집
3단계: 상품수와 경쟁률(비율) 필터링, 카테고리 찾기
4단계: 상품명 만들기 및 태그 정하기

5-1 상품명 만들기 1단계

강의 때 상품명 만드는 실습을 해보면 어떤 경우에는 모든 수강생이 핵심키워드부터 선택을 다르게 하여 각각 전혀 다른 상품명이 만들어지기도 한다. 같은 상품을 올리더라도 어떤 키워드를 선택하느냐에 따라서 매출이 달라질 수 있다. 키워드 선택에는 정답이 없기에 어렵게 느껴질 수 있겠지만 키워드 선택에 집중하면서 본격적으로 상품명 만드는 실습을 함께 해보자.

그림 3-5-01 1단계에서 이용하는 사이트

1단계에서는 온채널, 네이버검색, 네이버쇼핑, 쇼핑인사이트를 거쳐서 상품명을 만든다. 온채널에서 핵심키워드를 만들고 네이버검색과 네이버쇼핑, 쇼핑인사이트에서 연관검색어를 모으는 실습을 해볼 것이다.

1) 온채널

그림 3-5-02 온채널 상품명과 추천키워드

❶ 온채널 '우수상품관'에서 상품 선택

❷ 상세페이지를 보면서 상품 파악을 한다. (중요)

❸ 상품명과 추천키워드를 메모장이나 메모잇에 모아둔다.
   (키워드를 모을 때에는 줄 바꿈을 해주고 사진처럼 키워드 5개마다 줄을 띄어준다.)

❹ 상품을 제일 잘 나타내는 것 같은 키워드를 하나 선택한다. [원터치모기장]

❺ 키워드를 더 이상 쪼개지지 않을 때까지 쪼갠다. [원터치/모기장]

❻ '모기장'을 핵심키워드로 정했다.

2) 네이버검색&네이버쇼핑

그림 3-5-03 네이버 메인 화면 검색창 – 자동완성어

❶ 핵심키워드로 정한 '모기장'을 네이버 검색창에 입력하고 '엔터(Enter)'를 치지 않는다.

❷ '엔터'를 치지 않으면 검색창 밑에 보이는 것이 '자동완성어'다. '자동완성어'에서 내가 고른 상품과 연관성이 있는 키워드를 골라 메모장이나 메모잇에 넣는다.

1. 메모잇에 있는 키워드는 중복하여 넣지 않아도 되지만 키워드가 너무 많아서 이 키워드를 메모잇에 넣었는지 헷갈릴 때는 그냥 넣어도 된다. 나중에 중복키워드는 걸러지기 때문이다.
2. 키워드에 따라서 자동완성어가 안 나올 때도 있다. 그럴 때는 바로 다음 단계로 넘어가자.

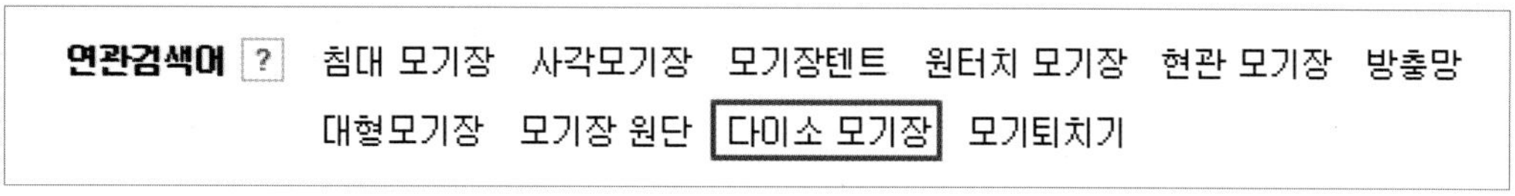

연관검색어 ? 침대 모기장　사각모기장　모기장텐트　원터치 모기장　현관 모기장　방충망
대형모기장　모기장 원단　다이소 모기장　모기퇴치기

그림 3-5-04 네이버 검색 결과 - 연관검색어

❸ '자동완성어'에서 키워드를 추출하고 '엔터'를 누르면 검색 결과가 나온다.

❹ 스크롤을 맨 아래로 내렸을 때 '연관검색어'가 있다. 연관검색어에서도 내 상품과 관련 있는 키워드를 메모잇에 넣자.

주의 '다이소모기장' 같은 브랜드키워드는 절대 상품명이나 태그에 넣지 않도록 한다. 브랜드로부터 상품을 수정이나 삭제하라는 내용증명서를 받을 수 있다.

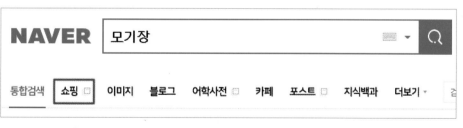

그림 3-5-05 네이버 검색 결과 - '쇼핑' 버튼

❺ 다시 위로 올라와서 '쇼핑'을 누른다.

그림 3-5-06 네이버쇼핑 검색 결과 - 자동완성어

❻ 자동으로 검색창에 '모기장'이 입력되어 있다.

❼ 검색창을 한 번 클릭하면 자동완성어가 뜬다. 관련 있는 키워드를 메모잇에 넣는다.

❽ 만약 자동완성어가 없으면 다음 단계로 넘어간다.

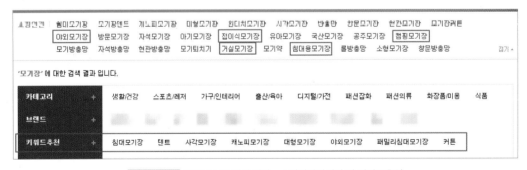

그림 3-5-07 네이버쇼핑 검색 결과 - 쇼핑연관검색어 및 키워드추천

❾ 쇼핑연관검색어와 키워드추천에서 키워드를 보고 메모잇에 넣는다.
(자동완성어와 마찬가지로 '키워드추천'이 없는 상품도 있다. 만약 '쇼핑연관검색어'가 없다면
핵심키워드가 아닌 세부키워드를 입력했을 확률이 높다.)

위탁판매 기초 이론 익히기

스마트스토어 오픈 준비하기

매출을 올리는 전략과 실습

특정에 최적화된 상품 등록 전략과 실습

상품 등록 후 CS하기

스마트스토어 운영 TIP!

참고 사이트

퇴근 후 돈 벌 계획을 세워보자!

그림 3-5-08 네이버쇼핑 검색 결과 – 카테고리 복사

❿ 첫 번째 광고나 첫 번째 상품(광고가 없을 때)의 카테고리를 복사하여 메모잇에 붙여넣는다.

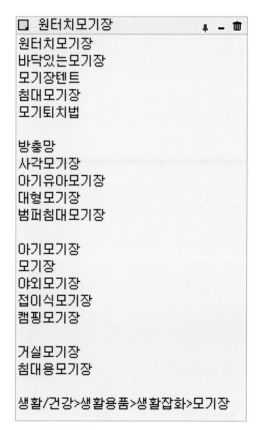

그림 3-5-09 현재 과정까지의 메모잇 상태

개인의 판단으로 키워드를 선택하기에 필자와 똑같지 않은 것이 정상이다.

3) 쇼핑인사이트

데이터랩 홈	급상승검색어	검색어트렌드	쇼핑인사이트	지역통계	댓글통계

분야 통계   검색어 통계

다양한 분야에서 클릭이 발생한 검색어의 클릭량 추이 및 연령별/성별 정보를 상세하게 조회할 수 있습니다.

분야   생활/건강 ∨ > 생활용품 ∨ > 생활잡화 ∨ > 모기장 ∨

기간   일간 ∨   1개월 3개월 1년 직접입력   2019 ∨ 06 ∨ 11 ∨ ― 2020 ∨ 06 ∨ 11 ∨   · 2017년 8월부터 조회할 수 있습니다.

기기별 ☑ 전체 ☑ PC ☑ 모바일   성별   전체 ☑ 여성 ☑ 남성   연령 ☑ 전체 ☑ 10대 ☑ 20대 ☑ 30대 ☑ 40대 ☑ 50대 ☑ 60대 이상

Q 조회하기

그림 3-5-10 쇼핑인사이트 - 설정 화면

❶ 북마크 '키워드' 폴더에서 '쇼핑인사이트' 클릭

❷ 메모잇에 넣어둔 카테고리와 '분야'를 똑같이 설정한다.

❸ 기간: 1년

❹ 기기별/성별/연령: 전체

❺ 조회하기 클릭

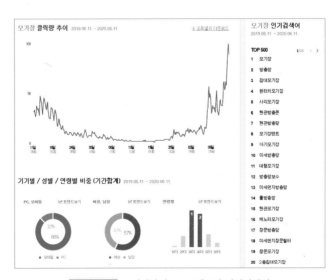

그림 3-5-11 쇼핑인사이트 - 그래프와 인기검색어

❻ 그래프와 인기검색어가 나온다.

❼ 인기검색어 500개가 25페이지에 걸쳐서 나오는데 10페이지까지만 보면서 키워드를 메모잇에 모아둔다. (25페이지까지 다 봐도 된다.)

알고가기!	그래프를 보는 이유

계절상품은 그래프가 올라가기 한두 달 전에 미리 상품 등록을 해야 한다. 모기장은 2월부터 그래프가 올라가기 시작하니 1월에 미리 올려두자.

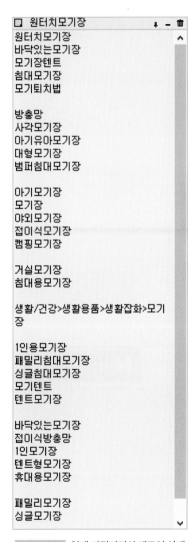

□ 원터치모기장

원터치모기장
바닥있는모기장
모기장텐트
침대모기장
모기퇴치법

방충망
사각모기장
아기유아모기장
대형모기장
범퍼침대모기장

아기모기장
모기장
야외모기장
접이식모기장
캠핑모기장

거실모기장
침대용모기장

생활/건강>생활용품>생활잡화>모기장

1인용모기장
패밀리침대모기장
싱글침대모기장
모기텐트
텐트모기장

바닥있는모기장
접이식방충망
1인모기장
텐트형모기장
휴대용모기장

패밀리모기장
싱글모기장

그림 3-5-12 현재 과정까지의 메모잇 상태

키워드 과정에서는 메모잇 결과가 필자와 똑같지 않아도 된다. 사람마다 선택하는 키워드가 제각기 다르기 때문이다.

5-2 상품명 만들기 2단계

1단계에서는 네이버검색과 네이버쇼핑, 쇼핑인사이트를 통해서 연관 키워드만 추출하는 단계였다면 2단계는 키워드도구로 검색수 '1000' 이하의 키워드를 걸러낸 뒤 연관 키워드를 찾는 단계이다.

그림 3-5-13 2단계에서 이용하는 사이트

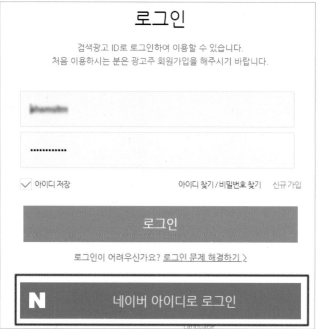

그림 3-5-14 키워드도구 - 로그인 화면

❶ 북마크 '키워드' 폴더에서 '키워드도구' 클릭
❷ '네이버 아이디로 로그인'을 클릭하여 로그인한다.
❸ 도구 > 키워드도구 클릭

위트핀에 기초 이론 익히기

스마트스토어 오픈 준비하기

매출을 올리는 전략과 실습

독제 차별화된 상품 등록 전략과 실습

상품 등록 후 CS하기

스마트스토어 운영 TIP!

참고 사이트

퇴근 후 돈별 계획을 세워보자!

\<화면설명\>

그림 3-5-15 키워드도구 – 메인 화면

㉮ 키워드: 메모잇에 모아둔 키워드를 5개씩 넣는 곳
㉯ 연관키워드: 내가 입력한 키워드와 연관도가 높은 키워드를 보여주는 곳
㉰ 월간검색수: 최근 한 달간 네이버를 이용한 사용자가 PC 및 모바일에서 해당 키워드를 검색한 횟수
㉱ 월평균클릭수: 최근 한 달간 사용자가 해당 키워드를 검색했을 때, 통합검색 영역에 노출된 광고가 받은 평균 클릭수
㉲ 월평균클릭률: 최근 한 달간 해당 키워드로 통합검색 영역에 노출된 광고가 받은 평균 클릭률

> 클릭률의 의미: 광고가 노출되었을 때 그 광고가 검색 사용자로부터 클릭을 받은 비율을 말한다.
> **e.g.** 광고 노출수가 1,000회이고 노출된 광고를 클릭한 횟수가 5회라면 클릭률은 0.5%이다.
>   (클릭수 ÷ 노출수 = 클릭률(%))

㉳ 경쟁정도: 최근 한 달간 해당 키워드에 대한 경쟁정도를 PC 통합 검색 영역 기준으로 높음/중간/낮음으로 구분한 지표이다. 다수의 광고주가 추가한 광고일수록 경쟁정도는 높을 수 있다.
㉴ 월평균노출광고수: 최근 한 달간 사용자가 해당 키워드를 검색했을 때 PC통합 검색 영역에 노출된 평균 광고 개수이다. 경쟁 정도 지표와 함께 키워드의 경쟁정도를 가늠해 볼 수 있다.

> **TIP** 키워드도구에서 보여주는 숫자는 스마트스토어 전용이 아닌 네이버 전체의 숫자이므로 스마트스토어를 운영하면서는 차이가 생길 수 있다. 경쟁정도와 월평균노출광고수는 참고하지 않아도 된다.

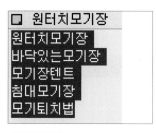

그림 3-5-16 메모잇에서 5개 복사   　　　 그림 3-5-17 키워드도구에 붙여넣은 뒤 '조회하기'

❹ 메모잇에서 키워드 5개를 복사하여 키워드도구 '키워드'란에 붙여넣기

❺ '조회하기' 클릭

그림 3-5-18 키워드도구 - 연관키워드 조회 결과

❻ 검색 결과가 나온 후 '월평균노출광고수' 위의 '필터' 클릭

그림 3-5-19 필터 만들기   　　　 그림 3-5-20 연관키워드 클릭

❼ '필터 만들기' 클릭 후 '연관키워드' 클릭

위른 편에 기초 이론 익히기

스마트스토어 오픈 준비하기

매출을 올리는 전략과 실습

특정에 최적화된 상품 등록 전략과 실습

상품 등록 후 CS하기

스마트스토어 운영 TIP!

참고 사이트

퇴근 후로도 계획을 세워보자!

그림 3-5-21 월간검색수(모바일) 설정　　　　그림 3-5-22 '1000' 입력 화면

❽ '월간검색수(모바일) 선택 후 숫자 '1000'입력

❾ '적용' 클릭

알고가기!　　월간검색수(모바일) '1000'

1. 월간검색수(모바일) 선택 후 '1000'을 입력하는 것은 검색수가 '1000'보다 큰 키워드만 보이게 하는 설정이다.

2. 필터에서 검색수 '1000'을 설정하니까 많은 수강생이 1000 근처의 키워드만 선택하는 경향이 있는데 아무리 적어도 '1000' 이상은 되어야 한다는 뜻이므로 '1000'의 키워드만 추출하는 것은 좋지 않다. 내가 선택한 대부분의 키워드들이 검색수 '1000'대라면 키워드 선택하는 기준을 높게 잡도록 노력해야 한다.

3. 상황에 따라 꼭 1000이 아니라도 괜찮다. 유동적으로 설정하면 된다.

그림 3-5-23 연관 있는 키워드 '추가'하기

그림 3-5-24 키워드 '추가' 후 '선택한 키워드'에 저장된 화면

❿ 연관 있는 키워드 앞에 '추가' 버튼을 누르면 오른쪽 '선택한 키워드'에 모이게 된다.

> **TIP** 중복 선택은 자동으로 걸러지니 시간 소비를 줄여 빠르게 추가를 누르자! 그러니 걱정 말고
> 보이는 대로 빠르게!

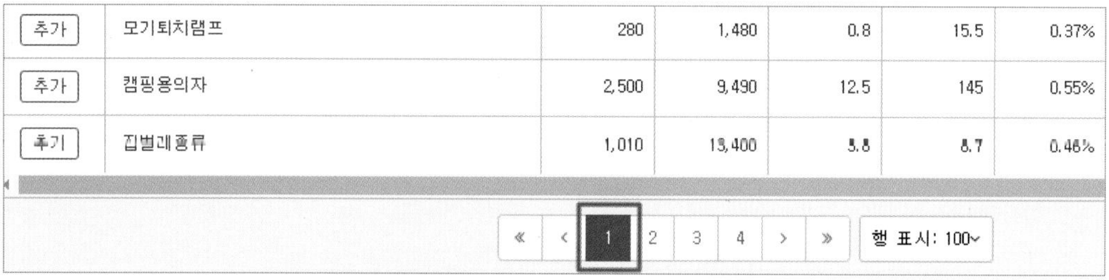

추가	모기퇴치램프	280	1,480	0.8	15.5	0.37%
추가	캠핑용의자	2,500	9,490	12.5	145	0.55%
추가	집벌레흥류	1,010	13,400	5.8	8.7	0.46%

《 〈 **1** 2 3 4 〉 》   행 표시: 100∨

그림 3-5-25 연관키워드 조회 결과 – 1페이지

⓫ 1페이지에 있는 키워드까지만 '추가'를 누르면 한 세트가 끝난다.

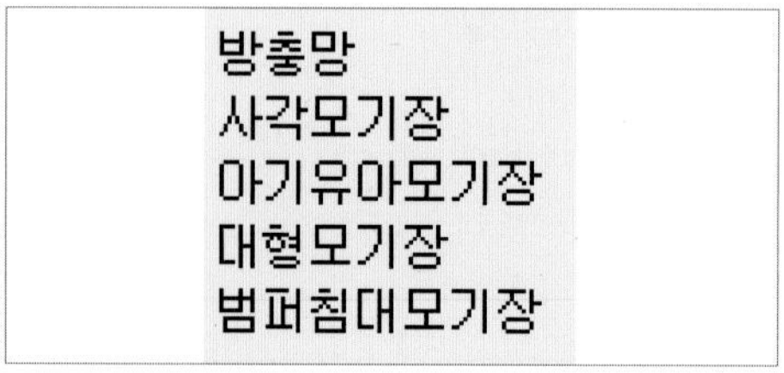

방충망
사각모기장
아기유아모기장
대형모기장
범퍼침대모기장

그림 3-5-26 '메모잇'에서 다음 5개의 키워드를 복사

그림 3-5-27 키워드도구 전체 화면

⓬ 메모잇에서 다음 5개의 키워드를 가지고 ①~⑪의 과정을 반복한다.

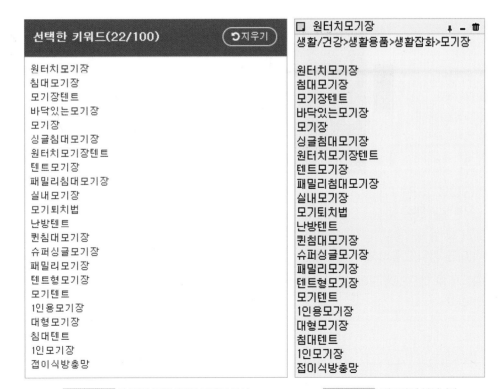

그림 3-5-28 '선택한 키워드'에서 키워드 복사

그림 3-5-29 '메모잇'에 붙여넣기

⓭ 메모잇에 모아둔 모든 키워드를 키워드도구에 넣어서 검색수 1,000 이하를 거른 뒤 연관키워드 '추가' 작업을 마쳤다면 '선택한 키워드'에 있는 모든 키워드를 복사해서 메모잇에 넣는다.

여기까지 완성했으면 1차로 키워드를 거르는 과정은 끝났다. 마지막 검증 과정을 해보자!

5-3 상품명 만들기 3단계

3단계는 셀러마스터로 진행한다. 2단계에서 걸러낸 키워드를 가지고 셀러마스터에 입력해서 해당 키워드가 들어간 상품은 몇 개나 있는지 확인하고 경쟁률은 얼마나 되는지를 확인한다. 또한 이 키워드는 어떤 카테고리에 소속되어 있는지 확인하는 단계이다. 키워드를 분석하고 추출하는 마지막 단계라고 볼 수 있다.

1) 셀러마스터

그림 3-5-30 3단계에서 이용하는 사이트

그림 3-5-31 셀러마스터 화면

❶ 북마크 '키워드' 폴더에서 '셀러마스터' 클릭
❷ 2단계 후 메모잇에 모아놓은 키워드를 하나씩 셀러마스터 키워드 입력창에 넣고 '엔터'를 누른다.

---

1. 키워드가 많기에 복사 > 붙여넣기 > 엔터를 반복적으로 빠르게 할 수 있도록 손에 익혀야 한다.
2. 셀러마스터는 최대 50개까지 조회 된다.

-	키워드	PC 검색량	모바일 검색량	총조회수	상품수	비율
-	접이식방충망	380	2,050	2,430	2,994	1.232
-	1인모기장	260	1,660	1,920	15,013	7.819
-	침대텐트	470	4,240	4,710	118,711	25.204
-	대형모기장	1,630	10,600	12,230	41,185	3.368
-	1인용모기장	610	3,740	4,350	15,013	3.451
-	모기텐트	420	3,010	3,430	23,402	6.823
-	텐트형모기장	280	1,820	2,100	33,184	15.802
-	패밀리모기장	70	1,360	1,430	3,201	2.238
-	슈퍼싱글모기장	220	1,620	1,840	1,473	0.801
-	퀸침대모기장	220	1,730	1,950	2,349	1.205
-	모기퇴치법	620	3,910	4,530	1,194	0.264
-	패밀리침대모기장	300	4,400	4,700	2,030	0.432
-	텐트모기장	430	3,210	3,640	121,507	33.381
-	원터치모기장텐트	650	3,860	4,510	58,390	12.947
-	싱글침대모기장	400	3,490	3,890	9,232	2.373
-	모기장	24,400	128,500	152,900	670,339	4.384
-	바닥있는모기장	180	1,360	1,540	5,283	3.431
-	모기장텐트	4,040	33,400	37,440	121,501	3.245
-	침대모기장	7,590	62,200	69,790	170,581	2.444
-	원터치모기장	5,970	43,400	49,370	126,340	2.559

엑셀 다운로드

그림 3-5-32 키워드를 하나씩 검색한 결과와 '엑셀 다운로드' 버튼

❸ 모두 입력 후 '엑셀 다운로드'를 눌러 엑셀 파일을 다운로드받고 열어준다.

<화면설명>

• **총조회수**: PC 검색량 + 모바일 검색량
• **상품수**: 해당 키워드가 들어간 상품의 개수
• **비율**: 해당 키워드의 경쟁률을 말하며 이 책에서는 '경쟁률'이라고 사용한다. (상품수 ÷ 총조회수)

그림 3-5-33 상품수 - '텍스트 내림차순 정렬'의 위치

❹ '상품수' 한 번 클릭 후 우측 상단 '정렬 및 필터' > '텍스트 내림차순 정렬' 클릭

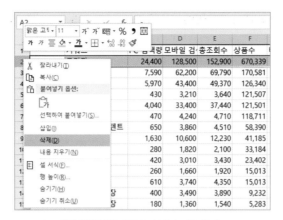

그림 3-5-34 상품수가 많은 것을 '삭제'

❺ '상품수'가 많은 것부터 정렬이 되었다. 다른 키워드보다 월등하게 많은 것을 삭제해준다.

상품수가 비슷할 때는 10~20만 개 이상의 상품수를 가진 키워드를 삭제해도 된다. 상품에 따라서 경우의 수가 많은데 정해진 기준이 없기에 스스로 판단하여서 많다고 생각하면 삭제하면 된다.

그림 3-5-35 비율 – '텍스트 오름차순 정렬'의 위치

키워드	PC 검색량	모바일 검색량	총조회수	상품수	비율	
모기퇴치법	620	3,910	4,530	1,194	0.264	높음 (15)
패밀리침대모기장	300	4,400	4,700	2,030	0.432	중간 (12)
슈퍼싱글모기장	220	1,620	1,840	1,473	0.801	중간 (8)
퀸침대모기장	220	1,730	1,950	2,349	1.205	중간 (12)
접이식방충망	380	2,050	2,430	2,994	1.232	높음 (15)
패밀리모기장	70	1,360	1,430	3,201	2.238	높음 (3)
싱글침대모기장	400	3,490	3,890	9,232	2.373	높음 (15)
침대모기장	7,590	62,200	69,790	170,581	2.444	높음 (15)
원터치모기장	5,970	43,400	49,370	126,340	2.559	높음 (15)
모기장텐트	4,040	33,400	37,440	121,501	3.245	높음 (15)
대형모기장	1,630	10,600	12,230	41,185	3.368	높음 (15)
바닥있눈모기장	180	1,360	1,540	5,283	3.431	낮음 (4)
1인용모기장	610	3,740	4,350	15,013	3.451	높음 (15)
모기텐트	420	3,010	3,430	23,402	6.823	중간 (12)
1인모기장	260	1,660	1,920	15,013	7.819	중간 (7)
원터치모기장텐트	650	3,860	4,510	58,390	12.947	높음 (15)
텐트형모기장	280	1,820	2,100	33,184	15.802	높음 (15)
침대텐트	470	4,240	4,710	118,711	25.204	높음 (15)
텐트모기장	430	3,210	3,640	121,507	33.381	높음 (15)

그림 3-5-36 '텍스트 오름차순 정렬'된 모습

❻ '비율' 한 번 클릭 후 '정렬 및 필터' > '텍스트 오름차순 정렬' 클릭

❼ 비율(경쟁률)이 낮은 것부터 정렬되었다. 비율은 기준을 정하여서 그 기준보다 높은 것을 삭제한다.

지금 보고 있는 표가 상품명을 만들 때 보는 기본 화면이다.

<비율>

> 삭제해야 하는 비율(경쟁률)의 기준은 정해져 있지 않지만 요즘 필자는 최대 35~40 정도까지 삭제하지 않고 상품명에 사용한다. 초보 시절에는 10까지만 사용했다. 비율이 높으면 안 팔린다고 생각하는데 전혀 그렇진 않지만 광고비가 조금 더 지출되는 경향이 있다.
>
> **<추천하는 최대 비율>**
>
> • 초보: 10까지 상품명에 사용
>
> • 어느 정도 판매가 일어날 때: 10~30까지 상품명에 사용
>
> • 익숙해졌을 때: 10~45까지 상품명에 사용
>
> ※최대 비율의 기준은 상품에 따라서 달라질 수 있다.

2) 네이버쇼핑 - 카테고리 확인

그림 3-5-37　네이버쇼핑 - '모기퇴치법' 검색 후 카테고리 확인

❶ 엑셀에 있는 키워드를 하나 복사하여 '네이버쇼핑' 검색창에 입력한다.

❷ 맨 위에 뜨는 광고나 상품의 카테고리를 복사하고 엑셀에 붙여넣는다.

> **TIP** 굳이 엑셀에 붙여넣는 이유는 같은 카테고리만 들어갈 수 있으므로 구분하기 위한 것과 쓰고 남은 카테고리의 키워드가 3개 이상 있으면 그걸로 또 상품을 등록할 수 있기 때문이다. 참고로 스마트스토어는 중복 상품 등록이 안 되는데 만약 특정 상품을 한 번 더 올리고 싶을 때는 카테고리, 이미지, 상품명을 다르게 해야 한다.

키워드	PC 검색량	모바일 검색량	총조회수	상품수	비율		
모기퇴치법	620	3,910	4,530	1,194	0.264	높음 (15)	디지털/가전생활가전해충퇴치기
패밀리침대모기장	300	4,400	4,700	2,030	0.432	중간 (12)	생활/건강생활용품생활잡화모기장
슈퍼싱글모기장	220	1,620	1,840	1,473	0.801	중간 (8)	생활/건강생활용품생활잡화모기장
퀸침대모기장	220	1,730	1,950	2,349	1.205	중간 (12)	생활/건강생활용품생활잡화모기장
접이식방충망	380	2,050	2,430	2,994	1.232	높음 (15)	생활/건강생활용품생활잡화모기장
패밀리모기장	70	1,360	1,430	3,201	2.238	높음 (3)	생활/건강생활용품생활잡화모기장
싱글침대모기장	400	3,490	3,890	9,232	2.373	높음 (15)	생활/건강생활용품생활잡화모기장
침대모기장	7,590	62,200	69,790	170,581	2.444	높음 (15)	생활/건강생활용품생활잡화모기장
원터치모기장	5,970	43,400	49,370	126,340	2.559	높음 (15)	생활/건강생활용품생활잡화모기장
모기장텐트	4,040	33,400	37,440	121,501	3.245	높음 (15)	생활/건강생활용품생활잡화모기장
대형모기장	1,630	10,600	12,230	41,185	3.368	높음 (15)	생활/건강생활용품생활잡화모기장
바닥있는모기장	180	1,360	1,540	5,283	3.431	낮음 (4)	생활/건강생활용품생활잡화모기장
1인용모기장	610	3,740	4,350	15,013	3.451	높음 (15)	생활/건강생활용품생활잡화모기장
모기텐트	420	3,010	3,430	23,402	6.823	중간 (12)	생활/건강생활용품생활잡화모기장
1인모기장	260	1,660	1,920	15,013	7.819	중간 (7)	생활/건강생활용품생활잡화모기장
원터치모기장텐트	650	3,860	4,510	58,390	12.947	높음 (15)	생활/건강생활용품생활잡화모기장
텐트형모기장	280	1,820	2,100	33,184	15.802	높음 (15)	생활/건강생활용품생활잡화모기장
침대텐트	470	4,240	4,710	118,711	25.204	높음 (15)	생활/건강생활용품생활잡화모기장
텐트모기장	430	3,210	3,640	121,507	33.381	높음 (15)	생활/건강생활용품생활잡화모기장

그림 3-5-38 카테고리 붙여넣기한 모습

키워드	PC 검색량	모바일 검색량	총조회수	상품수	비율		
쇼파밀림방지	130	1,850	1,980	2,513	1.269	높음 (3)	가구/인테리어 > 홈데코 > 주방데코 > 의자커버
식탁의자다리커버	140	3,620	3,760	6,304	1.677	중간 (11)	가구/인테리어 > 홈데코 > 주방데코 > 의자커버
식탁의자커버	1,520	18,500	20,020	39,829	1.989	높음 (15)	가구/인테리어 > 홈데코 > 주방데코 > 의자커버
의자다리커버	2,150	8,310	10,460	27,878	2.665	높음 (15)	가구/인테리어 > 홈데코 > 주방데코 > 의자커버
밀림방지패드	230	1,630	1,860	5,343	2.873	높음 (14)	가구/인테리어 > DIY자재/용품 > 가구부속품 > 기타가구부속품
식탁다리커버	110	1,730	1,840	6,360	3.457	중간 (6)	가구/인테리어 > 홈데코 > 주방데코 > 의자커버
의자양말	660	4,140	4,800	16,722	3.484	높음 (14)	가구/인테리어 > 홈데코 > 주방데코 > 의자커버
책상의자커버	60	580	640	3,517	5.495	중간 (6)	가구/인테리어 > 홈데코 > 주방데코 > 의자커버
의자발커버	1,580	8,690	10,270	85,916	8.366	높음 (15)	가구/인테리어 > 홈데코 > 주방데코 > 의자커버
의자소음방지	940	5,930	6,870	90,879	13.228	중간 (12)	가구/인테리어 > 홈데코 > 주방데코 > 의자커버
고무캡	820	1,170	1,990	40,542	20.373	높음 (15)	생활/건강 > 공구 > 안전용품 > 기타안전용품
소음방지패드	530	1,790	2,320	47,988	20.684	높음 (15)	가구/인테리어 > 홈데코 > 주방데코 > 의자커버
체어매트	1,220	2,460	3,680	81,952	22.27	중간 (13)	가구/인테리어 > DIY자재/용품 > 가구부속품 > 기타가구부속품
의자발캡	230	1,640	1,870	42,779	22.876	높음 (14)	가구/인테리어 > 홈데코 > 주방데코 > 의자커버
체어슈즈	210	1,060	1,270	31,284	24.633	중간 (10)	가구/인테리어 > 홈데코 > 주방데코 > 의자커버
고무발	1,190	1,730	2,920	83,075	28.45	높음 (15)	생활/건강 > 공구 > 안전용품 > 기타안전용품

그림 3-5-39 카테고리가 같은 키워드들

위 표처럼 카테고리가 여러 가지 나올 때는 같은 카테고리의 키워드만 상품명에 넣을 수 있다.

5-4 상품명 만들기 4단계

이제 마지막 단계인 상품명과 태그를 만드는 단계이다. 상위노출 내용에서 말한 것처럼 상품명은 최대 32자까지만 작성한다. 네이버 가이드 상에서는 50자까지를 추천했지만 길어도 32자까지가 간결하고 고객이 봤을 때 한눈에 보인다. 상품명을 32자까지만 만들었을 때 키워드가 많이 들어갈 수 없는 구조인데 상품명에 들어가지 못한 키워드는 태그로 넣어준다. 태그는 최대 10개까지 넣을 수 있으며 태그에 넣을 키워드가 10개가 안 된다면 있는 만큼만 넣으면 된다. 필자도 1~4개 정도 넣고 있다.

1) 상품명 만들기
필자가 만든 상품명의 형태는 총 세 가지이다.

㉠ **1번 키워드: 주력 키워드 전략**
㉡ **2번 키워드: 결합형 키워드 전략**
㉢ **3번 키워드: 주력+결합형 키워드 전략**

그중에서 대중적으로 많이 알려진 '2번 키워드'의 형태를 설명하고 함께 만들어보려고 한다. (추후 필자와 소통할 때 '2번 키워드'라고 말하면 소통할 수 있다.)

우선 '2번 키워드'는 '결합형 키워드'라고도 하는데 특징은 상품명에 중복된 단어가 없어야 한다. '상위노출 시간에 중복 단어가 없어야 한다고 했는데 이게 무슨 당연한 말이지?'라고 생각할 수 있다. 키워드는 전략에 따라서 일부러 중복 단어를 넣기도 한다. '1번 키워드'와 '3번 키워드'가 그렇다. 그럼 결합형 키워드는 무엇인가? 띄어쓰기를 통하여 많은 키워드가 결합이 되도록 하는 전략이다.

<결합형 키워드>

> 예를 들어서 상품명에 아래 다섯 개의 키워드를 넣는다고 해보겠다.
> 1. 쇼파밀림방지
> 2. 밀림방지패드
> 3. 의자소음방지

중복된 단어를 넣지 않고 2번 키워드를 만들어 보겠다.

㉠ 상품명에 넣을 키워드 고르기

상품명을 고를 때는 우선 첫 번째로 카테고리가 모두 똑같아야 하고 두 번째로 총조회수와 비율을 보면서 고르면 된다. 총조회수와 비율을 볼 때 무조건 낮은 숫자를 고르기보다는 키워드 분석 결과에서 총조회수는 중간대에 있는 것이 좋고 그러면서도 비율이 낮은 것을 선택하는 것이 좋다. 상품명의 길이가 32자까지라고 하면 키워드는 보통 6~8개가 들어간다. 분석 결과를 보면서 6~8개를 골라보자. 만약 분석된 키워드 수가 적다면 적은 대로 넣으면 된다.

키워드	PC 검색량	모바일 검색량	총조회수	상품수	비율		
모기퇴치법	620	3,910	4,530	1,194	0.264	높음 (15)	디지털/가전생활가전해충퇴치기
패밀리침대모기장	300	4,400	4,700	2,030	0.432	중간 (12)	생활/건강생활용품생활잡화모기장
슈퍼싱글모기장	220	1,620	1,840	1,473	0.801	중간 (8)	생활/건강생활용품생활잡화모기장
퀸침내보기상	220	1,730	1,950	2,349	1.205	중간 (12)	생활/건강생활용품생활잡화모기장
접이식방충망	380	2,050	2,430	2,994	1.232	높음 (15)	생활/건강생활용품생활잡화모기장
패밀리모기장	70	1,360	1,430	3,201	2.238	높음 (3)	생활/건강생활용품생활잡화모기장
싱글침대모기장	400	3,490	3,890	9,232	2.373	높음 (15)	생활/건강생활용품생활잡화모기장
침대모기장	7,590	62,200	69,790	170,581	2.444	높음 (15)	생활/건강생활용품생활잡화모기장
원터치모기장	5,970	43,400	49,370	126,340	2.559	높음 (15)	생활/건강생활용품생활잡화모기장
모기장텐트	4,040	33,400	37,440	121,501	3.245	높음 (15)	생활/건강생활용품생활잡화모기장
대형모기장	1,630	10,600	12,230	41,185	3.368	높음 (15)	생활/건강생활용품생활잡화모기장
바닥있는모기장	180	1,360	1,540	5,283	3.431	낮음 (4)	생활/건강생활용품생활잡화모기장
1인용모기장	610	3,740	4,350	15,013	3.451	높음 (15)	생활/건강생활용품생활잡화모기장
모기텐트	420	3,010	3,430	23,402	6.823	중간 (12)	생활/건강생활용품생활잡화모기장
1인모기장	260	1,660	1,920	15,013	7.819	중간 (7)	생활/건강생활용품생활잡화모기장
원터치모기장텐트	650	3,860	4,510	58,390	12.947	높음 (15)	생활/건강생활용품생활잡화모기장
텐트형모기장	280	1,820	2,100	33,184	15.802	높음 (15)	생활/건강생활용품생활잡화모기장
침대텐트	470	4,240	4,710	118,711	25.204	높음 (15)	생활/건강생활용품생활잡화모기장
텐트모기장	430	3,210	3,640	121,507	33.381	높음 (15)	생활/건강생활용품생활잡화모기장

그림 3-5-40 상품명에 넣을 키워드 선택

> 패밀리침대모기장 / 싱글침대모기장 / 대형모기장 / 1인용모기장 / 모기텐트 / 원터치모기장텐트

필자는 총 6개를 골랐다. 분석된 키워드가 많으므로 상품명을 만들었을 때 길이가 짧다면 더 추가할 계획이다. 이렇게 선택하게 되면 선택하지 않은 키워드도 포함이 된다.

<선택하지 않았지만 검색이 되는 키워드>

> 1. 패밀리모기장
> 2. 침대모기장
> 3. 원터치모기장
> 4. 모기장텐트
> 5. 1인모기장
> 6. 침대텐트
> 7. 텐트모기장

이제 고른 키워드에서 중복된 단어를 제거해보자.

ⓛ 중복된 단어 제거하기

> 패밀리침대모기장 / 싱글침대모기장 / 대형모기장 / 1인용모기장 / 모기텐트 / 원터치모기장텐트

중복된 단어에 취소선을 그어보았다. 생각보다 중복 단어가 많아서 상품명이 짧게 만들어질 것 같다. 이번에는 중복 단어를 삭제해보겠다.

> 패밀리침대모기장 / 싱글 / 대형 / 1인용 / 텐트 / 원터치

> 패밀리침대모기장 싱글 대형 1인용 텐트 원터치

중복 단어 삭제 후 특수문자를 지웠다. 특수문자는 어떤 일이 있어도 상품명에 들어가면 안 된다. 이렇게 끝내도 되지만 더 자연스럽게 읽히도록 배치를 바꿔보겠다.

ⓒ 배치 예쁘게 만들기

생략해도 되는 작업이지만, 2번 키워드 한정하여 어순이 자연스러우면 점수를 더 받는다. 키워드끼리 결합이 잘 되도록 모든 단어에 띄어쓰기도 해보겠다.

1인용 싱글 대형 패밀리 침대 원터치 모기장 텐트

1인용 싱글 패밀리 침대 대형 원터치 모기장 텐트

1인용 싱글 패밀리 침대 원터치 대형 모기장 텐트

배치 역시 정해진 틀이 없으니 자유롭게 만들면 된다. 읽을 때 자연스럽기만 하면 된다. 이렇게 상품명 만드는 것은 끝이 났다.

2) 태그 선택하기

키워드	PC 검색량	모바일 검색량	총조회수	상품수	비율		
모기퇴치법	620	3,910	4,530	1,194	0.264	높음 (15)	디지털/가전생활가전해충퇴치기
패밀리침대모기장	300	4,400	4,700	2,030	0.432	중간 (12)	생활/건강생활용품생활잡화모기장
슈퍼싱글모기장	220	1,620	1,840	1,473	0.801	중간 (8)	생활/건강생활용품생활잡화모기장
퀸침대모기장	220	1,730	1,950	2,349	1.205	중간 (12)	생활/건강생활용품생활잡화모기장
접이식방충망	380	2,050	2,430	2,994	1.232	높음 (15)	생활/건강생활용품생활잡화모기장
패밀리모기장	70	1,360	1,430	3,201	2.238	높음 (3)	생활/건강생활용품생활잡화모기장
싱글침대모기장	400	3,490	3,890	9,232	2.373	높음 (15)	생활/건강생활용품생활잡화모기장
침대모기장	7,590	62,200	69,790	170,581	2.444	높음 (15)	생활/건강생활용품생활잡화모기장
원터치모기장	5,970	43,400	49,370	126,340	2.559	높음 (15)	생활/건강생활용품생활잡화모기장
모기장텐트	4,040	33,400	37,440	121,501	3.245	높음 (15)	생활/건강생활용품생활잡화모기장
대형모기장	1,630	10,600	12,230	41,185	3.368	높음 (15)	생활/건강생활용품생활잡화모기장
바닥있는모기장	180	1,360	1,540	5,283	3.431	높음 (4)	생활/건강생활용품생활잡화모기장
1인용모기장	610	3,740	4,350	15,013	3.451	높음 (15)	생활/건강생활용품생활잡화모기장
모기텐트	420	3,010	3,430	23,402	6.823	중간 (12)	생활/건강생활용품생활잡화모기장
1인모기장	260	1,660	1,920	15,013	7.819	중간 (7)	생활/건강생활용품생활잡화모기장
원터치모기장텐트	650	3,860	4,510	58,390	12.947	높음 (15)	생활/건강생활용품생활잡화모기장
텐트형모기장	280	1,820	2,100	33,184	15.802	높음 (15)	생활/건강생활용품생활잡화모기장
침대텐트	470	4,240	4,710	118,711	25.204	높음 (15)	생활/건강생활용품생활잡화모기장
텐트모기장	430	3,210	3,640	121,507	33.381	높음 (15)	생활/건강생활용품생활잡화모기장

그림 3-5-41 태그에 넣을 키워드 선택(파란색 박스)

슈퍼싱글모기장 / 퀸침대모기장 / 접이식방충망 / 바닥있는모기장 / 텐트형모기장

상품명에 넣고 남은 키워드 중에서 몇 개를 골라 태그로 넣으면 된다. 이 상품은 키워드가 많아서 태그에 넣는 것도 많지만 보통은 키워드가 몇 개 없을 것이다. 적게 있다면 있는 대로만 넣어주면 된다. 태그는 한 개 이상만 넣으면 되니까 부담 갖지 말자.

3) 스마트스토어에게 검사받기

만든 상품명을 스마트스토어에게 보여주어 검사받는 과정을 진행해보자.

그림 3-5-42 스마트스토어 상품 등록 화면

❶ '스마트스토어 판매자센터' 접속

❷ '상품 등록' 클릭

❸ '카테고리' 입력 (카테고리를 입력해야 검사받을 수 있다.)

❹ 상품명 입력

❺ 글자 수 확인

❻ '상품명 검색품질 체크' 클릭

글자 수가 27이 나왔다. 최대 32자인 것을 고려하면 적당한 길이이다.
32자를 채우려고 다시 키워드 선택 후 상품명 만드는 과정을 하지 않아도 된다.

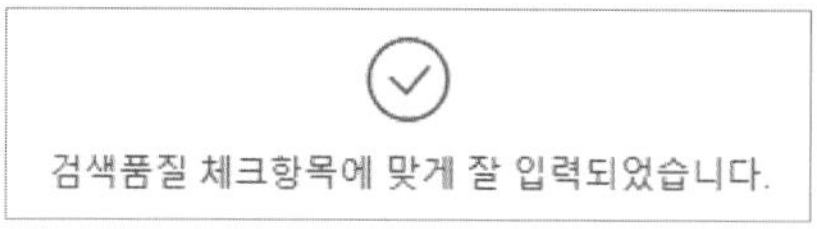
검색품질 체크항목에 맞게 잘 입력되었습니다.

그림 3-5-43 '상품명 검색품질 체크' 결과

기쁘게도 통과가 되었다. 만약에 수정하라고 나온다면 그 단어만 수정해서 다시 '상품명 검색품질 체크'를 누르면 된다.

4) 사업자 등록하기 전 일주일간 이것을 해보자!

지금까지 상품명을 만드는 긴 과정을 함께 거쳐왔다. 물론 처음이라서 어렵게 느껴질 수 있겠지만 '생각보다 쉽네?' 하면서 바로 서류를 만들어 스마트스토어를 개설하는 사람도 있을 것이다. 스마트스토어를 개설하려면 사업자 등록을 해야 하는데 사업자 등록의 신청 절차는 쉽지만 내가 한 사업체의 대표가 되는 것이기에 책임이 무거워진다. 그래서 사업자 등록을 하기 전에 일주일 동안 상품명을 2~3개 만들어보고 정말 적성에 맞고 재미있다면 그때 사업자 등록을 하길 바란다. 지금까지의 과정을 정리해보겠다.

㉠ 온채널에서 상품을 고른다.
㉡ 상세페이지를 읽으며 상품을 숙지한다.
㉢ 온채널 상품명과 추천키워드를 보며 핵심키워드를 정한다.
㉣ 메모잇에 키워드를 모아놓는다.
㉤ 네이버검색 > 네이버쇼핑 > 쇼핑인사이트에서 연관키워드를 보고 메모잇에 모아놓는다.
㉥ 키워드도구에서 검색수 '1000' 이상만 보이도록 필터링하고 연관검색어를 모아놓는다.
㉦ 셀러마스터에 모아놓은 키워드를 입력한다.
㉧ 상품수 '텍스트 오름차순' 정렬 10~20만 개 이상의 상품수는 삭제
㉨ 비율 '텍스트 내림차순' 정렬

ⓩ '네이버쇼핑'에 키워드를 입력하여 카테고리를 확인한다.

㉠ 같은 카테고리 내 키워드 6~8개 선택

㉣ 중복된 단어 제외하고 상품명 만들기

㉤ 스마트스토어에 검사받기

위탁재매 기초 이론 익히기

스마트스토어 오픈 준비하기

매출을 올리는 전략과 실습

특정에 최적화된 상품 등록 전략과 실습

상품 등록 후 CS하기

스마트스토어 운영 TIP!

참고 사이트

퇴근 후 돈별 계획을 세워보자!

6 상품명보다 중요한 카테고리 정복하기

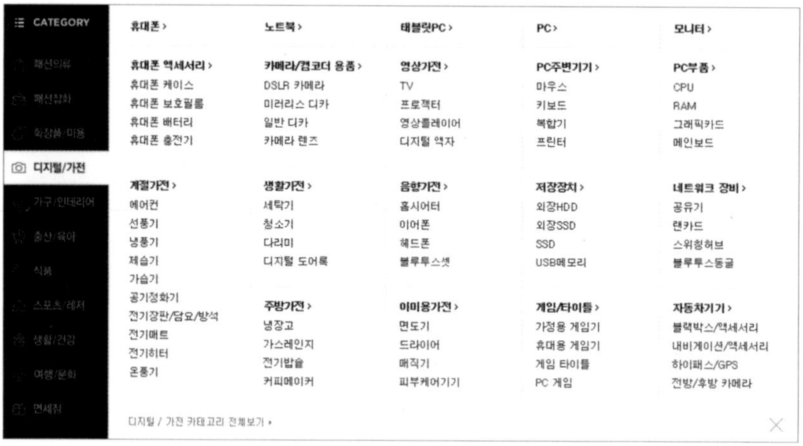

CATEGORY	휴대폰 ›	노트북 ›	태블릿PC ›	PC ›	모니터 ›
패션의류	**휴대폰 액세서리 ›**	**카메라/캠코더 용품 ›**	**영상가전 ›**	**PC주변기기 ›**	**PC부품 ›**
패션잡화	휴대폰 케이스	DSLR 카메라	TV	마우스	CPU
화장품·미용	휴대폰 보호필름	미러리스 디카	프로젝터	키보드	RAM
	휴대폰 배터리	일반 디카	영상플레이어	복합기	그래픽카드
디지털/가전	휴대폰 충전기	카메라 렌즈	디지털 액자	프린터	메인보드
가구/인테리어					
출산/육아	**계절가전 ›**	**생활가전 ›**	**음향가전 ›**	**저장장치 ›**	**네트워크 장비 ›**
식품	에어컨	세탁기	홈시어터	외장HDD	공유기
스포츠/레저	선풍기	청소기	이어폰	외장SSD	랜카드
생활/건강	냉풍기	다리미	헤드폰	SSD	스위칭허브
여행/문화	제습기	디지털 도어록	블루투스셋	USB메모리	블루투스동글
면세점	가습기				
	공기청정기	**주방가전 ›**	**이미용가전 ›**	**게임/타이틀 ›**	**자동차기기 ›**
	전기장판/담요/방석	냉장고	면도기	가정용 게임기	블랙박스/액세서리
	전기매트	가스레인지	드라이어	휴대용 게임기	내비게이션/액세서리
	전기히터	전기밥솥	매직기	게임 타이틀	하이패스/GPS
	온풍기	커피메이커	피부케어기기	PC 게임	전방/후방 카메라

디지털 / 가전 카테고리 전체보기 ›

그림 3-6-01 네이버쇼핑 카테고리

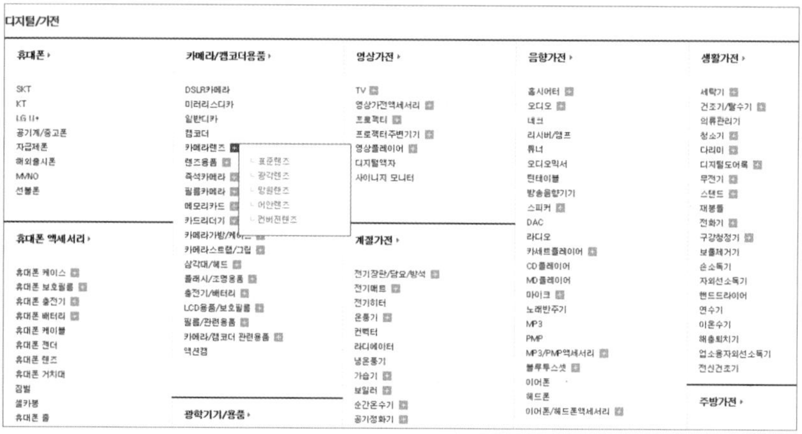

디지털/가전

휴대폰 ›	카메라/캠코더용품 ›	영상가전 ›	음향가전 ›	생활가전 ›
SKT	DSLR카메라	TV	홈시어터	세탁기
KT	미러리스디카	영상가전액세서리	오디오	건조기/탈수기
LG U+	일반디카	프로젝터	네크	의류관리기
공기계/중고폰	캠코더	프로젝터주변기기	리시버/앰프	청소기
자급제폰	카메라렌즈	영상플레이어	튜너	다리미
해외올폰시	렌즈용품	디지털액자	오디오믹서	디지털도어록
MVNO	즉석카메라	사이니지 모니터	턴테이블	무전기
선불폰	필름카메라		방송음향기기	스탠드
	메모리카드		스피커	재봉틀
	카드리더기	**계절가전 ›**	DAC	전화기
휴대폰 액세서리 ›	카메라가방/케이스		라디오	구강청정기
	카메라스트랩/그립	전기장판/담요/방석	카세트플레이어	보풀제거기
휴대폰 케이스	삼각대/헤드	전기매트	CD플레이어	손소독기
휴대폰 보호필름	플래시/조명용품	전기히터	MD플레이어	자외선소독기
휴대폰 충전기	충전기/배터리	온풍기	마이크	핸드드라이어
휴대폰 배터리	LCD용품/보호필름	컨버터	노래반주기	연수기
휴대폰 케이블	필름/칼편용품	라디에이터	MP3	이온수기
휴대폰 젠더	카메라/캠코더 관련용품	냉온풍기	PMP	매출회치기
휴대폰 렌즈	액션캠	가습기	MP3/PMP액세서리	업소용자외선소독기
휴대폰 거치대		보일러	블루투스셋	전산건조기
김빌		순간온수기	이어폰	
셀카봉	**광학기기/용품 ›**	공기청정화	헤드폰	**주방가전 ›**
휴대폰 줄			이어폰/헤드폰액세서리	

그림 3-6-02 세부 카테고리

위탁집매 기초 이론 익히기

스마트스토어 오픈 준비하기

매출을 올리는 전략과 실습

투잡에 최적화된 상품등록 전략과 실습

상품 등록 후 CS하기

스마트스토어 운영 TIP!

참고 사이트

퇴근 후 투잡별 계획을 세워보자!

6-1 카테고리가 상위노출의 90%를 좌우한다

스마트스토어는 최근 유튜브를 통해서 큰 유행이 되었는데 유튜브에서는 키워드와 상품명의 중요성만 강조하고 있어서 많은 사람들이 '키워드가 제일 중요하구나'라고 생각할 수 있다. 하지만 필자의 생각은 조금 다르다. 물론 키워드와 상품명이 중요하기는 하지만 카테고리가 제일 중요하다고 생각한다. 그 이유는 상품 등록할 때 카테고리를 선택하게 되는데 그 선택한 카테고리와 상품명이 맞지 않으면 아예 노출되지 않을 수도 있기 때문이다. 상품명을 아무리 잘 만들어도 그 상품명과 카테고리가 맞지 않으면 상위노출될 수 없고 매출도 따라올 수가 없다. 키워드마다 소속되어 있는 카테고리가 있는데 이 키워드는 어느 카테고리에 소속되어 있는지도 분석해야 하고 그 분석된 결과를 가지고 한 카테고리에 있는 키워드들을 모아서 상품명을 만드는 것이 포인트다. 여기서 몇몇의 독자들은 고개를 갸우뚱할 것이다 '키워드가 소속되어 있는 카테고리가 있다고?' 라면서 말이다. 그런데 소속이 되어있다. 어떤 키워드는 어떤 카테고리에 들어가야 하는지가 정해져 있는데 그것을 찾는 것이 우리의 임무이다. 찾는 방법은 뒤에서 실습으로 해보기로 하고 일단 카테고리의 중요성부터 이어서 보도록 하겠다.

6-2 카테고리가 주는 놀라운 노출 순위 결과

키워드	카테고리	순위
거실실내화	패션잡화 > 여성신발 > 실내화	1페이지 2번째
거실슬리퍼	패션잡화 > 여성신발 > 실내화	1페이지 3번째
쿠션거실화	패션잡화 > 여성신발 > 실내화	1페이지 3번째
쿠션슬리퍼	패션잡화 > 여성신발 > 실내화	1페이지 7번째
쿠션실내화	패션잡화 > 여성신발 > 실내화	1페이지 3번째
층간소음슬리퍼	패션잡화 > 여성신발 > 실내화	1페이지 3번째
거실화	패션잡화 > 여성신발 > 실내화	1페이지 3번째
커플거실화	패션잡화 > 여성신발 > 실내화	1페이지 2번째
층간소음방지	출산/육아 > 완구/매트 > 놀이방매트	순위 없음
푹신한슬리퍼	패션잡화 > 여성신발 > 슬리퍼	순위 없음

'거실실내화'라고 검색했을 때 1페이지 두 번째에 노출되는 상품이다. 상품명에 들어가 있는 모든 키워드를 분석해 보면 이 상품은 카테고리를 [패션잡화 > 여성신발 > 실내화]라고 등록하였다. 그 카테고리에 소속된 거실실내화부터 커플거실화까지는 모두 1페이지에 노출된 것을 확인할 수 있다. 그런데 상품 등록할 때 지정된 카테고리와 다른 소속의 키워드들은 순위에 반영이 아예 되지 않는 것을 확인할 수 있다. 이런 거로 봤을 때 어떤 강사는 '상품명에 여러 가지 카테고리를 넣어서 어디라도 걸리게 해라'라고 교육하고 있다. 하지만 실제로 결과를 봤을 때는 상품 등록했을 때 지정된 카테고리와 상품명에 들어간 키워드들의 카테고리가 모두 맞아야지 1페

이지에 노출되는 결과를 볼 수 있다. 그렇기에 반드시 상품 등록할 때 지정한 카테고리와 키워드들이 소속된 카테고리를 확인해서 맞는 것만 상품명에 넣을 수 있도록 해야 한다.

6-3 납득이 안 가는 카테고리들

네이버쇼핑의 카테고리는 대부분 고객의 구매패턴과 행동패턴대로 정해지므로 이해가 가지 않는 카테고리들이 꽤 많다. 이해가 안 간다고 하여 마음대로 카테고리를 지정하면 안 되고 네이버쇼핑이 제시하는 카테고리를 그대로 사용해야 한다. 아래 재미있는 예시를 보자.

키워드	카테고리
남자거실슬리퍼	
아동실내슬리퍼	패션잡화 > 여성신발 > 실내화
아동거실화	

'남자거실슬리퍼'는 카테고리가 여성신발 아래 실내화로 되어있고 '아동실내슬리퍼'와 '아동거실화'도 여성신발에 실내화로 들어가 있다. 이러한 결과는 상식적으로 이해가 되지 않는다. 만약에 필자라면은 이렇게 카테고리를 할 것 같다.

패션잡화 > 남성신발 > 슬리퍼
출산/육아 > 유아동잡화 > 신발 > 슬리퍼
출산/육아 > 유아동잡화 > 신발 > 실내화

더 자연스럽지 않은가? 위 예시에서 보았듯이 키워드와 카테고리가 어울리지 않는 경우가 있지만 상위노출을 위해서는 네이버가 제공하는 카테고리를 따라야 한다. 그렇다고 내 맘대로 카테고리를 정하면 안 된다. 예시를 더 보도록 하겠다.

키워드	카테고리
부모님선물	생활/건강 > 원예/식물 > 비누꽃
남자친구선물	생활/건강 > 문구/사무용품 > 팬시용품 > 편지지
직장인남자친구선물	생활/건강 > 문구/사무용품 > 팬시용품 > 저금통

'부모님선물'이라는 키워드는 카테고리가 비누꽃이다. 많이 낭만적이긴 하지만 우리 부모님들은 비누꽃보다 더 좋아하는 것들이 많다. 필자의 마음 같아서는 부모님 선물로 좋은 것이 현금인데 현금이라는 카테고리가 없으니까 건강식품이나 안마용품이 더 어울릴 것으로 보인다.

식품 > 건강식품
생활/건강 > 안마용품

'남자친구선물'의 카테고리는 팬시용품 아래 편지지이고 '직장인남자친구선물'이라는 키워드는 저금통으로 들어간다. 이 카테고리 결과를 보니 우리나라 남자들이 좀 안쓰러워진다. 반대로 여자친구선물이나 직장인여자친구 선물은 카테고리가 24K 목걸이나 주얼리 쪽으로 분류되어 있는데 남자친구 선물은 편지지라니…

패션잡화 > 시계 > 패션시계
패션잡화 > 지갑 > 남성지갑
패션잡화 > 벨트 > 남성벨트

남자친구선물은 시계나 지갑, 벨트 같은 카테고리가 더 어울릴 것 같다.

키워드	카테고리
착즙	식품 > 건강식품 > 과일즙 > 석류즙

'착즙'이라는 키워드는 카테고리가 석류즙으로 들어간다. 착즙이 되는 즙의 종류가 많은데 카테고리는 석류즙으로 한정되어 있는 것이 매우 아쉽다. '착즙' 키워드와 어울리는 카테고리를 찾아보면 아래 카테고리가 더 어울릴 것 같다.

식품 > 건강식품 > 건강즙 > 기타건강즙

식품 > 음료 > 주스/과즙음료 > 기타과즙음료

다시 한번 이야기하자면 어울리는 카테고리가 따로 있다고 해서 마음대로 카테고리를 지정하면 안 된다. 상위노출을 위하여 네이버가 제공하는 카테고리로 상품을 등록해야 한다.

키워드	카테고리
태교컬러링북	출산/육아 > 교재/서적 > 학습교구 > 수학교구

'태교컬러링북'의 카테고리는 수학교구다. 역시 납득이 가지 않는 카테고리이다. 아래 카테고리가 더 자연스럽게 느껴진다.

출산/육아 > 완구/매트 > 미술놀이 > 색칠공부

출산/육아 > 완구/매트 > 미술놀이 > 기타미술놀이

키워드	카테고리
사각드로즈	패션의류 > 여성언더웨어/잠옷 > 팬티

사각드로즈는 보통 남자 속옷에서 많이 보이는 형태이다. 따라서 어울리는 카테고리는 '패션의류 > 남성언더웨어/잠옷 > 팬티'가 될 수 있겠다.

6-4 카테고리 유의할 점

키워드	카테고리
귀걸이정리	패션잡화 > 주얼리 > 주얼리소품 > 진열대
귀걸이정리함	패션잡화 > 주얼리 > 주얼리소품 > 보관함/케이스

한 글자 차이로도 카테고리가 다를 수 있다는 것을 보여주고자 예시를 들어본다. '귀걸이정리'와 '귀걸이정리함'은 한 글자 차이임에도 불구하고 카테고리가 다르다. 같은 용도인데도 말이다. 카테고리를 보면 '주얼리소품'까지는 똑같고 세부 카테고리인 '진열대'와 '보관함/케이스'로 나눠지게 되는데 '주얼리소품'까지의 카테고리가 똑같다고 해도 세부 카테고리가 다르면 다른 카테고리라고 생각하면 된다. 카테고리는 끝까지 모두 동일해야 한다. 이런 한 글자 차이로 카테고리가 다를 수 있다는 점을 반드시 유의하길 바란다.

키워드	카테고리
실리콘그릇	출산/육아 > 이유식용품 > 유아식기
실리콘용기	생활/건강 > 주방용품 > 보관/밀폐용기 > 플라스틱용기
실리콘접시	생활/건강 > 주방용품 > 식기 > 접시

'실리콘그릇', '실리콘용기', '실리콘접시'는 보다시피 카테고리가 모두 다르다. 같은 용도로 쓸 수 있고 같은 상품군이라는 생각이 들지만 이렇게 세부적으로 카테고리가 나눠져 있다. 만약에 실리콘그릇을 판매한다고 해서 상품명에 '실리콘접시'를 넣게 되면 상품명 안에 카테고리가 다른 키워드가 있는 것이니 상위노출이 힘들 수 있다. 한 상품명에는 카테고리가 똑같은 키워드들이 들어가야 한다는 것을 기억하자!

키워드	카테고리
논슬립	생활/건강 > 공구 > 안전용품 > 기타안전용품
미끄럼방지	생활/건강 > 욕실용품 > 욕실잡화 > 욕실발판/욕실매트

상품을 어떤 단어로 표현하느냐에 따라서도 카테고리가 달라진다. 미끄럼방지제를 분석할 때 '미끄럼방지'라는 키워드도 나오고 '논슬립'이라는 키워드도 나온다. 이 뜻은 '미끄럼방지'로 검색하는 고객도 있고 '논슬립'이라고 검색하는 고객도 있다는 뜻이다. 하나의 상품을 어떻게 표현하여 검색하느냐에 따라서도 카테고리가 달라지는 경우가 있으니 카테고리 분석할 때 유의하자!

정리하자면 분석할 때 스스로 판단하지 말고 네이버가 보여주는 결과물로 카테고리를 정하고 하나의 상품에 카테고리가 여러 개 나온다면 하나의 카테고리만 정해서 그 카테고리에 소속된 키워드를 상품명에 넣어야 한다. (235페이지 실습 내용 참고)

그림 3-6-04 카테고리가 다른 키워드를 상품명에 넣은 모습   **그림 3-6-05** '상품명 검색품질 체크' 결과

또한 카테고리와 맞지 않는 키워드를 상품명에 넣어도 '검색품질 체크항목에 맞게 잘 입력되었습니다.'라고 나오기에 이 점도 조심해야 한다.

투잡/부업 전용 이미지+동영상 만드는 법

7-1 우리가 다뤄야 할 3개의 이미지

1) 대표 이미지

전체 5	가격비교 0	네이버페이 5	백화점/홈쇼핑 0	핫딜 0	쇼핑윈도 0	해외직구 0

✔네이버 랭킹순 · 낮은 가격순 · 높은 가격순 · 등록일순 · 리뷰 많은순   쇼핑몰선택 ▾ 상품타입(전체) ▾ 40개씩 보기 ▾ ▤ ▥

접이식 모기장

1인용 싱글 패밀리 침대 원터치 대형 모기장 텐트
22,400원
생활/건강 > 생활용품 > 생활잡화 > 모기장
종류 : 텐트형모기장   최대사용인원 : 3인용
상품평 작성시 포인트 즉시 지급
등록일 2020.06. · ♡ 찜하기 0 · 🛆 신고하기

해밀이네 정보

Ⓟ Pay◆ 포인트 224원
배송비 3,000원
적립 쿠폰 할인 구매정보
🗩 톡톡

그림 3-7-01 네이버쇼핑 검색 결과에 보이는 '대표 이미지'

대표 이미지는 말 그대로 판매자가 고객에게 보여줄 대표적인 사진 1장을 말한다. 대표 이미지는 네이버쇼핑 리스트에서 고객에게 보이게 되고 또 상품을 클릭했을 때 제일 큰 사진으로 보인다. 이 사진이 중요한 이유는 고객의 클릭을 유도해야 되기 때문이다. 눈에 잘 띄어야 하고 또 다른 판매자와 차별을 둬서 길고 긴 상품 검색 결과 목록 중에서 눈에 띌 수 있도록 해야 한다. 대표 이미지는 공급사가 준 이미지를 그대로 사용하지 않고 상세페이지에서 잘라서 만들 예정이다. 포토샵이나 편집 툴로 예쁘게 꾸미지 않길 바란다. 위탁판매는 시간이 생명이라서 이미지를 꾸밀 시간에 상품을 하나 더 등록하는 것이 매출에 도움이 된다.

2) 추가 이미지

그림 3-7-02   '대표 이미지'를 보조하는 '추가 이미지'

추가 이미지는 컴퓨터로 봤을 때 대표 이미지 밑에 조그맣게 들어가있는 사진이다. 모바일로 봤을 때는 대표 이미지를 넘기면 뒤쪽에 위치한 이미지를 추가 이미지라고 한다. 추가 이미지는 총 9장까지 넣을 수 있는데 필자는 초반에 9장을 모두 넣었지만 효율적이지가 않아서 이제는 1장에서 4장을 넣고 있다. 네이버 가이드 상에서의 권장 사항은 2장 이상이다. 하지만 상세페이지에 따라서 사진이 없을 때가 있는데 그럴 때는 그냥 없는 대로 1장 이상만 넣어주면 되고 사진이 많으면 많이 넣어주면 된다. 이건 정해진 숫자가 없으므로 상세페이지 상황에 맞게 이미지를 등록해주면 된다.

3) 상세페이지

그림 3-7-03 상세페이지

상세페이지는 상품의 상세한 내용이 담겨 있는 이미지이다. 보통의 쇼핑몰을 운영할 때는 이 상세페이지도 돈을 주거나 디자이너를 고용해서 정말 품질이 좋은 이미지와 내용으로 만들어야 하지만 우리는 투잡을 위한 위탁판매이다. 상세페이지를 우리가 만들지 않는다. 온채널 도매사이트를 통해서 공급사가 상세페이지를 제공하고 있으니 그 제공받은 이미지로 등록하면 되고 더 욕심이 있다면 미리캔버스를 통해서 만들어도 된다.

<표준 상품 이미지 가이드>

> 해당 상품을 정확하게 표현할 수 있는 선명하고 고해상도의 상품 이미지를 사용하시는 것을 권장합니다.
> • 이미지 크기: 300px×300px 이상, 500px×500px 권장, 최대 4000px×4000px 이하
> • 이미지 수량: 기본 이미지 1개+추가 이미지(2개 이상 권장)
> • 이미지 내에 과도한 텍스트/워터마크/도형 노출 금지
> • 초점이 정확하고 선명한 이미지를 사용하고 실제 상품과 다르게 과도하게 보정된 이미지 사용 금지

\<상품 이미지 저품질 사례 & 이미지 SEO 가이드\>

아래와 같은 저품질 이미지는 어뷰징으로 인식되며, 사용자가 상품을 구매 시 도움이 되지 않는다.

- 이미지 내에 과도한 텍스트/워터마크/도형이 포함된 경우(브랜드, 스펙 설명 등 제품 사진을 가리지 않는다면 어느 정도 허용함)
- 초점이 흐리거나 확대하지 않아도 픽셀이 깨지는 이미지
- 상품 이미지는 비교적 정상이나 배경이 어지러워 상품을 구분하기 힘든 형태
- 상품 2개 이상, 모델 2명 이상 이미지 노출
- 단일 상품의 앞뒤옆 부분을 모두 하나의 이미지로 표현하거나 해당 상품을 구성하고 있는 상품을 나열하고 찍은 형태
- 색상만 다른 제품이 하나의 이미지로 되어있는 형태

7-2 상품 사진을 안 찍어도 된다고?

그림 3-7-04 공급사에서 제공하는 상세페이지

쇼핑몰을 운영한다고 하면 사진 촬영은 어떻게 하나 고민이 많이 될 것이다. 다행히 위탁판매에서는 공급사에서 상세페이지를 만들어 제공하고 있으므로 판매자가 물건을 구매해서 사진 촬영을 하여 편집 및 상세페이지를 제작해서 올리지 않아도 된다. 공급사에서 만들어서 제공한 이미지를 가지고 그대로 올리기만 하면 되기에 효율적으로, 노력을 덜 들여서 상품 등록을 할 수 있다.

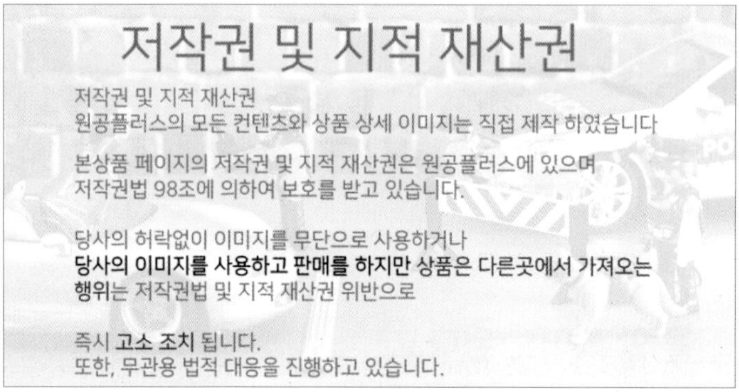

저작권 및 지적 재산권

저작권 및 지적 재산권
원공플러스의 모든 컨텐츠와 상품 상세 이미지는 직접 제작 하였습니다

본상품 페이지의 저작권 및 지적 재산권은 원공플러스에 있으며
저작권법 98조에 의하여 보호를 받고 있습니다.

당사의 허락없이 이미지를 무단으로 사용하거나
당사의 이미지를 사용하고 판매를 하지만 상품은 다른곳에서 가져오는
행위는 저작권법 및 지적 재산권 위반으로

즉시 **고소 조치** 됩니다.
또한, 무관용 법적 대응을 진행하고 있습니다.

그림 3-7-05 상세페이지 경고 문구

가끔가다가 공급사가 제공한 상세페이지 아래에 그림 3-7-05처럼 저작권 및 지적재산권 경고 문구가 있는 것을 발견할 수 있는데 이 메시지는 판매자에게 하는 것이 아니라 같은 상품을 중국에서 가져와서 상세페이지를 무단으로 사용하는 다른 공급사들이 보라고 만든 메시지이므로 겁먹지 말고 그대로 사용하면 된다. 대신에 이 이미지를 사용하면서 다른 공급사에서 상품을 가지고 와서 판매하는 것은 저작권법 위반이니 그런 행위는 하지 않도록 한다.

7-3 이미지 기본사항

이미지에 대한 내용은 위에서 많이 설명했으므로 이제 기본적인 내용은 잘 알 거라고 생각한다. 공급사에서 제공하는 이미지 중에서는 텍스트가 많이 들어가거나 사진이 분할되어 있거나 도형이 들어가있는 사진이 많다. 물론 네이버 가이드 상에서 상품만 많이 가리지 않으면 사용할 수 있다고 되어있지만 우리는 이미지 편집을 할 때 최대한 텍스트를 잘라내고 도형이 안 보이도록, 상품에만 집중할 수 있게 편집해야 한다. 그 이유는 상품을 등록한 후에 광고해야 하는데 광

고 심사 중에 텍스트가 들어가면 심사가 거부되기 때문이다. 광고를 하려면 심사가 거부되지 않게 텍스트가 없거나 도형이 없는 깨끗한 원본 이미지를 따로 준비해야 한다. 초보자가 광고 재심사를 받으려면 시간이 많이 걸리기에 처음부터 이미지를 편집할 때 텍스트와 도형이 없도록 해야 한다. 또한 사진이 분할되어 있는 것도 상품 하나만 보이도록 잘라내야 하는 것이다. 단 상품 자체에 있는 텍스트는 괜찮다. 만약에 '나는 꼭 텍스트를 넣어야겠어'라고 생각이 든다면 텍스트가 있는 이미지로 상품 등록을 하고 광고를 한다. 광고 거부가 되면 광고 노출용 이미지를 수정할 수가 있는데 텍스트나 도형이 없는 깨끗한 이미지로 수정한다. 수정하는 방법은 PART 4에서 다룬다. 광고 노출용 이미지를 수정하게 되면 광고 노출 시에는 깨끗한 이미지가 보이고 광고를 눌러 상품페이지를 봤을 때는 텍스트를 넣었던 이미지가 보인다. 필자는 이런 과정들이 번거로워서 처음 상품 등록할 때 텍스트나 도형이 없는 이미지로 등록하는 편이다.

그림 3-7-06 4분할된 이미지

그림 3-7-07 텍스트와 여백이 들어간 이미지

7-4 경쟁력 있는 이미지 만드는 방법(실습)

대표 이미지와 추가 이미지, 상세페이지를 편집해 볼 것이다. 이전에 이미지에 대해서 설명했을 때 공급사가 제공하는 대표 이미지를 스마트스토어 추가 이미지에다가 넣고 상세페이지에서 새로 사진을 잘라내 대표 이미지를 사용하라고 말했다. 다른 판매자와 사진을 다르게 올리면 같은 사진들 속에서 눈에 띄게 되어 고객의 클릭을 받을 수 있다.

1) 이미지 저장하기

그림 3-7-08 온채널 상품페이지

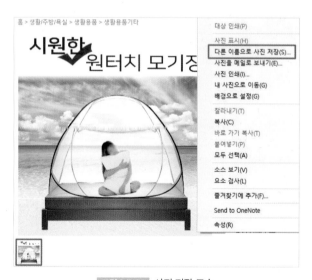

그림 3-7-09 사진 저장 모습

❶ 온채널 상품페이지의 '대표 이미지' 위에서 마우스 오른쪽 버튼 클릭

❷ '다른 이름으로 사진 저장' 클릭

❸ 나머지 사진도 같은 방법으로 저장

그림 3-7-10 상세페이지 마우스 드래그 ｜ 그림 3-7-11 드래그된 모습 ｜ 그림 3-7-12 파란 블록 끝 상품정보가 나온 모습

❹ 상세페이지의 왼쪽 공간에서 마우스 왼쪽 버튼을 누른 채로 오른쪽 끝까지 끌고 가면 파란색 블록이 씌워진다

❺ 상세페이지에서 마우스 오른쪽 버튼 클릭

❻ '다른 이름으로 사진 저장' 클릭

> 사진이 몇 장인지 구분하기 위하여 블록을 씌운다.
> 파란색 블록 끝에 사진이 더 있으면 사진이 여러 장이므로 한 장씩 저장해야 한다.
> 만약 파란색 블록 끝에 상품정보가 나온다면 블록이 씌워진 사진이 마지막 사진이라는 뜻이다.

2) 포토스케이프 편집 - 사진편집

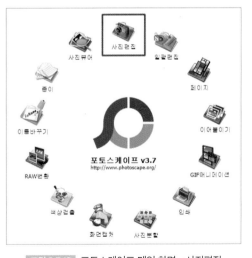

그림 3-7-13 포토스케이프 메인 화면 - 사진편집

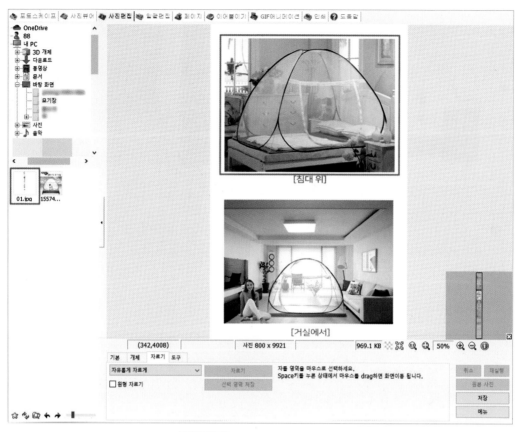

그림 3-7-14 상세페이지를 불러온 모습

❶ 포토스케이프를 실행하여 '사진편집' 클릭

❷ 상세페이지를 클릭하여 불러온다.

❸ 상세페이지 내에서 대표 이미지로 사용하고 싶은 이미지를 고른다.

> **TIP** 상세페이지에서 대표 이미지로 사용할 사진을 고를 때에는 공급사가 대표 이미지로 제공하지
> 않은 이미지를 선택하는 것이 좋다.
> 만약 상세페이지에 사진이 몇 개 없어서 공급사에서 제공한 이미지 외에 새로 고를 사진이 없
> 다면 공급사가 제공한 사진과 똑같아도 이미지를 자를 때 조금 다르게 자르기만 해도 된다.
> 예를 들어서 더 상품으로 꽉 차게 잘라낸다던가 왼쪽이나 오른쪽에 살짝 여백을 두고 잘라내는
> 등 영역을 조금 다르게 지정해서 잘라내면 된다. 네이버에서는 이미지를 그림이 아니라 컴퓨터
> 숫자로 보므로 조금 다르게 새로 사진을 만들면 새로운 사진으로 인식한다.

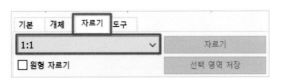

그림 3-7-15 자르기 - 1:1 설정

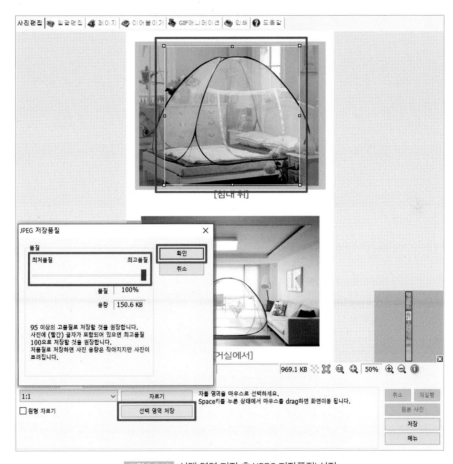

그림 3-7-16 선택 영역 저장 후 'JPEG 저장품질' 설정

❹ 화면 하단 '자르기' 선택

❺ 비율 '1:1'로 선택하여 정사각형으로 영역이 선택되게 한다.

❻ 마음에 드는 사진에 마우스를 끌면서 영역을 지정한다.

❼ '선택 영역 저장' 클릭

❽ '최고품질' 설정 후 '확인'을 눌러 저장한다.

'자르기'를 통하여 공급사로부터 제공받은 이미지까지 최소 3장 이상이 되도록 한다.
1장은 대표 이미지로 사용하고 2장은 추가 이미지로 사용할 최소의 개수이다.
추가 이미지는 2장 이상 넣는 것이 좋은데 필자는 2~4장 정도 사용하고 있다.

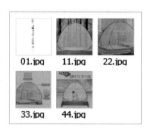

그림 3-7-17 상세페이지 제외한
나머지 이미지를 전체선택

❾ 사진을 여러 장 자른 후 키보드에서 'F5'를 눌러 새로고침한다.

❿ 총 사진의 개수가 최소 3장에서 최대 10장이 되는지 확인한다.

⓫ 상세페이지를 제외한 이미지들을 선택한다.

TIP 키보드에서 'Ctrl'을 누른 채로 사진을 하나씩 클릭하거나 첫 사진을 클릭한 후 키보드 'Shift' 버튼을 누른 채 마지막 사진을 클릭하면 전체 선택이 된다.

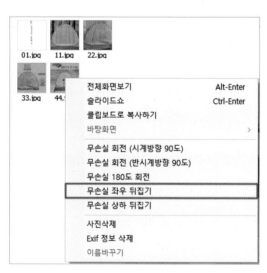

그림 3-7-18 마우스 우클릭 - '무손실 좌우 뒤집기' 위치

❷ 선택이 된 상태에서 사진 위에 마우스 오른쪽 버튼 클릭

❸ '무손실 좌우 뒤집기' 클릭

> **TIP** 좌우를 뒤집게 되면 상품에 적힌 글씨(e.g. 달력, 샴푸)도 뒤집어진다. 상품에 글씨가 뒤집어져도 상관없이 사용하면 된다. 뒤집는 이유는 쇼핑카탈로그(가격비교)에 다른 상품과 묶이지 않기 위함이다. 가격비교에 묶이면 최저가만 살아남는다.

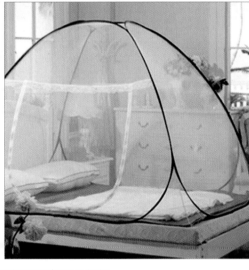

그림 3-7-19 '무손실 좌우 뒤집기' 전(좌측)과 후(우측)

아주 간단하게 1차 사진 편집이 완료되었다.

3) 포토스케이프 편집 - 일괄편집

일괄편집은 모든 사진의 사이즈를 한 번에 바꿀 때 사용한다. 사진편집에서 '자르기'를 사용할 때 사진마다 크기가 제각각으로 저장된다. 크기가 각각 다를 경우 고객이 사진을 넘겨볼 때 화면이 줄어들었다가 커졌다가 하는 불편함을 겪는다. 고객의 불편을 없애고 네이버가 요구하는 최적 사이즈로 만드는 과정이다.

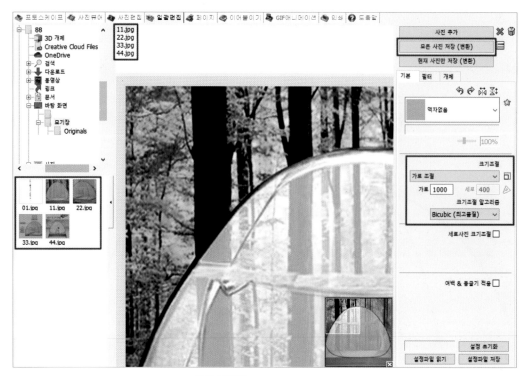

그림 3-7-20   '일괄편집' 설정 화면

❶ 포토스케이프 맨 위 메뉴바에서 '일괄편집' 클릭

❷ 왼쪽 메뉴바에서 상세페이지를 제외한 모든 이미지 선택 후 가운데로 끌어 놓는다.

❸ 우측 메뉴 '크기조절'에서 '가로 조절' 선택

❹ 가로 '1000' 입력 후 엔터

> TIP   사진이 정사각형이어서 가로를 1000px로 바꿔주면 세로도 1000px이 된다. 2019년 10월부
> 터 스마트스토어 이미지 최적 사이즈는 1000×1000으로 변경되었다.

❺ 우측 상단 '모든 사진 저장(변환)'을 클릭하여 저장한다.

4) 포토스케이프 편집 - 사진분할

마지막으로 상세페이지 1장을 5장으로 나누는 작업을 한다. 스마트스토어는 블로그와 로직이
같아서 사진이 5장 이상 들어가야 좋은데 우리는 공급사에서 제공받은 상세페이지 1장만 있으

니까 그 1장을 분할하여 5장으로 만들어 주는 것이다.

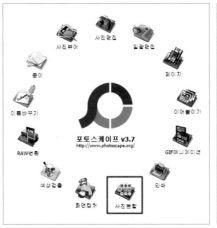

그림 3-7-21 포토스케이프 메인 화면 - 사진분할

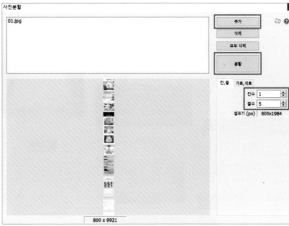

그림 3-7-22 사진분할 과정

❶ 포토스케이프 첫 화면에서 '사진분할' 클릭

❷ '추가' 버튼 눌러 상세페이지 불러오기

❸ 칸수: 1 / 줄수: 5 입력

❹ '분할' 클릭

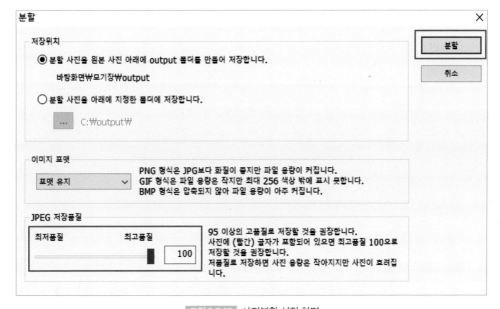

그림 3-7-23 사진분할 설정 화면

❺ 최고품질로 설정

❻ '분할' 클릭

그림 3-7-24 상세페이지가 다섯 장으로 분할된 모습

긴 상세페이지가 5장으로 분할되었다. 여기까지가 이미지 편집 필수 과정이다.

5)미리캔버스(선택사항)

혹시나 이미지 편집에 더 욕심이 나서 이미지를 꾸미고 싶다면 '미리캔버스'라는 홈페이지를 이용하자. 스마트스토어 로고와 프로모션 이미지를 만들었던 홈페이지다. '미리캔버스'를 통해 이미지 위에 텍스트를 예쁘게 꾸며서 넣을 수 있지만 위에서 이야기한 것처럼 텍스트 때문에 광고가 거부될 수 있다. 거부 후 이미지를 수정하는 것이 번거롭지만 눈에 띄고 싶은 상품이 있을 때는 '미리캔버스'를 통해 꾸미는 것도 좋은 방법이다.

위탁판매 기준 이론 익히기

스마트스토어 오픈 준비하기

매출을 올리는 전략과 실습

특정에 최적화된 상품 등록 전략과 실습

상품 등록 후 CS하기

스마트스토어 운영 TIP!

참고 사이트

퇴근 후로 별 계획을 세워보자!

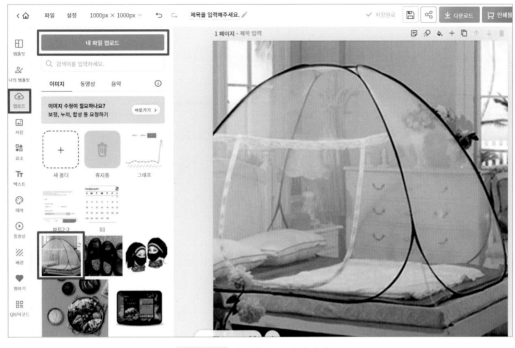

그림 3-7-25 미리캔버스 - 내 파일 업로드

❶ '미리캔버스' 접속(https://www.miricanvas.com)

❷ '업로드' 클릭

❸ '내 파일 업로드' 클릭

❹ 텍스트를 넣을 이미지를 불러온다.

그림 3-7-26 요소 - '조합'에서 템플릿 선택 후 적용된 모습1   그림 3-7-27 요소 - '조합'에서 템플릿 선택 후 적용된 모습2

❺ '요소'를 클릭한 후 '조합'을 누른다.

❻ 마음에 드는 템플릿을 선택한다.

❼ 이미지를 취향껏 꾸며준다. 왕관이 있는 이미지는 유료다.

❽ 우측 상단 '다운로드'를 클릭하여 다운로드하면 된다.

그림 3-7-28 완성된 대표이미지

간단하게 꾸며보았다. 이미지 편집 시 주의해야 할 것은 텍스트가 상품을 많이 가리게 되면 상위노출에서 좋은 점수를 받지 못한다. 텍스트가 상품을 많이 가리지 않도록 주의하자!

7-5 동영상은 필수이다!

1) 동영상이 필수인 이유

동영상은 히든카드라고 할 수 있다. 많은 분이 이 동영상 로직에 대해서 잘 모르고 있는 것 같은데 스마트스토어에 상품 등록할 때 동영상을 넣으면 네이버검색 결과 '동영상'에 노출이 된다. 네이버쇼핑에 상위노출이 되지 않아도 이 동영상이 상위노출되면은 그로 인해 고객이 유입돼서 매출로 이어질 수 있다. 따라서 동영상은 필수로 넣어주어야 한다. 실제로 한 수강생은 필자와 동영상을 만들고 나서부터 동영상 유입으로 매출이 발생하기 시작했다. 동영상 만드는 방법은 어렵지 않으니 빼먹지 말고 꼭 넣어주어야 한다.

그림 3-7-29 '쇼파밀림방지' 키워드의 동영상 검색 결과

2) 5초만에 동영상 만드는 방법(실습)

그림 3-7-30 뱁믹스 시작하기

그림 3-7-31 뱁믹스 로그인

그림 3-7-32 파일 선택 화면

❶ '뱁믹스' 실행

❷ 로그인 후 '사진, 영상열기' 클릭

❸ 포토스케이프로 편집했던 '대표 이미지' 및 '추가 이미지' 모두 선택 후 '열기' 클릭

그림 3-7-33 불러오기 후 저장

그림 3-7-34 '동영상 파일 저장' 위치

❹ 사진이 열리면 바로 '저장' 클릭

❺ '동영상 파일 저장' 클릭

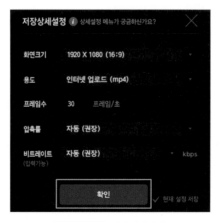

그림 3-7-35 저장상세설정

❻ 위 사진대로 세팅 후 '확인'을 눌러 파일을 저장

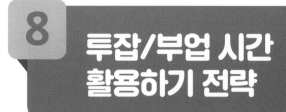

투잡/부업 시간 활용하기 전략

1) 이동 시간에 이미지를 편집할 수 있는 유일한 앱

필자는 차멀미를 심하게 하는 편이지만 이동할 때 시간이 아까워서 핸드폰 어플로 이미지 편집을 하기 시작했다. 이미지 편집을 하려고 안드로이드에 있는 많은 어플을 설치해봤지만 유일하게 딱 한 어플만 상세페이지 편집을 할 수 있었다. 그 어플을 지금 소개하고자 한다.

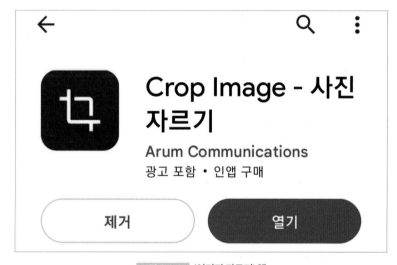

그림 3-8-01 '이미지 자르기' 앱

안드로이드를 이용하고 있어서 안드로이드 어플을 소개한다. 아이폰 유저는 만약에 어플을 사용할 예정이라면 하나씩 다운로드해서 상세페이지를 잘라낼 수 있는지 확인하면 된다. [그림 3-8-01]의 어플은 엄청 긴 상세페이지 이미지를 불러와서 정사각형으로 잘라 저장할 수 있다. 이동 시간에 상세페이지를 3~4장 정도 자르는 것을 반복한다. 출근 시간 중에 30분만 해도 상세 페이지 다섯 개 이상은 할 수 있으니까 퇴근하고 이미지 편집 없이 상품 등록하면 된다. 투잡을 위해서는 시간 관리가 중요하므로 출퇴근 시간에 당연히 피곤하겠지만 이런 자투리 시간을 활용해야 한다.

2) 쉬는 날을 적극적으로 활용하자!

좋은 매출을 위해서는 초반에 쉬는 날은 반납하기로 하자. 쉬는 날에는 키워드를 분석해서 미리 모아두면 좋다. 미리 모아둔 키워드를 평일에 상품 등록할 때 바로 복사 후 붙여넣기만 하면 간단하게 끝나니까 말이다. 방법은 간단하다. 쉬는 날에 시간을 정해두고 그 시간 동안 열심히 키워드를 분석하면 된다. 그렇다고 쉬는 날 통째로 키워드 분석에 시간을 활용하면 일주일 동안 쉬는 날이 없어서 지칠 수 있으니 쉬는 날에는 시간을 정해두고 그 동안만 집중하도록 하자. 필자는 '메모잇'이라는 프로그램을 잘 사용하고 있는데 여기에 미리 키워드를 저장한다. 메모 앱 하나당 5~10개씩의 키워드를 모아놓고 평일에는 모아둔 키워드를 복사해서 상품 등록할 때 붙여넣기만 하면 된다. 그러면 평일에는 이미지 편집만 하고 바로 상품 등록할 수 있어서 퇴근 후 많은 시간을 들이지 않고 또 많이 피곤해하지 않는다는 장점이 있다.

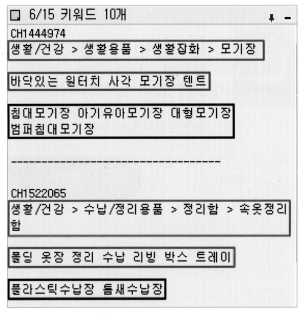

그림 3-8-02 카테고리(빨간 박스), 상품명(파란 박스), 태그(검정 박스)

04

투잡에 최적화된
상품 등록 전략과 실습

카탈로그 가격관리를 조심하라

1) 카탈로그 가격관리란?

2019년 4월에 오픈한 네이버쇼핑 카탈로그 가격관리는 동일한 제품을 하나로 묶어서 최저가 순부터 보여주는 서비스인데, 네이버쇼핑이 가격비교 사이트라는 점을 다시 한번 상기시켜준다. 가격비교와 원부라는 단어를 사용하다가 최근에 '카탈로그'로 바뀌었다.

그림 4-1-01 네이버쇼핑 검색 결과 중 '카탈로그 가격관리'의 모습

[그림 4-1-01]처럼 '쇼핑몰별 최저가'라고 적혀 있고 그 밑에 판매하고 있는 판매처들이 최저가 순으로 정렬되어 보인다.

카탈로그 가격관리 상품	4 건
카탈로그 인기상품	0 건
최저가 달성 가능 상품	0 건

그림 4-1-02 스마트스토어 상품 중 카탈로그 가격관리 상품 건수

채널	상품명	보기	최저가와 차이 (가격경쟁력)	카탈로그 순위	상세보기
스마트스토어	조리모 조리 요리 주방 위생모 ...	보기	+ 6,080원 (121.1% 높음)	4위(▲) / 4개	상세보기
스마트스토어	절재1단행거 미니 옷장 심플 DIY	보기	+ 14,950원 (135.9% 높음)	3위(-) / 3개	상세보기
스마트스토어	슬라이딩 수납장 냉장고 주방 ...	보기	+ 9,970원 (146% 높음)	4위(-) / 4개	상세보기
스마트스토어	사무실 거실 춤간소음 방지 네 ...	보기	+ 17,210원 (196.9% 높음)	71위(▲) / 71개	상세보기

그림 4-1-03 카탈로그 가격관리 상품 상세 내용

위탁판매 기초 이론 익히기

스마트스토어 오픈 준비하기

매출을 올리는 전략과 실습

특정에 최적화된 상품 등록 전략과 실습

상품 등록 후 CS하기

스마트스토어 운영 TIP!

참고 사이트

퇴근 후 투잡별 계획을 세워보자!

스마트스토어 판매자센터 〉 메인 화면 아래쪽에서 카탈로그 가격관리 상품을 확인할 수 있다. 위 4건은 대량으로 올린 상품이 카탈로그 가격관리로 다른 판매처와 묶였다.

2) 카탈로그 가격관리를 피해야 하는 이유

카탈로그의 판매처 정렬은 최저가 순으로 정렬되기에 고객은 당연히 맨 위의 최저가만 선택해서 구매한다. 일반 쇼핑몰을 운영할 때는 일부러 카탈로그로 묶어서 판매하기도 하지만 위탁판매는 최저가 될 수 없으므로 카탈로그로 다른 판매처와 묶이는 것을 무조건 피해야 한다.

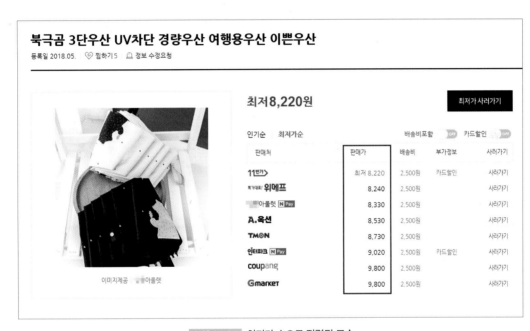

그림 4-1-04 최저가 순으로 정렬된 모습

3) 카탈로그를 피하는 방법

㉠ 대표 이미지

공급사에서 제공하는 이미지를 그대로 올리지 않고 '포토스케이프'으로 편집한 후 올리면 다른 판매처와 묶이지 않는다. 되도록이면 공급사에서 제공하는 대표 이미지를 사용하지 말고 상세페이지에서 사진을 한 장 잘라서 그 사진을 대표 이미지로 사용하면 좋다

ⓛ 상품명

공급사가 제시한 상품명이나 다른 판매자가 사용한 상품명을 그대로 사용하면 카탈로그 가격 비교로 묶일 수 있다. 상품명은 반드시 PART 3-5 매출이 일어나는 상품명 만드는 노하우(실습) 에서 다뤘던 내용처럼 직접 분석하여 만들어야 한다.

ⓒ 품명/브랜드/제조사

모델명도 같을 경우 다른 판매자와 카탈로그로 묶이게 된다. 공급사에서 공식적으로 정한 모델 명이 없으므로 다른 판매자와 겹치지 않도록 모델명을 만들어서 넣으면 좋다. 필자는 문장처럼 만들어서 등록하는데 사진에 보는 것처럼 '깜찍한 북극곰 우산입니다.'라는 문장으로 넣는다. 브랜드와 제조사도 겹치지 않도록 넣어주자.

위탁판매 기초 이론 익히기

스마트스토어 오픈 준비하기

매출을 올리는 전략과 실습

투잡에 최적화된 상품 등록 전략과 실습

상품 등록 후 CS하기

스마트스토어 운영 TIP!

참고 사이트

퇴근 후 돈 별 계획을 세워보자!

2 소비자를 붙잡는 상세페이지 만들기

2-1 시간 대비 고효율의 상세페이지 만드는 방법

정석대로 운영하기	투잡으로 운영하기
[사진-글-사진-글]의 구성	[글-사진 5장-글]의 구성
사진 5장 이상	상세페이지를 5장으로 분할
문단당 5줄 이상의 글	짧지만 심리를 자극하는 글
동영상	동영상

블로그나 스마트스토어를 공부해본 사람은 잘 알고 있듯이 [사진-글-사진-글] 구성이 정석이고, 일반 쇼핑몰을 운영한다면 반드시 그렇게 하는 것이 맞다. 다만 그런 구성은 시간이 오래 걸리므로 시간 대비 고효율로 하는 방법은 글을 쓰고 사진 다섯 장을 올린 후 마지막에 다시 글을 넣는 것이다. 공급사에서 사진을 많이 주지 않기에 PART 3-7 투잡/부업 전용 이미지+동영상 만드는 법에서 실습한 것처럼 상세페이지 한 장을 다섯 장으로 분할시켜서 다섯 장을 하나의 사진처럼 넣는다. 그리고 [사진-글-사진-글] 구성에서 글이 들어갈 때는 다섯 줄의 글이 들어가야 하는데 굳이 다섯 줄이 아니더라도 스마트스토어 상위노출에서는 큰 영향이 없다. 시간을 활용하기 위해서 짧지만 고객의 심리를 건드려줄 수 있는 글을 쓰는 것이 좋다. 또한 동영상도 잘 만들면 좋지만 잘 만드는 것이 굉장히 오래 걸린다. 5초 만에 만드는 방법으로 동영상을 첨부하여 형식적이지만 동영상을 넣는 것이다. 이렇게 정석대로 하지 않아도 충분히 매출을 올릴 수 있다.

상세페이지의 역할은 고객이 구매할 수 있도록 구매 욕구를 만들어주는 것이고 또 설득하는 것이다. '그러려면 글을 잘 써야 되는 게 아닌가?'라고 생각이 들 것이다. 글을 잘 쓰지 않아도 평균 이상은 할 수 있게끔 이 책에서 가이드를 제공한다. 실습 때도 해볼 것이지만 [질문-추천-해답]의 글을 넣으면 된다. 홈쇼핑이나 광고에서 많이 하는 방법이다. 고객은 어떤 물건을 구매할 때 목적 없이 구매하지 않는다. 그럼 왜 이 물건을 사려고 하는지를 생각하고 질문을 해보자. 예를 들어서 '실리콘흡착식판'은 '아이가 식판을 엎질러서 치우기 힘드셨죠?', 기모고무장갑은 '설거지하실 때 손이 많이 시려우셨죠?'처럼 말이다. 어렵지 않다. 그러고 나서 해답을 주는데 '식탁에 흡착되는 식판으로 즐거운 식사 시간을 만드세요!', '이제 찬물로도 따뜻하게 설거지해보세요!'처럼 말이다. 모든 사람이 그 대상자가 되게끔 추천하는 것이다. '아이를 키우는 가정에 추천합니다.', '찬물로 설거지하시는 분들께 추천드립니다.'라고 할 수 있겠다.

그리고 고객이 상세페이지를 보는 동안 체류시간 점수를 받는 목적도 있다. 그렇기에 동영상과 글은 필수로 꼭 넣어주어야 한다. 이제부터 실습을 시작하도록 하겠다.

2-2 상세페이지 작성하기(실습)

방금도 말했듯이 상세페이지는 고객을 오랫동안 머무르게 하여 체류시간 점수를 받고 고객이 구매를 결정하게 만드는 중요한 역할을 한다. 투잡은 시간 관리가 중요하니 오랜 시간 공들여서 작성하지 말고 꼭 필요한 내용만 넣어주면 된다.

그림 4-2-01 스마트스토어 상품 등록 화면 중 'SmartEditor ONE'

❶ '스마트스토어 판매자센터' > '상품 등록'

❷ '상세 설명' > 'SmartEditor ONE으로 작성' 클릭

'SmartEditor ONE(스마트에디터 원)'은 블로그에서도 사용되는 프로그램이다.
블로그와 로직이 같음을 알 수 있다.

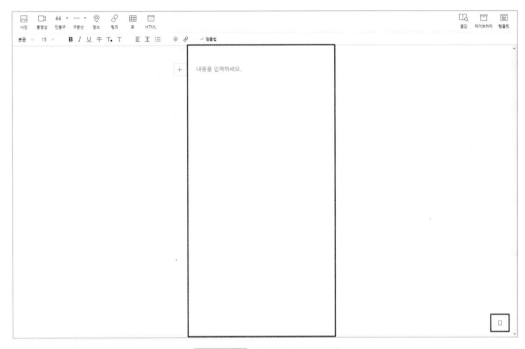

그림 4-2-02 상세페이지 작성 화면

❸ 상세페이지 작성하는 화면에서 우측 하단의 '모니터' 아이콘을 클릭

❹ 클릭하면 아이콘이 '핸드폰' 모양으로 바뀐다. '핸드폰' 모양으로 바뀌었을 때 상세페이지 작성
화면은 모바일에 최적화된 화면으로 바뀌게 된다.

그림 4-2-03 소제목 입력 화면

❺ 상품명을 복사하여 넣어준다. (소제목/폰트 크기:30)

❻ 상세페이지는 '가운데 정렬'을 기본으로 한다.

❼ '+' 버튼을 누르거나 맨 위 메뉴바에서 '구분선'을 눌러 구분선을 넣어준다.

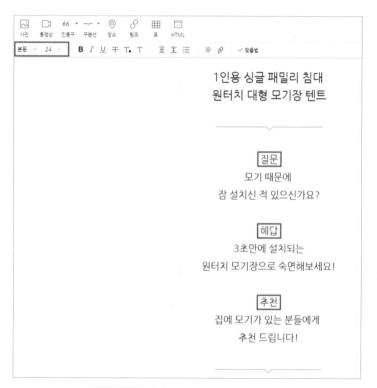

그림 4-2-04 상세페이지 구성(질문-해답-추천)

❽ 본문은 질문, 해답, 추천의 내용으로 작성한다. (본문/폰트 크기:15~24)
실제 작성 시 필자처럼 질문, 해답, 추천이라는 글자를 넣지 않고 내용만 넣는다.

❾ '+' 버튼을 누르거나 맨 위 메뉴바에서 '구분선'을 눌러 구분선을 넣어준다.

TIP '추천'에 들어가는 내용은 범위를 아주 넓게 정해야 한다. 누구라도 이 추천 대상에 속할 수 있도록 말이다.

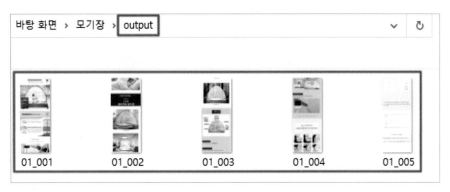

그림 4-2-05 상세페이지 이미지 추가

❿ '사진'을 눌러 'output' 폴더에서 상세페이지를 불러온다.

(output 폴더는 포토스케이프로 편집했던 이미지 폴더에 있다.)

⓫ 구분선을 넣어준다.

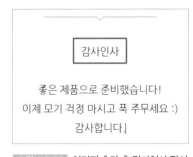

그림 4-2-06 이미지 추가 후 감사인사 작성

⓬ 마지막까지 좋은 이미지와 신뢰를 줄 수 있도록 감사인사를 하면 상세페이지는 끝난다.

('감사인사'라는 글자를 그대로 상세페이지에 넣지 말고 내용만 적는다.)

⓭ 우측 상단 '등록' 클릭

그림 4-2-07 상세페이지 저장 후 화면

❹ 상세페이지 작성을 완료하면 '작성된 내용이 있습니다.'라고 보인다.

아주 간단하게 상세페이지 만드는 방법이 끝났다.

2-3 저자의 가격전략 두 가지

1) 최종 마진율은 이렇게 하라!

나에게 오는 최종 마진이 15~35%가 되도록 설정하면 된다. 일반적인 쇼핑몰을 운영할 때는 50% 이상 되어야 마진이 좋다고 알고 있을 텐데 위탁판매에서는 20~30% 정도면 괜찮다고 보는 편이다. 마진율 설정에서도 전략이 두 가지로 나뉜다. 첫 번째는 '나는 무조건 00%의 최종 마진율을 받으면서 판매할 거야'라고 기준을 내리는 사람, 두 번째는 '파워 등급 갈 때까지는 마진율을 좀 적게 하더라도 빨리 파워 등급을 찍을 거야'라는 사람. 판매자 성향의 차이라서 하나를 고르긴 어렵지만 아무래도 파워 등급이 되면 뭘 올려도 잘 팔리게 되는 마법이 이루어지게 되니까 후자가 초보자에게 더 좋지 않나 생각한다. 그래도 정답은 없으니 원하는 대로 하면 된다.

2) 1%의 마진도 마진이다

직장을 다니면서 주말에 노점을 했었던 적이 있다. 북극 한파가 왔던 12월이었고 크리스마스 시즌을 노려서 SNS에서 유행하기 시작한 LED풍선을 팔았었다. 11월과 12월에 한시적으로 해보려고 한 거라 자리 선정에 있어 텃세가 심하진 않을까 긴장되고 눈치가 보였다. 그때 어떤 한 아저씨께서 옆자리를 양보해 주셨던 적이 있다. 그분께 노점에 대해서 많이 배웠었는데 그중에 하나가 미끼 상품을 놓으라는 거였다. LED풍선을 판매할 때 풍선만 팔면 관심 없는 사람은 그냥 지나간다. 그런데 앞에 양말 500원이라고 써두고 양말을 팔고 있으면 그 양말을 보고 온 손님이 LED풍선까지 산다. '여기 양말이 싸니까 여기 이 풍선도 다른 데보다 싸겠구나'라는 생각이었던 것 같다. 그 아저씨께서 알려주신 미끼 전략으로 하루에 50만 원 이상 순수익을 벌게 되었다. 그러고 나서 한파 때문에 너무 추워 노점을 운영하러 밖에 나갈 수 없었다. 발가락이 시리다 못해 아팠기 때문이다. 따뜻한 집에서 상품을 판매할 수 있는 스마트스토어를 공부하기 시작했는데 스마트스토어에도 똑같이 적용해보았다. 몇몇의 상품은 '1%의 마진도 마진이다'라는 전략으로 거의 마진 없이 판매하면 그 상품을 보고 들어온 사람은 '이 스토어는 대체적으로 가격이 저렴하구나'라고 생각해서 장바구니에 여러 개씩 담아두는 경우가 꽤 많았다. 물론 공급사가 다르므로 각각 배송비가 붙어서 배송비를 하나로 묶어 달라고 연락이 와 곤란했던 적이 있었지만 마진을 계산해보니 배송비 쿠폰을 드려도 꽤 많이 남아서 그렇게 해줬던 적도 몇 번 있었다. 그렇다고 해서 모든 상품을 마진 1%로 팔면 나중에 운영하다가 쉽게 지치고 회의감이 든다. 만약에 하루에 3개를 등록한다면 그중에 하나만 마진 1%로 하고 하루에 5개를 등록한다면 2개, 하루에 10개를 등록하면은 3~4개 정도는 이렇게 등록하면 된다. **중요한 점은 1%의 마진만 노려서는 안 된다.**

상품 등록은
이렇게만 하면 된다

3-1 상품 등록 화면 살펴보기

상품명, 이미지, 동영상, 상세페이지를 만드는 방법을 배워보았다. 이런 재료들을 모은 뒤 최종
적으로 상품 등록을 해야 하는데 먼저 상품 등록 화면을 익혀보도록 하겠다.

그림 4-3-01 스마트스토어 상품 등록 화면(카테고리~부가세)

❶ 카테고리: 카테고리를 입력하는 곳이다. 우리가 상품명 분석을 할 때 카테고리를 확인했었는데
그 카테고리를 입력하면 된다.

❷ 상품명: PART 3에서 만든 상품명을 그대로 입력하는 곳이다. 글자 수를 확인하고 '상품명 검색

품질 체크'를 클릭해주면 된다.

❸ 판매가: 할인하기 전 가격을 입력한다. 보통 할인가의 2~3배 정도를 임의로 설정해서 입력하게 된다.

❹ 할인: '설정함'으로 눌러서 이 상품이 할인되는 것처럼 보이게 설정하면 된다. '설정함'을 누르면 '할인가'를 입력하라고 나오는데 '할인가'가 고객이 지불하는 금액이다.

알고가기! **할인가와 판매가**

할인가: 고객이 최종 결제하는 금액
판매가: 할인가에서 2~3배 정도 높게 설정한다. 고객에게는 할인 전 가격으로 보인다.

❺ 판매기간: 해당 상품을 판매하는 기간을 설정하는 것인데 기본값인 '설정 안함'으로 두면 된다.

❻ 부가세: 과세 상품만 판매하고 있으므로 기본값인 '과세'로 두면 된다.

그림 4-3-02 스마트스토어 상품 등록 화면(재고수량~상품이미지)

❼ 재고수량: 옵션 설정을 통해 재고를 입력하기에 이곳은 지나간다.

❽ 옵션: 예를 들어서 [색상: 블랙, 블루, 옐로우, 레드]처럼 옵션을 선택해야하는 상품은 이곳에서 옵션을 만들어 준다.

위탁판매 기초 이론 익히기

스마트스토어 오픈 준비하기

매출을 올리는 전략과 실습

투잡에 최적화된 상품 등록 전략과 실습

상품 등록 후 CS하기

스마트스토어 운영 꿀TIP!

참고 사이트

투잡 후 두 번째 계획을 세워보자!

❾ 상품이미지: '대표 이미지'는 쇼핑 검색 리스트에서 대표적으로 보이는 한 장의 이미지이다. '추가 이미지'는 고객이 사진을 옆으로 넘겼을 때 추가적으로 볼 수 있는 이미지다. 추가 이미지는 한 장에서 네 장 정도 넣으면 된다. (두 장 이상이면 좋다.)

그림 4-3-03 스마트스토어 상품 등록 화면(동영상~상세설명)

❿ 동영상: PART 3에서 만들었던 동영상을 넣어주면 된다. 동영상 타이틀은 상품명을 그대로 넣는다.

⓫ 상세설명: 상세페이지를 만드는 곳이다.

그림 4-3-04 스마트스토어 상품 등록 화면(상품 주요정보~노출 채널)

❷ 상품에 대한 정보, 배송 정보, 반품/교환 정보, 그리고 포인트/이벤트 정보와 태그를 넣을 수 있다. 또한 판매자 코드로 상품을 쉽게 관리할 수 있다. 상품 등록 실습 시간에 자세히 배워보겠다.

그림 4-3-05 스마트스토어 상품 설정 화면(고정값)

3-2 상품 등록하기(실습)

1) 카테고리부터 판매가까지

그림 4-3-06 카테고리와 상품명 입력 화면

❶ '스마트스토어 판매자센터' 접속

❷ 좌측 메뉴에서 '상품 등록' 선택

❸ 카테고리를 넣어주고 PART 3에서 만든 상품명을 넣어준 뒤 '상품명 검색 품질 체크'한다.

옵션명	최쏭순추가	소비자가	판매자가	최소수량
슈퍼싱글(1~2인용/폭 120cm)	자율	14,500	11,200	1
슈퍼더블(2~3인용/폭 150cm)	자율	16,000	12,350	1
패밀리(3인 이상/폭 180cm)	자율	17,500	13,450	1

그림 4-3-07 온채널 '판매자 공급가 보기' 화면 - 판매자가

❹ 온채널 상품페이지에서 '판매자 공급가 보기'를 눌러 이 상품의 공급가(판매자가)가 얼마인지 확인한다.

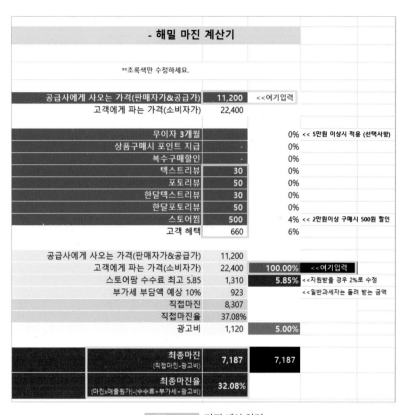

그림 4-3-08 마진 계산 화면

❺ 마진 계산기를 통해서 마진을 계산한다. 필자는 공급가에다가 100% 마진을 해서 최종 마진
율 32%가 남게 했고 순마진은 7,187원이다.
(공급가 11,200원, 고객에게 파는 가격 22,400원)

그림 4-3-09 판매자가 입력 화면

❻ 판매가: 마진 계산기에서 나온 소비자가의 2~3배를 입력한다. 필자는 5만원이라고 넣었다.

❼ '할인'은 '설정함'을 누르고 '전체 할인'에 마진 계산기에서의 소비자가를 넣어주면 '할인가' 27,600원이라고 자동 계산되어 나온다.

그림 4-3-10 전체 할인 입력 화면

❽ '할인가'에 있었던 27,600원을 다시 '전체 할인'에 넣어주면 내가 정했던 소비자가 22,400원이 '할인가'에 나온다. 할인가는 고객이 결제하는 금액이다.

> **TIP** '할인가'가 고객이 지불하는 가격인데 간혹 '전체 할인'에 소비자가를 입력하고 넘어가는 경우가 있다. '할인가'와 헷갈리지 않도록 반드시 확인해야 한다. 꼼꼼히 검토하지 않고 넘어가면 적자를 보는 일이 생긴다.

2) 옵션부터 상세페이지까지

옵션명	최종준수가	소비자가	판매자가	최소수량
슈퍼싱글(1~2인용/폭 120cm)	자율	14,500	11,200	1
슈퍼더블(2~3인용/폭 150cm)	자율	16,000	12,350	1
패밀리(3인 이상/폭 180cm)	자율	17,500	13,450	1

그림 4-3-11 온채널 '판매자 공급가 보기' 화면 - 옵션복사

❶ 온채널 상품페이지 > 판매자 공급가 보기 > 옵션복사 클릭

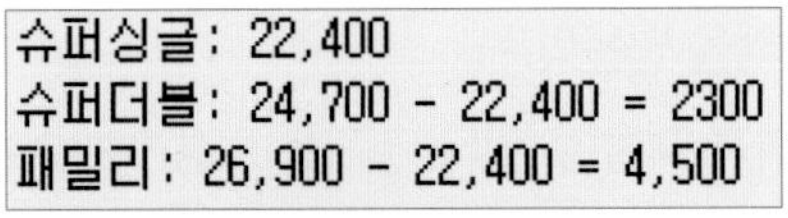

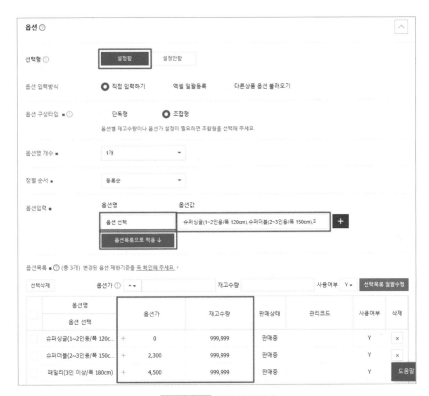

슈퍼싱글: 22,400
슈퍼더블: 24,700 - 22,400 = 2300
패밀리: 26,900 - 22,400 = 4,500

그림 4-3-12 옵션가 계산

❷ 옵션가를 계산해야 한다. 마진 계산기를 통해서 옵션별 '소비자가'를 적어두고 '할인가'를 뺀다.
'슈퍼더블' 옵션은 '슈퍼싱글'에서 2,300원을 추가해야 구매할 수 있고, '패밀리' 옵션은 '슈퍼싱
글'에서 4,500원 추가해야 구매할 수 있다. 메모잇에 공식은 적지 않더라도 얼마를 추가해야
하는지 적어놓자.

그림 4-3-13 옵션 설정 화면

❸ 옵션: 설정함

❹ 옵션명: '옵션 선택' or '주문 옵션' (자유롭게 선택)

❺ 옵션값: 온채널에서 '옵션복사'한 것을 붙여넣는다.

❻ '옵션목록으로 적용' 클릭

❼ 옵션가: ②에서 계산한 금액을 넣는다.

❽ 재고수량: 99,999,999개까지 적을 수 있다. 필자는 보통 999,999개로 설정한다.

그림 4-3-14 이미지와 동영상 첨부

❾ 대표 이미지와 추가 이미지, 동영상을 첨부한다.

❿ 동영상 타이틀: 상품명 복사하여 붙여넣기
(띄어쓰기 포함 20자까지 작성되어 그 이상의 글자는 자동으로 지워진다.)

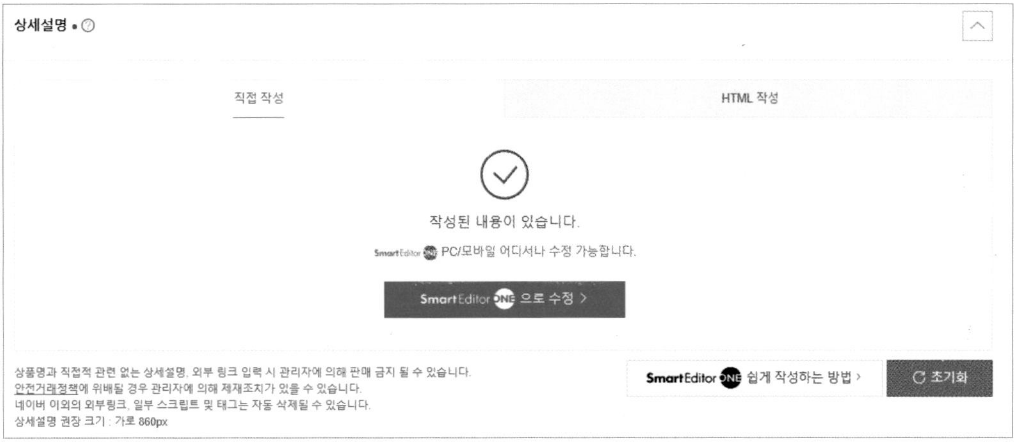

상세설명 •
직접 작성
HTML 작성
작성된 내용이 있습니다.
SmartEditor ONE PC/모바일 어디서나 수정 가능합니다.
SmartEditor ONE 으로 수정 >
상품명과 직접적 관련 없는 상세설명, 외부 링크 입력 시 관리자에 의해 판매 금지 될 수 있습니다.
안전거래정책에 위배될 경우 관리자에 의해 제재조치가 있을 수 있습니다.
네이버 이외의 외부링크, 일부 스크립트 및 태그는 자동 삭제될 수 있습니다.
상세설명 권장 크기 : 가로 860px
SmartEditor ONE 쉽게 작성하는 방법 >
초기화

그림 4-3-15 'SmartEditor ONE'에서 상세페이지 입력

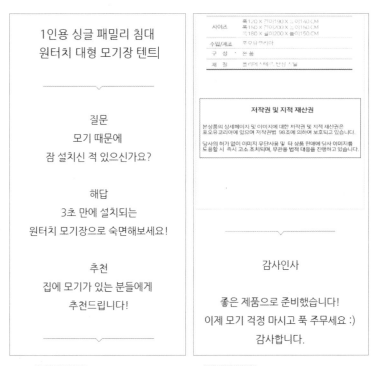

1인용 싱글 패밀리 침대
원터치 대형 모기장 텐트
질문
모기 때문에
잠 설치신 적 있으신가요?
해답
3초 만에 설치되는
원터치 모기장으로 숙면해보세요!
추천
집에 모기가 있는 분들에게
추천드립니다!

그림 4-3-16 제목과 본문 입력

사이즈
수입/제조
구 성
재 질
저작권 및 지적 재산권
감사인사
좋은 제품으로 준비했습니다!
이제 모기 걱정 마시고 푹 주무세요 :)
감사합니다.

그림 4-3-17 이미지 추가 후 감사인사

⓫ 상세설명: 'SmartEditor ONE으로 수정' 클릭

⓬ 제목 > 본문(질문, 해답, 추천) > 상세페이지 5장 > 감사인사

⓭ 우측 상단 '등록' 클릭

3) 상품 주요정보부터 상품정보제공고시까지

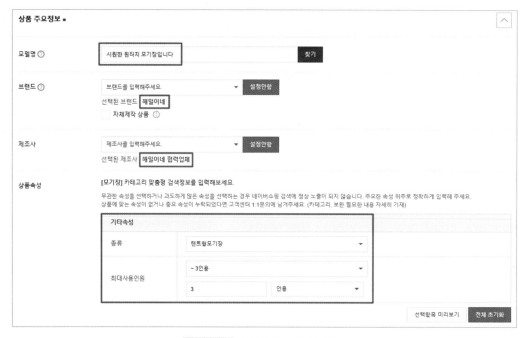

그림 4-3-18 '상품 주요정보' 입력 화면1

❶ 모델명: 다른 판매자와 겹치지 않도록 문장을 만들어 작성한다.

❷ 브랜드: '스토어명' 입력

❸ 제조사: '스토어명' or '스토어명 협력업체' 입력

❹ 상품속성: 건너뛰지 않고 필수로 작성해야 한다. 딱 맞는 선택지가 없다면 비슷한 것이라도 선택해야 한다. 검색 노출에 영향을 주는 부분이다.

* 전자상거래에 관련 상품정보 제공에 관한 고시 항목에 의거 본상품의 입점사에 의해 등록된 정보입니다.

상품정보제공고시 구분	기타
품명 및 모델명	프리미엄 원터치 모기장
허가 관련	해당없음
KC 인증 필 유무	해당없음
제조국 또는 원산지	중국
제조자/수입자	디에이치코리아
관련 연락처	상품등록시 개별 판매자 연락처 표기
주문후 예상 배송기간	평균 2일

그림 4-3-19 온채널 상품 상세페이지 하단 '상품정보제공고시'

KC 인증부터는 온채널 상품페이지 아래에 있는 [그림 4-3-19]의 내용을 보면서 넣어야 한다.

그림 4-3-20 '상품 주요정보' 입력 화면2

❺ KC 인증: 모기장은 KC 인증이 없어서 'KC 인증 없음'을 선택했다.

❻ 원산지: 수입산 > 아시아 > 중국 > '스토어명 협력업체' 입력

❼ 나머지는 입력하지 않고 건너뛴다.
　(국내일 경우 아무 지역이나 넣어도 상관없다.)

> **참고** **KC 인증번호가 있을 때는?**
> 'KC인증번호 있음'으로 선택하고 '인증기관'과 '인증번호'만 넣어주면 된다. '제품 인증번호 확인'은 누르지 않는다(PART 3, 그림 3-2-35 설명 참고).

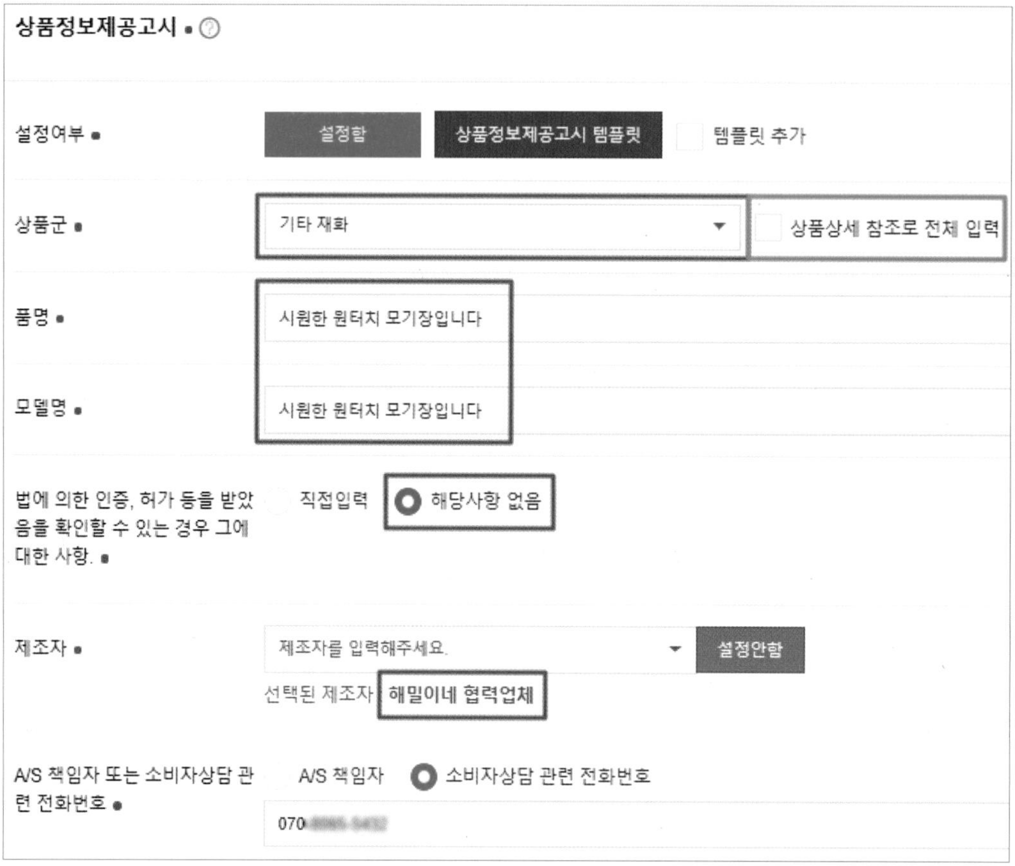

그림 4-3-21 '상품정보제공고시' 입력 화면

❽ 상품군: '온채널 상품정보제공고시 구분'에 '기타'라고 되어있어 그대로 넣었다.

❾ 품명/모델명: 위에서 작성한 모델명 입력 or 상품명 입력

❿ 법에 의한 인증, 허가 확인사항: '해당사항 없음'

⓫ 제조자: '스토어명 협력업체'

⓬ 전화번호: 업무용 전화번호를 넣으면 된다.

제품하자·오배송 등에 따른 청약철회 등의 경우 청약철회 등을 할 수 있는 기간 및 통신판매업자가 부담하는 반품비용 등에 관한 정보

전자상거래등에서의소비자보호에관한법률 등에 의한 제품의 하자 또는 오배송 등으로 인한 청약철회의 경우에는 상품 수령 후 3개월 이내, 그 사실을 안 날 또는 알 수 있었던 날로부터 30일 이내에 청약철회를 할 수 있으며, 반품 비용은 통신판매업자가 부담합니다.

◉ 상품상세 참조
　직접입력

제품하자가 아닌 소비자의 단순변심, 착오구매에 따른 청약철회등이 불가능한 경우 그 구체적 사유와 근거

◉ 전자상거래 등에서의 소비자보호에 관한 법률 등에 의한 청약철회 제한 사유에 해당하는 경우 및 기타 객관적으로 이에 준하는 것으로 인정되는 경우 청약철회가 제한될 수 있습니다.
　상품상세 참조
　직접입력

재화등의 교환·반품·보증 조건 및 품질보증기준

◉ 소비자분쟁해결기준(공정거래위원회 고시) 및 관계법령에 따릅니다.
　상품상세 참조
　직접입력

대금을 환불받기 위한 방법과 환불이 지연될 경우 지연에 따른 배상금을 지급받을 수 있다는 사실 및 배상금 지급의 구체적 조건 및 절차

주문취소 및 대금의 환불은 네이버페이 마이페이지에서 신청할 수 있으며, 전자상거래 등에서의 소비자보호에 관한 법률에 따라 소비자의 청약철회 후 판매자가 재화 등을 반환 받은 날로부터 3영업일 이내에 지급받은 대금의 환급을 정당한 사유 없이 지연하는 때에는 소비자는 지연기간에 대해서 연 20%의 지연배상금을 판매자에게 청구할 수 있습니다.

◉ 상품상세 참조
　직접입력

소비자피해보상의 처리, 재화등에 대한 불만 처리 및 소비자와 사업자 사이의 분쟁처리에 관한 사항

◉ 소비자분쟁해결기준(공정거래위원회 고시) 및 관계법령에 따릅니다.
　상품상세 참조
　직접입력

그림 4-3-22　A/S와 CS 관련 내용

❸ [그림 4-3-22]처럼 두 가지의 내용만 '상품상세 참조'로 변경한다.

우리는 공급사의 상품을 판매하는 거라서 공급사의 기준에 따라 진행되어 '상품상세 참조'로 변경하는 것이다.

4) 배송, 반품/교환, A/S, 특이사항

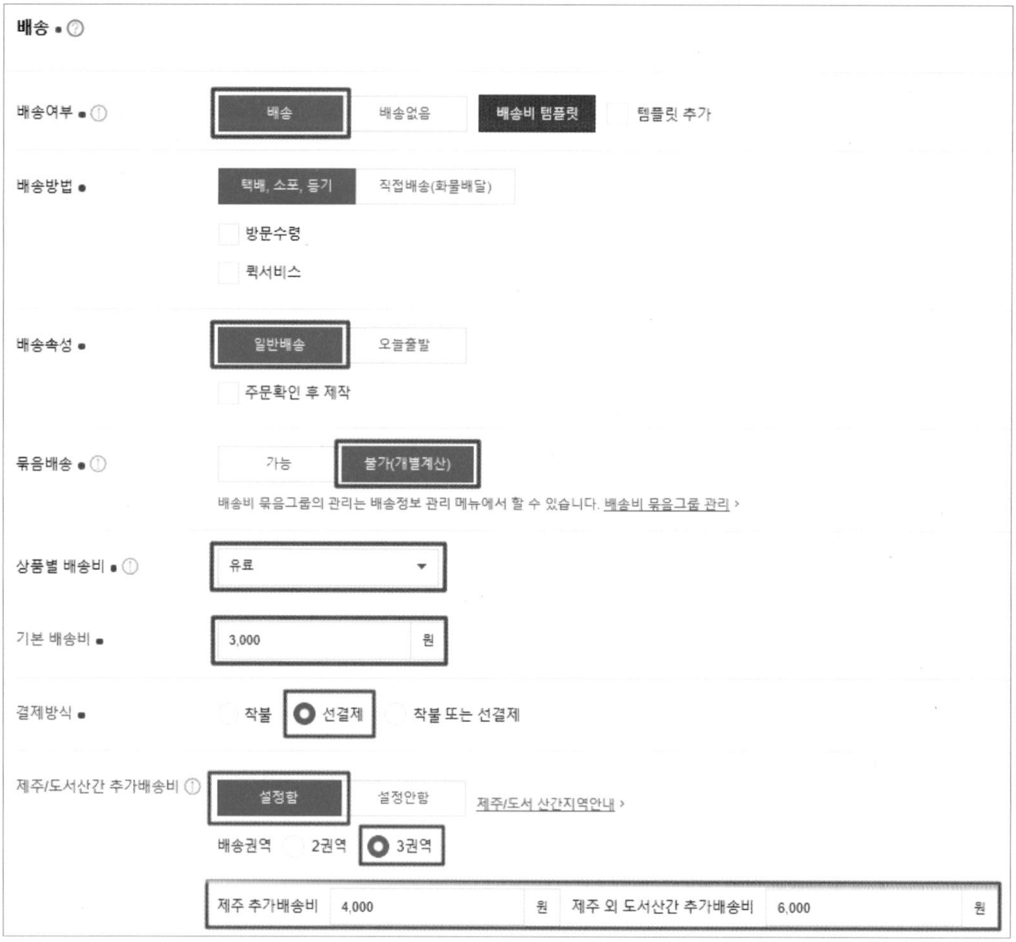

그림 4-3-23 배송 입력 화면

❶ 배송여부: '배송' 선택

❷ 배송속성: '일반배송' 선택

❸ 묶음배송: '불가(개별계산)' 선택

내 스토어의 상품은 공급사가 모두 달라서 공급사별로 배송비가 부과되는데,
묶음배송을 하게 되면 고객이 내 스토어에서 물건을 구매할 경우 주문당 배송비를 한 번만 지불하게 된다.

❹ 상품별 배송비: '유료' 선택

❺ 기본 배송비: 배송비 내용에서 배웠던 세 가지 전략 중 원하는 전략을 선택하여 입력한다. 공급사 배송비는 2,750원인데 필자는 3,000원으로 하였다.

❻ 결제방식: '선결제' 선택

❼ 제주/도서산간 추가배송비: '설정함' 선택 > '3권역' 선택

❽ 제주 추가배송비 4,000원/제주 외 도서산간 추가배송비 6,000원 입력
(만약 공급사가 제시한 배송비와 다를 경우 그에 맞게 입력하면 된다.)

그림 4-3-24 반품/교환 내용 입력 화면

❾ 별도 설치비, 출고지는 넘어간다.

❿ 반품배송비(편도) 3,000원/교환배송비(왕복) 6,000원

> **TIP** 반품배송비는 배송비만큼 입력하고 교환배송비는 배송비의 2배를 입력하면 된다.
> 무료배송인 경우 반품배송비는 교환배송비처럼 2배를 입력한다.
>
> 반품배송비를 3,000원으로 설정해놓는데 고객이 반품을 신청하면 스마트스토어에서 고객에게 반품배송비 6,000원을 청구한다. 이 내용으로 고객의 문의가 많이 올 것이다.
> 스마트스토어에서는 반품 후 환불할 때 결제 당시 금액을 전액 환불하므로 처음배송비+반품배송비를 판매자에게 지불하도록 되어있다. 처음 배송할 때 배송비 3,000원과 반품배송비 3,000원이 더해져 반품배송비가 6,000원으로 청구된다. 공급사에 따라 다를 수 있으니 각 공급사의 공지를 참고하자.

위탁판매 기초 이론 익히기

스마트스토어 오픈 준비하기

매출을 올리는 전략과 실습

특정에 최적화된 상품 등록 전략과 실습

상품 등록 후 CS하기

스마트스토어 운영 TIP!

참고 사이트

퇴근 후 투잡별 계획을 세워보자!

그림 4-3-25 A/S, 특이사항 입력 화면

❶❶ A/S 전화번호: 업무용 전화번호 입력

❶❷ A/S안내: AS, 교환, 반품 등의 요청 시 톡톡으로 문의주시면 친절하게 안내해 드리겠습니다. (평일 10:00~16:00) 고객 문의가 많아서 전화연결이 안 될 수 있습니다. 가급적 네이버 톡톡으로 문의를 해주시면 문의 이력도 남길 수 있으며 빠른 답변이 가능하오니 네이버 톡톡을 이용해 주시기 바랍니다.

❶❸ 판매자 특이사항

- 반품 또는 교환을 원하실 경우 자사로 연락 후 처리해 주시기 바랍니다.
- 구매자 임의로 반품하시거나 지정 택배사를 이용하지 않을 경우 수취거부될 수 있습니다.
- 단순 변심으로 인한 반품 및 교환 배송비는 소비자 부담이며 금액은 추가될 수 있습니다.
- 상품의 수량 및 무게에 따라 배송비는 변경될 수 있습니다.

> 'A/S안내' 및 '판매자 특이사항'은 방구석 비즈니스(https://cafe.naver.com/1inschool)에서
> 무료로 배포하고 있으니 복사하여 사용하면 된다.

5) 구매/혜택조건부터 마지막까지

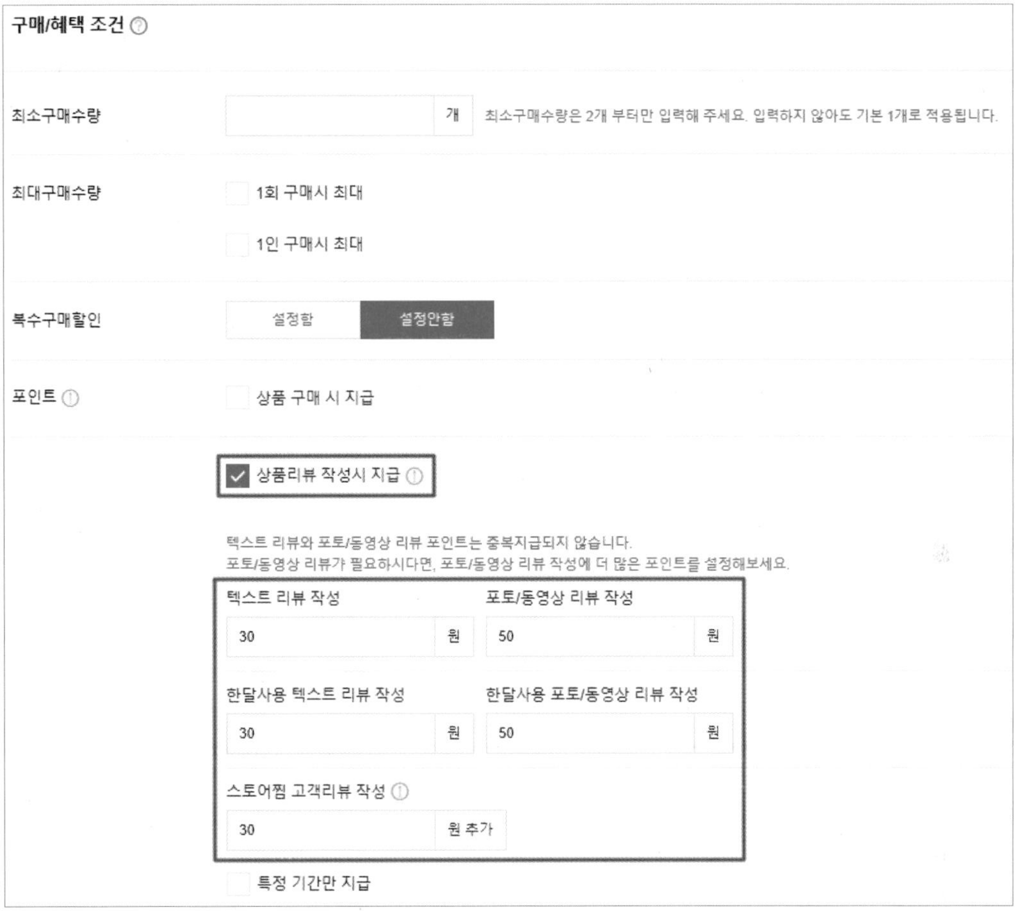

구매/혜택 조건 ⓘ

최소구매수량	[ ] 개 최소구매수량은 2개 부터만 입력해 주세요. 입력하지 않아도 기본 1개로 적용됩니다.
최대구매수량	☐ 1회 구매시 최대 ☐ 1인 구매시 최대
복수구매할인	[설정함] [**설정안함**]
포인트 ⓘ	☐ 상품 구매 시 지급

☑ **상품리뷰 작성시 지급** ⓘ

텍스트 리뷰와 포토/동영상 리뷰 포인트는 중복지급되지 않습니다.
포토/동영상 리뷰가 필요하시다면, 포토/동영상 리뷰 작성에 더 많은 포인트를 설정해보세요.

텍스트 리뷰 작성	포토/동영상 리뷰 작성
[30] 원	[50] 원
한달사용 텍스트 리뷰 작성	한달사용 포토/동영상 리뷰 작성
[30] 원	[50] 원
스토어찜 고객리뷰 작성 ⓘ	
[30] 원 추가	

☐ 특정 기간만 지급

그림 4-3-26 '구매/혜택 조건' 입력 화면1

❶ '복수구매 할인' 및 '상품 구매 시 지급' 자유롭게 선택 가능

❷ '상품리뷰 작성시 지급' 필수로 선택

❸ '텍스트 리뷰 작성' 및 '한달사용 텍스트 리뷰 작성': 30~50원 (자유롭게 입력)

❹ '포토/동영상 리뷰 작성' 및 '한달사용 포토/동영상 리뷰 작성': 50~100원 (자유롭게 입력)

❺ '스토어찜 고객리뷰 작성': 0~30원 (자유롭게 입력)

그림 4-3-27 '구매/혜택 조건' 입력 화면2

❻ 무이자할부: 자유롭게 설정 가능. 필자는 3개월로 설정한다. 무이자 수수료는 판매자의 부담이
다. 만약 설정하려면 마진 계산기에서 마진 설정할 때 수수료를 꼭 넣어야 한다.

<판매자가 부담하는 무이자할부 수수료>

무이자할부는 최대 12월까지(3/6/9/12개월) 설정할 수 있다. 카드사에서 진행하는 이벤트가 아니므로 할부
수수료는 판매자가 부담한다. 단, 카드사에서 지정한 무이자할부의 개월 수가 일치할 때에는 카드사의 할부
이벤트가 적용되어 할부 수수료가 부담되지 않는다.
e.g. 카드사-12개월 무이자할부 이벤트 중, 판매자-12개월 무이자 설정 시 카드사 부담
카드사-6개월 무이자할부 이벤트 중, 판매자-12개월 적용 시 수수료 판매자 부담

<수수료율>

•2개월 1.98%	•3개월 3.30%
•4개월 4.18%	•5개월 4.95%
•6개월 6.27%	•7개월 7.04%
•8개월 7.92%	•9개월 8.91%
•10개월 9.68%	•11개월 10.67%
•12개월 12.10%	

판매자가 선택한 개월 수보다 짧은 개월 수로도 결제할 수 있다. 예를 들면 판매자가 12개월로 설정했을 때 고객은 2~12개월 내에서 무이자할부를 선택할 수 있다. 또한 무이자할부 수수료는 판매자가 따로 결제하는 것이 아니라 정산금에서 자동 차감된다.
스마트스토어센터 > 정산관리 > 정산 내역상세에서 수수료 내역을 확인할 수 있다.

<수수료가 나가는데 무이자할부 왜 하시나요?>

무이자할부를 설정하게 되면 나의 상품에 무이자혜택이 있다는 문구가 뜬다. 고객은 여기 혜택을 많이 주는 곳이구나 하면서 들어올 수 있다. 한마디로 미끼용인 것이다. 선택사항이므로 수수료율이 부담된다면 무이자할부 설정을 하지 않아도 괜찮다. 만약 설정한다면 마진계산기에 수수료를 꼭 포함시키자. 한 가지 팁은 고객이 수량을 여러 개로 구매하여도 할부 계산이 어려운 저렴한 상품에 설정하는 것이다.

❼ 사은품: 추가 구매 후 텍스트 리뷰 작성 시 추가 포인트 지급
❽ 이벤트: 상품평 작성 시 포인트 즉시 지급

'사은품' 및 '이벤트' 내용은 방구석 비즈니스(https://cafe.naver.com/1inschool)에서
무료로 배포하고 있으니 복사하여 사용하면 된다.

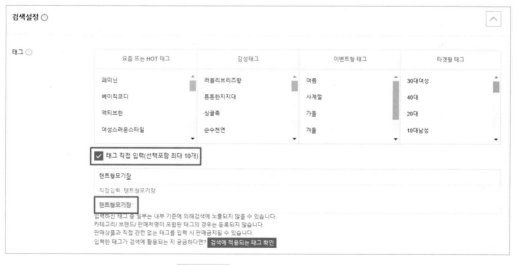

그림 4-3-28　검색설정(태그) 입력 화면1

❾ 태그: '태그 직접 입력' 선택

❿ 키보드로 태그를 입력 시 초록색과 노란색으로 키워드가 뜨는 경우가 있다. 네이버 태그사전에 등록이 되어있다는 뜻이다. 반드시 '마우스'로 클릭하여야 태그사전이 인식된다. 키보드로 입력 후 '엔터'를 하면 인식이 안되는 경우가 있으니 '마우스'로 직접 클릭하자.

그림 4-3-29 검색설정(태그) 입력 화면2

⓫ 덴드형 모기장 옆에 숫지기 있다. 상품수가 아닌 태그의 고유 번호이다. 고유번호가 뜨는 태그는 태그사전에 등록되어 있다는 뜻이다.

⓬ Page Title: 상품명 복사해서 붙여넣기

⓭ Meta description: 태그에 있는 키워드를 나열하여 넣거나 중복된 단어를 제외하고 나열하여 넣으면 된다. 또는 상품명을 문장으로 만들어서 넣으면 된다. 카카오톡에 상품 링크를 올릴 때 및 '웹사이트' 영역에서 상품이 보일 때 상품명 밑에 짧은 설명처럼 보이는 부분이다.

⓮ '검색에 적용되는 태그 확인' 클릭 (선택사항)

검색 적용 태그 확인

· 검색에 적합한 상품 데이터를 위해 검색용 태그사전이 관리되고 있습니다. 사전에 이미 있는 태그는 검색에 바로 반영됩니다.

· 사전에 없는 태그의 경우 적합 여부 검토 후 사전에 등록되거나 등록되지 않을 수 있습니다.

태그사전에 등록되어 있습니다. ○

#텐트형모기장

태그사전에 등록되어 있지 않습니다. ✕

#슈퍼싱글모기장   #퀸침대모기장   #접이식방충망   #바닥있는모기장

자세한 검색최적화 가이드가 궁금하다면? 검색최적화 가이드 확인 ›

확인

그림 4-3-30 '검색에 적용되는 태그 확인' 팝업창

❺ 태그사전에 등록되어 있지 않아도 수정하지 않고 넘어간다. 가능하다면 태그사전에 등록된 태그만 넣는 것이 좋지만 지금처럼 태그가 몇 개 없을 경우 태그사전에 등록되어 있지 않아도 수정 없이 그냥 넘어가도 된다. 이것은 위탁판매 전략에서만 그렇다. 일반 쇼핑몰을 운영할 때는 전략적으로 모든 태그가 태그사전에 등록되는 것이 좋다.

판매자 코드 ⑦

판매자 상품코드   CH1444974 200614

판매자 바코드

판매자 내부코드1

판매자 내부코드2

그림 4-3-31 '판매자 코드' 화면

⑯ 판매자 코드: 온채널 상품코드 + 등록한 날짜 (등록날짜는 필수 아님)

그림 4-3-32 '노출 채널' 설정 화면 – '쇼핑 상품정보 검색품질 체크'

⑰ 노출 채널은 설정하지 않고 넘어간다.

⑱ '쇼핑 상품정보 검색품질 체크' 클릭

⑲ '태그' 항목에 '점검필요'가 뜨는 것은 괜찮다. 태그사전에 없는 키워드를 넣었기 때문이다. 다만 다른 항목에서 '점검필요'가 뜬다면 반드시 수정 후 넘어가자.

그림 4-3-33 '쇼핑 상품정보 검색품질 체크' 팝업창

❷⓪ '저장하기'를 누르면 상품 등록이 완료된다. 짧
게는 2시간에서 길면 익일에 '네이버쇼핑'에 보
인다.

그림 4-3-34 상품 등록 저장 완료 화면

그림 4-3-35 스마트스토어에 등록된 상품

3-3 상품 등록 후 수정해도 되나요?

상품 등록하고 수정해도 되는지 많이 물어본다. 노출 순위가 하락될까봐 걱정해서이다. 또 실제로 수정의 중요성을 몰라서 수정하는 경우가 있다. 그런데 결론부터 말하자면 수정하는 것은 안 된다. 왜 수정하면 안 되는지 이해하기 위해서는 '상품 지수'와 '스토어 지수'부터 알아야 한다. 상품마다 지수가 있고 그것들이 모여서 스토어의 지수가 된다. 내 상품명을 수정할 때는 순위가 떨어지는 것이 아니라 지수가 하락하게 되는 것이다. 아래 표로 예를 들어 보겠다.

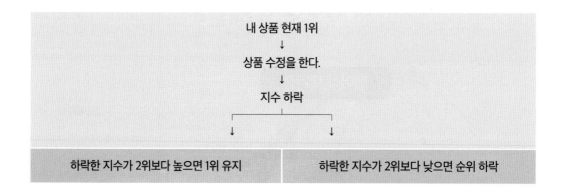

이렇게 수정한다고 해서 무조건 순위가 떨어지는 것은 아니고 지수대로 정렬된다고 보면 된다. 그런데 지수라는 것은 눈에 보이지 않아 상품 수정 후의 결과를 예측할 수 없기에 수정하면 안 된다고 말한다.

스마트스토어 → 쇼핑파트너센터 → 네이버쇼핑
(상품 등록)　　　(승인/서버 반영)　　　(노출)

또한 스마트스토어에 상품을 등록하면 바로 '네이버쇼핑'에 노출되는 것이 아니라 중간에 '쇼핑파트너센터'라는 서버가 있는데 이 서버에서 승인을 내리고 반영하는 역할을 한다. 그래서 상품등록 후 2시간에서 늦으면 익일에 '네이버쇼핑'에 노출되는 것이다. 만약에 수정을 하면 '쇼핑파트너존'에서 다시 서버 반영이 될 때 노출이 떨어질 수 있어서 수정은 하지 않아야 한다.

최대한 건들지 말 것	수정가능(남용금지)
상품명 / 가격 / 이미지 / 태그 / 옵션	상세페이지 / 배송

상세페이지와 배송 관련 내용은 수정할 수 있지만 남용하지 않도록 하고 만약 공급사가 공급가를 인상할 경우 적자를 보면 안되니 어쩔 수 없이 가격을 수정하도록 하자.

3-4 상품 등록 후 반드시 해야 할 것

1) 공지사항 등록하기

반품 택배가 우리 집에 오지 않도록 네이버로 요청할 수 있는데 반품지와 출고지가 다르다는 내용을 공지사항에 올려야 처리해주므로 공지사항을 꼭 등록해야 한다. 처음 한 번만 하면 되고 방법은 어렵지 않으니 바로 시작해보자!

㉠ 이미지 다운로드 및 편집하기

그림 4-3-36 네이버카페 '방구석 비즈니스' 메인 화면

❶ '방구석 비즈니스' 접속
❷ '공지사항 이미지' 게시판에서 이미지를 다운받는다.
(직접 만들어도 된다.)

TIP '공지사항 이미지'는 '5천 나르샤' 등급으로 등업하면 다운로드가 가능하다

그림 4-3-37 공지사항 이미지1

그림 4-3-38 공지사항 이미지2

반품 택배가 우리 집으로 오지 않게 '자동수거와 합포장이 불가능'하다는 내용을 고지하고 '톡톡' 으로 상담을 유도하는 문구와 '상품이 이미 발송되었는데 송장번호를 늦게 입력합니다.'라는 문 구를 고지한다. 필자가 여러 번 공지사항 내용을 바꿔보았는데 지금 이 내용이 제일 단순 문의가 적었다. 특히 송장번호 안내메시지 같은 경우에는 '언제 발송되나요?' 같은 문의가 줄어들었다.

공지사항 이미지 속 '회사이름 입력해주세요.'에다가 스토어명을 넣어보자.

그림 4-3-39 미리캔버스 - 내 파일 업로드

위탁판매 기초 이론 익히기

스마트스토어 오픈 준비하기

매출을 올리는 전략과 실습

투잡에 최적화된 상품 등록 전략과 실습

상품 등록 후 CS하기

스마트스토어 운영 TIP!

참고 사이트

퇴근 후 투잡 계획을 세워보자!

❸ '미리캔버스' 접속

❹ '업로드' 클릭 후 '내 파일 업로드'으로 공지사항 이미지를 불러온다.

❺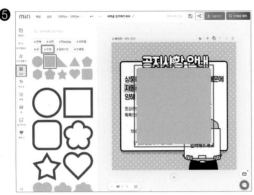

그림 4-3-40 요소 - 도형 추가

그림 4-3-41 도형 색상 변경

❻ '요소' 클릭 후 '도형'에서 회색 사각형 클릭

❼ 사각형의 색상을 흰색으로 변경 후 '회사명을 입력해주세요.' 문구 위에 올린다.

그림 4-3-42 텍스트 - '스토어명' 입력

❽ '텍스트' 클릭 후 '글상자 추가' 클릭

❾ 스토어명을 입력하고 마음에 드는 글자체를 골라 적용한다.

그림 4-3-43　다운로드 옵션

❿ 완성이 되었다면 '다운로드' 클릭

⓫ 'PNG' 선택

⓬ '고해상도 다운로드'를 클릭하면 다운로드가 완료된다.

ⓒ 스마트스토어에 적용하기

그림 4-3-44 공지사항 관리 - '새 상품 공지사항 등록'

❶ 스마트스토어 판매자센터 접속
❷ 상품관리 > 공지사항 관리 클릭
❸ '새상품 공지사항 등록' 클릭

그림 4-3-45 'SmartEditor ONE으로 작성' 클릭

❹ 제목: 자동수거불가 공지사항

❺ 'Smart Editor ONE으로 작성' 클릭

그림 4-3-46 공지사항 이미지 추가

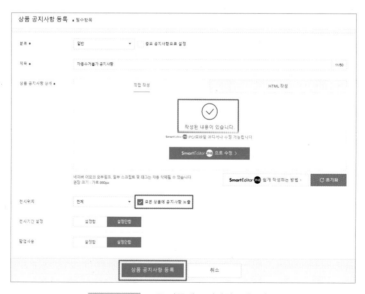

그림 4-3-47 '모든 상품에 공지사항 노출' 체크

❻ '모든 상품에 공지사항 노출' 체크

❼ '상품 공지사항 등록' 클릭

그림 4-3-48 공지사항 노출 모습

위드폰메 기초 이론 익히기

스마트스토어 오픈 준비하기

매출을 올리는 전략과 실습

투잡에 최적화된 상품 등록 전략과 실습

상품 등록 후 CS하기

스마트스토어 운영 TIP!

참고 사이트

퇴근 후 돈 벌 계획을 세워보자!

2) 자동수거지시 예외처리 신청

공지사항 등록을 마쳤으니 스마트스토어 고객센터로 우리 집에 반품이 오지 않게 하는 '자동수거지시 예외처리' 신청을 해야 한다. 스마트스토어는 고객이 반품을 신청하면 자동으로 택배사에서 택배를 수거하여 반품지 주소로 보내는데, 우리는 반품지가 집으로 되어있다. 반품 택배는 공급사로 가야 한다. 만약 우리 집으로 반품 택배가 도착한다면 다시 공급사로 보내야 해서 택배비가 2배로 든다. 그러니 자동으로 반품 택배가 수거 되지 않고 공급사에서 수거할 수 있도록 반드시 필수로 신청하자! 상품을 2개 이상 등록하고부터 신청할 수 있다.

그림 4-3-49 스마트스토어 판매자센터 최하단 '고객센터'

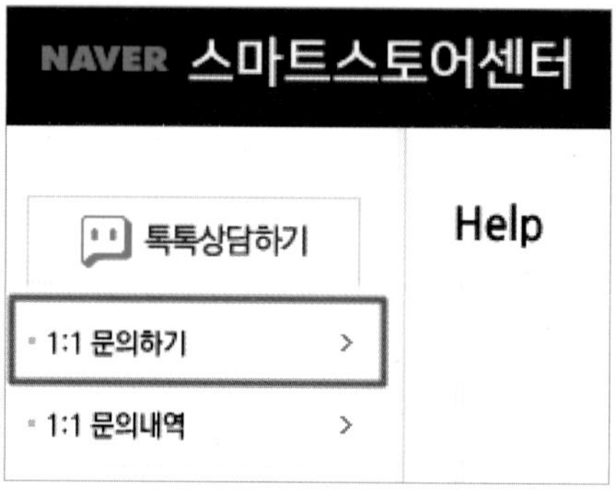

그림 4-3-50 '1:1 문의하기' 클릭

❶ '스마트스토어 판매자센터' 메인 화면에서 최하단의 '고객센터' 클릭

❷ 좌측 메뉴에서 '1:1 문의하기' 클릭

TIP 전화로도 신청할 수 있다. (스마트스토어 고객센터: 1588-3819)

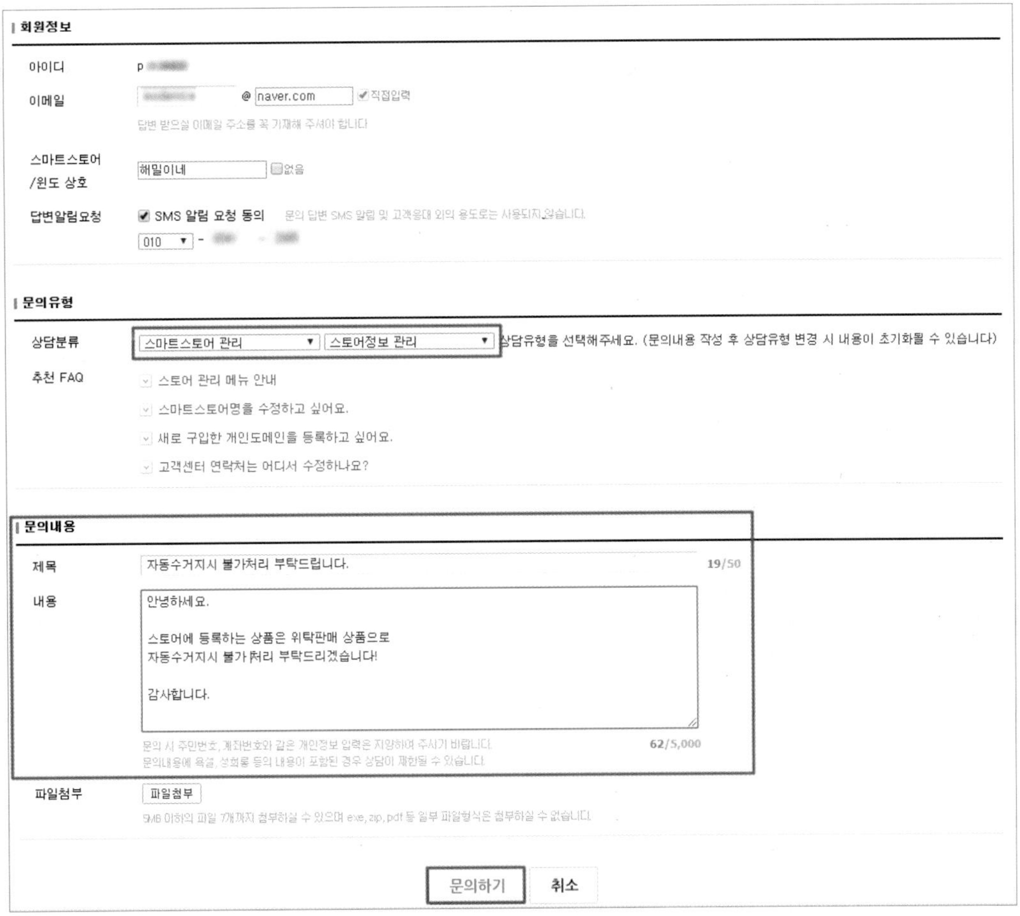

그림 4-3-51 '문의 내용' 입력

❸ '회원 정보' 입력

❹ 문의유형: 스마트스토어 관리 > 스토어정보 관리

❺ 제목: 자동수거지시 예외(불가)처리 부탁드립니다.

❻ 내용: 안녕하세요. 스마트스토어에 등록하는 상품은 위탁판매 상품으로 자동수거지시 예외(불가)처리 부탁드리겠습니다. 감사합니다.

❼ '문의하기' 클릭

❽ 영업일 기준 2~3일 후 답변완료된다.

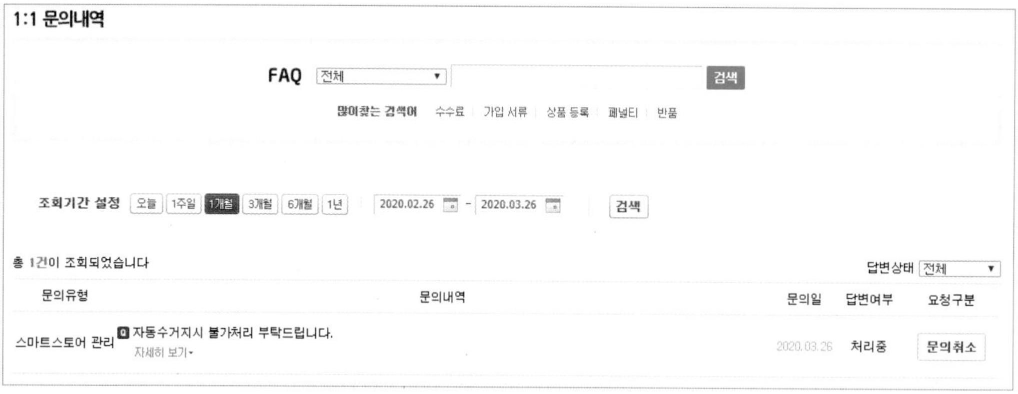

그림 4-3-52 문의 완료 후 화면

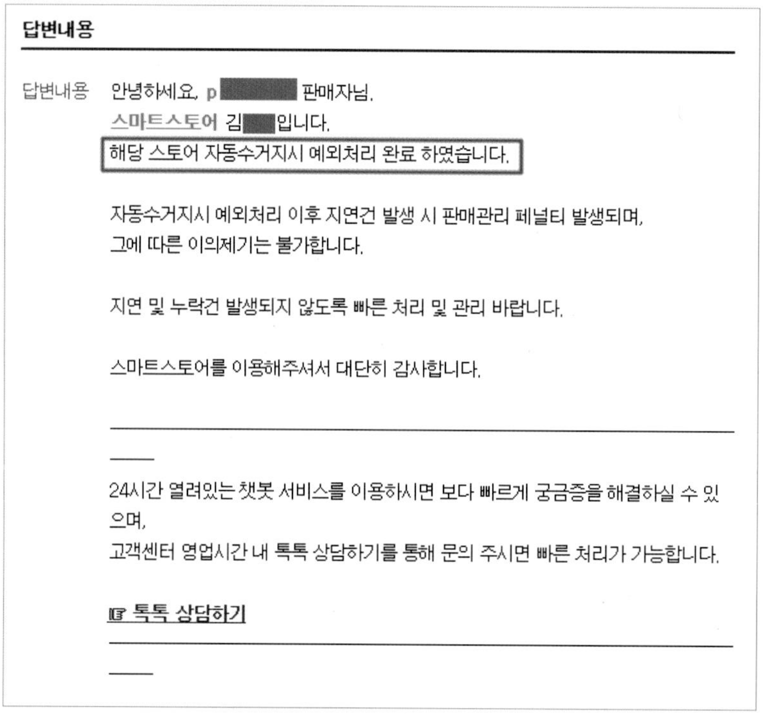

그림 4-3-53 이메일 답변 내용

❾ 처리완료되었다는 답변을 받았다.

3) 쿠폰 만들기

'알림받기' 쿠폰을 만들어 고객의 행동을 유도한다. 찜수와 클릭 수를 얻고 구매전환까지 이어지는 효과를 기대할 수 있으니 필 수로 만들어야 한다. 반드시 만들어야 고객의 클릭을 한번이라 도 더 발생시킬 수 있다.

그림 4-3-54　상세페이지 상단
쿠폰 노출 모습

그림 4-3-55　'혜택 등록' 화면1

❶ '스마트스토어 판매자센터' 접속

❷ 좌측 메뉴에서 고객혜택관리 > 혜택 등록 선택

❸ 혜택 이름: 알림 받기 쿠폰 (아무렇게나 만들어도 상관없다.)

❹ 타겟팅 대상: 알림받기 고객 늘리기 + 유지하기(스토어 내 혜택 노출)

❺ 혜택종류: 쿠폰

❻ 쿠폰종류: '상품중복할인' 선택

발급방법 ●	● 다운로드　　○ 고객에게 즉시 발급
	· 고객이 다운로드 버튼을 클릭하여 쿠폰을 발급받아 사용합니다.

발급건수 제한 ● 제한없음　　○ 제한있음

· 전체 발급쿠폰수를 제한하지 않겠다는 의미입니다.
· 쿠폰 상태값이 '적용중'일 동안은 계속 다운받을 수 있습니다.
단, 회원ID 당 같은 쿠폰은 한번만 다운받을 수 있습니다.

할인설정 ●　　500　　원 ▼　　최대　　　　　원　할인

· 할인율/할인금액이 정확하게 입력되었는지 다시 한번 확인해 주세요!

최소주문금액　　20,000　　원　이상 구매시 사용 가능

· 상품중복할인과 배송비 할인 쿠폰의 최소주문금액은 판매가 기준으로 사용됩니다.
(예시 : 최소주문금액 1,000원 / 100원 상품중복할인 쿠폰의 경우.
판매가 1,000원 / 즉시할인가 500원인 상품 → 사용가능 / 400원에 결제
즉, 판매가 1,000원 이상이면 즉시할인가에 상관없이 사용가능)

그림 4-3-56 '혜택 등록' 화면2

❼ 발급방법: 다운로드

❽ 발급건수 제한: 제한없음

❾ 할인설정: 500~1,000원 (자유롭게 설정, 퍼센트도 가능)

❿ 최소주문금액: 15,000~30,000원 (자유롭게 설정)

그림 4-3-57 '혜택 등록' 화면3

⓫ 혜택기간 : 1년

⓬ 쿠폰 유효기간: '발급일 기준으로 설정' 클릭, '7일간 유효'

⓭ 상품상세 노출: '상품상세의 상세정보 상단에 쿠폰 전시하기' 체크

⓮ 혜택상품지정: 내스토어 상품전체

⓯ '확인' 클릭

간단하게 쿠폰이 만들어졌다. 예전에는 '스토어찜' 쿠폰과 '소식알림' 쿠폰 2가지를 모두 만들어야 했다. 2022년 10월 19일부터 '알림받기'로 통합되어 하나만 만들면 된다.

3-5 상품 등록 후 매출을 올리는 전략

1) 내 상품은 지금 어디에 있나?

내가 등록한 상품이 지금 몇 페이지 몇 등에 있는지 볼 수 있는 사이트가 있다. '사장님닷컴'이라는 사이트인데 무료로 이용할 수 있고 내 스토어나 다른 사람 스토어에서 특정 키워드가 몇 페이지 몇 등인지 볼 수 있다.

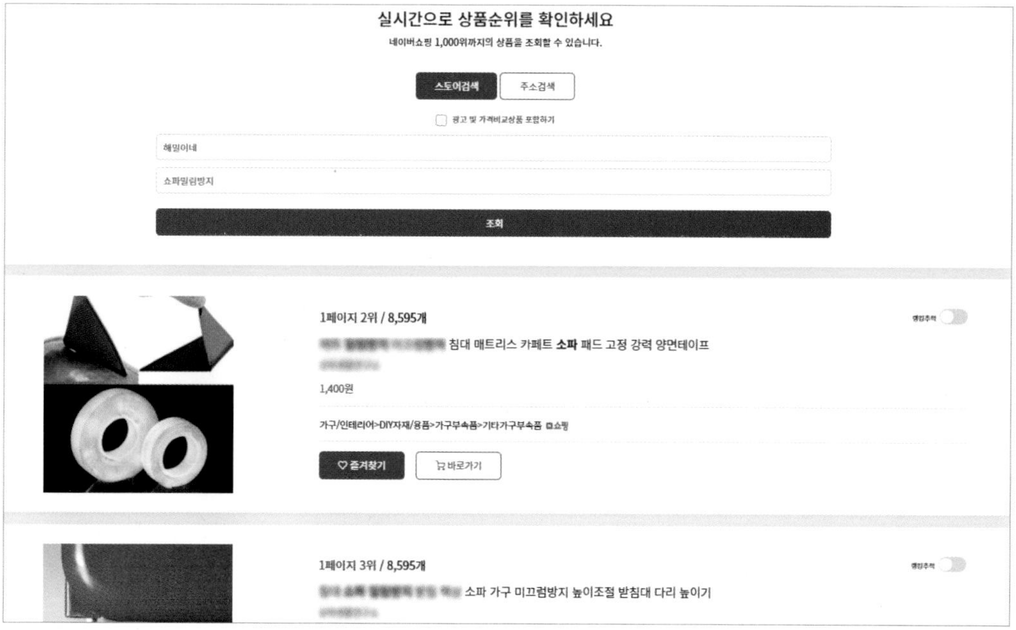

그림 4-3-70　사장님닷컴 - 상품 순위 검색 화면(예시)

❶ 네이버 검색창에 '사장님닷컴' 검색

❷ '스토어명'에 내 스토어명 입력

❸ '검색키워드'에 순위를 보고 싶은 키워드를 넣는다.

그런데 상품의 순위를 보는 것은 물건이 팔리기 시작하고 최소 일주일 뒤에 보는 것이 좋다. 물론 내 상품의 순위가 궁금할 수는 있지만 너무 순위에 신경 쓰면서 하다 보면 그 순위에만 연연하게 되므로 되도록이면 2~4주에 한 번 잘 팔리는 상품만 보는 것을 추천한다.

2) 판매가 일어난 상품 파고들기

㉠ 유입키워드, 유입채널 보는 방법(검색채널)

그림 4-3-71 스마트스토어 판매자센터 - 마케팅 분석(검색채널)

❶ '스마트스토어 판매자센터' 접속

❷ 좌측 메뉴에서 통계 > 마케팅분석 > 검색채널 클릭

이 화면은 오롯이 검색으로 유입된 내용을 볼 수 있다. 어떤 키워드로 검색하였고 어떤 경로를 통해 들어왔고 어떤 키워드가 결제되었는지 확인할 수 있다. 집필을 위해 개설한 스마트스토어인데 검색유입이 일어나고 있다.

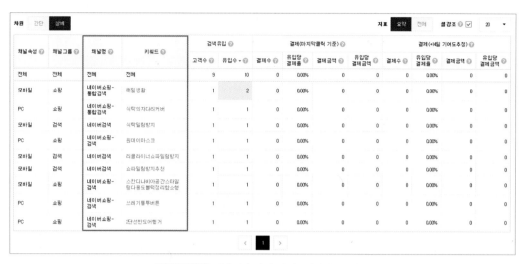

그림 4-3-72 검색채널 '상세' 화면 – 채널명과 키워드

❶ 차원: '상세' 클릭

❷ 채널속성: 해당 채널이 속하는 환경(PC 또는 모바일)으로 실제 접속한 단말환경과 다를 수 있다.

❸ 채널그룹: 채널이 속한 유입 유형(e.g. 검색, 광고, 소셜, 일반유입 등)을 나타낸다.

❹ 채널명: 사용자가 유입하기 위해 사용한 마케팅 채널을 보여준다.

❺ 키워드: 마케팅채널에서 검색어로 사용된 키워드를 보여준다.

❻ 검색유입: 마케팅채널 유입 중 검색채널에서 클릭/유입된 지표를 보여준다.

❼ 고객수: 선택한 기간에 해당 채널로 유입한 연인원을 집계한다. 같은 고객이 동일자에 재방문 하면 1명으로 집계되며, 여러 일자에 걸쳐 유입 시 일자별로는 1회씩 중복으로 집계한다.

❽ 유입수: 마케팅채널을 통해 발생한 사이트 방문수를 보여준다. 재방문도 중복으로 집계한 총 방문횟수다.

❾ 결제(마지막 클릭 기준): 결제 발생 직전에 클릭한 마지막 마케팅채널을 기준으로 이에 속하는 지표들을 보여준다.

❿ 결제수: 해당 마케팅채널로 유입된 직후 결제가 일어난 건수를 집계한다.
예를 들어 같은 날에 네이버쇼핑검색광고를 통해 사이트에 유입하여 결제, 그 후 네이버 사이트 검색광고를 통해 사이트에 유입하여 자정이 지난 후 또 한 건의 결제를 할 경우 네이버쇼핑 검색광고는 결제수 1건, 네이버 사이트검색광고는 결제수 0건이 잡힌다.

⓫ 유입당결제율: 유입 한 건당 발생한 당일 결제율을 보여준다.
(= 당일 결제수 / 해당 마케팅채널의 유입수)

⓬ 결제금액: 해당 마케팅 채널을 통해 유입된 직후 당일 내 결제가 일어난 금액을 집계한다.
예를 들어 같은 날에 네이버쇼핑검색광고, 네이버 사이트 검색광고를 통해 사이트에 유입한 후
5만 원어치의 결제를 할 경우 네이버 사이트 검색광고에만 5만원 결제금액이 잡힌다.

⓭ 유입당 결제금액: 유입 한 건당 발생한 당일 결제율을 보여준다.
(= 당일 결제수 / 해당 마케팅채널의 유입수)

<마케팅채널명의 분류>

아래와 같이 마케팅채널들을 분류하여 제공하고 있다. 마케팅채널과 별개로 유입 검색어/키워드는 '검색채
널' 리포트에서 확인할 수 있다.

채널속성	L1_채널그룹	L2_채널명	L3_채널상세
PC/M	검색	바이두검색	(-)
		빙검색	(-)
		다음검색	(-)
		구글검색	(-)
		카카오검색	(-)
		네이트검색	(-)
		네이버검색	(-)
		줌검색	(-)
	검색광고	구글 검색광고	(-)
		다음 검색광고	(-)
		네이버 클릭초이스플러스	(-)
		네이버 클릭초이스상품광고	(-)
		네이버쇼핑검색광고	(-)
		네이버사이트검색광고	(-)
		네오클릭광고	(-)
	광고	유튜브광고(구글 동영상광고)	(-)
		페이스북광고	(-)
		인스타그램광고	(-)
		네이버성과형디스플레이광고	(-)

위탁판매 기초 이론 익히기

스마트스토어 오픈 준비하기

매출을 올리는 전략과 실습

투잡에 최적화된 상품 등록 전략과 실습

상품 등록 후 CS하기

스마트스토어 운영 TIP!

참고 사이트

퇴근 후 돈 벌 계획을 세워보자!

채널속성	L1_채널그룹	L2_채널명	L3_채널상세
PC/M	소셜	네이버 블로그	(-)
		네이버 카페	(-)
		네이버 포스트	(-)
		네이버TV	(-)
		유튜브	(-)
		페이스북	(-)
		인스타그램	(-)
		트위터	(-)
	메신저	네이버 톡톡	(-)
	일반유입	네이버 모바일메인	(-)
	웹사이트	웹사이트	(유입호스트명)
	기타	기타채널	(-)
	사용자정의	사용자정의	(-)
	쇼핑	네이버쇼핑-광고	쇼핑박스
		네이버쇼핑-광고	트렌드Pick
		네이버쇼핑-광고	핫딜광고
		네이버쇼핑-광고	트렌드Shop
		네이버쇼핑-광고	기타
		네이버쇼핑-서비스	쇼핑MY
		네이버쇼핑-서비스	백화점윈도
		네이버쇼핑-서비스	아울렛윈도
		네이버쇼핑-서비스	스타일윈도
		네이버쇼핑-서비스	디자이너윈도
		네이버쇼핑-서비스	뷰티윈도
		네이버쇼핑-서비스	리빙윈도
		네이버쇼핑-서비스	푸드윈도
		네이버쇼핑-서비스	키즈윈도
		네이버쇼핑-서비스	펫윈도
		네이버쇼핑-서비스	플레이윈도
		네이버쇼핑-서비스	아트윈도
		네이버쇼핑-서비스	핫딜
		네이버쇼핑-서비스	선물
		네이버쇼핑-서비스	해외직구
		네이버쇼핑-서비스	BEST
		네이버쇼핑-서비스	기획전

채널속성	L1_채널그룹	L2_채널명	L3_채널상세
PC/M	쇼핑	네이버쇼핑-서비스	공통
		네이버쇼핑-통합검색	(-)
		네이버쇼핑-검색	(-)
		네이버쇼핑-선물검색	(-)
		네이버쇼핑-가격비교(검색)	(-)
		네이버쇼핑-가격비교(서비스)	(-)
		네이버쇼핑-셀렉티브	(-)
		네이버페이	(-)

- 검색 채널그룹 하위 채널: 네이버검색, 구글검색, 다음검색, 줌검색, 네이트검색, 바이두검색, 빙검색, 카카오검색

[광고]
채널그룹 '검색광고'로 분류가 어려운 경우, 채널그룹 '광고'로 제공한다.
- 광고 채널그룹 하위 채널: 유튜브광고(구글 동영상광고), 페이스북광고, 인스타그램광고, 네이버성과형디스플레이광고(GFA)

※참고.
- 디스플레이광고 유형의 광고로부터 유입은 제공하지 않는다.
 (네이버 디스플레이 광고, 브랜드 검색 등)

[소셜]
네이버 블로그, 네이버 카페, 인스타그램, 페이스북 등으로부터 유입되는 경우, 채널그룹 '소셜'로 분류된다.
- '소셜'(Social) 채널그룹 하위 채널: 네이버 블로그, 네이버 카페, 네이버 포스트, 네이버TV, 유튜브(youtube)

[일반유입]
현재 '일반유입'은 모바일 네이버 앱/웹의 네이버 메인 판에서(e.g 쇼핑 판, 패션뷰티 판, 리빙 판) 스마트스토어로 바로 유입된 경우를 가리키고 있다.
- 일반유입 채널그룹 하위 채널: 네이버 모바일 메인

[웹사이트]
(2019년 6월 18일 보고서 이후 제공)
별도의 한글 명칭을 부여하기 어려운 마케팅채널 중, 특정 웹사이트로부터의 유입이 명확히 확인되는 경우 [웹사이트 > 웹사이트]로 분류된다. [웹사이트 > 웹사이트] 유입의 상세 내용은 [마케팅분석 > 웹사이트채널] 보고서에서, 유입 URL(= 유입 host)에 따라 나눠서 보인다.
- 웹사이트 채널그룹 하위 채널: 웹사이트

[기타]
[기타 > 기타채널] 은 어떤 다른 마케팅채널 분류에도 속하지 않는 유입에 대한 마케팅채널명이다.
(e.g HTTP referrer가 IP인 경우, URL Scheme이 HTTP 혹은 HTTPS가 아닌 경우 등)

2019년 6월 17일(월)까지의 유입에는 [기타 > 기타채널]로 분류되던 유입 중, 명확한 유입 URL이 있는 경우에 대해 2019년 6월 18일(화) 이후에는 새로 생성된 [웹사이트 > 웹사이트] 마케팅채널로 분류되며, [웹사이트 > 웹사이트] 채널에도 속하지 않은 유입은 여전히 [기타 > 기타채널]로 보이게 된다.

예) 다음카페(http://cafe.daum.net)로부터 유입된 경우
2019. 06. 17. 이전에는 [기타 > 기타채널]로 분류되었지만
2019. 06. 18. 이후에는 [웹사이트 > 웹사이트 > cafe.daum.net]으로 분류된다.

예) 특정 IP로부터 유입된 경우
2019. 06. 17. 이전에는 [기타 > 기타채널]로 분류되고
2019. 06. 18. 이후에도 [기타 > 기타채널]로 분류된다.
- 기타 채널그룹 하위 채널: 기타채널

[메신저]
메신저 서비스를 통해 스마트스토어로 유입된 경우 '메신저' 마케팅채널 그룹으로 분류하고 있다. 현재 네이버 톡톡 서비스(메신저 상담창 및 마케팅 메시지 등)로부터의 유입만 해당 채널에서 보이고 있으며, 추후 라인, 카카오톡 등의 메신저 서비스를 통한 유입도 본 채널그룹으로 분류하여 제공될 수 있다.
- 메신저 채널그룹 하위 채널: 네이버 톡톡

[쇼핑]
네이버쇼핑 영역에서 유입된 각종 케이스를 모아 '쇼핑' 마케팅채널 그룹으로 분류하고 있다.

* 네이버쇼핑 - 광고
쇼핑박스, 트렌드Pick, 핫딜광고, 트렌드Shop 등 네이버쇼핑에서 제공하는 광고 영역에서 스마트스토어로 바로 유입되었을 경우 사용하는 분류이다.

* 네이버쇼핑 - 서비스
검색이나 광고가 아닌 나머지 네이버쇼핑 영역이 네이버쇼핑-서비스로 분류된다. 기획전, 핫딜(소셜베스트, 럭키투데이), BEST, 쇼핑MY(최근 본 상품, 찜한 상품 등)의 영역을 포함한다. '채널상세'에서 세부 영역을 확인할 수 있다. 분류가 안 된 쇼핑 영역에서의 유입은 '네이버쇼핑-서비스 > 공통'으로 포함된다.

* 네이버쇼핑 - 통합검색
네이버 PC/모바일 통합검색 결과 내 '네이버쇼핑' 영역에서의 유입을 의미한다. 클릭이 발생한 공간 자체는 통합검색 서비스이나, 네이버쇼핑에서 제공하는 서비스 영역이어서 '쇼핑' 채널그룹으로 분류된다.

그림 4-3-73 네이버쇼핑 - 통합검색 화면

* 네이버쇼핑 - 검색

(1) 네이버쇼핑에서 바로 검색어를 입력하여 검색 결과에서 스마트스토어로 유입되거나,

(2) 네이버 통합검색에서 검색한 후 '쇼핑더보기'를 클릭하여 네이버쇼핑 영역으로 넘어온 후 유입된 경우가
   이에 해당한다.

그림 4-3-74 네이버쇼핑 - 검색 화면

* 네이버쇼핑 - 선물검색

네이버 모바일 통합검색에서 선물 관련 키워드(e.g. 남자친구선물)를 검색하여 스토어에 유입하였거나, 하
단 '선물 더보기'를 클릭하여 이어지는 화면에서 스토어에 유입된 경우를 가리킨다.

* 네이버쇼핑 - 카탈로그(검색)

네이버에서 검색어를 입력하여 상품의 가격비교 페이지를 거쳐 스토어로 유입되는 경우가 이에 해당한다.

* 네이버쇼핑 - 카탈로그(검색 외)

네이버쇼핑에서 제공하는 상품의 가격비교 페이지를 거쳐 스토어로 유입되었으나, 검색어가 없는 경우를
가리킨다. 네이버쇼핑의 카테고리 검색을 통하거나, 상품 가격비교 페이지 내의 '함께 찾아본 상품' 등 추천
영역을 통한 경우 가격비교 페이지로부터 스토어로 유입되어도 검색어가 없을 수 있다.

위탐페에 기초 이론 익히기

스마트스토어 오픈 준비하기

매출을 올리는 전략과 실습

투잡에 최적화된 상품 등록 전략과 실습

상품 등록 후 CS하기

스마트스토어 운영 TIP!

참고 사이트

마감 후 판매을 계획을 세워보자!

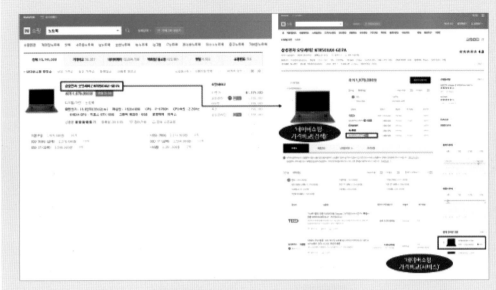

그림 4-3-75 네이버쇼핑 – 카탈로그 유입 화면

* 네이버쇼핑 – 셀렉티브
네이버 셀렉티브(https://selective.naver.com) 서비스 및 해당 서비스의 하위 페이지로부터 스마트스토어로
유입되는 경우 분류된다.

* 네이버페이
네이버페이 서비스(장바구니, 주문내역 등)로부터 스마트스토어에 유입되었을 경우를 가리킨다.

<키워드에 '(검색어없음)'이라고 나오는 경우>

마케팅채널별로 (검색어없음)이 나오는 이유는 여러 가지다.
[마케팅분석 > 검색채널]에서 '채널명'에 따라 (검색어없음)이 나오는 경우와 조치방법을 안내한다.

(1) 네이버 검색광고(사이트검색광고, 쇼핑검색광고 등)에서 (검색어없음)이 나오는 경우
네이버 검색광고의 각 캠페인별 '자동추적URL' 기능이 설정되어 있지 않아서 리포트에서 검색어를 보여줄
수 없는 상황이다.

'자동추적URL'기능을 설정하면 검색어를 리포트에서 확인할 수 있다. 아래 '네이버 검색광고 공지사항' 주소
로 이동하면, 자동추적URL 설정방법을 확인할 수 있다.
☞ https://saedu.naver.com/notice/view.nhn?notiSeq=3360

[예외]
네이버쇼핑검색광고의 경우 자동추적URL 설정이 잘 되어있어도, (검색어없음)이 발생할 수 있다. 네이버쇼
핑 서비스에서 카테고리 이동을 통해 '네이버쇼핑검색광고'를 클릭하여 유입된 경우 [마케팅분석 > 검색채
널]에서 [채널명]은 [네이버쇼핑검색광고]로 기록되나 이 경우 키워드는 (검색어없음)으로 표시된다.

(예시)

모바일 기기를 이용하여 네이버쇼핑 메인에 접속한 뒤 우측 메뉴 버튼을 클릭하여 나오는 화면에서 '카테고리로 찾기'를 이용하여 [패션의류 > 여성의류 > 니트/스웨터]를 선택하면 다음과 같은 화면을 볼 수 있다.

그림 4-3-76 광고 – 모바일에서 검색어 없이
'카테고리 찾기'한 경우

[그림 4-3-76]에서 첫 번째 상품(혹은 두 번째 상품)인 '네이버쇼핑검색광고' 상품을 클릭하면, 해당 화면은 검색어가 없으므로, [네이버쇼핑검색광고] - (검색어없음)으로 표시된다.

(2) 네이버쇼핑-가격비교(검색)에서 (검색어없음)이 나오는 경우

네이버쇼핑의 카테고리를 이용하여 특정 상품의 '카탈로그 가격관리'에 들어가서 특정 사이트로 이동하는 경우,

네이버쇼핑의 검색서비스를 이용하여 가격비교 화면에 들어갔으나, 검색어는 없는 경우여서, [네이버쇼핑-가격비교(검색)] (검색어없음)으로 분류된다.

(예시)

모바일 기기를 이용하여 네이버쇼핑 메인에 접속한 뒤, 우측 메뉴 버튼을 클릭하여 나오는 화면에서 '카테고리로 찾기'를 이용하여 [디지털/가전 > 카메라/캠코더용품 > DSLR카메라]를 선택한 뒤 나오는 화면에서, [캐논 EOS 100D]를 클릭하면 다음과 같은 화면을 볼 수 있다.

그림 4-3-77 가격비교(카탈로그) - 모바일에서
검색어 없이 '카테고리 찾기'한 경우

여기에서 특정 업체의 상품을 클릭해서 업체 사이트로 들어간 경우, [네이버쇼핑-가격비교(OO)]로부터의 유입인데, 네이버쇼핑의 일반 검색 서비스 화면을 통해 가격비교 화면에 들어왔으므로 [네이버쇼핑-가격비교(검색)]으로 분류되며, 다만 네이버쇼핑의 일반 검색 서비스 이용 시 카테고리를 선택했으므로 검색어는 없어서 (검색어없음)으로 분류된다.

(3) 구글검색, 빙검색에서 (검색어없음)이 나오는 경우
구글(Google)검색, 빙(Bing)검색 등을 통해, 사이트에 유입되는 경우, 유입된 사이트 입장에서 해당 검색서비스에서 유입되었음은 알 수 있으나, 검색어 정보는 해당 검색서비스에서 주지 않아, (검색어없음)으로 분류하고 있다.

ⓛ 유입키워드 보는 방법(광고채널)

그림 4-3-78 '다차원 보고서' 화면

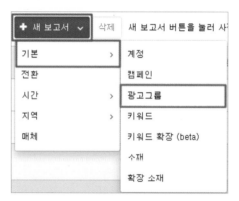

그림 4-3-79 '새 보고서'에서 '광고그룹' 버튼의 위치

❶ '네이버 광고' 접속 후 로그인

❷ 상단에 위치한 '보고서' > '다차원 보고서'

❸ + 새 보고서 > 기본 > 광고그룹

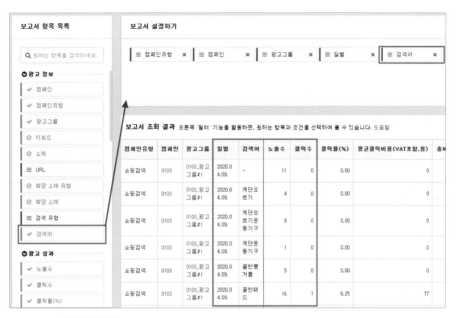

그림 4-3-80 '검색어' 항목을 끌어서 '보고서 설정하기'에 놓으면 '검색어'가 보인다

❹ 좌측 '광고 정보'에서 '검색어'를 끌어다가 '보고서 설정하기' 밑에 놓는다.

❺ '보고서 조회 결과'에 어떤 검색어(키워드)로 광고를 누르게 되었는지 볼 수 있다.

ⓒ 결제키워드, 유입채널 보는 방법

그림 4-3-81 스마트스토어 판매자센터 – 판매분석(상품/검색채널)

❶ '스마트스토어 판매자센터' 접속

❷ 통계 > 판매분석 > 상품/검색채널

❸ 카테고리별 결제금액과 기여도를 볼 수 있다.

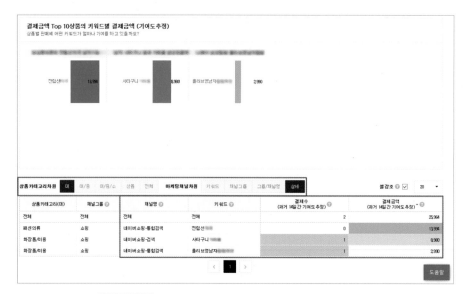

그림 4-3-82 '상품카테고리차원' 설정 후 보이는 '채널명'과 '키워드'

❹ 하단에서 채널명과 키워드별 결제금액을 확인할 수 있다. 이 통계를 통해 어떤 상품이 나의 효자 상품인지 확인할 수 있다.

내 상품을 광고하자!

4-1 광고를 꼭 해야 하는 이유

초보 판매자가 시작하자마자 상위에 노출되어서 대박이 날 확률은 얼마나 될까? 필자는 그런 확률이 낮다고 생각한다. 지식이 많은 초보 판매자도 실무 경험이 없어서 처음부터 대박날 확률은 높지가 않고 처음 하는 사람들은 당연히 더 그럴 것이다. 네이버에서 제공하는 쇼핑검색광고는 초보자도 맨 위에 노출되어서 고객의 클릭이나 구매를 유도할 수 있는 좋은 광고 서비스이다. 광고를 올려서 구매가 이루어지지 않더라도 그만큼 클릭을 받고 고객 유입이 발생했으니 필자는 좋은 투자라고 생각하지만 아무래도 돈이 들어가기에 조심스러워지는 것은 사실이다. 네이버 쇼핑검색광고는 클릭당 비용이 발생한다. 비용은 판매자가 직접 설정할 수 있다. 보통 클릭당 50~70원으로 설정한다. 필자는 등록한 상품이 2,100개인데 하루 광고비가 2~3만 원 정도이고 많으면 5만 원까지도 나온다. 처음 시작할 때는 상품이 없어서 필자처럼 광고비가 지출되지 않는다. 처음에는 나의 자본 10만 원을 광고비로 충전하고 그다음부터는 전일 매출 5%를 광고비로 충전한다. 마진 계산기를 보면 알겠지만 마진에서 5%가 광고비로 포함되어 있다.

1) 쇼핑검색광고란?

쇼핑검색광고 쇼핑몰 상품형은 이미지형 광고 상품으로 광고시스템에서 네이버쇼핑 계정을 인증하고, 쇼핑에 등록된 상품을 불러오는 방식이다.

• 고객이 특정 상품을 검색할 경우, 검색 결과에서 '상품' 단위로 노출되는 이미지형 검색광고 상품이다.

- '네이버쇼핑' 판매자 인증 후 쇼핑에 등록된 상품을 조회, 등록하게 되면서 등록 과정이 더 쉬워진다.
- 클릭 횟수만큼 과금되는 CPC 방식으로, 쇼핑검색광고에서 직접 입찰가를 설정할 수 있다.
- 네이버페이에 가맹된 쇼핑몰이라면, 네이버에서 구매한 고객에게 포인트 추가적립 혜택을 제공한다.
- 광고검색 결과에 '네이버 페이 추가적립' 아이콘이 함께 노출되어 광고 효과에 도움을 줄 수 있다.

그림 4-4-01 네이버 페이 추가 적립 가능 화면

2) 쇼핑검색광고는 어떻게 노출이 되나?

검색매체인 네이버 통합검색(PC/모바일) 결과 내 '네이버쇼핑' 영역과 네이버쇼핑 검색 페이지, ZUM(PC/모바일) 검색 결과 내 '파워쇼핑' 영역과 외부 검색 파트너 매체, 블로그, 카페 등 콘텐츠 매체에서 광고가 노출된다.

㉠ 네이버 통합검색(PC/모바일) 결과

'네이버쇼핑' 영역으로 상단 2~6개의 광고가 노출되며, 키워드 및 노출 유형에 따라 광고 노출 개수는 달라질 수 있다.

그림 4-4-02 네이버 통합검색 결과 - '네이버쇼핑' 영역

ⓛ 네이버쇼핑검색(PC/모바일) 결과

상단에 4~8개 광고가 노출된다. (모바일 상단 4개/중단 4개, PC리스트뷰 4개, PC 이미지뷰 4개)

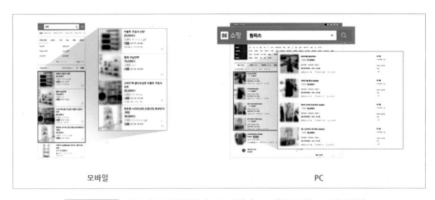

그림 4-4-03 네이버쇼핑검색 결과 - 모바일과 PC에서 보이는 쇼핑검색광고

ⓒ 블로그, 카페 등 콘텐츠 매체 노출

노출 형태에 따라 달라질 수 있으며 각 형태에 따라 3~9개의 광고 상품 또는 키워드가 노출된다.

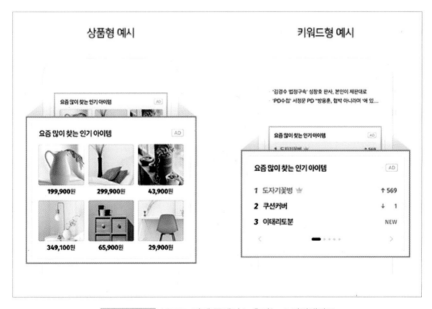

그림 4-4-04 블로그, 카페 등에서 노출되는 쇼핑검색광고

4-2 쇼핑검색광고 만들기(실습)

그림 4-4-05 쇼핑검색광고의 구조

쇼핑검색광고를 등록하는 방법은 광고 요소인 캠페인, 광고그룹, 소재 등을 각각 등록하는 방법이 있고, 이 모두를 한 번에 등록하는 방법이 있다. 책에서는 '광고 만들기' 메뉴를 통해 광고를 손쉽게 등록할 수 있는 방법을 알아보겠다.

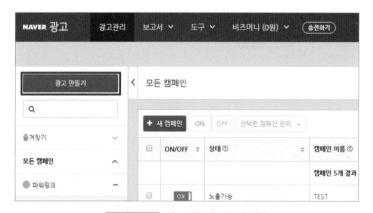

그림 4-4-06 '광고 만들기' 버튼의 위치

먼저 광고시스템에 접속한 뒤 좌측 상단의 [광고 만들기] 버튼을 눌러 시작한다.

광고 만들기는 1단계 '캠페인 만들기', 2단계 '광고그룹 만들기', 3단계 '광고 만들기(소재)'의 총 3단계로 이루어져 있다.

1단계: 캠페인 만들기

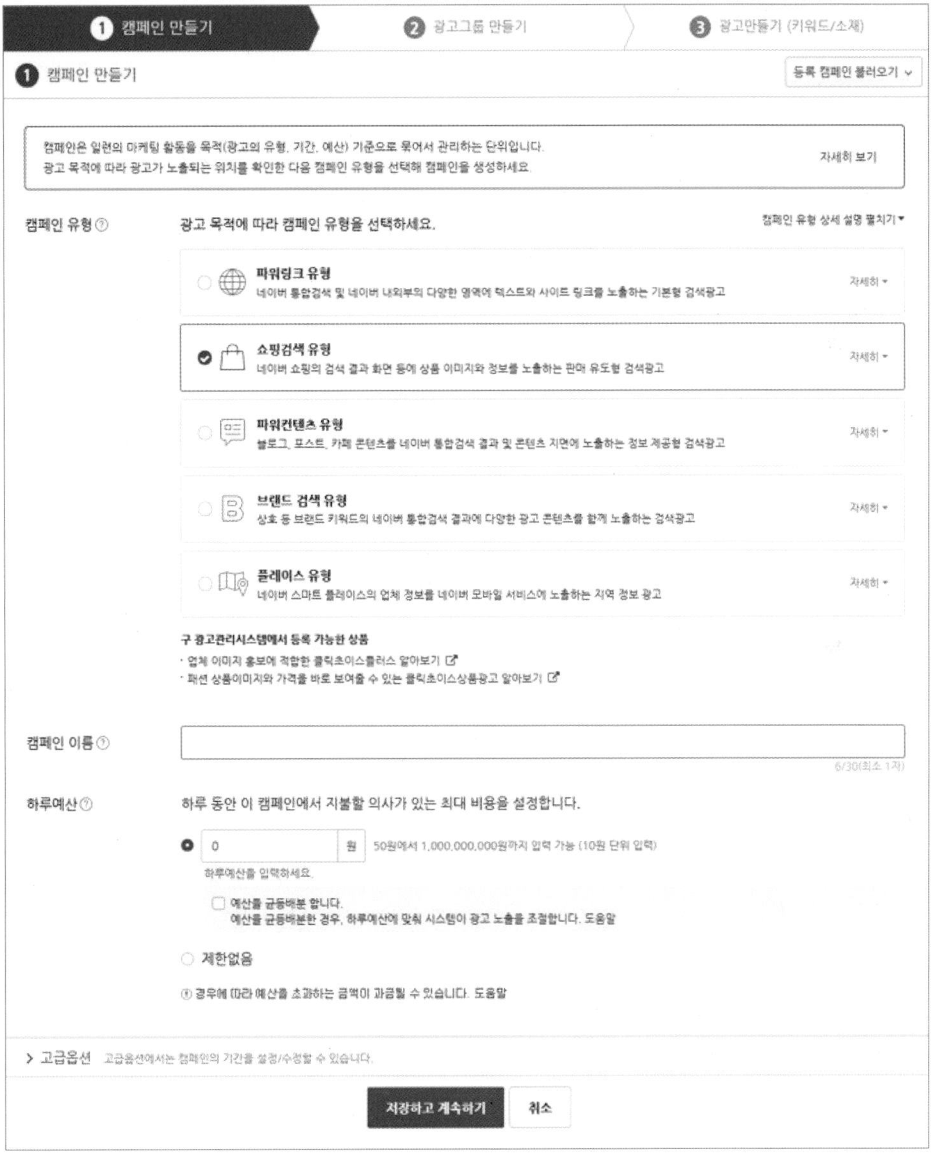

그림 4-4-07 '캠페인 만들기' 화면

❶ 캠페인 유형: '쇼핑검색 유형' 선택

❷ 캠페인 이름: 캠페인 이름을 1~30자 내에서 입력한다. 캠페인 이름은 광고시스템 내에서 관리를 위한 용도로 사용하는 이름이며, 실제 광고에 노출되지 않는다. 필자는 캠페인 이름을 '2020년 07월'처럼 날짜로 입력하거나 스토어명을 붙여 '해밀이네 2020년 07월'처럼 입력한다.

> **TIP** 만약 이미 만들어진 캠페인을 사용하고자 한다면, 우측 상단에 있는 [등록 캠페인 불러오기] 버튼을 눌러 캠페인을 선택하고, 바로 2단계 광고그룹 만들기로 이동할 수 있다.

❸ 하루 예산: 해당 캠페인에서 하루에 지불할 비용의 최대 금액을 설정하거나 제한 없이 광고를 노출할 수 있다. 하루 예산을 설정한 경우, 하루에 발생한 과금액이 설정된 금액에 도달하면 광고 노출이 중단된다. '예산을 균등하게 배분합니다.'를 선택하면 하루 예산을 균등하게 배분하여 광고 노출 빈도를 하루 동안 고르게 배분할 수 있다. 필자는 '제한없음'으로 한다.

❹ '저장하고 계속하기' 버튼을 눌러서 다음으로 넘어간다.

2단계: 광고그룹 만들기

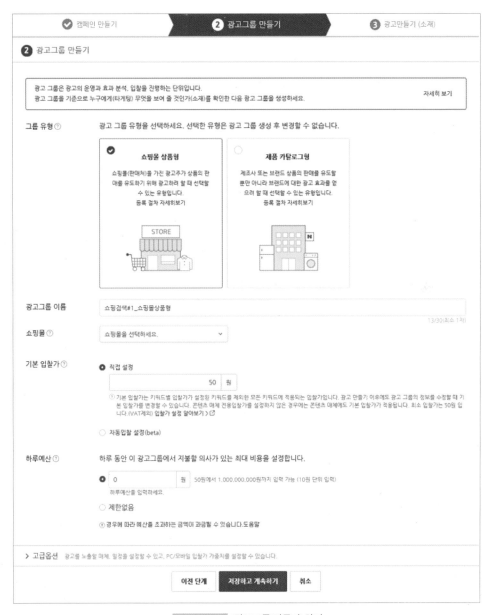

그림 4-4-08 '광고그룹 만들기' 화면

❶ 그룹 유형: '쇼핑몰 상품형'을 선택한다.

❷ 광고그룹 이름: 1~30자 내에서 입력한다. 광고그룹 이름은 광고시스템 내에서 관리를 위한 용도로 사용하는 이름이며, 실제 광고에 노출되지 않는다. 필자는 광고를 등록하는 날짜를 입력

한다. 예를 들어 '2020년 07월'이 캠페인이면 그 속에 '0701'이라는 광고그룹을 만들어서 날짜별로 관리하면 관리가 쉽다.

❸ 쇼핑몰 : 광고할 쇼핑몰을 등록하거나, 이미 등록된 쇼핑몰을 선택한다.

> **참고** 광고가 처음일 때는 네이버쇼핑 인증을 받아야 한다. 인증은 '쇼핑파트너센터 ID(네이버 ID)'를 입력하면 된다.

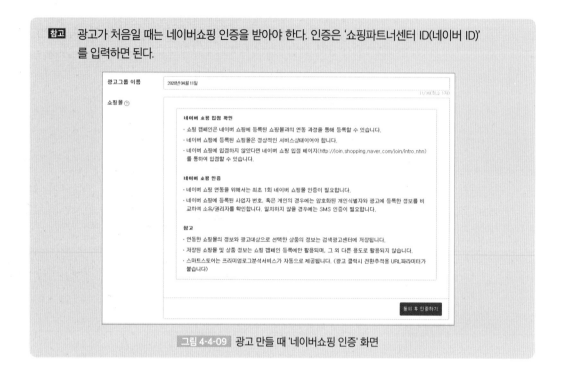

그림 4-4-09 광고 만들 때 '네이버쇼핑 인증' 화면

❹ 기본 입찰가: 해당 광고그룹 내 등록되는 상품(소재)에 동일하게 적용되는 입찰가다. 쉽게 말해 클릭당 얼마를 지출할 것인지 입력하는 것이다.

❺ 하루 예산: 하루 동안 광고그룹에서 지출 가능한 예산을 설정한다. 하루 예산을 설정하면 당일 해당 광고그룹에서 과금된 금액이 설정된 하루 예산보다 많아질 것으로 예상되는 시점에 해당 광고그룹의 상태를 '중지'로 전환하게 된다. 필자는 '제한없음'으로 설정한다.

> **주의** 광고그룹이 중지 상태로 전환되어도 광고그룹의 광고가 실제 통합검색 결과에서 제외되는 시점까지는 업데이트 주기 및 시스템 상황에 따라 시간이 소요될 수 있다. 따라서 광고그룹이 중지 상태가 되었더라도 광고는 일정 시간 동안 통합검색 결과에 노출되므로 해당 시간 동안 광고 클릭이 발생할 경우 과금이 발생하게 된다. 이러한 경우 실제 과금액은 설정한 하루 예산을 초과하여 과금될 수 있다.

❻ '저장하고 계속하기' 버튼을 누른다.

3단계 : 광고 만들기(소재)

네이버쇼핑에 등록된 상품을 검색하여 광고로 추가한다. 조회하는 방법은 3가지가 있다.

'상품 검색 및 소재 등록하기' 화면

❶ 상품명: 상품명을 검색하여 스마트스토어에 등록된 상품(소재)을 검색할 수 있다. 검색 시, 전체상품명 또는 상품명의 일부만 입력하여 검색할 수 있다.

　(e.g. 상품명이 '네이버 초록색 날개 모자'인 소재를 검색할 때, 전체 상품명 또는 '네이버 초록색'이라 검색하여 소재를 검색할 수 있다.)

❷ 카테고리: 네이버쇼핑 카테고리 또는 쇼핑몰 카테고리(스마트스토어 카테고리)를 통해 상품(소재)을 검색할 수 있다.

　(e.g. 네이버쇼핑에 등록한 모자 상품을 소재로 검색하고자 할 경우, [패션잡화 > 모자 > 일반캡] 카테고리를 선택하여 상품을 검색할 수 있다.)

❸ 상품ID: 쇼핑몰 상품ID 또는 네이버쇼핑 상품ID를 통해 상품(소재)를 검색할 수 있다.

> **TIP** '검색하기'를 누르면 최신등록순으로 전체 상품이 보인다.

네이버쇼핑에 서비스 중인 상품을 광고 소재로 등록할 수 있으며, 일부 카테고리 및 중고 상품은 검색이 제한된다.

상품군	상세
디지털/가전 (일부 카테고리 가능)	휴대폰, 카메라/캠코더 용품, 영상가전, 생활가전, 주방가전, 게임/타이틀, 음향가전, 이미지용가전, 계절가전, 노트북, 태블릿PC, PC, 모니터, 저장장치, PC주변기기, 자동차기기 등
면세	면세 대상 상품(의류, 화장품, 주얼리, 시계/기프트, 패션/잡화, 전자제품등)
해외사업자 쇼핑몰 상품	해외사업자가 소유/관리하는 쇼핑몰 등의 상품 중, 네이버 검색광고 기준 등에 따라 광고가 제한되거나 또는 쇼핑검색광고가 대응하지 않는 카테고리 해당 상품
중고/리퍼	중고 또는 리퍼 상품 (의류, 화장품, 주얼리, 시계/기프트, 패션/잡화, 전자제품 등)
일반도서/해외도서	소설, 시/에세이, 경제/경영, 자기계발, 인문, 역사/문화 등 도서상품 미성년자가 구매할 수 없는 상품 성인용품, 주류, 전자담배기기장치류 등

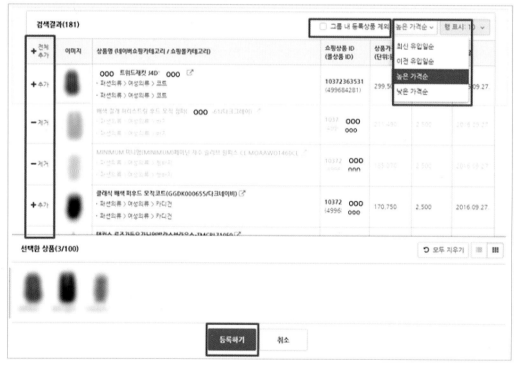

그림 4-4-11 '상품 검색 및 소재 등록하기' 검색 후의 화면

❹ 조회된 상품 왼쪽의 '+추가' 버튼을 클릭한다. 최대 100개의 상품을 한 번에 선택할 수 있으며, 선택된 상품은 아래에서 확인할 수 있다.

❺ 모두 선택하였다면 '광고 만들기'를 클릭

❻ 광고가 시작될 수 있도록 '네이버 광고'에서 비즈머니를 충전한다.

등록된 쇼핑몰 및 상품에 대해서 비즈머니 잔액이 있어야 검토가 진행되며, 검토는 통상적으로 1영업일 이내에 완료된다. 다만 게재 중인 상품 소재의 상품정보를 쇼핑몰에서 수정하는 경우, 변경된 상품정보가 네이버쇼핑에 반영된 이후 검토가 시작되므로 실제 상품정보 수정~광고반영(검토 완료)에 더 많은 시간이 소요될 수 있다. 또한 광고의 품질이나 법적 이슈에 대해 면밀한 검토가 필요한 경우는 최대 5영업일이 소요될 수 있다.

1) 확장 소재 추가하기

쇼핑검색광고의 확장 소재에서는 '톡톡과 추가 홍보 문구'를 등록할 수 있다. 톡톡은 캠페인 및 광고그룹 단위로 각각 1개씩, 추가 홍보 문구는 광고그룹 및 소재 단위로 각각 2개씩 등록할 수 있다. 확장 소재는 새로 입력하거나, 기존 확장 소재 불러오기를 통해 적용할 수 있다.

㉠ 네이버 톡톡

그림 4-4-12 상품 리스트에서 '네이버 톡톡' 버튼

그림 4-4-13 캠페인 - 확장 소재 '네이버 톡톡' 등록하는 경로

❶ '캠페인명' 클릭

❷ '확장 소재' 탭 클릭

❸ '+새 확장 소재' 클릭 후 '네이버 톡톡' 선택

❹ 새 확장 소재로 추가할 '네이버 톡톡'을 선택한 뒤 '저장 후 닫기'

알고가기!　**비즈채널 추가하기**

비즈채널이란?

비즈채널이란 웹사이트, 쇼핑몰, 전화번호, 위치정보, 네이버 톡톡, 네이버 예약 등 잠재적 고객에게 상품 정보를 전달하고 판매하기 위한 모든 채널을 의미하며 광고 집행을 하기 위해서는 캠페인 유형에 맞는 비즈채널을 반드시 등록해야 한다. 위탁판매에서는 쇼핑몰과 네이버 톡톡을 등록한다.

비즈채널의 추가는 광고시스템의 [도구 > 비즈채널 관리] 메뉴에서 [채널 추가] 드롭다운 목록 상자를 클릭하여 진행한다.

그림 4-4-14 비즈채널 추가하기

ⓒ 추가 홍보 문구

그림 4-4-15 추가 홍보 문구 - 네이버쇼핑 1위(네이버 톡톡 설정O)

그림 4-4-16 추가 홍보 문구 - 낫oo 미친수분로션 회원가 추가 SALE(네이버 톡톡 설정X)

추가 홍보 문구는 이벤트 또는 몰/상품 홍보 문구로, 총 2가지 문구(문구1/문구2)를 입력할 수 있다.

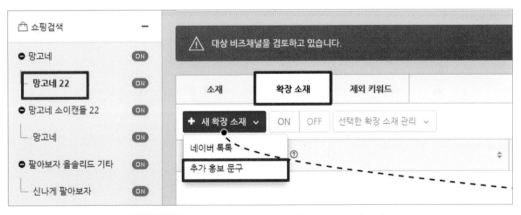

그림 4-4-17 광고그룹 - 확장 소재 '추가 홍보 문구' 등록하는 경로

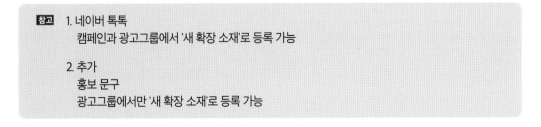

> **참고**　1. 네이버 톡톡
> 　　캠페인과 광고그룹에서 '새 확장 소재'로 등록 가능
>
> 　2. 추가
> 　　홍보 문구
> 　　광고그룹에서만 '새 확장 소재'로 등록 가능

❶ 캠페인 > 광고그룹 클릭

❷ '확장 소재' 탭 클릭

❸ '+새 확장 소재' 클릭 후 '네이버 톡톡' 또는 '추가 홍보 문구' 선택

❹ 노출되는 팝업창에서 홍보 문구를 입력한다.

그림 4-4-18 '추가 홍보 문구' 등록 화면

참고
1. 문구1(필수)은 최소 1자부터 10자까지 입력할 수 있다.

2. 문구2(선택)는 최대 30자까지 입력할 수 있다. 문구1과 문구2는 하나의 영역에 함께 노출되지 않으며, 노출 공간에 따라 둘 중 하나가 노출된다.

3. 문구1과 문구2의 노출은 해당 광고가 노출될 공간에 따라 제어되며, 별도 설정은 불가하다. 문구2 미입력 시에는 문구1이 기본으로 노출된다.

4. 1개 이상의 추가 홍보 문구를 등록하고, 요일/시간 등의 설정을 하지 않았을 때는 등록된 추가 홍보 문구가 번갈아가며 노출된다.

확장 소재로 등록된 '추가 홍보 문구' 또는 '네이버 톡톡'의 경우 등록된 단위 하위에 똑같이 노출된다. 예를 들어 광고그룹에 등록된 '추가 홍보 문구'는 해당 광고그룹에 등록된 상품 소재에 똑같이 반영된다. '추가 홍보 문구'는 홍보 전략에 따라 광고그룹 또는 상품 소재 단위로 입력할 수 있다.

2) 광고가 거부되는 실제 사례

NAVER 검색광고

소재
검토결과를 안내드립니다.

그림 4-4-19 광고가 거부되면 수신되는 이메일

광고를 등록하고 나서 영업일 기준으로 1~3일 후 '소재 검토결과를 안내드립니다.'라는 제목의 이메일이 온다면 광고가 거절되었다는 뜻이다. 여러 가지 사유가 있겠지만 가장 많이 거절되는 사유를 공유한다.

상품명	깊은 왕 대두 볼 캡 9색상
상품명(노출용)	깊은 왕 대두 볼 캡 9색상
카테고리	패션잡화 > 모자 > 야구모자 > 일반캡
상품이미지	

소재 검토 결과, 다음의 사유로 광고 승인이 거절되었습니다.

1. 이미지 내 텍스트가 기재된 경우 등록이 불가합니다. <u>더 알아보기 ></u>

그림 4-4-20 승인 거부 사례 - 이미지 내 텍스트가 기재된 경우

위드팬데믹 기초 이론 익히기

스마트스토어 오픈 준비하기

매출을 올리는 전략과 실습

특정에 최적화된 상품 등록 전략과 실습

상품 등록 후 CS하기

스마트스토어 운영 TIP!

참고 사이트

퇴근 후 투잡 계획을 세워보자!

이미지 안에 텍스트가 있다고 거절되는 경우가 제일 많다. 스마트스토어에서 상품을 등록할 때 일부러 눈에 띄려고 텍스트를 추가하다가 거절되거나 귀찮아서 이미지 편집을 안 하고 넘어가는 경우이다. 일부러 텍스트를 넣은 경우는 원본을 준비해놓았으니 광고 노출용 이미지를 텍스트가 없는 원본으로 교체해주면 된다.

상품명	내향성발톱 발톱파고들때 엄지발가락통증 내성발톱
상품명(노출용)	내향성발톱 발톱파고들때 엄지발가락통증 내성발톱
카테고리	생활/건강 > 발건강용품 > 발가락교정기
상품이미지	

소재 검토 결과, 다음의 사유로 광고 승인이 거절되었습니다.

1. 상품과 직접적인 관련이 없는 수식어로 무의미하게 반복나열되거나 동일 또는 유사한 문구를 반복하여 기재할 수 없습니다. (ex. 관련없는 상품의 용도, 상품 유형의 중복 나열, 동일 문구 반복 등)
더 알아보기 >

그림 4-4-21 승인 거부 사례 – 상품명에 동일한 단어가 많을 경우

이 상품의 상품명은 '내향성발톱 발톱파고들때 엄지발가락통증 내성발톱'이나. 선략상 일부러 이렇게 상품명을 만들기도 하고 초보 시절에 상품명 만드는 것이 익숙하지 않을 때도 이렇게 만들게 된다. 같은 단어가 세 번 들어가면 광고가 거절되니 스마트스토어에서 상품을 등록할 때 세 번 들어가는 단어가 없는지 확인해야 한다. 이 상품이 광고되길 원한다면 광고 노출용 상품명을 수정하면 된다.

3) 광고가 거부될 때 수정하는 방법

쇼핑검색광고에 노출되는 상품명과 상품 이미지는 네이버쇼핑에 등록한 상품정보를 수정하거나 광고시스템에서 '노출용 상품명/이미지'를 등록하여 쇼핑검색광고에서만 노출할 정보를 별도로 등록할 수도 있다.

그림 4-4-22 광고 수정 경로

❶ '네이버 광고'에 접속 후 '광고시스템'으로 이동

❷ 쇼핑검색광고 캠페인 > 쇼핑몰 상품형 광고그룹 > 소재 탭 클릭

❸ 노출용 상품명/노출용 이미지를 등록할 상품의 '상세보기' 클릭

❹ 이동된 페이지 상단에서 [수정] 버튼 클릭

그림 4-4-23 광고 수정 팝업창

노출용으로 등록한 상품명과 이미지는 1~2영업일 이내의 검토 과정을 거쳐 광고에 노출되며, 검토 시간 동안 광고 노출이 제한될 수 있다. 노출용으로 등록한 정보는 쇼핑검색광고 노출 시에만 반영되며, 네이버쇼핑의 상품정보에는 영향을 미치지 않는다.

> **주의** 상품의 판매가격, 배송비 등의 개별 정보는 네이버쇼핑 파트너존에서 수정해야 한다.

4-3 광고비 아끼는 꿀팁

쇼핑검색광고는 노출할 상품의 정보를 기반으로 연관키워드가 자동으로 매칭되어 해당 키워드의 검색 결과에 노출되는 방식이다. 따라서 상품명/카테고리 기타 정보들과 연관된 다수의 키워드에 광고가 노출되므로 자동 매칭된 키워드 중 광고노출을 제한하고 싶은 키워드는 '제외 키워드'로 등록하여 관리할 수 있다. 제외 키워드 설정은 광고 의도와 다른 키워드이거나, 비용 대비 효율이 적다고 판단될 때, 또는 노출/클릭이 지나치게 많아 CPC 과금이 급격하게 증가할 때 등 광고 노출을 원하지 않을 때에 사용하는 기능으로 해당 검색어를 제외 키워드로 등록하여 광고 노출을 제한할 수 있다. 필자의 경우 광고를 2주간 노출시켜 보고 효율이 낮은 것을 제외 키워드로 등록한다. 제외 키워드 설정은 최대 70개까지 가능하며 설정한 제외 키워드 수정이 필요할 때는, 삭제 후 재등록할 수 있다.

그림 4-4-24 '광고 그룹'에서 '제외 키워드' 메인 화면

❶ 제외 키워드 설정이 필요한 광고그룹 또는 소재상세(상품정보) 페이지에서 '제외 키워드' 탭을 클릭

(같은 광고그룹에 등록된 모든 소재에 같은 제외 키워드를 설정하는 경우: '캠페인 > 광고그룹 > 소재 목록' 페이지에서 '제외 키워드' 탭 클릭)

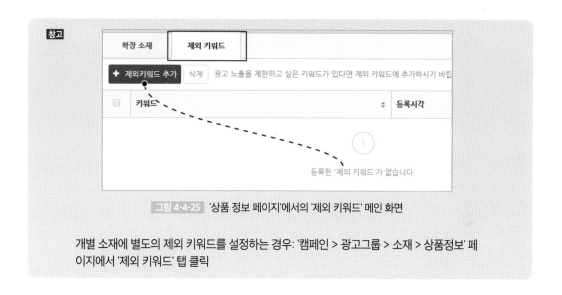

그림 4-4-25 '상품 정보 페이지'에서의 '제외 키워드' 메인 화면

개별 소재에 별도의 제외 키워드를 설정하는 경우: '캠페인 > 광고그룹 > 소재 > 상품정보' 페이지에서 '제외 키워드' 탭 클릭

❷ 키워드 선택: 팝업창의 하단 '최근 30일 기간의 키워드' 목록에서 제외 키워드로 추가할 키워드를 선택한다.
❸ 선택 후 [저장 후 닫기] 버튼 클릭

제외 키워드로 저장된 키워드는 광고 노출이 안 되며 광고비가 지출되지 않는다.

노출 제외 키워드 추가

노출 제외 키워드 추가 〔도움말〕

광고 노출을 원하지 않는 키워드를 설정할 수 있습니다.
상품이 노출되었던 검색키워드를 참고하여 제외 키워드에 추가하세요.

선택한 키워드 (0/70)	↻ 모두 지우기

키워드를 한줄에 하나씩 입력 하세요.

이미 등록한 키워드 0 개 / 새로 등록한 키워드 0 개

2017-08-29 ~ 2017-09-27 기간의 키워드 〔다운로드〕

+전체추가	키워드(검색어) ⇅	노출수 ⇅	클릭수 ⇅	총비용(VAT포함) ⇅	직접전환율(%) ⇅
+추가	░░░░░	191	3	165원	0.00%
+추가	░░░░	187	2	110원	0.00%
+추가	░░░░░	179	11	605원	0.00%
+추가	░░░░░░	179	4	220원	0.00%
+추가	░░░░░░░	167	13	715원	0.00%
+추가	░░░░░░	166	1	55원	0.00%

« ‹ 1 2 3 **4** 5 6 7 8 9 10 › »   행 표시: 10 ∨

· 등록한 제외 키워드와 일치하는 키워드에 한해서만 노출이 제한됩니다.
· 제외 키워드에 등록하더라도, 카테고리 검색 등 검색 키워드 없이 노출되는 케이스에는 노출될 수 있습니다.
· 카테고리 검색 등 검색 키워드가 없는 경우 노출을 원치 않으시면 '검색어 없는 경우 광고 노출 제외' 기능으로 광고 노출 제한할
  수 있습니다.
· 데이터가 집계되는 기준 시간 이전에 노출된 광고가 기준 시간 이후에 클릭되면 노출수는 0이지만 클릭수는 1 이상일 수 있습니
  다. [자세히보기]

〔 저장 후 닫기 〕 〔 취소 〕

그림 4-4-26 '제외 키워드' 팝업창

05

상품 등록 후
CS하기

1 첫 주문이 들어왔다! 발주 넣자!

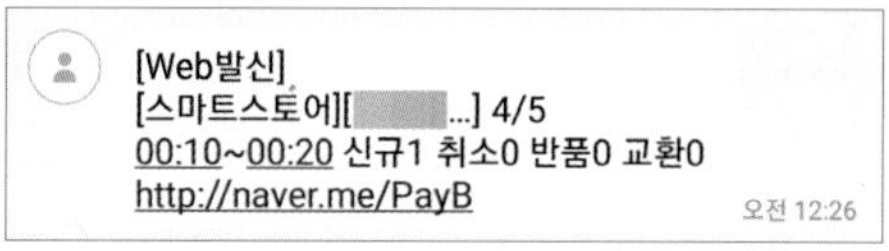
[Web발신]
[스마트스토어][...] 4/5
00:10~00:20 신규1 취소0 반품0 교환0
http://naver.me/PayB
오전 12:26

그림 5-1-01 주문이 들어오면 약 10분 후 문자가 수신된다

띠링~ 문자가 왔다. 신규주문이 들어왔다는 문자다. 고객이 주문하고 대략 10분 후 문자가 도착한다. 갑자기 심장이 빨리 뛰기 시작하고 나의 머리와 두 손은 어쩔 줄을 모른다. 취소하면 어떻게 하나 마음이 급해진다. 하지만 침착하자. 주문 후 바로 취소하는 고객은 드물다. 심호흡을 하며 발주를 넣으러 가보자.

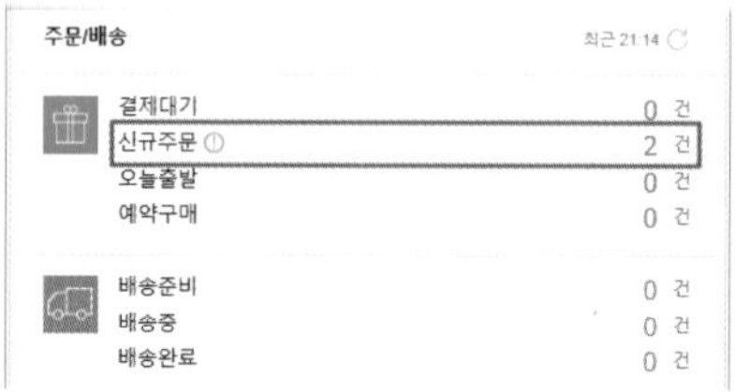
주문/배송
최근 21:14
결제대기 0 건
신규주문 2 건
오늘출발 0 건
예약구매 0 건
배송준비 0 건
배송중 0 건
배송완료 0 건

그림 5-1-02 스마트스토어 판매자센터 메인화면 - 신규주문 2건

스마트스토어 판매자센터에 들어가면 신규주문 옆에 숫자가 떴다. 숫자를 누르면 주문 확인 창으로 이동을 한다. 2건이 들어와서 기쁘겠지만 사실은 한 사람이 옵션 2개를 산 것이다. '피오니부케향'과 '라벤더부케향'을 구매했다. 주문번호를 보면 똑같은 것을 알 수 있다. 이럴 때는 따로따로 발주하는 것이 아니라 한 번에 해야 한다.

그림 5-1-03 주문창에서 '판매자 상품코드' 복사하기

❶ 주문창에서 '판매자 상품코드' 클릭 후 Ctrl+c (복사)

CH1500891

그림 5-1-04 온채널 검색창에 붙여넣기

그림 5-1-05 상품코드로 검색한 결과

❷ '온채널' 접속

❸ 온채널 검색창에 Ctrl+v (붙여넣기) 후 상품코드 뒤의 날짜를 지워준 뒤 검색

❹ 내가 판매한 상품을 클릭

그림 5-1-06 '마감시간'과 '발주하기' 화면

❺ 마감시간 확인 후 '발주하기' 클릭

'판매신청하기'가 안 되어있으면 '발주하기'가 눌리지 않는다.

그림 5-1-07 옵션과 수량 입력

이제부터 집중해야 한다. 나중에 고객 클레임이나 배송 문제가 생길 수 있기 때문이다. 모니터 왼쪽에 스마트스토어 판매자센터를 띄우고 오른쪽에 온채널을 띄워 놓고 옵션과 수량을 선택한다.

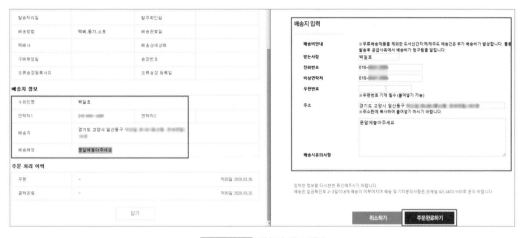

그림 5-1-08 배송지 정보 입력

❻ '스마트스토어 판매자센터'에서 '상품주문번호' 선택

❼ 배송지 정보를 확인
(손으로 입력하지 말고 복사해서 붙여넣도록 한다. 손으로 입력하면 오타가 생길 수 있다.)

❽ 우편번호는 생략할 수 있다. PC에서는 우편번호가 안 보이는데 모바일에서는 보인다.
(필자는 모바일로 주문을 확인하고 모바일로 발주를 넣는다. 그 때는 우편번호를 넣어주고 있다.)

❾ 배송지 정보를 다 넣었으면 '주문완료하기' 클릭

그림 5-1-10 완료 팝업창

그림 5-1-09 발주 전 내용 확인

❿ 내용을 꼼꼼하게 확인 후 '완료'

제품/옵션선택

주문방법 : 제품선택 → 수량입력 → 추가하기(클릭)

애경 로샤트라 건조기시트 라벤더부케 400매(3,960)원   1EA
애경 로샤트라 건조기시트 피오니부케 400매(3,950)원   3EA

총입금액   18,300 원
배송여부   선불
포인트사용여부   사용포인트 : 18,300 / 남은포인트 : 105,350
결제방법   무통장입금 → 국민은행 292501-01-192328 예금주 : (주)온채널

배송지 입력

받는사람   백일호
전화번호   010-****-****
비상연락처   010-****-****
우편번호   -
주소   경기도 고양시 일산동구 ████████ ████

문앞에놓아주세요

배송시유의사항

주문이 완료되었습니다. 입력한 정보를 다시한번 확인해주시기 바라며,
배송은 입금확인후 2~3일이내에 배송이 이루어지며 배송 및 기타문의사항은 온채널 02) 3473-1157로 문의 바랍니다.

[마이페이지]   [제품목록]   [재주문하기]

그림 5-1-11 '재주문하기'를 누르면 같은 상품의 발주 화면이 나온다

만약 같은 상품을 또 발주 넣어야 한다면 '재주문하기'를 누르면 된다.

전체보기	입금확인(0)	배송준비중(1)	배송완료	주문취소	반품/교환

주문코드 주문일자 공급사주문확인일자 제품코드	상품명 이미지/옵션/수량	가격(원)	받는사람 연락처	배송상태 마감/발송처 운송장번호	상세/취소/요청
GO_100████_███ 2020-03-26 21:44:32 [미확인중(취소가능)] CH1500891	애경 로샤트라 건조기시트 400매 (애경 로샤트라 건조기시트 피오니부케 400매) (3개) 애경 로샤트라 건조기시트 400매 (애경 로샤트라 건조기시트 라벤더부케 400매) (1개)	18,300원 포인트사용	백일호 010-███ 010-███	배송준비중 오후 1시30분/밴더 사/2~3일 선불	상세 보기 주문 취소 공급사 요청 하기

그림 5-1-12 공급사에서 확인 전 화면

발주를 넣자마자 보이는 마이페이지 화면이다. 왼쪽 '미확인중(취소가능)'은 아직 공급사에서 확인을 안 했다는 뜻이다. 이 상태에서 주문 취소를 누르면 승인 없이 바로 취소할 수 있다.

그림 5-1-13 발주 넣은 후 '발주확인' 버튼 누르기

❶❶ 스마트스토어 판매자센터로 돌아와서 발주 넣은 주문 건 선택

❶❷ '발주확인'을 누른다.

그림 5-1-14 '발주확인' 완료 팝업창

TIP **발주 완료 후 '발주확인' 꼭 누르기!**

'발주확인'을 누르지 않으면 판매자(나)의 확인 없이 고객이 바로 취소할 수 있다. 고객은 취소
하였지만 판매자는 온채널에 발주를 넣었으므로 상품이 고객에게 발송되는 경우가 생긴다. 반
대로 '발주확인'을 누르면 고객이 취소할 때 판매자에게 확인을 받아야 한다. 판매자가 취소 수
락을 해야만 주문을 취소할 수 있다. 그렇기에 발주를 넣은 뒤 바로 발주확인을 해야 하는데 고
객이 취소할까봐 마음이 급해져서 '발주확인'을 누르고 온채널에서 발주를 한다. 그렇게 되면
온채널에서 상품이 품절일 때 고객에게 연락해야 하는 난감한 경우가 생기고 주문건 중에서 어
떤 상품을 발주 넣었나 안 넣었나 구분할 때 시간이 들어가니 스트레스를 줄이기 위하여 먼저
발주를 넣고 즉시 '발주확인'을 누르면 편하게 운영할 수 있다. '취소하면 어떻게 하지?'라며 초
조해할 경우 실수가 생기고 스트레스를 받는다. '취소할 고객은 취소해라.' 이런 마인드로 운영
하면 스트레스를 줄일 수 있다.

그림 5-1-15 '신규주문 2건'이 '배송준비 2건'으로 이동

신규주문에 있던 2건이 '발주확인'을 누르고 나서 배송준비로 이동했다. 이때 고객에게는 '배송준비중'으로 보인다.

그림 5-1-16 공급사 발주 확인(초록색 시간) 및 송장번호 확인

이 상품의 마감시간은 13시 30분이다. 마감시간에서 약 1~2시간 이후에 확인하면 택배사와 운송장 번호가 보인다. 필자는 초반에 매시간마다 운송장 번호를 확인했는데 주문건이 많아지면서 매시간 발주 넣고 운송장 번호 입력하기가 쉽지 않았다. 지금은 모든 공급사가 마감을 하는 18시 이후에 한 번에 확인하여 스마트스토어에 입력한다. 운송장 번호는 퇴근 후 집에 가는 길에 핸드폰으로 넣으면 된다. 생각해 보면 운송장 번호 입력이 느리다고 항의하는 고객은 거의 없었다.

공지사항에 운송장 번호는 18시 이후 입력된다고 고지하여서 그렇다. 항의하더라도 '상품이 이미 발송되었고 운송장 번호를 18시 이후에 일괄적으로 입력합니다.'라고 말씀드리면 수긍하신다.

그림 5-1-17 '배송준비 2건' 클릭

그림 5-1-18 송장번호 입력 화면

운송장 번호가 확인되면 '스마트스토어 판매자센터'에서 배송준비 2건을 눌러 주문창으로 접속한다. 운송장 번호 입력할 상품을 체크한 뒤 택배사와 운송장 번호를 입력한다. '선택건 적용'을 누르면 선택한 상품에 모두 적용된다. 운송장 번호가 같을 경우 이렇게 입력하면 간단하다. 각각 입력해야 한다면 성함 옆 송장번호 입력하는 곳에 붙여넣으면 된다.

> **TIP** 주문건이 많을 때는 모니터 중간을 기준으로 왼쪽에 스마트스토어 판매자센터, 오른쪽에 온채널을 띄워 놓는다. 온채널에서 운송장 번호를 복사하고 고객 성함 옆 송장번호에 붙여넣기를 반복한다. 마지막으로 전체 선택 후 발송 처리하면 끝난다.

그림 5-1-19 송장번호 입력 건수 확인　　　　**그림 5-1-20** 발송처리 완료 팝업창

그림 5-1-21 '배송준비 2건'이 '배송중 2건'으로 이동

그림 5-1-22 고객에게 자동으로 발송되는 '네이버 톡톡' – 상품 발송시작 메시지

운송장 번호를 넣는 순간 '배송준비 2건'이 '배송중 2건'으로 이동하면서 고객에게 '네이버 톡톡'으로 발송 메시지가 간다. 여기까지가 발주 과정이다.

<발주 과정 정리!>

① 주문확인- '판매자 상품코드' 복사하여 온채널 검색창에 붙여넣기
② 발주 넣기- 스마트스토어 판매자센터 화면과 비교하여 상품 옵션 및 배송지 정보 넣기
③ 발주확인- 스마트스토어 판매자센터에서 '발주확인' 버튼 누르기
④ 운송장 번호 넣기- 공급사 마감 시간 이후 운송장 번호를 확인하여 복사하기
⑤ 발송처리- 스마트스토어 판매자센터에서 운송장 번호 입력 후 '발송처리'하면 끝!

위탁판매 기초 이론 익히기

스마트스토어 오픈 준비하기

매출을 올리는 전략과 실습

특정에 최적화된 상품 등록 전략과 실습

상품 등록 후 CS하기

스마트스토어 운영 TIP!

참고 사이트

퇴근 후 돈 별 계획을 세워보자!

2 걱정 없는 취소/교환/반품 처리 전략

2-1 취소 처리하기

1) 품절로 취소할 때

홈 > 식품/농축산물 > 수산물 > 수산물

바다포도

추천키워드 [키워드복사]
#바다포도 #우미부도 #그린캐비어 #옥덩굴 #asmr먹방 #해조 #이색음식

제품명	바다포도
제품코드	CH1522997
공급업체분류	벤더사
공급사페이지	공급사 B2B센터

소비자가	9,900원
판매자공급가	판매자 공급가 보기 (VAT포함)
가격준수분류	가격준수

배송비/택배사	일반 2,500원 제주도 3,000원 도서산간 6,000원 / CJ 대한통운
마감/발송처/기간	오후 1시 / 판매자 / 당일발송가능

제품상태	품절
입점일자	2019-12-05

:: 판매신청중   :: 발주하기

DOWNLOAD 1000×1000 마우스 올릴시에는 이미지를 자세히 볼 수 있으며 클릭시에는 이미지를 다운받으실 수 있습니다.

그림 5-2-01 온채널에서 확인할 수 있는 '품절' 상태

주문이 들어와서 기분이 좋았는데 온채널에서 발주를 넣으려고 보니 품절이라고 한다. 기운이 빠질 수 있지만 조금의 희망을 가지고 입고일이 언제인지 확인하여야 한다.

먼저 공급사가 품절 처리를 하면서 남긴 코멘트는 없는지 확인해보자.

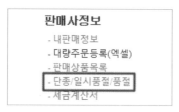

그림 5-2-02 온채널 마이페이지 -
'단종/일시품절/품절'

❶ 온채널 > 로그인 후 마이페이지 접속
❷ '판매사정보' 탭에서 '단종/일시품절/품절' 선택
❸ 제품코드로 검색

그림 5-2-03 품절 코멘트

공급사에서 코멘트를 남겼다. 코로나 19로 인해 수입이 어려운 상황이라고 한다. 지금은 일정이 나왔는지 공급사로 문의해보자.

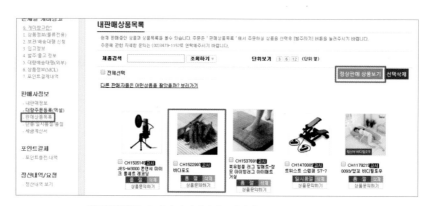

그림 5-2-04 온채널 마이페이지 - 판매상품등록(상품문의하기)

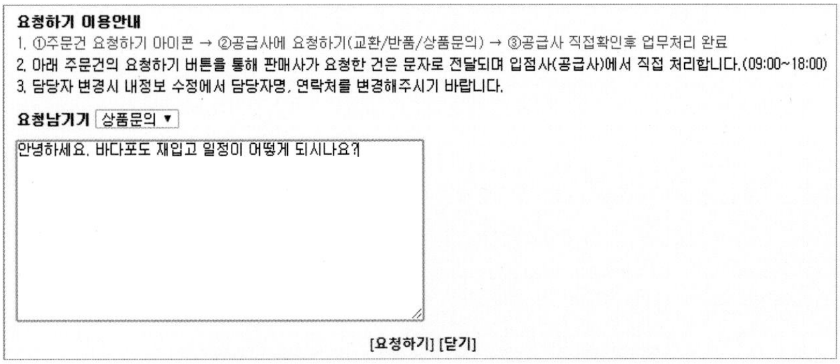

요청하기 이용안내
1. ①주문건 요청하기 아이콘 → ②공급사에 요청하기(교환/반품/상품문의) → ③공급사 직접확인후 업무처리 완료
2. 아래 주문건의 요청하기 버튼을 통해 판매사가 요청한 건은 문자로 전달되며 입점사(공급사)에서 직접 처리합니다.(09:00~18:00)
3. 담당자 변경시 내정보 수정에서 담당자명, 연락처를 변경해주시기 바랍니다.
요청남기기
상품문의
안녕하세요. 바다포도 재입고 일정이 어떻게 되시나요?
[요청하기] [닫기]

그림 5-2-05 '상품문의하기'를 통해 문의 글을 남긴다

마이페이지 > 판매상품 목록에 들어가 우측 상단 '품절 상품보기'를 클릭하고 제품코드로 검색한다. 해당 상품 사진 아래 '상품문의하기'를 눌러 문의 글을 남긴다.

상품정보
이미지
상품명
2020-01-08 15:46:31
요청내용
2020-02-11 12:12:19
안녕하세요. 해당제품 재입고일정이 어떻게 되시나요?
2020-02-11 14:38:08
죄송합니다 현재 재입고 일정은 없는 상태입니다. 불편드려 죄송합니다.
파일첨부하기
답변 남기기

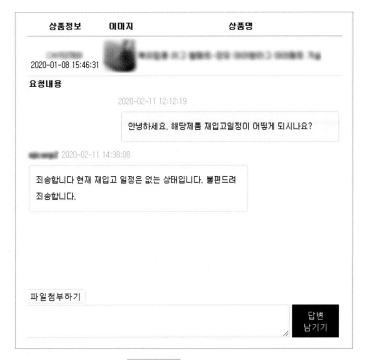

그림 5-2-06 공급사의 답변

[그림 5-2-06]의 메시지는 바다포도와 다른 상품이긴 하지만 만약에 위에 보이는 메시지처럼 공급사에서 재입고 일정이 없다고 한다면 판매 취소를 해야 하는데 취소 처리하기 전 반드시 고객에게 이 내용을 전달하도록 하자.

그림 5-2-07 스마트스토어 판매자센터 주문창 – 판매취소

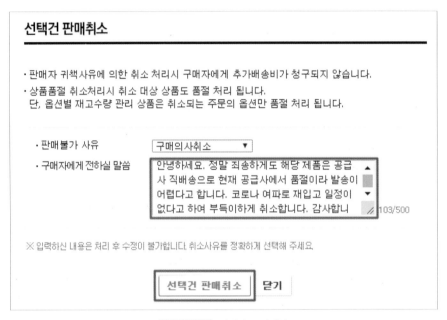

그림 5-2-08 '판매취소' 팝업창

주문창에서 주문건을 선택하고 '판매취소'를 클릭한다. '판매불가 사유'를 '상품품절'로 선택하고 내용을 기재하는데 '판매불가 사유'를 '상품품절'로 선택하면 페널티 2점을 받는다. 내용 작성이 완료되었다면 '선택건 판매취소'를 누르면 된다.

TIP　**＜공급사에서 재입고 일정이 있다고 할 때＞**

그림 5-2-09 고객의 취소 요청시 - 판매취소

그림 5-2-10 고객이 기다린다고 할 때 - 발송지연

고객에게 '톡톡'이나 '문자'로 [공급사에서 직배송하는 상품인데 정말 죄송하게도 현재 품절이다. 0월0일에 재입고되어 발송 예정인데 일정 괜찮은가?]라는 내용을 잘 적어서 연락 드린다.

• 취소해달라고 할 경우

주문창에서 '판매취소'를 눌러 '구매의사취소'로 설정하고 내용을 적은 뒤 '선택건 판매취소' 한다.

• 기다린다고 할 경우

발송기한을 90일 뒤로 설정하고 '발송지연 상세사유'에 '유선상 안내드린 대로 0월0일 재입고 후 발송 예정입니다.'라고 작성한다. 작성했다면 '발송지연 안내하기'를 누른다.

2) 공급사 확인 전 고객의 취소 요청

발주를 넣었는데 취소 문자가 왔다면 빠르게 온채널로 들어가서 발주 건의 상태를 확인한다.

그림 5-2-11 공급사 확인 전 온채널 발주목록

좌측에 빨간 글씨로 '미확인중(취소가능)'이라고 적혀 있다. 공급사에서 확인하기 전이라서 '주문취소'를 누르면 바로 취소된다.

그림 5-2-12 취소 완료 안내창

그림 5-2-13 취소 완료되었을 때 발주목록

취소가 완료되었다. 스마트스토어 주문창에서 고객의 취소 요청을 수락하면 처리가 끝난다.

3) 공급사 확인 후 고객의 취소 요청

그림 5-2-14 공급사 발주 확인 및 운송장 번호 등록 전(배송준비중)

좌측에 초록색으로 날짜와 시간이 기재되어 있다. 공급사에서 확인한 시간이다. '주문취소'를 눌러서 취소를 요청한 뒤 답변을 기다려야 한다. 취소가 된다면 자동으로 취소 처리된다. 이미 발송해서 취소가 안 된다면 요청함으로 쪽지가 올 것이다.

4) 운송장 번호 생성 후 고객의 취소 요청

그림 5-2-15 공급사 발주 확인 및 운송장 번호 등록 후(발송완료)

고객이 취소 요청을 하였는데 온채널에 운송장 번호가 있다면 '공급사요청하기' 또는 '반품/교환/누락' 버튼을 통해 공급사로 빠르게 문의하여 취소할 수 있는지 확인해야 한다. 운송장 번호가 있다고 하더라도 택배기사님이 상품을 가지고 나가기 전에는 취소가 될 수 있어서이다. 취소가 된다고 하면 공급사에서 취소 처리해줄 것이고 취소가 안 되면 고객에게 이미 발송되어 반품만 할 수 있다고 안내해주면 된다. 안내 후 주문창에서 '취소거부'를 누른다.

알고가기! 취소 거부 처리

취소를 거부할 때에는 운송장 번호를 입력해야 한다. 공급사에서 받은 운송장 번호를 입력하자!

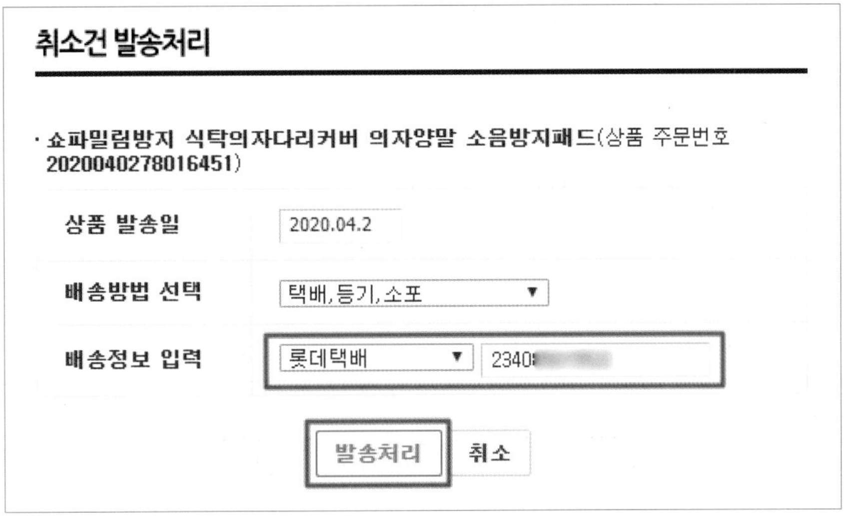

취소건 발송처리

· 쇼파밀림방지 식탁의자다리커버 의자양말 소음방지패드(상품 주문번호 2020040278016451)

상품 발송일	2020.04.2
배송방법 선택	택배, 등기, 소포 ▼
배송정보 입력	롯데택배 ▼　2340█████

발송처리　취소

그림 5-2-16 '취소 거부' 팝업창 – 운송장 번호 입력 화면

2-2 교환 처리하기

그림 5-2-17 교환 접수 화면

교환 접수가 들어오면 자동으로 '교환보류'가 설정된다. 교환배송비 때문이다. '상품주문번호'를 눌러서 교환배송비를 어떻게 결제하기로 했는지 확인한다.

교환보류 해제

- 교환 정보를 확인 후 교환보류 해제 해주시기를 부탁 드립니다.
- 교환 보류 해제시 고객에게 청구된 교환비용이 취소됩니다.
- 교환 배송비용 재설정이 필요할 경우, 해제 후 다시 '교환보류 설정' 해주세요.

교환 정보

상품 주문번호 : 2020■■■■■■■■■■			
상품명	건조기 섬유유연제 옵션 > 옵션선택: 피오니부케 40매		
상품주문금액	10,350원	배송비 합계	0원
교환 요청일	2020.03.31 00:23:42	교환 요청자	구매회원
교환 사유	색상 및 사이즈 변경		
교환상세사유	피오니부케를 라벤더부케로 바꿀게요 교환해주세요		
수거방법			
보류 사유	교환배송비 청구		
교환배송비	3,000원	결제방법	판매자에게 직접 송금 하거나 상품에 동봉

교환보류 해제

그림 5-2-18 상품 주문 번호 – 교환배송비 결제방법 확인

테스트용이라 교환배송비가 3,000원으로 되어있지만 판매자가 6,000원으로 설정했다면 6,000원으로 보인다. 고객이 교환배송비의 결제방법을 '판매자에게 직접 송금하거나 상품에 동봉'으로 선택했다. 상품동봉은 공급사가 처리하기가 까다롭고 우리도 까다롭기에 고객과 연락하여 계좌로 받으면 된다. 반드시 교환배송비를 먼저 받고 교환 접수를 진행한다. 교환 사유도 꼭 확인해야 한다. 사유에 따라서 교환배송비가 고객 부담인지 공급사의 부담인지 달라지기 때문이다. 만약 불량이나 오배송처럼 공급사의 귀책사유일 경우에는 고객에게 꼭 사진을 요청해야 한다. 일부 고객은 배송비를 부담하기 싫어서 단순변심임에도 불량이나 오배송으로 사유를 선택할 때가 있다. 정말 불량이나 오배송이라면 고객은 기꺼이 사진을 보내준다. 사진을 받아 공급사로 교환을 요청할 때 첨부하면 된다.

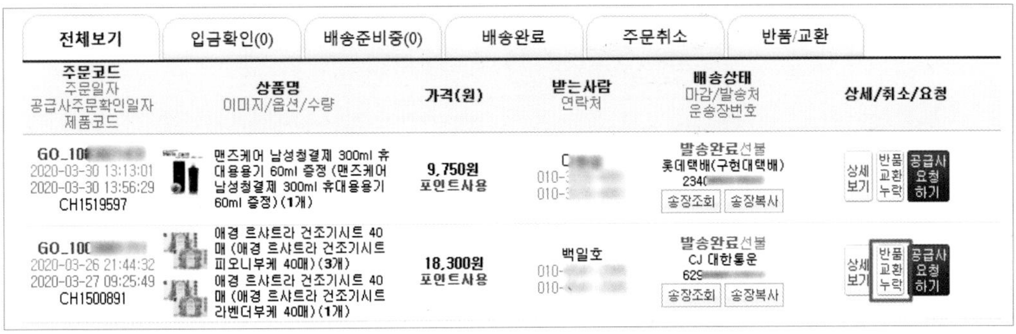

그림 5-2-19 온채널 마이페이지 - 교환건(반품/교환/누락)

온채널에서 교환 접수가 들어온 주문건을 찾아서 '반품/교환/누락' 버튼을 누른다. 교환 사유를 선택한 뒤 요청 내용을 적어준다. 요청 내용을 작성할 때는 고객이 왜 교환 접수를 하셨는지 사유를 적은 후 어떤 옵션에서 어떤 옵션으로 교환을 원하는지도 적는다.

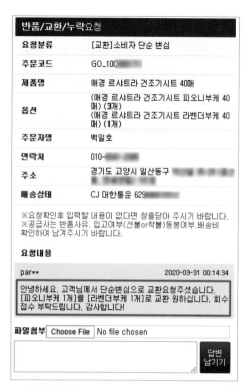

반품/교환/누락요청	
요청분류	[교환]소비자 단순 변심
주문코드	GO_100▓▓▓
제품명	애경 르샤트라 건조기시트 40매
옵션	(애경 르샤트라 건조기시트 피오니부케 40매)(3개) (애경 르샤트라 건조기시트 라벤더부케 40매)(1개)
주문자명	백일호
연락처	010-▓▓▓-▓▓▓
주소	경기도 고양시 일산동구 ▓▓▓ ▓▓ ▓▓ ▓▓
배송상태	CJ 대한통운 629▓▓▓▓▓▓

※요청확인후 입력할 내용이 없다면 창을닫아 주시기 바랍니다.
※공급사는 반품사유, 입고여부(선불or착불)동봉여부,배송비
확인하며 남겨주시기 바랍니다.

요청내용

par**	2020-03-31 00:14:34

안녕하세요. 고객님께서 단순변심으로 교환요청주셨습니다.
[피오니부케 1개]를 [라벤더부케 1개]로 교환 원하십니다, 회수
접수 부탁드립니다, 감사합니다!

파일첨부 [Choose File] No file chosen

[   ] [답변
남기기]

그림 5-2-20 교환 사유 선택 및 자세한 내용 입력

전체보기	입금확인(0)	배송준비중(0)	배송완료	주문취소	반품/교환

주문코드 주문일자 공급사주문확인일자 세품코느	상품명 이미지/옵션/수량	가격(원)	받는사람 연락처	배송상태 마감/발송처 을송장번호	상세/취소/요청
GO_100▓▓▓	애경 르샤트라 건조기시트 40매 (애경 르샤트라 건조기시트 피오니부케 40매)(3개) 애경 르샤트라 건조기시트 40매 (애경 르샤트라 건조기시트 라벤더부케 40매)(1개)	18,300원	백일호 010-▓▓▓-▓▓▓	**반품/교환처리중** 반품/교환 등록 신청되었습니다. 공급사 확인후 답변남길시 New 버튼이 활성화 됩니다. 선불 CJ 대한통운 629686572512 [송장조회] [송장복사]	[상세보기] [반품교환보기] [요청하기]
GO_100▓▓▓ 2020-03-3▓ 2020-03-3▓ CH15▓▓	맨즈케어 남성청결제 300ml 휴대용용기 60ml 증정 (맨즈케어 남성청결제 300ml 휴대용용기 60ml 증정)(1개)	9,750원 포인트사용	010-▓▓▓ 010-▓▓▓	**발송완료선불** 롯데택배(구현대택배) 2340▓▓▓▓ [송장조회] [송장복사]	[상세보기] [반품교환누락] [공급사요청하기]
GO_100▓▓▓ 2020-03-2▓ 2020-03-2▓ CH15▓▓	애경 르샤트라 건조기시트 40매 (애경 르샤트라 건조기시트 피오니부케 40매)(3개) 애경 르샤트라 건조기시트 40매 (애경 르샤트라 건조기시트 라벤더부케 40매)(1개)	18,300원 포인트사용	백일호 010-▓▓▓ 010-▓▓▓	**반품/교환처리중** 반품/교환 등록 신청되었습니다. 공급사 확인후 답변남길시 New 버튼이 활성화 됩니다. 선불 CJ 대한통운 629▓▓▓ [송장조회] [송장복사]	[상세보기] [반품교환보기] [공급사요청하기]

그림 5-2-21 접수 완료 - '반품/교환 처리중'

접수가 완료되면 '반품/교환처리중'으로 배송 상태가 바뀐다.

위탁판매 기초 이론 익히기
스마트스토어 오픈 준비하기
매출을 올리는 전략과 실습
틈새에 최적화된 상품 등록 전략과 실습
상품 등록 후 CS하기
스마트스토어 운영 TIP!
참고 사이트
퇴근 후 돈 버는 계획을 세워보자

그림 5-2-22 공급사 답변이 도착할 때 - '반품/교환 처리중 NEW'

공급사에서 답변을 달면 'NEW'라는 마크가 생긴다. '반품교환보기' 버튼을 누른 후 내용을 확인한다.

보통의 공급사는 상품 회수 후 재발송하는데 이 공급사는 맞교환으로 진행한다. 맞교환은 기간이 오래 걸리지 않아서 판매자 입장에서 정말 좋은 방식이다. 운송장 번호를 적어주는 것도 흔치 않다. 이제 고객이 상품 교환을 마칠 때까지 기다리면 된다. 일반 쇼핑몰은 교환할 물건이 도착하면 '수거 완료 처리'를 하고 새로 발송한 운송장 번호를 3일 안에 넣어야 하는데 우리가 직접 발송하는 게 아니다 보니 지연될 수 있어서 교환을 마치고 난 뒤 '수거 완료 처리'와 '교환 재배송처리'를 한 번에 한다.

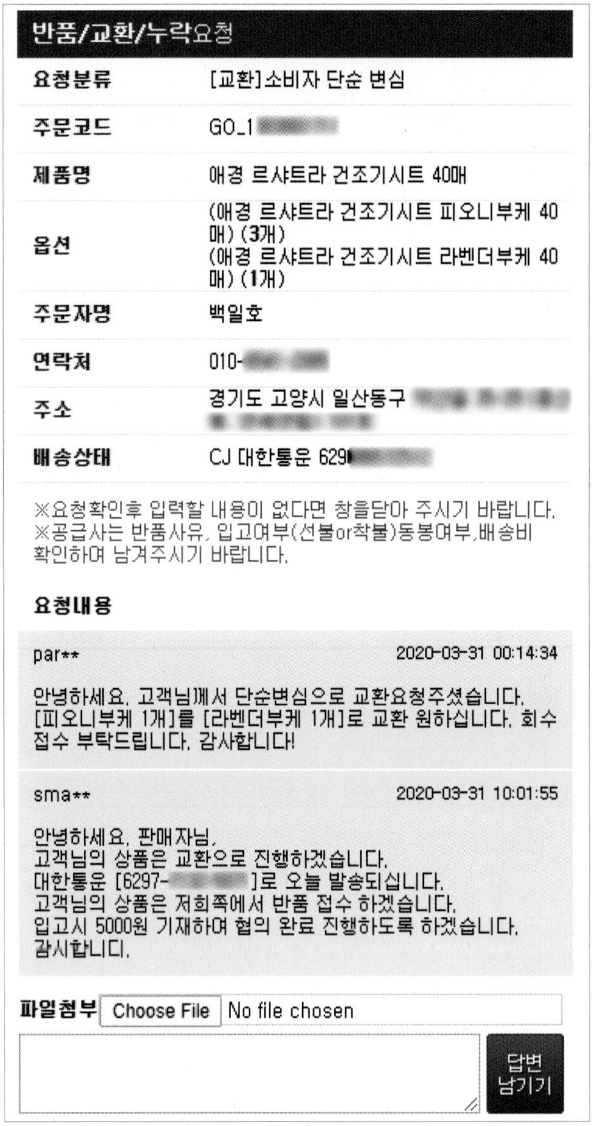

그림 5-2-23 공급사 답변 내용

TIP **<회수 송장 확인하는 법>**

택배사 홈페이지나 택배사 고객센터로 전화하여 첫 배송 때의 운송장 번호를 넣으면 회수(반품) 송장번호를 알 수 있다. 회수 송장이 보이면 택배기사님이 상품을 회수한 것이고 안 보이면 접수가 안 되었거나 고객의 부재로 상품 회수가 안 된 것이다. 그럴 때는 택배사를 통해 직접 회수 신청해도 된다. 회수는 보통 1~3영업일이 소요된다.

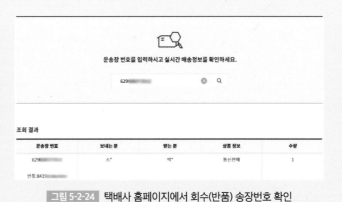

運送狀 番號을 入力하시고 實時間 配送情報를 確認하세요.

629**********

조회 결과

운송장 번호	보내는 분	받는 분	상품 정보	수량
629**********	스*	백*	통신판매	1
반품:841**********				

그림 5-2-24 택배사 홈페이지에서 회수(반품) 송장번호 확인

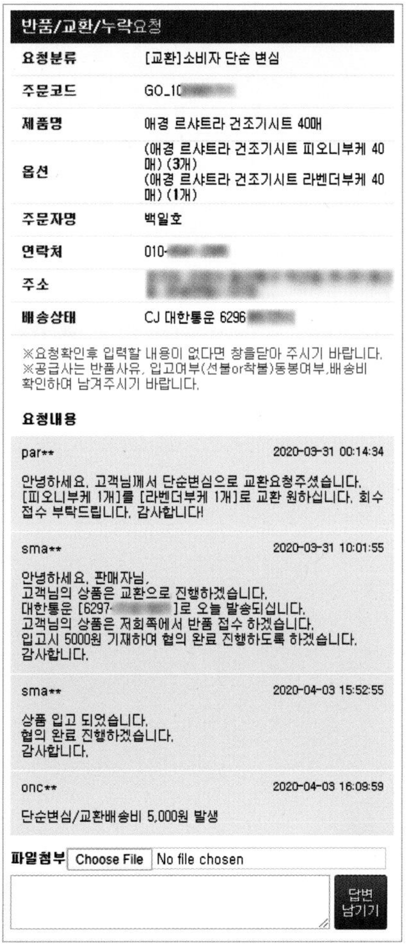

반품/교환/누락요청

요청분류	[교환]소비자 단순 변심
주문코드	GO_10**********
제품명	애경 르샤트라 건조기시트 400매
옵션	(애경 르샤트라 건조기시트 피오니부케 40매) (3개) (애경 르샤트라 건조기시트 라벤더부케 40매) (1개)
주문자명	백일호
연락처	010-****-****
주소	
배송상태	CJ 대한통운 6296**********

※요청확인후 입력할 내용이 없다면 창을닫아 주시기 바랍니다.
※공급사는 반품사유, 입고여부(선불or착불)동봉여부,배송비 확인하며 남겨주시기 바랍니다.

요청내용

par**   2020-03-31 00:14:34

안녕하세요, 고객님께서 단순변심으로 교환요청주셨습니다.
[피오니부케 1개]를 [라벤더부케 1개]로 교환 원하십니다. 회수 접수 부탁드립니다. 감사합니다!

sma**   2020-03-31 10:01:55

안녕하세요, 판매자님,
고객님의 상품은 교환으로 진행하겠습니다.
대한통운 [6297-**********]로 오늘 발송되십니다.
고객님의 상품은 저희쪽에서 반품 접수 하겠습니다.
입고시 5000원 기재하며 협의 완료 진행하도록 하겠습니다.
감사합니다.

sma**   2020-04-03 15:52:55

상품 입고 되었습니다.
협의 완료 진행하겠습니다.
감사합니다.

onc**   2020-04-03 16:09:59

단순변심/교환배송비 5,000원 발생

파일첨부 Choose File   No file chosen

[   ]   답변
                                     남기기

그림 5-2-25 교환이 완료되었다는 공급사의 메시지

그림 5-2-26 온채널 마이페이지 - 포인트결제(환불 내역)

그림 5-2-27 교환이 완료된 주문건의 화면

3일 후 공급사로부터 상품이 회수되었다는 메시지가 도착했다. 온채널 포인트에서 교환배송비 5,000원이 차감되고 교환이 완료되었다.

그림 5-2-28 스마트스토어 판매자센터 - 수거 완료처리, 교환보류 해제

그림 5-2-29 수거완료 확인 메시지

그림 5-2-30 수거완료 완료 메시지

스마트스토어 판매자센터에서 '수거 완료처리' 버튼을 누른 뒤에 '교환보류 해제'한다. 교환배송비를 받았다는 뜻으로 해제하는 것이다.

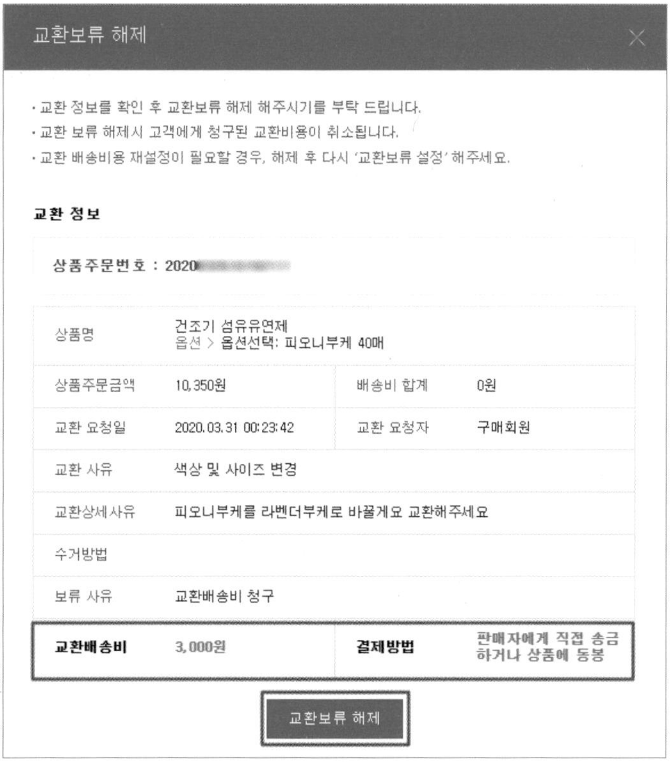

교환보류 해제   ✕

· 교환 정보를 확인 후 교환보류 해제 해주시기를 부탁 드립니다.
· 교환 보류 해제시 고객에게 청구된 교환비용이 취소됩니다.
· 교환 배송비용 재설정이 필요할 경우, 해제 후 다시 '교환보류 설정' 해주세요.

교환 정보

상품주문번호 : 2020◼◼◼◼◼◼◼◼◼◼◼

상품명	건조기 섬유유연제 옵션 > 옵션선택: 피오니부케 40매		
상품주문금액	10,350원	배송비 합계	0원
교환 요청일	2020.03.31 00:23:42	교환 요청자	구매회원
교환 사유	색상 및 사이즈 변경		
교환상세사유	피오니부케를 라벤더부케로 바꿀게요 교환해주세요		
수거방법			
보류 사유	교환배송비 청구		
교환배송비	3,000원	**결제방법**	판매자에게 직접 송금하거나 상품에 동봉

교환보류 해제

그림 5-2-31 '교환보류 해제' 팝업창

<고객이 직접 교환배송비를 송금한다고 선택했을 경우>

교환배송비를 반드시 계좌로 입금 받고 '교환보류해제'를 해야 한다.
위탁판매에서는 교환/배송비를 상품에 동봉하지 않도록 안내해야 한다. 공급사에서 교환/배송
을 담당하면서 수만명의 판매자와 거래하기에 처리가 오래 걸리고 판매자와 매칭을 못하는 경
우가 있다.

---

sell.smartstore.naver.com says

지금 보류를 해제하시면 교환비용 청구가 취소됩니다. 해제하시겠습니
까?

OK   Cancel

그림 5-2-32 교환보류 해제 확인 메시지

---

sell.smartstore.naver.com says

교환보류가 해제되었습니다. 재배송 처리를 진행해 주세요.

OK

그림 5-2-33 교환보류 해제 완료 메시지

교환 재배송 처리

· 함께 처리 가능한 상품 주문건이 모두 누출됩니다
· 상품주문건을 선택한 후, 재배송처리를 진행해주세요.

┃ 상품 주문 선택 (주문번호 202⬛⬛⬛⬛)

✔	상품 주문번호	상품명	판매가
✔	202⬛⬛⬛⬛	건조기 섬유유연제 옵션 > 옵션선택: 피오니부케 40매	10,350원

· 배송방법	택배,등기,소포 ▼
· 택배사	CJ대한통운 ▼
· 송장번호	629⬛⬛⬛

재배송 처리

그림 5-2-34 '교환 재배송 처리' 화면

마지막으로 '교환 재배송 처리'를 누른다. 교환하는 상품의 운송장 번호를 입력하는 과정이다. '재배송 처리'를 누르면 교환 처리가 모두 끝난다.

2-3 반품 처리하기

반품도 교환과 마찬가지로 반품 사유를 확인하고 반품배송비를 먼저 받은 후에 처리를 시작한다. 불량이나 오배송, 파손 등과 같은 사유로 반품 신청이 들어왔다면 역시나 고객에게 사진을 받아야 한다. 사진을 받아서 반품 요청 시에 첨부하자.

	네이버 스마트스토어센터 - Google Chrome			— □ ×
🔒 sell.smartstore.naver.com/o/orderDetail/productOrder/2020040570781361/popup				
배송메모	문앞에 놓아주세요			
반품 정보				
처리상태	반품요청			
환불상태				
반품 요청일	2020.04.08 19:17:49	반품 요청자	구매회원	
반품 사유	단순 변심			
반품 상세 사유				
반품 승인일		반품 승인자		
반품 철회일		반품 철회자		
반품 배송비	6,000	결제정보	판매자에게 직접 송금하거나 상품에 동봉	
기타 교환비용		결제정보		
수거상태		수거방법		
수거 택배사		수거송장번호		

그림 5-2-35 반품 배송비 결제 방법 확인

반품배송비가 6,000원인 이유는 이전에 설명한 것처럼 스마트스토어 반품 후 환불 시 처음 배송비를 포함하여 전액이 환불되므로 처음배송비+반품배송비가 합쳐져서 6,000원을 받아야 한다. 반품배송비를 받은 후에는 온채널로 반품을 요청한다.

그림 5-2-36 온채널 마이페이지 – 반품건(반품/교환/누락)

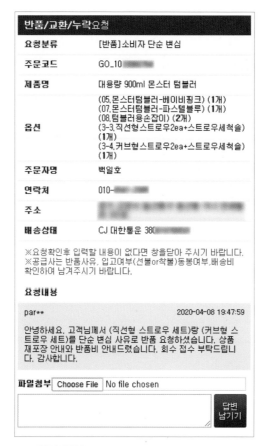

그림 5-2-37 반품 사유 선택 및 자세한 내용 입력

'반품/교환/누락' 클릭 후 사유를 선택한다. 여러 개를 주문하였다면 어떤 상품을 반품하는 것인지와 반품 사유를 명확하게 기재하여야 한다.

액티브페이 기초 이론 익히기

스마트스토어 오픈 준비하기

매출을 올리는 전략과 실습

두번째 최적화된 상품 등록 전략과 실습

상품 등록 후 CS하기

스마트스토어 운영 TIP!

참고 사이트

퇴근 후 돈 벌 계획을 세워보자!

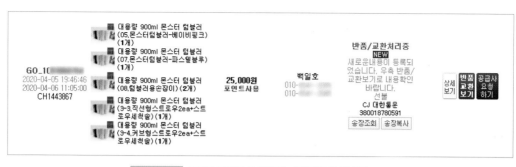

그림 5-2-38 공급사 답변이 도착할 때 - '반품/교환 처리중 NEW'

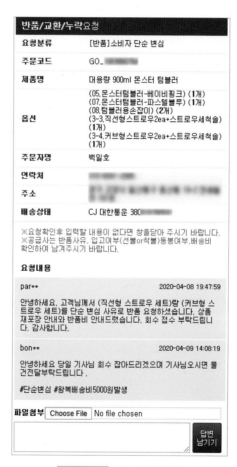

그림 5-2-39 공급사 답변 내용

공급사에서 답변이 왔다. 왕복배송비 5,000원이라고 한다. 고객에게 반품배송비 6,000원을 받았다.

TIP 네이버페이 수수료는 "결제수수료"라서 반품 및 교환배송비도 수수료가 부과되며, 구매자가 주문 시 선택한 결제수단에 따라 결제수수료 금액은 다르게 부과되고 있다.

※참고. 반품/교환배송비에는 구매자의 네이버페이 결제수단별 수수료만 부과되며, 네이버쇼핑 매출 연동 수수료는 부과되지 않는다.

[결제수단별 수수료]

- 신용카드/체크카드: 2.20%(영세 기준)
- 계좌이체 : 1.65%
- 무통장입금(가상계좌) : 1%(최대 275원)
- 휴대폰 결제 : 3.85%
- 보조결제(네이버페이 포인트) : 3.74%

주의 **반품 시 제주도 추가 배송비 부과**

· 반품/교환 시에는 제주/도서산간 추가 배송비는 적용되지 않으므로, 구매자에게 별도로 받아야 한다.

· 상품등록 시 상품별 배송비를 '수량별'로 선택한 경우 제주/도서산간 추가 배송비는 수량별로 부과되지 않고 1번만 부과된다.

예) 기본배송비 1개당 3,000원으로 설정 / 제주도서산간 추가배송비 6,000원으로 설정 후 2개 주문 시 : 기본배송비 6,000원, 제주/도서산간 추가 배송비 6,000원으로 총 12,000원 결제

반품/교환/누락요청	
요청분류	[반품]소비자 단순 변심
주문코드	GO_
제품명	대용량 900ml 몬스터 텀블러
옵션	(05.몬스터텀블러-베이비핑크) (1개) (07.몬스터텀블러-파스텔블루) (1개) (08.텀블러용손잡이) (2개) (3-3.직선형스트로우2ea+스트로우세척솔) (1개) (3-4.커브형스트로우2ea+스트로우세척솔) (1개)
주문자명	백일호
연락처	
주소	
배송상태	

※요청확인후 입력할 내용이 없다면 창을닫아 주시기 바랍니다.
※공급사는 반품사유, 입고여부(선불or착불)동봉여부,배송비 확인하여 남겨주시기 바랍니다.

요청내용

par**　　2020-04-08 19:47:59

안녕하세요. 고객님께서 (직선형 스트로우 세트)랑 (커브형 스트로우 세트)를 단순 변심 사유로 반품 요청하셨습니다. 상품 재포장 안내와 반품비 안내드렸습니다. 회수 접수 부탁드립니다. 감사합니다.

bon**　　2020-04-09 14:08:19

안녕하세요 당일 기사님 회수 잡아드리겠으며 기사님오시면 물건전달부탁드립니다 .

#단순변심 #왕복배송비5000원발생

bon**　　2020-04-13 14:57:34

당일 물건회수받았습니다.

onc**　　2020-04-13 15:32:44

단순변심/왕복배송비 5,000원 차감 후 환불 및 정산

파일첨부 [파일 선택] 선택된 파일 없음

[답변남기기]

그림 5-2-40 회수 완료 후 온채널 포인트 환불

2영업일 후 반품이 완료되었다는 메시지를 받았다. 왕복배송비 5,000원을 온채널 포인트에서 차감 후 환불해준다.

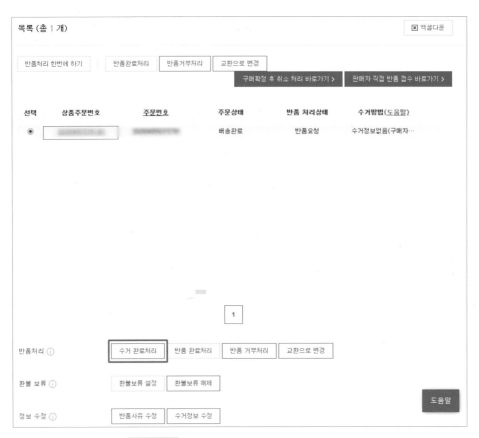

그림 5-2-41 스마트스토어 판매자센터 – 수거 완료처리

그림 5-2-42 '수거 완료처리' 완료 팝업창

온채널에서 포인트를 환불받은 후에 스마트스토어에서 '수거 완료처리'를 누른다. 반드시 온채널에서 환불을 받은 후에 진행해야 한다. 고객에게 환불해주었는데 온채널에서 환불을 못 받을 수도 있기 때문이다.

그림 5-2-43 '반품관리' 화면에서 '환불보류 1건'의 위치

그림 5-2-44 '환불보류 해제' 버튼

'수거 완료처리' 후 화면 상단에서 '환불보류 1건'를 누른다. 그리고 '환불보류 해제'를 누른다. 이 버튼을 누르면 반품비용 청구가 취소되니 반품배송비 받은 것을 확인하고 눌러야 한다.

그림 5-2-45 반품 배송비 결제 방법 재확인

그림 5-2-46 '환불보류 해제' 시 '반품비용 청구 취소' 안내 팝업창

'확인' 버튼을 누르기 전에 다시 한번 반품 배송비를 받았는지 확인하자. 이 과정에서 많은 판매자가 손해를 보기에 여러 번 확인하여 손해를 막기 위함이다.

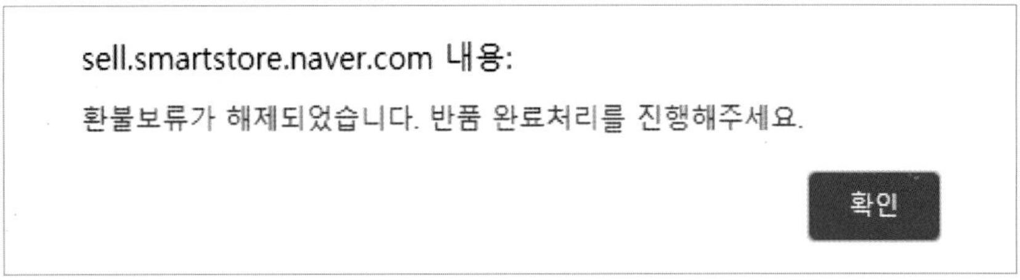

sell.smartstore.naver.com 내용:

환불보류가 해제되었습니다. 반품 완료처리를 진행해주세요.

확인

그림 5-2-47 '환불보류 해제' 완료 팝업창

반품배송비 받은 것을 확인하였으면 '환불보류 해제'를 누른다.

목록 (총 1 개)   ⊠ 엑셀다운

| 반품처리 한번에 하기 | 반품완료처리 | 반품거부처리 | 교환으로 변경 |

구매확정 후 취소 처리 바로가기 >   판매자 직접 반품 접수 바로가기 >

선택	상품주문번호	주문번호	주문상태	반품 처리상태	수거방법(도움말)
◉	2020040570781361	2020040592372781	배송완료	수거완료	수거정보없음(구매자…

그림 5-2-48 '반품완료처리' 버튼의 모습

마시막으로 '반품 완료처리'를 누르면 반품처리가 완료된다.

> **TIP** **<교환/반품배송비 결제 방법이 '환불금 차감'일 때>**
> • 교환일 때: '교환보류 해제' 과정을 생략하고 바로 '교환 재배송 처리'를 한다.
> • 반품일 때: '환불보류 해제' 과정을 생략하고 바로 '반품 완료처리'를 한다.

3 스트레스 없는 CS 전략

1) 070번호로 문자 주고받기

필자는 처음 스마트스토어를 운영할 때 핸드폰 번호로 운영을 했었다. 광고 전화가 많이 오는 것은 그러려니 했지만 아무래도 핸드폰 번호가 SNS에도 연결이 되어있고 카카오톡에도 연결이 되어있다 보니 주변 사람들이 고객에게 카카오톡을 받는 것을 많이 목격했다. 성희롱적 메시지도 받는 것을 보았다. 이렇게 되면 공과 사의 구분이 없을 거라고 판단이 되어서 핸드폰 투넘버를 받을까 아니면 업무용 폰을 만들까 고민했다. 핸드폰으로 검색하다가 '아톡'이라는 어플을 발견하여 지금까지도 사용 중이다.

그림 5-3-01 아톡 앱

요금제	월 기본료	내용
베이직	2,000원	070번호 발급
		전 세계 어디서든 070번호로 걸려온 전화, 문자(SMS) 무제한 수신
		※ 발신은 충전금 결제 시 가능

그림 5-3-02 아톡 요금제 - 베이직

요금제	기본료	내용
오작교	5,000원/6개월	070번호 발급
		한국에서 아톡으로 걸려온 전화, 문자(SMS) 무제한 수신
		※ 수신 전용 요금제

그림 5-3-03 아톡 요금제 - 오작교

'아톡'은 070 번호 또는 요금제에 따라서 대표 번호를 부여받을 수도 있다. 통신사 투넘버가 4,900원 정도 하는데 아톡은 2,000원이라 가격도 저렴하다.

필자가 이용 중인 베이직 요금제는 070번호로 문자를 주고받을 수도 있고 전화를 걸거나 받을 수도 있다. 070으로 문자를 주고받다 보니 사생활 걱정 없이 아주 편하게 이용하고 있다.

대표적인 요금제는 '베이직'과 '오작교', 그리고 이번에 새로 나온 '1인기업' 전용 요금제인 '라이트'가 있다. 베이직은 070번호로 전화, 문자를 주고받을 수 있고 오작교는 전화와 문자를 받는 것만 할 수 있다. 그래서 처음에 오작교 요금제를 이용했었는데 수신만 할 수 있다 보니까 할 말이 있을 때는 핸드폰 번호로 다시 연락을 하게 되어서 070번호로 전화와 문자를 보낼 수 있는 베이직으로 변경했다.

아톡 가입시 프로모션 코드에 숫자 '11'이라고 입력하면 1,000원 충전금을 받을 수 있다. 충전금은 '베이직' 요금제만 제공된다. 문자 한 통에 20원이니까 쏠쏠하다. 아이폰은 애플 정책상 프로모션 코드를 어플에 입력할 수 없는데 아이폰도 1,000원 받을 수 있는 방법을 알려주겠다.

안드로이드	아이폰
Play스토어에서 '아톡'을 다운로드받아 프로모션 코드 숫자 '11' 입력 후 이용하면 된다.	http://m.site.naver.com/0xORx 접속 후 회원가입하여 프로모션 코드 숫자 '11' 입력 컴퓨터에서 크롬 브라우저를 이용해야 한다. 회원가입 후 앱스토어에서 '아톡'을 다운로드하고 로그인하면 된다.

2) 전화 안 받기

강의 때 고객의 전화를 받지 말라고 말하면 사람들이 크게 웃는다. 아무래도 생각했던 것과는 다르게 반전의 내용이기도 하고 CS에 대해서 많이 고민했던 것이다. 필자는 처음에 전화를 다 받았었다. 그러다 보니까 새벽이나 주말이나 연락이 오기 시작하여 고민이 많았다. 어떤 유통 모임에 갔는데 한 분이 전화 안 받아도 운영하는 데 전혀 문제가 없다고 말씀해주셔서 그 뒤로는 전화를 안 받아보았다. 신세계였다. 스트레스가 80% 이상은 줄어들었다. 아이폰은 애플 정책상 안 되는데 안드로이드는 '아톡'의 방해금지 모드를 이용할 수 있다. 방해금지 모드를 설정하면 전화가 울리지 않아서 삶의 질이 올라간 기분이다.

하나 단점이 있다면 대량주문은 '네이버 톡톡'이나 문자보다 전화로 문의를 하는 사람들이 많다. 전화를 안 받고 나서부터 대량주문이 많이 줄기는 했지만 그래도 대량주문은 언제 들어올지 모르고 내가 스트레스 받지 않는 게 더 중요하다고 생각해서 전화를 안 받고 있다. 스마트스토어를 처음 운영할 때 광고 전화가 하루에 많게는 7통 정도 오는데 그런 광고 전화도 신경 쓰지 않아도 된다. 그리고 고객들이 전화할 때 기분 좋아서 전화하는 사람은 없다. 대부분 화가 최고조일 때 전화하기에 전화를 받지 않고 텍스트로 이야기하면 어느 정도 스트레스 받지 않고 넘어갔던 적도 많았다. 무엇보다 직장에 다니고 있으므로 전화를 안 받는 것을 추천한다. 필자는 지금까지도 전화를 안 받고 문자나 '네이버 톡톡'으로 CS 처리를 하고 있다. 간혹 가다 '왜 이렇게 전화 안 받냐'라고 문의 남기는 사람이 있다. 2년 동안 다섯 손가락 안에 드는데 그런 분들한테는 '통화량이 많아 연결이 지연되었다.' 또는 '통화 중이라서 못 받았다.'라고 말씀을 드리면 이해하시고 넘어가신다. 우리의 목표는 스트레스받지 않고 운영을 하는 거니까 전화 받지 말자. 코로나 이후로 고객센터 운영을 축소했다고 하면 대부분 이해하는 분위기다.

3) 온채널 적극 이용하기

상품이나 배송 관련해서 궁금한 점이 있을 때는 온채널 사이트에서 '공급사'나 '관리자에게 문의하기'를 통해 적극적으로 문제를 해결하려고 해야 한다. 공급사마다 처리 방식이 달라서 필자가 배송이나 상품 관련해서는 답변을 주기 어려운 부분이 있고 아무래도 혼자 운영을 하기에 어떻게 해야 하나 고민하고 전전긍긍하는 사람들이 많은데 공급사가 쪽지를 받고 내용을 확인해서 답변을 줄 수가 있다. 만약 공급사의 답변이 늦다면 '관리자에게 문의하기'라는 것이 있어 온채널 관리자가 공급사로 확인 후 회신을 준다. 배송이나 상품 관련해서 문제가 생겼을 때에는 온채널을 통해서 적극적으로 문제를 해결하자.

4) 스마트스토어 적극 이용하기

필자는 처음 스마트스토어를 운영할 때 정보가 많이 없었다. 순간순간이 당황의 연속이고 많이 고민했던 게 기억이 나는데 그때 적극적으로 이용했던 것이 스마트스토어 고객센터이다. 심할 때는 일주일에 네 번 이상 전화한 적도 있었다. 월요일은 대기자 수가 25명이 넘으므로 화요일부터 전화하면 된다. 고객센터와 많이 통화하다 보니까 상담사가 방법을 알려주었다. 스마트스토어 상담사도 스마트스토어 판매자센터 내 '도움말'을 통해 검색해서 답변을 주니 '도움말'을 이용하라고 말이다. 스마트스토어의 기능이나 수수료, 서비스 내용이 궁금하다면 스마트스토어 센터 우측 상단에 '도움말'이라고 있다.

그림 5-3-04 스마트스토어 판매자센터 우측 상단 '도움말'

필자도 사용하는 메뉴만 사용해서 스마트스토어의 모든 것을 자세히 알지 못한다. 궁금한 게 있으면 '도움말'에 검색하여 궁금증을 해결한다. 모르겠다고 포기하지 말고 검색을 많이 해보아라. 상담사랑 통화도 많이 해보자. 우리는 취미 활동이 아니라 사업을 하는 것이다. 스마트스토어가 어떤 시스템인지, 내가 궁금할 때 어떻게 빠르게 확인할 수 있는지를 익혀두고 궁금할 때마다 빠르게 확인하면 좋다.

06

스마트스토어
운영 TIP!

1

상품을 한 번에 200개씩 올릴 수 있다고?

스마트스토어에 상품을 하나씩 수기등록할 수 있지만 엑셀 파일로 200개씩도 등록할 수 있다. 이렇게 많은 양의 상품을 한 번에 올리는 것을 네이버에서는 '일괄등록'이라고 하고 판매자들 사이에서는 '대량등록'이라고 한다. 책에서는 '대량등록'이라고 칭하겠다. 대량등록은 스마트스토어 판매자센터에서 최대 500개까지 등록할 수 있지만 온채널에서는 한 번에 200개 상품의 정보만 다운로드할 수 있어서 최대 200개까지 등록할 수 있다고 보면 된다. 수기등록으로 상품 하나 올리는 시간과 대량등록으로 200개 올리는 시간이 비슷하기에 대량등록으로만 등록하는 판매자가 있는데 그렇게 운영하게 되면 스마트스토어의 성장이 더디다.

수기로 등록할 때는 상위노출에 최적화되도록 신경 써서 올리지만 대량등록은 최신성(신상품 등록) 점수 위주로 받기에 수기등록으로 운영하는 사람과 매출에서 차이가 날 수밖에 없다. 아쉽게도 스마트스토어는 편하게 돈이 벌리지 않더라. 대량등록만 한다고 매출이 안 나오는 것은 아니지만 빠른 성장을 위하여 수기등록으로 먼저 운영하는 것을 추천하고 수기등록을 한 달 정도 한 후에 수기등록과 병행하여 올리는 것을 추천한다.

필자는 스마트스토어를 시작하면서 엑셀을 처음 다뤄봤기에 엑셀 사용이 미숙하다. 필자보다 더 편한 방법이 있으면 그 방법으로 하면 된다. **카페에서 또바기 등급부터 대량등록하는 영상강의를 무료로 제공하겠다.**

1-1 파일 다운로드

그림 6-1-01 대량등록 양식 파일

'방구석 비즈니스' 카페에서 '또바기 전용 자료실' 게시판 > '대량등록 양식'을 다운로드받는다. 또바기 등급으로 등업 후 다운로드 가능하다. 필자가 실제로 사용하는 파일이며, 엑셀 파일이라서 엑셀 프로그램이 있어야 한다. 구글 스프레드로도 할 수 있다. 이 파일은 말 그대로 양식이라서, 내용을 복사하여 다른 파일에 붙여넣기 작업을 하니 연락처 외에는 수정하지 않도록 하고 원본을 유지해야 한다. 양식에 있는 전화번호는 필자의 아톡 번호이니 사용하지 않도록 하자.

> **참고** 간혹 네이버에서 제공하는 대량등록 양식이 바뀌었다는 의견을 받는다.
>
> [스마트스토어센터 > 상품관리 > 상품 일괄등록]에서 우측 상단 '양식 다운로드'를 누르면 두 가지의 양식이 있는데 필자는 '(신)일괄등록'이 아닌 그냥 '일괄등록' 양식을 사용하고 있다.
> 대량등록 실습을 할 때는 스마트스토어센터에서 양식을 받지 않아도 된다. 필자가 제공하는 예시 파일과 온채널에서 다운로드하는 파일로만 사용하여 등록한다.

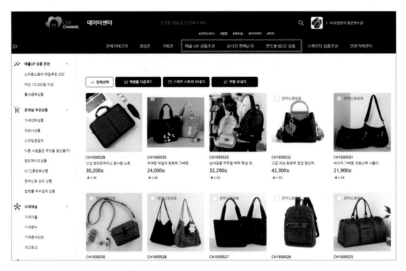

그림 6-1-02 온채널 데이터센터 메인 화면

온채널에 접속하여 '데이터센터'를 클릭한다. 위에 있는 메뉴에서 아무거나 대량등록해도 좋다. 다만 '연도별 BEST 상품'은 수기로 등록하는 것이 좋다. 책에서는 '매일 UP 상품추천'으로 실습해보겠다.

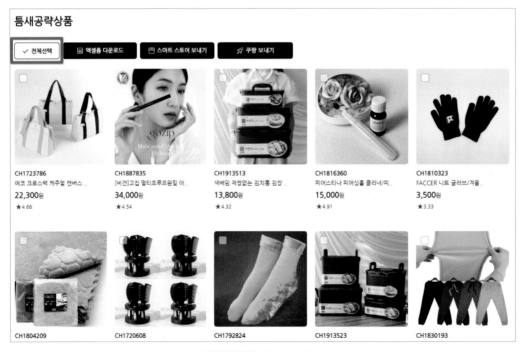

그림 6-1-03 상품 선택 화면

대량등록하고자 하는 상품을 하나씩 선택하거나 '전체선택'을 누른다.

그림 6-1-04 엑셀폼 선택 화면

'확인'을 클릭하고 [온채널]스마트스토어(공급가포함)'을 선택한다. 반드시 '공급가포함'으로만 해
야 한다.

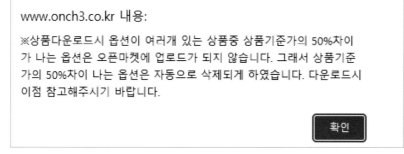

그림 6-1-05 다운로드 옵션 화면

그림 6-1-06 압축해제
한 폴더

'확인'을 클릭하면 온채널 아이디로 압축파일이 다운로드된다. 압축을 푼다.

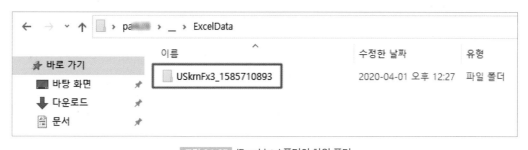

그림 6-1-07 'Exceldata' 폴더의 하위 폴더

그림 6-1-08 이미지와 엑셀 파일

그림 6-1-09 'ExcelData' 폴더 속에 엑셀 파일 붙여넣기

폴더의 경로를 끝까지 들어가면 이미지 파일과 엑셀 파일이 있다. 엑셀 파일을 잘라내기하여 이전 경로인 'ExcelData'에 붙여넣는다. 다시 복사하여 붙여넣으면 복사본이 만들어진다. 엑셀 파일로 작업하다가 잘못 건드려서 원본 파일이 필요한 경우를 대비하여 복사본을 만들어 두는 것이다.

1-2 이미지 편집하기

다른 판매자들과 겹치지 않기 위해 이미지 편집을 해야 하지만 그렇다고 많은 시간을 쏟지는 않아야 한다. 간단하게 이미지 좌우 반전만 해주면 된다.

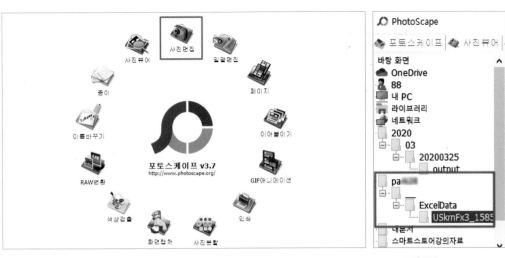

| 그림 6-1-10 | 포토스케이프 메인 화면 |
| 그림 6-1-11 | 이미지 경로 |

❶ '포토스케이프' 실행 후 '사진편집' 클릭

❷ 이미지 파일이 있던 곳을 찾아 이미지를 열어준다.

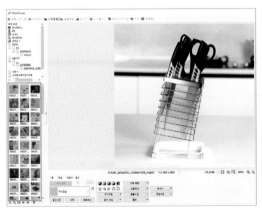

그림 6-1-12 이미지 전체 선택 화면

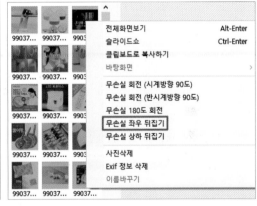

그림 6-1-13 '무손실 좌우 뒤집기' 화면

❸ 이미지 전체 선택 후 마우스 오른쪽 버튼 클릭

❹ '무손실 좌우 뒤집기' 선택

 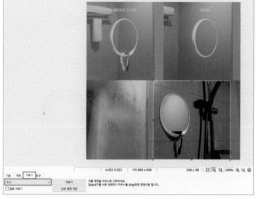

그림 6-1-14 텍스트가 큰 이미지에서 상품만 잘라내는 화면　　그림 6-1-15 4분할된 이미지에서 상품 하나만 잘라내는 화면

❺ 이미지에 텍스트가 과도하게 크거나 분할되어 있는 것은 잘라낸다.

❻ 자르기 > 1:1 > 영역설정 후 '자르기' > 저장

그림 6-1-16 일괄편집에서 이미지를 전체 선택하여 가운데로 끌고 오는 화면

위탁판매 기초 이론 익히기

스마트스토어 오픈 준비하기

매출을 올리는 전략과 실습

두뇌에 최적화된 상품 등록 선택과 실습

상품 등록 후 CS하기

스마트스토어 운영 TIP!

참고 사이트

퇴근 후 돈 벌 계획을 세워보자!

❼ '일괄편집' 클릭

❽ 이미지를 전체 선택하여 가운데로 끌고 온다.

❾ 우측 메뉴에서 크기조절 > 가로 조절 > 가로 '1000'

❿ '모든 사진 저장(변환)' 클릭

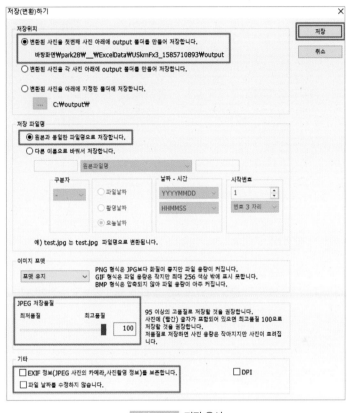

그림 6-1-17 저장 옵션

⓫ 기타 탭에서 'EXF 정보(JPEG 사진의 카메라, 사진촬영 정보)를 보존합니다.' 체크 해제

⓬ '파일 날짜를 수정하지 않습니다.' 체크 해제

TIP   EXF 정보 보존을 해제하는 이유는 이미지의 기록을 삭제하여 네이버가 중복 사진으로 인식
하지 않게끔 하는 하나의 장치이다.

1-3 내용 수정하기(1)

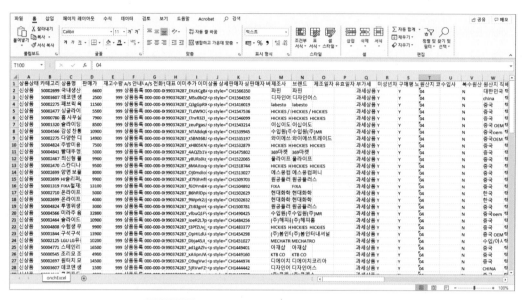

파일명이 온채널 아이디로 된 엑셀 파일 화면

❶ 이미지와 함께 다운로드받았던 엑셀 파일을 실행한다.

(이대로 올려도 되지만 조금이나마 경쟁력 있게 대량등록을 하기 위해서 수정한다.)

❷ 'C열'에 있는 '상품명'을 전체 선택하여 복사한다.

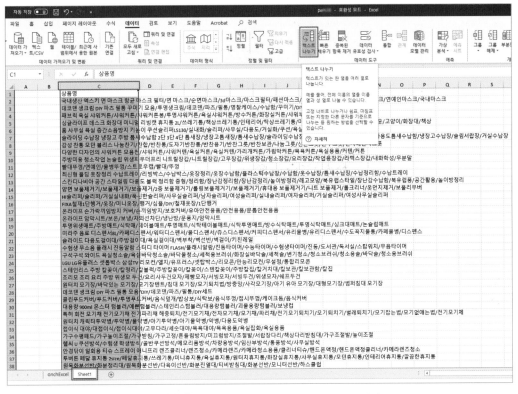

그림 6-1-19 새로운 시트 생성 후 '텍스트 나누기' 클릭 화면

❸ 새 시트를 만들어 'C열'에 붙여넣는다.

❹ 상단 메뉴에서 '텍스트 나누기' 선택

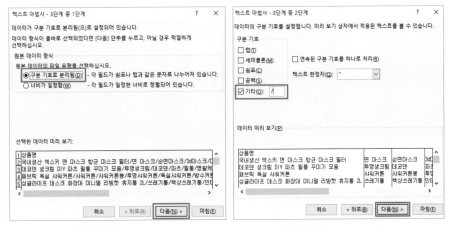

그림 6-1-20 1단계 설정화면　　　　　　　**그림 6-1-21** 2단계 설정화면

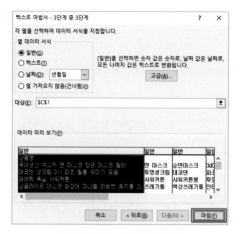

그림 6-1-22 3단계 설정화면

❺ '구분 기호로 분리됨' 선택 후 다음

❻ '기타' 체크 '/'입력 후 다음

❼ '마침'을 누른다.

상품명	D	E	F	G	H	I	J	K	L	M
국내생산 엑스키 면 마스크 항균 마스크 필터	면 마스크	순면마스크	3d마스크	마스크필터	패션마스크	항균마스크	2중마스크	입체마스크	연예인마스크	국내마스크
데코멘 생크림 DIY 파즈 필통 꾸미기 모음	투명생크림	데코멘	파즈	필통	명찰케이스	수납함	꾸미기	DIY		
패브릭 욕실 샤워커튼	샤워커튼	샤워커튼봉	투명샤워커튼	욕실샤워커튼	방수커튼	화장실커튼	샤워부스	욕실파티션	가림막커튼	
싱글라이프 데스크 화장대 미니멀 리빙캣 휴지통 2L	쓰레기통	책상쓰레기통	인테리어	탁상쓰레기통	미니쓰레기통	다용도휴지통	귀여운	고양이	화장대	책상
홈 사무실 욕실 중간소음방지 키높이 쿠션슬리퍼LS130	실내화	슬리퍼	사무실	다용도	거실화	쿠션	욕실	소음방지	중간소음	복유럽
슬라이딩 수납장 냉장고 주방 틈새수납함 2단 3단 4단 틈새장	냉장고틈새	틈새수납장	슬라이딩수납장	바퀴달린수납장	주방선반장	다용도틈새수납	냉장고수납	슬림수납장	거실수납장	
감성 찬통 모던 블리스 냉찬기	찬합	반찬통	도자기반찬통	반찬용기	반찬그릇	반찬보관	나눔그릇	신혼그릇	안주그릇	전자레인지그릇
다양한 디자인의 샤워커튼 모음전	샤워커튼	샤워커텐	욕실커튼	욕실커텐	가리개커튼	가림막커튼	목욕커튼	욕실용품	커텐	커튼
주방비품 청소작업 논슬립 위생파우더프리 니트릴장갑	니트릴장갑	고무장갑	위생장갑	청소장갑	요리장갑	작업용장갑	라텍스장갑	내화학성	무분말	
뺄대받침	연예인	물병뚜껑	뺄대	뚜껑						
최신형 폴딩 옷장정리 수납트레이	리빙박스	수납박스	옷장정리	옷장수납함	플라스틱수납함	옷수납장	틈새수납장	수납정리함	수납트레이	
스칸디나비아 공간 스타일링 다용도 블럭 정리함 중형	정리함	장난감정리함	장난감정리	놀이방정리	레고모양	복유럽스타일	복유럽용품	공간활용	놀이방정리	
양면 보울제거기	보울제거기	보울제거	2중 보울제거기	롤링보울제거	보울제거기	휴대용보울제거	니트 보울제거	롤크리너	옷먼지제거	보울리무버
HI슬리퍼	슬리퍼	거실실내화	욕신한슬리퍼	사무실슬리퍼	남자슬리퍼	여성슬리퍼	실내슬리퍼	여자슬리퍼	거실슬리퍼	여성사무실슬리퍼
FIXA철재1단행거	옷장	미니옷장		행거	심플	DIY	철재옷장		1단행거	
흔테이프 손키봄키봄봄키 키바	테이봄봄키	모니키바	휴미킨민8롱	민민8롱	룬롱킨민8롱					
온라인 암막시트	보온	보냉	자외선차단	냉난방	문풍지	암막시트				
투명위생매트	주방매트	식탁매트	테이블매트	투명매트	식탁테이블매트	식탁투명매트	방수식탁매트	투명식탁매트	싱크대매트	논슬립매트
미라£ 음료 디스펜서BL	카페디스펜서	워터디스펜서	올디스펜서	쥬스디스펜서	커피디스펜서	유리물병	유리디스펜서	수도꼭지물통	카페물병	디스펜스
슬라이드 다용도걸이대	주방걸이대	욕실걸이대	벽부착	벽선반	키친레일					
수험생 무소음 플래시 진동알람 스터디 타이머 FLASH	플래시알람	진동타이머	수능타이머	수험생타이머	진동	도서관	독서실	스탑워치	무음타이머	
구석구석 와이드 욕실청소솔	욕실바닥청소	바닥물청소	세척용브러쉬	세척솔	세제솔	청소브러쉬	청소용솔	바닥솔	청소용브러쉬	
LGU LG유플러스 셋톱박스 삼성TV 리모컨	엘지	유프러스	셋탑박스	리모콘	만능리모컨	무설정	통합리모콘			
스테인리스 주방 칼꽂이	칼정리	칼블럭	주방칼꽂이	칼꽂이	스텐칼꽂이	주방칼집	칼거치대	칼보관	칼보관함	칼집
조리장 조리 요리 주방 위생모 두건	요리사두건zl제빵모자	서빙모자	서빙두건	위생모자	쉐프두건					
원터치 모기장	바닥있는 모기장텐트	침대 모기장	모기퇴치법	방충망	사각모기장	아기 유아 모기장대형모기장	범퍼침대 모기장			
데코멘 생크림 DIY 파즈 필통 모음	DIY	데코멘	파즈	필통	DIY세트					
클란푸드커버	푸드커버	투명푸드커버	음식덮개	밥상보	식탁보	음식뚜껑	접시뚜껑	케이크뚜	음식커버	
대용량 900ml 몬스터 텀블러	예쁜텀블러	스테인리스텀블러대용량텀블러	괴물용량텀블러	보냉컵						
특허 회전 모기채 전기모기채 전기파리채 해충퇴치	전기모기채	전자모기채	모기채	파리채	전기모기퇴치기	모기퇴치기	별레퇴치기	모기잡는법	모기없애는법	전기모기채
원터치 캐릭터루루명	투약병	물약병	아기투약	아기물약병	약병	다용도약병				
집어내다대	대접이식	접이식대야	고무다라	세숫대야	목욕대야	욕욕대야	욕실잡화	욕실용품		
가구수평패드	가구높이조홍가구받침	가구고정	흔들림방석	미끄럼방지	조절발	서랍장다리	책상다리받침대	가구조절발	높이조절	
셸씨 U 쿠션방석	수험생학생골반쿠션방석	메모리폼방석	차량용방석	임산부방석	통풍방석	사무실방석				
안경닦이 일회용 티슈 스프레이 애니프리 렌즈클리너	렌즈청소	카메라렌즈	카메라청소용품	클리너닦수	핸드폰액정	핸드폰액정클리카메라렌즈청소				
투버튼 페달 휴지통 2size	페달휴지통	쓰레기통	미니휴지통	욕실휴지통	원터치휴지통	욕실욕하는통	사무실휴지통	모던휴지통	인테리어휴지	깔끔한휴지통
원목문선반	화분정리대	원목화분선반	다육이선반	화분진열대	티비받침대	화분선반	모니터선반	하스클립		

그림 6-1-23 구분 기호(/)를 기준으로 텍스트가 분리된 화면

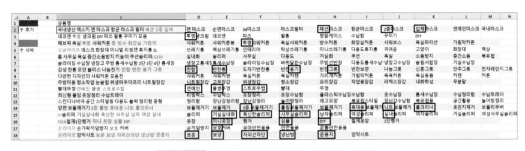

그림 6-1-24 단어들이 중복되지 않게 상품명을 만든다

❽ 중복되지 않도록 단어들을 'C열'에 있는 상품명에 추가한다.

❾ 브랜드나 모델명은 삭제해준다.

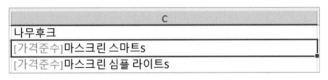

그림 6-1-25 상품명 앞에 '[가격준수]'가 포함된 상황

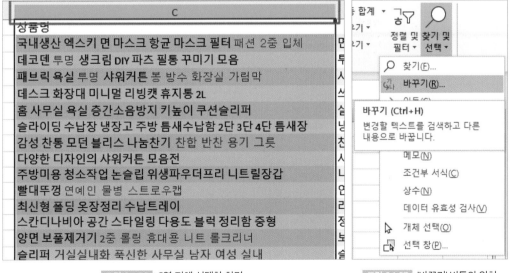

그림 6-1-26 C열 전체 선택한 화면   **그림 6-1-27** '바꾸기' 버튼의 위치

'[가격준수]'도 상품명에서 삭제해야 하는데 많은 셀에 있을 테니 한 번에 바꿔주도록 하겠다.

❶ 'C열' 전체 선택

❷ 우측 상단 '찾기 및 선택' > 바꾸기 클릭

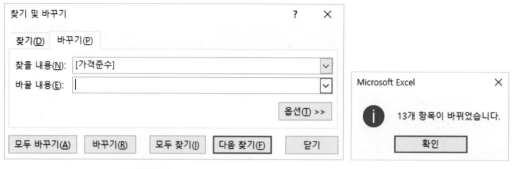

그림 6-1-28 '찾을 내용' 입력

그림 6-1-29 변경 완료 화면

❸ 찾을 내용: [가격준수]

❹ 바꿀 내용: 공란으로 둔다.

❺ '다음 찾기' 클릭

❻ 13개의 '[가격준수]'를 삭제했다.

그림 6-1-30 'onchExcel'시트 'C열'에 붙여넣기

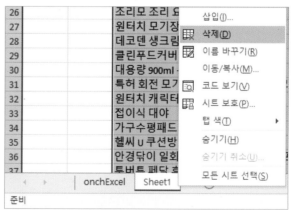

그림 6-1-31 'Sheet1' 삭제

❼ 'C열'을 전체 복사하여 원래 시트인 'onchExcel'시트 'C열'에 다시 붙여넣는다.

❽ 'Sheet1' 삭제 (해당 시트가 있으면 대량등록이 안 된다.)

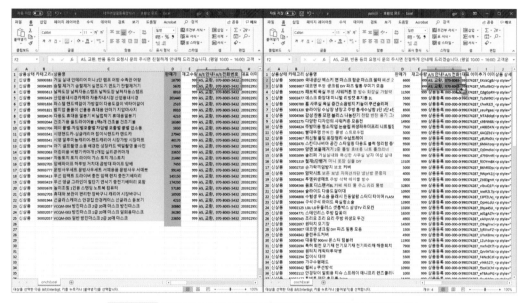

그림 6-1-32 '대량등록 양식'과 온채널에서 받은 엑셀 파일을 동시에 띄운 모습

❾ 카페에서 받은 '대량등록 양식' 엑셀 파일을 왼쪽에 띄운다.

❿ '대량등록 양식' 파일에 A/S 전화번호를 업무용 전화번호로 입력 후 저장

⓫ 'A/S 안내'와 'A/S 전화번호'를 양식 파일에서 '2행' 이상 복사하여 오른쪽 파일에 붙여넣는다.
(070-8065-5432는 저자의 번호이니 사용하지 않는다.)

⓬ 붙여넣은 영역에 마우스를 가져다 대면 커서가 검은색 '+' 모양으로 바뀐다. 더블 클릭한다

⓭ 열 전체로 내용이 자동 입력된다.

그림 6-1-33 대표이미지인 H열 복사 후 I열에 붙여넣는 화면

⑭ 온채널 아이디 파일에서 'H열'을 전체 복사한 후 'I열'에 붙여넣기
(추가 이미지가 없는 상황에서 대표 이미지를 복사하여 추가 이미지로 넣어주는 작업이다.)

위탁판매 기초 이론 익히기

스마트스토어 오픈 준비하기

매출을 올리는 전략과 실습

무엇에 최적화된 상품 등록 전략과 실습

상품 등록 후 CS하기

스마트스토어 운영 TIP!

참고 사이트

퇴근 후 돈 버는 계획을 세워보자!

1-4 판매자 코드 만들기(선택사항)

판매자코드에 '대량'이라는 단어를 추가해보는 과정이다. 이 작업을 하면 주문이 들어왔을 때 대량등록한 상품을 구분할 수 있다. 선택사항이기에 번거롭다면 다음 과정으로 넘어가도 된다.

그림 6-1-34 'L열' 마우스 오른쪽 버튼 클릭

그림 6-1-35 '삽입' 선택 화면

❶ 'L열'에 마우스 오른쪽을 클릭하여 '삽입'을 누른다.

그림 6-1-36 'M열'에 '대량' 입력

그림 6-1-36 수식 입력 화면

❷ 'M2'에 '대량'이라고 넣는다.

❸ 'L2'에 '='입력 후 'K2'를 클릭하고 키보드 특수문자 '&' 입력

❹ 'M2'를 클릭하고 키보드 'F4'를 누른다.
　(키보드에서 'F4'를 누르면 M2는 고정값이 된다.)

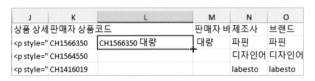

그림 6-1-38 셀 오른쪽 아래 '+' 마우스 커서의 모습

수식 입력 후 [그림6-1-38]처럼 'L2'에 상품코드와 대량이라는 글자가 한 번에 들어가면 성공이다.

❺ 셀 오른쪽 밑에 마우스를 대면 검정색 '+'로 커서가 바뀐다. 더블 클릭한다.

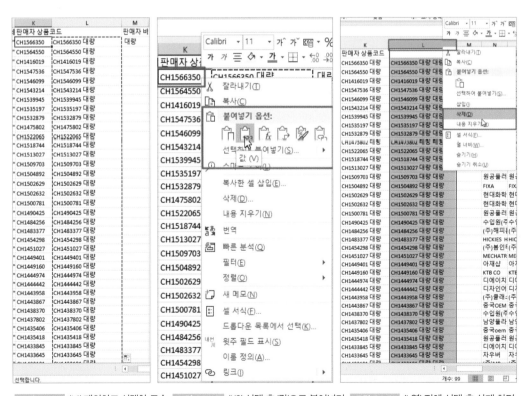

그림 6-1-39 'L1' 제외하고 선택한 모습　그림 6-1-40 'K2' 선택 후 '값'으로 붙여넣기　그림 6-1-41 'L열' 전체 선택 후 삭제 화면

❻ 'L1'을 제외한 'L열'을 전체 복사한다.

❼ 'K2'에 마우스 클릭 후 오른쪽 버튼 클릭

❽ 붙여넣기 옵션: '값' 클릭

❾ 붙여넣기 완료 후 'L열' 삭제

> **TIP** 붙여넣기 옵션을 '값'으로 설정하면 수식이 사라지고 글자만 붙여넣어진다. 일반 붙여넣기로 할 경우는 수식이 붙여넣기되어 수식 값이 달라져 원하는 형태가 나오지 않는다.

K	L
판매자 상품코드	판매자 비
CH1566350 대량	
CH1564550 대량	
CH1416019 대량	
CH1547536 대량	
CH1546099 대량	
CH1543214 대량	
CH1539945 대량	
CH1535197 대량	
CH1532879 대량	

그림 6-1-42 '판매자 상품코드' 완료된 화면

판매자코드 과정이 완료되었다.

1-5 내용 수정하기(2)

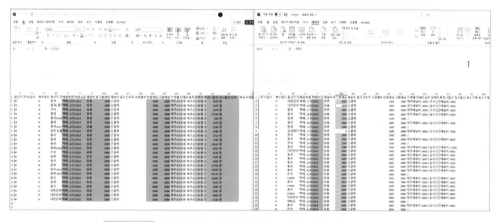

그림 6-1-43 '대량등록 양식' 파일과 함께 보면서 수정할 내용을 확인한다

❶ '대량등록 양식'을 보면서 다음 수정할 내용을 확인한다.

❷ 배송비: 모두 '유료' 입력

❸ '대량등록' 양식에 있는 '택배사코드' CJGLS 복사하여 붙여넣기

('방구석비즈니스' 카페 '나르샤' 등급이 되면 택배사코드가 세팅된 양식을 무료로 제공받을 수 있다.)

W	X	Y	Z
원산지	직배송방법	택배사코	배송비 유
중국	택배, 소:	CJGLS	유료
중국/ 중:	택배, 소:	CJGLS	유료
국내	택배, 소:	CJGLS	유료
중국	택배, 소:	CJGLS	유료
중국(mad	택배, 소:	CJGLS	유료
중국	택배, 소:	CJGLS	유료

그림 6-1-44 '택배사코드' 완료된 화면

참고2 택배사코드

2022년 12월부터 시행하는 제도이다. 모든 상품에는 택배사코드를 등록해야 한다.
위탁의 경우 공급사마다 택배사가 다르고 어느 택배사를 이용하는지 알 수 없는 경우가 많아 고객센터로 확인하니 우선 아무거나 등록하고 상세페이지에 '공급사마다 택배사가 다를 수 있음'을 공지하거나 주문한 고객에게 따로 안내한다고 하면 된다.

그림 6-1-45 기본배송비를 '3000'으로 수정하는 과정

Y 배송비 유	Z 기본배송	AA 배송비 결
유료	3000	선결제
유료	3000	선결제
유료	3000	선결제
유료	2700	선결제
유료	2700	선결제
유료	2500	선결제
유료	2500	선결제
유료	2500	선결제
유료	2700	선결제
유료	2500	선결제
유료	2700	선결제
유료	3000	선결제
유료	2500	선결제
유료	2500	선결제
유료	2500	선결제
유료	2500	선결제
유료	3000	선결제
유료	2700	선결제
유료	2500	선결제
유료	3000	선결제
유료	3000	선결제
유료	2750	선결제
유료	2750	선결제
유료	2500	선결제
유료	2500	선결제
유료	2500	선결제
유료	3000	선결제
유료	2500	선결제
유료	2500	선결제
유료	2750	선결제
유료	2500	선결제

그림 6-1-46 반품배송비를 '3000'으로 수정한 화면

Y 배송비 유	Z 기본배송	AA 배송비 결	AB 조건부무	AC 수량별부	AD 반품배송	AE 교환배송	AF 지역별 차	AG 별도설치	AH 판매자 특	AI 즉시할인
유료	3000	선결제			3000	5000	제주배송비: 5500 / 도서산간배송비: 750			
유료	3000	선결제			3000	6000	제주배송비: 4000 / 도서산간배송비: 900			
유료	3000	선결제			3000	6000	/			
유료	3000	선결제			3000	5400	제주배송비: 3000 / 도서산간배송비: 400			
유료	3000	선결제			3000	5400	제주배송비: 3000 / 도서산간배송비: 400			
유료	3000	선결제			3000	5000	제주배송비: 3000 / 도서산간배송비: 300			
유료	3000	선결제			3000	5000	제주배송비: 3000 / 도서산간배송비: 400			
유료	3000	선결제			3000	5400	제주배송비: 3000 / 도서산간배송비: 400			
유료	3000	선결제			3000	5000	제주배송비: 3500 / 도서산간배송비: 500			
유료	3000	선결제			3000	5400	제주배송비: 3000 / 도서산간배송비: 500			
유료	3000	선결제			3000	6000	제주배송비: 2000 / 도서산간배송비: 200			
유료	3000	선결제			3000	5000	제주배송비: 3000 / 도서산간배송비: 700			
유료	3000	선결제			3000	5000	제주배송비: 5500 / 도서산간배송비: 100			
유료	3000	선결제			3000	5000	제주배송비: 3000 / 도서산간배송비: 500			
유료	3000	선결제			3000	5000	제주배송비: 5000 / 도서산간배송비: 500			
유료	3000	선결제			3000	5000	제주배송비: 3000 / 도서산간배송비: 700			
유료	3000	선결제			3000	6000	제주배송비: 3000 / 도서산간배송비: 500			
유료	3000	선결제			3000	5400	제주배송비: 3000 / 도서산간배송비: 500			
유료	3000	선결제			3000	5000	제주배송비: 5500 / 도서산간배송비: 750			
유료	3000	선결제			3000	6000	제주배송비: 3000 / 도서산간배송비: 300			
유료	3000	선결제			3000	6000	/ 도서산간배송비: 8000			
유료	3000	선결제			3000	5500	제주배송비: 4000 / 도서산간배송비: 900			
유료	3000	선결제			3000	5000	제주배송비: 3000 / 도서산간배송비: 700			
유료	3000	선결제			3000	5000	제주배송비: 5500 / 도서산간배송비: 750			
유료	3000	선결제			3000	6000	제주배송비: 1000 / 도서산간배송비: 100			
유료	3000	선결제			3000	5000	/			
유료	3000	선결제			3000	5000	/			
유료	3000	선결제			3000	5500	제주배송비: 3000 / 도서산간배송비: 300			
유료	3000	선결제			3000	5000	/			

평균: 3000 개수: 99 합계: 297000 100%

그림 6-1-47 교환배송비를 '6000'으로 수정하는 과정

Z 기본배송	AA 배송비 결	AB 조건부무	AC 수량별부	AD 반품배송	AE 교환배송	AF 지역별 차	AG 별도설치	AH 판매자 특	AI 즉시할인	AJ 즉시할인
3000	선결제			3000	6000	제주배송비: 5500 / 도서산간배송비: 7500				
3000	선결제			3000	6000	제주배송비: 4000 / 도서산간배송비: 9000				
3000	선결제			3000	6000					
3000	선결제			3000	5400	제주배송비: 3000 / 도서산간배송비: 4000				
3000	선결제			3000	5400	제주배송비: 3000 / 도서산간배송비: 4000				
3000	선결제			3000	5000	제주배송비: 3000 / 도서산간배송비: 3000				

❹ 기본배송비: 3,000원/반품배송비: 3,000원/교환배송비: 6,000원으로 수정
(기재된 비용이 ③의 비용보다 높으면 높은 비용으로 기재한다.)

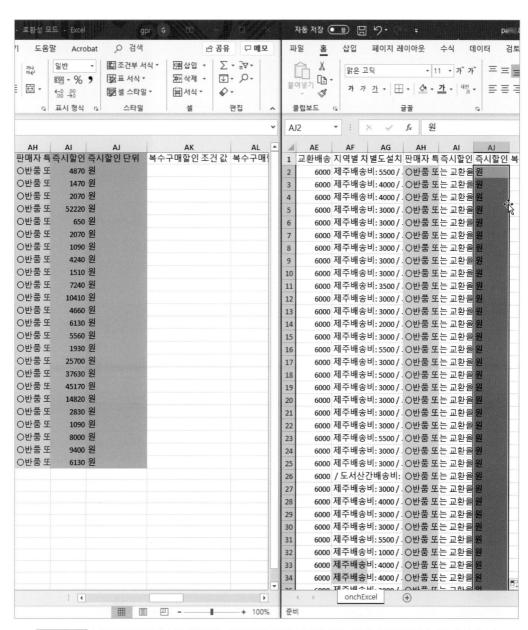

그림 6-1-48 '대량등록 양식'에서 '즉시할인'을 제외한 '판매자특이사항'과 '즉시할인단위'를 아이디 파일에 붙여넣기

❹ '대량등록 양식'에 있는 '판매자특이사항' 복사하여 붙여넣기

❺ 즉시할인 단위: '원' 입력 (즉시할인은 마지막에 입력한다.)

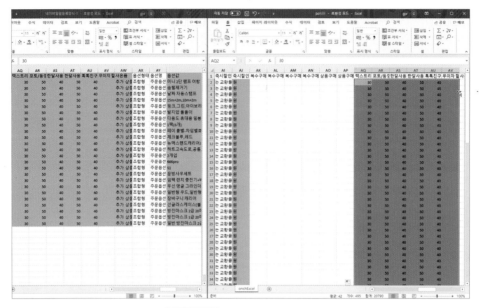

그림 6-1-49 리뷰 포인트 입력 화면

❻ 리뷰 포인트 자유롭게 입력

TIP '텍스트리뷰'보다 '포토/동영상 리뷰'의 포인트가 10원 이상 높아야 오류 없이 등록된다.

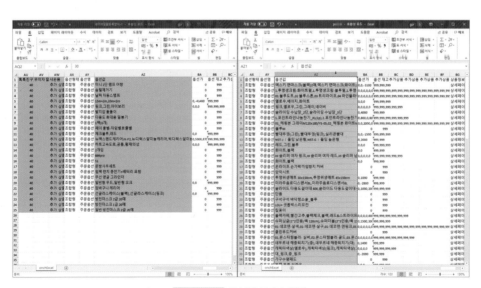

그림 6-1-50 옵션값 글자수 확인

❼ 옵션값: 눈대중으로 봤을 때 ','까지의 글자 수가 20자가 넘어가는 것 같다면 짧게 수정해준다.

1-6 가격 설정하기

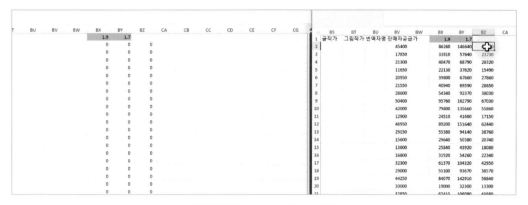

그림 6-1-51 마진율과 할인율 입력

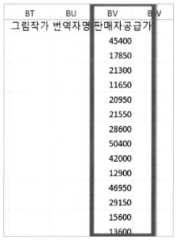

그림 6-1-52 'BV'열에서 최저가 확인하는
화면

❶ 온채널 아이디 파일 'BV열'에서 가장 낮은 공급가를 확인

❷ 마진계산기를 통해 가장 낮은 공급가에서 적자를 보지 않는 마진율을 계산한다.
(예시에 있는 마진율을 따라하면 안 된다. 반드시 마진계산기로 계산하여 입력하자!)

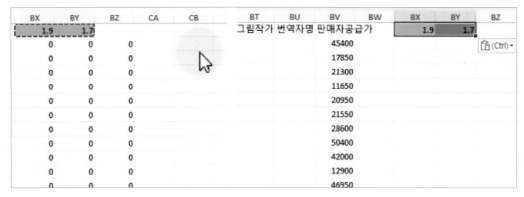

그림 6-1-53 '대량등록 양식'에서 'BX1'과 'BY1'을 복사하여 온채널 아이디 파일에 붙여넣는 과정

❸ '대량등록 양식'에서 'BX1'과 'BY1'을 선택한 후 온채널 아이디 파일 'BX1'과 'BY1'에 그대로 붙여 넣기 (수식이 망가질 수 있으니 꼭 'BX1'과 'BY1'에 그대로 붙여넣자.)

	BX	BY	BZ			BS	BT	BU	BV	BW	BX	BY	BZ
	3	1.7			1	글작가	그림작가	번역자명	판매자공급가		3	1.7	
	0	0	0		2				45400		136200	231540	95340
	0	0	0		3				17850		53550	91030	37480
	0	0	0		4				21300				
	0	0	0		5				11650				
	0	0	0		6				20950				
	0	0	0		7				21550				
	0	0	0		8				28600				
	0	0	0		9				50400				
	0	0	0		10				42000				
	0	0	0		11				12900				
	0	0	0		12				46950				

그림 6-1-54

❹ '대량등록 양식'에서 복사하여 온채널 아이디 파일에 그대로 붙여넣기하면 자동으로 계산된다.

❺ BX1: 마진율 입력 (필자는 'BQ1'을 공급가의 3배(마진 200%)로 설정하였다.)
❻ BY1: 할인율 입력 (1.95라고 되어있을 때 95% 할인 상품이라고 보인다.)

할인율 높은 상품이 너무 많으면 스마트스토어에서 어뷰즈 행위로 볼 수 있으니 30~95%를 적절히 섞어서 등록하자.

알고가기! 엑셀에서 소비자가, 판매가의 위치

- BX열: 고객이 결제하게 되는 소비자가 (스마트스토어 할인가)
- BY열: 스마트스토어에서 할인 전 가격으로 보인다. (스마트스토어 판매가)
- BZ열: 고객에게 할인해주는 가격으로 보인다.
  스마트스토어에서는 'BY열' - 'BZ열' = 'BX열'로 계산되어 'BX'열의 가격으로 고객이 결제하게 된다.

BV	BW	BX	BY	BZ
판매자공급가		3	1.95	
45400		136200	265590	129390
17850		53550	104420	50870
21300		63900	124600	60700
11650		34950	68150	33200
20950		62850	122550	59700
21550		64650	126060	61410
28600		85800	167310	81510
50400		151200	294840	143640
42000		126000	245700	119700
12900		38700	75460	36760
46950		140850	274650	133800
29150		87450	170520	83070
15600		46800	91260	44460
13600		40800	79560	38760
16800		50400	98280	47880
32300		96900	188950	92050
29000		87000	169650	82650
44250		132750	258860	126110
10000		30000	58500	28500
32850		98550	192170	93620
59400		178200	347490	169290
18750		56250	109680	53430
31400		94200	183690	89490
17150		51450	100320	48870
21200		63600	124020	60420
14000		42000	81900	39900
43700		131100	255640	124540
22400		67200	131040	63840

그림 6-1-55 ⑦의 실습 화면

그림 6-1-56 ⑧의 실습 화면

❼ 'BY1'을 제외한 'BY열' 전체 선택 후 복사

❽ 'D2' 클릭 후 '값'으로 붙여넣기 (판매가 입력 완료)

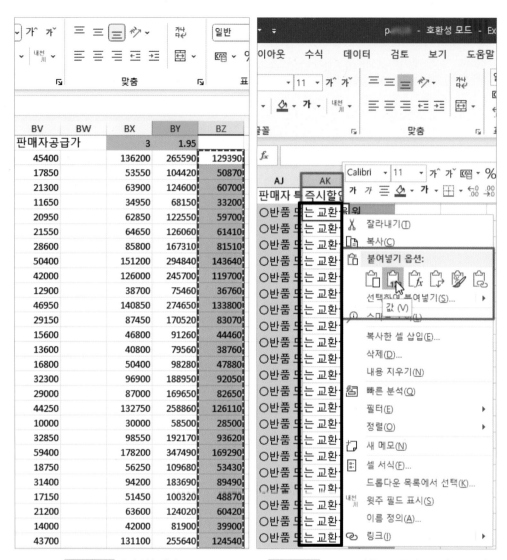

BV	BW	BX	BY	BZ
판매자공급가		3	1.95	
45400		136200	265590	129390
17850		53550	104420	50870
21300		63900	124600	60700
11650		34950	68150	33200
20950		62850	122550	59700
21550		64650	126060	61410
28600		85800	167310	81510
50400		151200	294840	143640
42000		126000	245700	119700
12900		38700	75460	36760
46950		140850	274650	133800
29150		87450	170520	83070
15600		46800	91260	44460
13600		40800	79560	38760
16800		50400	98280	47880
32300		96900	188950	92050
29000		87000	169650	82650
44250		132750	258860	126110
10000		30000	58500	28500
32850		98550	192170	93620
59400		178200	347490	169290
18750		56250	109680	53430
31400		94200	183690	89490
17150		51450	100320	48870
21200		63600	124020	60420
14000		42000	81900	39900
43700		131100	255640	124540

그림 6-1-57 ⑨의 실습 화면

그림 6-1-58 'AK2' 클릭 후 오른쪽 마우스 버튼 누르기

❾ 'BZ1'을 제외한 'BZ열' 전체 선택 후 복사

❿ 'AK2' 클릭 후 '값'으로 붙여넣기 (즉시할인가 입력 완료)

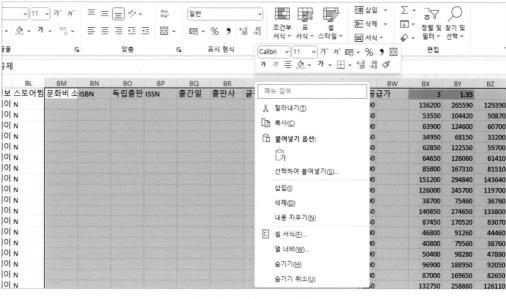

그림 6-1-59 ⑪의 실습 화면

⑪ 'BM열'부터 'BZ열'까지 전체 선택 후 '삭제'

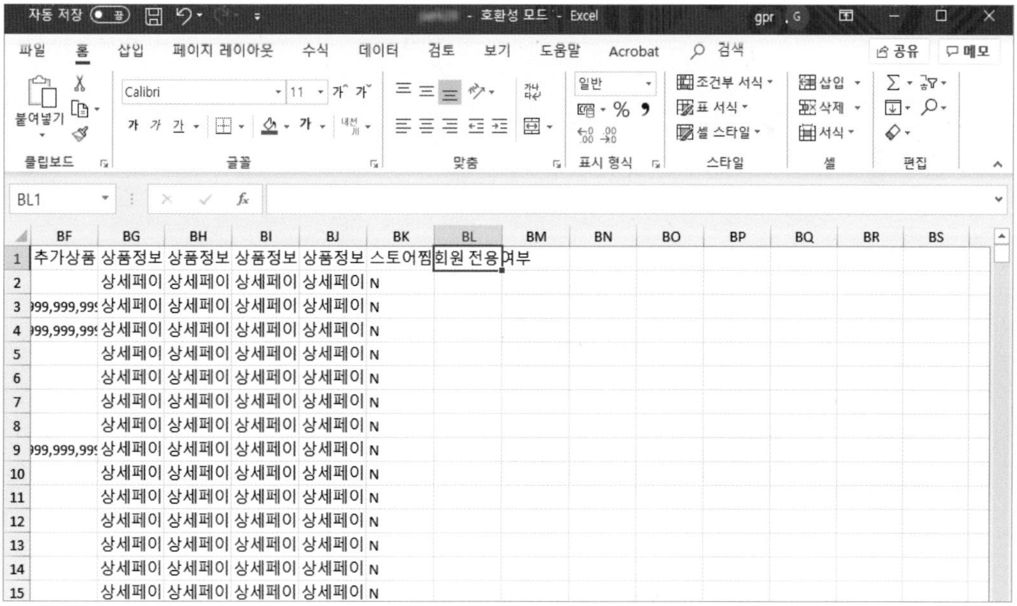

그림 6-1-60 대량등록을 위한 엑셀 파일 입력 완료

대량등록 준비가 끝났다. 이제 스마트스토어에 등록해보자!

1-7 스마트스토어에 등록하기

그림 6-1-61 '상품 일괄등록' 화면에서 '이미지 업로드'의 위치

❶ '스마트스토어 판매자센터' 접속

❷ 상품관리 > 상품 일괄등록 > 이미지 업로드

그림 6-1-62 'output' 폴더에서 이미지 선택

❸ 'output' 폴더에 있는 이미지를 전체 선택하여 '열기'

> **TIP**　'output' 폴더는 '포토스케이프'에서 편집한 이미지들이 모아진 폴더이다.

　그림 6-1-63　내용을 수정했던 온채널 아이디 파일을 선택한다

❹ '파일 업로드'를 클릭하여 수정한 엑셀 파일을 열어준다.

　그림 6-1-64　대량등록 완료 화면

❺한 번에 97개의 상품이 등록되었다. 2개가 실패했는데 수정하여 다시 등록하지 말고 두면 된다.

상품 일괄등록

처리상태	실패사유	상품번호	판매상태	카테고리	상품명	판매가	재고수량
성공		4874892197	판매중	도자기/유리...	모던 핸들 도자기 물빠짐 수저통	36,270	2,997
실패	해당 카테고리는 사용하실 수...		-	매직행거	나무후크	5,260	8,991
성공		4874892198	판매중	먼지차단마...	마스크린 스마트S	50,600	2,997
성공		4874892199	판매중	먼지차단마...	마스크린 심플 라이트S	39,780	2,997
성공		4874892200	판매중	욕실의자	어린이 미끄럼 방지 안전한 욕실발판 목욕의자 대형	43,580	2,997
성공		4874892201	판매중	소파커버/패드	소음방지패드 긁힘방지패드	3,800	6,993
성공		4874892202	판매중	밀대/패드	접착제자국 방지패드	13,160	999
성공		4874892204	판매중	세탁보조제	비트 O2 얼룩제거 스프레이 500ML	20,760	1,998
성공		4874892205	판매중	솔	이쁠압축팩	3,800	3,996
성공		4874892206	판매중	기타청소용품	새균없는 티슈 100매	16,380	999
성공		4874892207	판매중	행거	2단 선반 도어행거	89,790	1,998
성공		4874892208	판매중	접시	싱글라이프 혼술 야구장 캠핑 파티 아기간식 나눔접시	14,040	8,991
성공		4874892209	판매중	욕실청소용품	김서림방지 보조거울	44,750	1,998

그림 6-1-65 대량등록 실패 사유

❻ 실패사유: 해당 카테고리는 사용하실 수 없습니다.

네이버는 카테고리가 1년에 n번 바뀌거나 이동되는데 이동 전 카테고리 고유번호로 설정되어 있으면 업로드에 실패한다. 업로드 실패 사유는 대부분 카테고리이다. 또는 상품명 수정 시 [그림 6-1-31]의 과정을 하지 않아서 업로드에 실패한다. 예전에는 실패한 상품의 파일을 다시 다운로드받아서 수정하여 업로드하였지만 시간을 계산해보면 버리는 것이 낫다. 이때, [그림 6-1-31]의 과정을 하지 않아서 실패했다면 수정 후 업로드해야 한다.

대량등록을 마쳤다. 손에 익으면 30분도 안 걸리니 손에 익도록 자주 해보는 것이 중요하고 대량등록만 하는 것과 수기로 등록하는 것은 매출이 확 달라지니 대량등록은 보조역할로 생각하자.

위탁판매 기초 이론 익히기

스마트스토어 오픈 준비하기

매출을 올리는 전략과 실습

투잡에 최적화된 상품 등록 절차와 실습

상품 등록 후 CS하기

스마트스토어 운영 TIP!

참고 사이트

퇴근 후 돈 벌 계획을 세워보자

2

품절 스트레스
적게 받는 법

위탁판매에서 가장 취약한 부분은 품절이다. 공급사도 공장에서 물건을 많이 가져오는 것이 아니기에 품절이 자주 일어나곤 한다. 그래서 품절에 대해서 스트레스를 많이 받는데 주문이 들어오면 기분이 좋다가도 온채널에 발주 넣을 때 품절이라고 뜨면 매우 실망스럽기 마련이다. 지금부터 알려드리는 방법은 품절 스트레스를 적게 받는 방법이지만 분명히 말씀드리자면 남용하지 말고 급할 때만 사용하길 바란다. 우리는 상품을 판매할 때 온채널 공급사의 이미지로 판매하고 있으므로 이 방법을 자주 사용하게 되면 공급사와 거래가 끊어질 수가 있다. 그래서 반드시 공급사가 품절인 상황에서 긴급할 때만 사용하기를 당부드린다.

그림 6-2-01 온채널에서 상품 키워드 파악

품절된 상품의 상품명이나 추천키워드를 보고 키워드를 잡는다. 필자는 브랜드로 생각되는 '마벤스텝퍼'와 핵심키워드인 '스텝퍼'로 잡아보겠다.

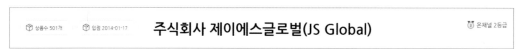

주식회사 제이에스글로벌(JS Global)

상품수 501개   입점 2014-01-17   온채널 2등급

그림 6-2-02 '공급사 B2B센터' 화면

옵션명	최종준수가	소비자가	판매자가	최소수량
마벤스텝퍼	자율	42,600	33,400	1

그림 6-2-03 '판매자 공급가 보기' 화면

'공급사 B2B센터'를 눌러 공급사명을 확인하고 '판매자 공급가 보기'를 눌러 '판매자가'를 확인한다. 공급사명은 주식회사 제이에스글로벌이고 판매자가는 33,400원이다. 상세페이지를 보면서 상품의 구성과 디자인을 익혀야 한다. 제품 안에 있는 글씨도 말이다. 이 상품은 스텝퍼와 손잡이를 함께 주는 구성이다.

그림 6-2-04

'네이버쇼핑'에 '마벤스텝퍼'를 검색하고 상품정렬을 '낮은 가격순'으로 한다. 공급가(판매자가)인 33,400원보다 비싸면 적자를 볼 수 있어서 공급가보다 같거나 저렴한 것으로 해야 한다. 검색 결과는 공급가보다 비쌌다. 상품을 하나 눌러보도록 하겠다.

그림 6-2-05 제조사, 브랜드, AS안내, 공지사항 확인

제조사가 '주식회사 제이에스글로벌'이라고 되어있고 상세페이지 위에 위탁판매의 상징인 출고지와 반품지가 다르다는 공지사항이 있다. 이런 곳은 우리와 같은 위탁판매자이니 뒤로 돌아간다. 타 스마트스토어에서 구매하여 고객에게 보내는 것은 어뷰즈 행위이므로 G마켓이나 11번가 같은 오픈마켓에서 봐야 한다.

그림 6-2-06 '낮은 가격순'으로 정렬

'마벤스텝퍼'의 검색 결과를 보니 아무래도 공급사에서 이름을 지은 것 같다. '마벤'을 지우고 '스텝퍼'로 검색하여 '낮은 가격순'으로 정렬한다. '해외'라는 표시가 있는 것은 넘어간다. 해외에서 직접 배송되는 거라 오래 걸리기도 하고 나중에 고객이 반품이나 교환 요청을 요청하면 복잡해진다.

그림 6-2-07 구성품이 같은 판매처 확인

공급가보다 저렴한 곳이 나왔다. 구성도 똑같고 디자인도 똑같은데 클릭하여 자세히 보자.

그림 6-2-08 출고지와 반품지가 다르다는 공지사항 내용이 없다.

위탁판매의 공지사항 내용이 없다. '스토어'를 눌러 전화를 걸어 확인하였다. 몇 개 없지만 재고가 있다고 한다. 주문을 해보자.

주문할 때 이름은 고객 성함을 넣는다. 주소는 고객의 주소를 넣지만 연락처는 나의 연락처를 기재해야 한다. 혹시나 품절되면 나에게 연락이 오게 하기 위해서다. '안심번호 사용'을 누르면 누구의 연락처인지 아무도 모른다. 이렇게 주문한 뒤에 반품이나 교환 요청이 오면 그 내용 그대로 여기 판매자에게 요청하면 된다. 필자는 교환을 진행해봤던 적이 있다. 온채널과 똑같은

주문결제

배송지 선택

최근 배송지	**새로운 배송지**	24시간 무인택배함!

- 배송국가　**대한민국**　　　　　　　　　　　다른 국가 선택 ›
- 이름　　고객성함
- 주소　　주소찾기　[　　]
　　　　[　　　　　　　　　　　　　　　　]
　　　　상세주소를 입력해 주세요
- 연락처　010 ▼ － [　] － [　]　　✓ 안심번호 사용 ›

배송시 요청사항 (선택사항)　　　　　　　　　　　　▼

그림 6-2-09 오픈마켓 결제 화면

과정으로 진행되었다. 다시 한번 이야기하지만 강성고객이나 긴급할 때만 사용하고 절대 남용해서는 안 된다.

알고가기!　스마트스토어 어뷰즈 행위가 아닌가요?

'품절 스트레스 줄이는 법'의 내용은 필자가 실제로 위급할 때 사용하고 있는 노하우이기에 책에 이 내용을 넣으면서 스마트스토어 어뷰즈 행위는 아닌지 걱정되었다. 그래서 스마트스토어 고객센터로 확인해보니 다행히 어뷰즈 행위는 아니었다.

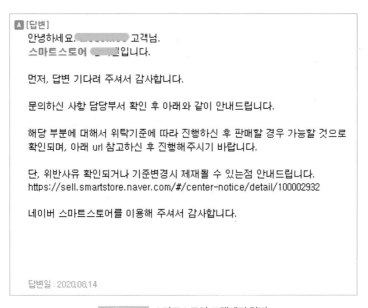

Ⓐ [답변]
안녕하세요. ▓▓▓▓▓▓ 고객님.
스마트스토어 ▓▓▓입니다.

먼저, 답변 기다려 주셔서 감사합니다.

문의하신 사항 담당부서 확인 후 아래와 같이 안내드립니다.

해당 부분에 대해서 위탁기준에 따라 진행하신 후 판매할 경우 가능할 것으로 확인되며, 아래 url 참고하신 후 진행해 주시기 바랍니다.

단, 위반사유 확인되거나 기준변경시 제재될 수 있는점 안내드립니다.
https://sell.smartstore.naver.com/#/center-notice/detail/100002932

네이버 스마트스토어를 이용해 주셔서 감사합니다.

답변일 : 2020.08.14

그림 6-2-10 스마트스토어 고객센터 답변

고객센터 답변에 첨부된 URL의 내용은 위탁판매 방식 판매의 경우 주문접수 받은 구매자 정보를 도매몰 등의 타사이트에 다시 주문의뢰하여 구매자에게 직접 배송되게 하는 판매 방식으로, 구매자에게 해당 사실을 고지하지 않는 경우 개인정보 보호법 등 관련법에 저촉되어 처벌될 수 있다는 내용이다.

스마트스토어 센터에서는 '판매자정보관리' 메뉴에 해당 고지 기능을 마련하고 있는바, '판매자정보관리' 화면 > '판매자 개인정보처리 방침' 영역 > 기타업무위탁업체 입력 란에 위탁업체명과 위탁업무를 정확히 기술한 후 판매활동을 하면 된다. 위탁정보 고지 없이 위탁판매하는 경우 규정위반으로 조치될수 있다고 한다. 어떻게 설정하는지 사진으로 보자.

그림 6-2-11   '기타 업무 위탁 업체 입력' 화면

스마트스토어 판매자센터 > 판매자 정보 > 판매자 정보의 경로로 들어가 최하단 '판매자 개인정보처리방침 관리'를 [그림 6-2-11]처럼 설정하면 된다. 사진에서는 '기타 업무 위탁 업체 입력'에 오픈마켓만 기재하였지만 실제 주문하게 되는 스토어가 생기면 스토어의 상호명을 기재하면 된다.

3 스토어 운영할 때 절대 하면 안 되는 행동

3-1 상품명 복사하기와 스토어명 공개하기

다른 판매자의 상품명을 복사해서 사용하는 것은 비매너 행위이다. 키워드 분석을 해보면 알겠지만 쉽지 않은 작업이다. 예술 분야로 비교해본다면 표절하는 것과 같기에 절대 하지 말아야한다.

또한 스토어명을 공개하는 행동은 나의 전략을 모두 보여주는 것이다. 여기서 스토어명 공개는 유통 모임이나 스터디, 온라인상에서 하지 않도록 하고 지인에게도 알려주지 않는 것이 좋다. 필자가 모두 경험했던 내용이다. 초보 시절 스마트스토어를 공부할 때 같이 공부하던 사람들에게 타의로 스토어명이 노출된 적이 있었다. 그 후로 매출이 떨어져서 네이버쇼핑에 검색해보니 같이 공부하던 사람 중 한 명이 필자의 베스트 상품들 상품명을 복사하여 가격을 10원 저렴하게 올려놨다.

고객은 똑같은 상품인 것을 인지하면 그다음은 가격비교를 하므로 필자의 매출이 뚝 떨어졌던 것이다. 그 사람이 어느 날 필자에게 항상 도와줘서 고맙다며 비싼 양곱창을 사줬는데 양곱창을 먹고 집에 와서 보게 돼 충격이 몹시 컸었던 기억이 난다. 주변 사람들에게 매출이 잘 나오고 있다고 이야기를 하면 사람의 심리가 본인도 하고 싶어지고 어떻게 운영하나 궁금해지기 마련이다. 스마트스토어는 전문적인 지식이나 학력을 요하지 않고 누구나 할 수 있기에 더욱 그렇다. 어떤 플랫폼이든 잘되면 질투하거나 시비를 거는 사람이 반드시 생긴다. 그러니 며느리에게도 비법을 알려주지 않는 맛집처럼 나의 스토어를 알리지 말자! 이 내용은 스마트스토어뿐만 아니라 블로그, 페이스북 같은 다른 플랫폼에도 해당된다.

3-2 본인과 가족 및 지인 간 거래

우리가 생각하는 것 이상으로 네이버는 모든 것을 알고 있다. 만약에 가족이나 친구, 지인들이 내 스토어에서 물건을 구매하고 리뷰를 남기면 그런 행동 하나하나 모두 네이버에서 알고 있기에 자칫하다간 순위가 떨어진다. 판매가 저조해지는 현상을 느낄 수 있다. 블로그로 치자면 저품질과 같은 것이다. 필자의 경우 리뷰 작업을 하려고 했던 건 아니고 어쩌다가 다른 아이디로 구매를 하게 되었다. 리뷰 포인트를 받으려고 리뷰를 썼는데 네이버에서 어뷰즈 행위라며 그 리뷰를 블라인드 처리했었다. 어뷰즈란 정당하지 않은 방법을 통해서 이득을 취하는 행위를 뜻하는 말이다. 물론 처음에 몰라서 그럴 수 있지만 계속 이런 행동이 반복된다면 나의 상품이 저 끝자락으로 떨어지게 되고, 어떤 상품을 올리건 노출이 잘되지 않을 수도 있거나 심할 때는 스토어가 정지될 수 있으므로 네이버가 하지 말라는 행위는 하지 않는 것이 좋다. 본인의 아이디로 구매하는 것도 마찬가지다.

3-3 어뷰즈 행위

PART 1에서 '아는 것이 병이다'라고 이야기한 적이 있다. 그 내용은 여기에서도 해당되는데 어디에서 얼핏 들은 내용을 가지고 어뷰즈 행위를 하는 사람들이 꽤 많다. 예를 들어서 스마트스토어는 클릭 점수가 있다고 하니 클릭 점수를 받으려고 어설프게 클릭을 발생시키는 행위 또는 허위로 구매건수를 올리는 행위 등 말이다. 또 리뷰 작업이라는 게 있다고 어디에서 들어서 작업하는 사람들이 있는데 지금 필자가 나열한 이런 모든 행위는 네이버에서 하지 말라는 행위이고 우리는 네이버라는 공간을 빌려서 가게를 연 것이기에 네이버가 말하는 것을 잘 따라야 한다. 물론 그런 어뷰즈 행위를 통해서 돈을 많이 버는 사람은 있겠으나 그것이 언제까지 갈지 모르니 네이버와의 신뢰를 위하여 아예 하지 않도록 하자! 이런 어뷰즈 행위를 하지 않더라도 매일매일 꾸준히 상품을 올리면 매출은 따라오니 정직한 방법으로 스토어를 운영해서 돈을 벌었으면 좋겠다.

3-4 남과 비교하기

수강생이라면 모두 잘 알 테지만 필자가 싫어하는 사람의 유형이 딱 하나 있다. 다른 사람과 비교하면서 자기 자신을 낮추는 행동이나 말을 하는 사람이다. 충분히 잘할 수 있지만 자존감을 낮추는 행동과 언어로 자기의 능력을 한정 짓기 때문이다. 각자의 속도가 있다고 생각하기에 어떤 사람이 먼저 앞서나갈 수 있으나 분명한 것은 꾸준히 하다 보면 비슷해지거나 그 사람보다 더 앞서나갈 수 있다는 것이다. 이것은 분명하다. 하지만 '저 사람은 원래 잘하는 걸 거야', '저 사람은 타고났어', '저 사람은 잘하는데 나는 왜 안될까', '나는 이쪽에 재능이 없나 보다.' 자꾸 이런 생각에 갇혀 버리면 잘할 사람도 못하게 되니 절대 남과 비교하지 말 것! 특히 방구석 비즈니스 카페에 오게 되면 수익 인증하는 글이 많이 있는데 수익이 많이 난 사람을 보게 되면 괜히 위축되기 마련이다. 하지만 그럴 필요가 전혀 없다. 방금도 말한 것처럼 개개인의 속도는 모두 다르다. 자기 페이스에 맞춰서 꾸준히 하면 된다 그러니 남과 비교하지 말고 나는 나의 속도로 꾸준하게 해보자.

3-5 일희일비

일희일비라는 말을 쉬운 말로 하면 하나에 기뻐하고 하나에 슬퍼한다는 것이다. 스마트스토어를 운영하다 보면 주문이 들어올 때는 기분이 많이 좋아서 커피도 돌리고 간식도 돌리는 사람이 있다. 그런데 다음날 주문이 안 들어오거나 적게 들어오면 우울해서 구석에 앉아서 고개를 푹 숙이고 있다. 그런데 절대 그럴 필요는 없다. 주문이 들어오면 물론 기쁨을 즐겨야겠지만 잠시만 즐긴 뒤 '주문이 왜 들어왔지?' 하며 분석을 시작해야 하고 만약에 주문이 안 들어오는 날에는 '오늘은 왜 주문이 들어오지 않았나?'를 분석해봐야 한다. 대부분 그래프가 내려가는 날에는 다른 사람들도 그래프가 같이 내려간다. 그러니 그래프가 내려가거나 주문이 잘 안 들어온다고 우울해할 필요가 없다. 다른 판매자들은 오히려 매출 상승의 발판을 만들기 위해서 상품 등록을 하고 있고 그다음에 왜 주문이 들어오지 않는가 분석하고 있다. 우울해하고만 있다면 먼 미래를 봤을 때 다른 판매자와 나는 성장이나 매출에서 차이가 날 것이다.

3-6 돈 쓰기

필자는 마케팅에 대해서도 공부를 많이 했지만 위탁판매를 하면서 마케팅 비용을 쓰는 것은 돈 아깝다고 생각한다. 위탁판매는 우리에게 떨어지는 마진율이 사입에 비해서 크기가 않기 때문에 그 적은 마진율에서 또 마케팅 비용을 쓴다면 그거는 오히려 배(직접 공장에서 물건을 가져와 판매하는 것)보다 배꼽이 더 큰 격이 된다. 그러니 광고는 쇼핑검색광고만 하기로 하고 기타 다른 마케팅에는 돈을 쓰지 않는 것을 추천한다. 무료로 마케팅을 할 수 있는 블로그, 카페, 인스타그램을 적극적으로 활용해보자! 그리고 스토어를 만들면 여기저기에서 광고 전화가 많이 올 것이다. 신규 판매자를 지원한다고 하면서 결제를 유도하는 경우가 많은데 그런 것은 위탁판매자에게는 불필요하고 만약에 사업으로 운영한다고 해도 먼저 연락하는 광고회사는 사기성인 곳이 많으므로 광고업체에서 연락이 온다면 '제 정보를 지워 주시고 앞으로 전화는 거부하겠습니다.' 라고 정확히 거부 표시를 해야 전화하지 않는다. 투잡으로 하는 거니까 다른 사람의 쇼핑몰 성공신화 이런 것을 보면서 그렇게 되기를 기대하기보다는 퇴근 후 우리의 페이스에 맞게 시간 관리를 하면서 운영하자.

4 투잡 세금신고는 쉽게 할 수 있다

필자는 숫자에 굉장히 약하다. 얼마나 심한 정도냐면 간단한 숫자의 암산도 잘 안 된다. 숫자에 약하고 세금에 대해서 완전히 무지하다 보니 세금 신고 후 세금 폭탄이 터졌다. 처음엔 잘못된 것인 줄 모르고 오히려 자랑했던 것 같다. 세금을 많이 내면 돈을 많이 번 것이니까 말이다. 그런데 필자의 친구는 매출이 더 높았는데 세금을 적게 내거나 환급받는 것을 보고 무엇인가 잘못되었다는 것을 알아차렸다. 그래서 혼자 세금에 대해 공부해보았다. 세금은 어려운 문제이니 제일 좋은 방법은 기관에서 세무 지원하는 것을 이용하는 것이다.

- K-스타트업: 청년창업기업 세무 지원(http://www.k-startup.go.kr)
  검색창 > '세무' 검색

- 국세청: 영세사업자를 위한 세무 지원(https://www.hometax.go.kr)
  관할 세무서에서도 방문 신청 가능하다.
  홈택스 > 상담/제보 > 영세납세자 지원단 서비스신청/관리 > 창업자멘토링

- 서울특별시: 마을세무사(http://www.seoul.go.kr)
  검색창 > '마을세무사' 검색

서울특별시 외에도 거주하고 있는 시의 홈페이지에 접속하여 검색창에 '마을세무사'를 검색하면 된다.

> **TIP** 홈택스(국세청 홈페이지)에 사업용 신용카드를 등록하면 공제되는 금액이 세금 신고시 자동으로 입력된다.

위탁판매 기초 이론 익히기

스마트스토어 오픈 준비하기

매출을 올리는 전략과 실습

두께와 촉각형태 상품 등록 전략과 실습

상품 등록 후 CS하기

스마트스토어 운영 TIP!

참고 사이트

퇴근 후 돈 벌 계획을 세워보자

4-1 부가가치세

1) 부가가치세란?

줄여서 부가세라고 부르는 부가가치세는 상품의 거래나 서비스 제공 과정에서 얻어지는 이윤에 대하여 과세하는 세금이다. 실제로 부가가치세를 지불하는 사람은 고객이다. 고객은 물건을 구매할 때 10%의 부가가치세를 포함하여 구매하게 된다. 우리는 이 부가가치세를 고객에게 받아 두었다가 부가가치세 신고 기간에 고객 대신 세무서로 신고하는 것이다. 마진 계산할 때 10%의 부가가치세도 넣어서 계산하게 되는데 정산을 받으면 부가가치세 전용 통장을 만들어서 따로 보관하는 것이 좋다.

2) 부가가치세 신고하기

지금부터 부가가치세 신고하는 실습을 진행하는데 실습과정은 참고용으로만 보고 실제로 부가가치세 신고할 때는 세무서의 상담을 받고 진행하길 바란다.

⊙ 간이과세자의 부가가치세 신고

그림 6-4-01 스마트스토어센터 내 '부가세신고 내역'

❶ 스마트스토어 판매자센터 접속 후 정산관리 > 부가세신고 내역 클릭

그림 6-4-02 '기간' 설정 후 '검색'

❷ 기간: 전년도 1~12월로 설정 후 '검색'

⑩비과세매출금액 = ㉮신용카드매출전표+㉯소득공제+㉰지출증빙+㉱기타

그림 6-4-03 홈택스 메인 화면

❸ '홈택스' 접속

❹ '부가가치세 신고' 클릭

그림 6-4-04 간이과세자 '정기신고' 버튼의 위치

❺ 간이과세자 > 정기신고 클릭

그림 6-4-05 '사업자등록번호'를 넣고 '확인'을 누르면 정보가 입력 된다

빅데이터 기초 이론 익히기

스마트스토어 오픈 준비하기

매출을 올리는 전략과 실습

틈새에 최적화된 상품 등록 전략과 실습

상품 등록 후 CS하기

스마트스토어 운영 TIP!

참고 사이트

퇴근 후 돈 벌 계획을 세워보자!

❻ 기본 정보 입력 후 '저장 후 다음이동' 클릭

그림 6-4-06 '업종선택' 입력 화면

❼ 업종선택: 소매업

❽ '저장 후 다음이동' 클릭

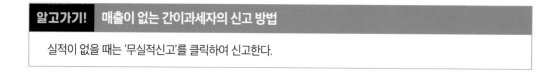

알고가기!　**매출이 없는 간이과세자의 신고 방법**

실적이 없을 때는 '무실적신고'를 클릭하여 신고한다.

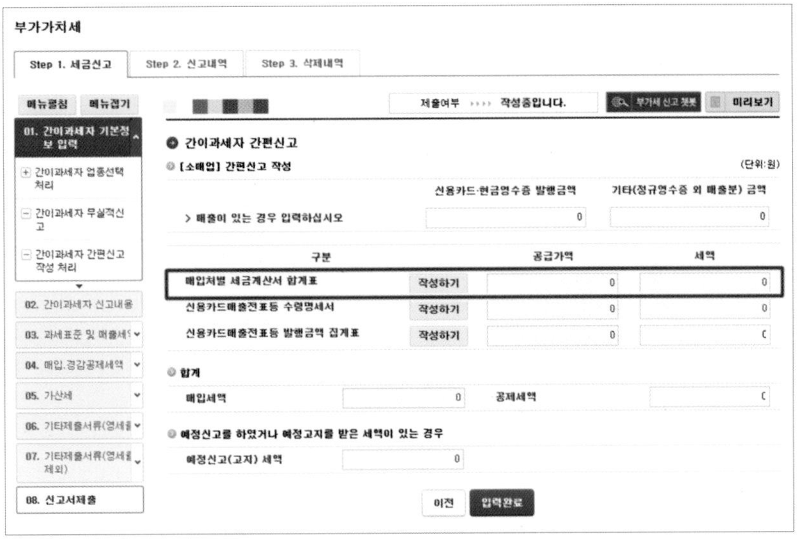

그림 6-4-07 '매입처별 세금계산서 합계표' 위치

❾ 매입처별 세금계산서 합계표: '작성하기' 클릭

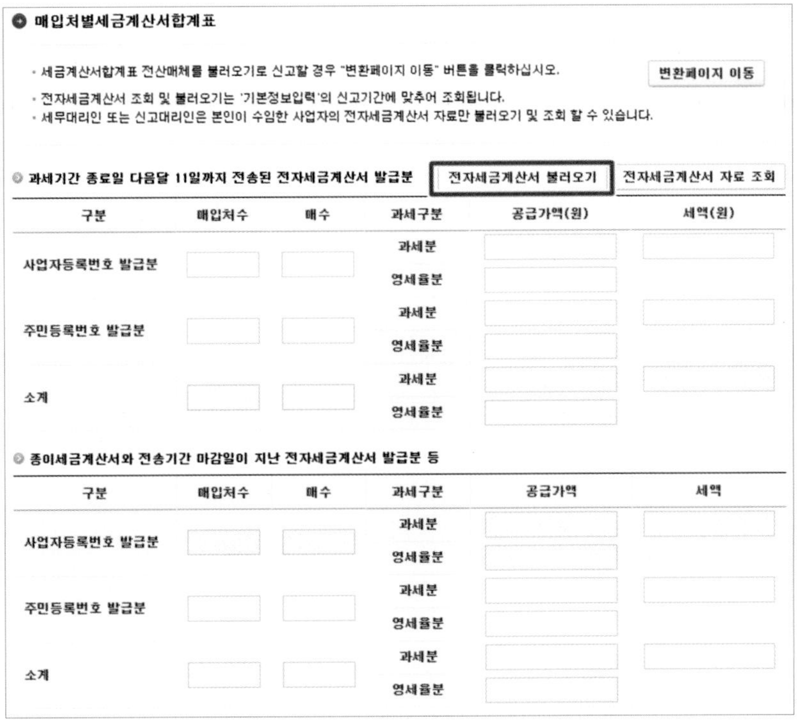

그림 6-4-08 '전자세금 계산서 불러오기' 클릭

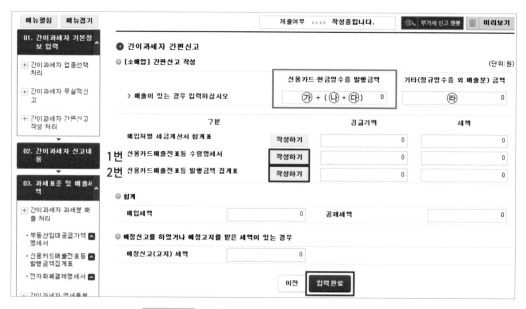

매입처별세금계산서합계표

- 세금계산서합계표 전산매체를 불러오기로 신고할 경우 "변환페이지 이동" 버튼을 클릭하십시오.   변환페이지 이동
- 전자세금계산서 조회 및 불러오기는 '기본정보입력'의 신고기간에 맞추어 조회됩니다.
- 세무대리인 또는 신고대리인은 본인이 수임한 사업자의 전자세금계산서 자료만 불러오기 및 조회 할 수 있습니다.

과세기간 종료일 다음달 11일까지 전송된 전자세금계산서 발급분   전자세금계산서 불러오기   **전자세금계산서 자료 조회**

구분	매입처수	매수	과세구분	공급가액(원)	세액(원)
사업자등록번호 발급분			과세분		
			영세율분	0	
주민등록번호 발급분	0	0	과세분	0	0
			영세율분	0	
소계			과세분		
			영세율분	0	

그림 6-4-09 '전자세금계산서 자료 조회' 클릭

❿ '전자세금계산서 불러오기' 클릭 후 '전자세금계산서 자료 조회'를 클릭한다.

메뉴콜침	메뉴접기			제출여부 ▸▸▸ 작성중입니다.	부가세 신고 챗봇	미리보기

01. 간이과세자 기본정보 입력
- 간이과세자 업종선택 처리
- 간이과세자 무실적신고
- 간이과세자 간편신고 작성 처리

02. 간이과세 신고내용

03. 과세표준 및 매출세액
- 간이과세자 과세분 매출 처리
- 부동산임대공급가액 명세서
- 신용카드매출전표등 발행금액집계표
- 전자화폐결제명세서

간이과세자 간편신고

[소매업] 간편신고 작성   (단위:원)

	신용카드·현금영수증 발행금액	기타(정규영수증 외 매출분) 금액
▸ 매출이 있는 경우 입력하십시오	㉮ + (㉯ + ㉰) 0	㉱ 0

구분		공급가액	세액
매입처별 세금계산서 합계표	작성하기	0	0
1번 신용카드매출전표등 수령명세서	작성하기	0	0
2번 신용카드매출전표등 발행금액 집계표	작성하기	0	0

합계

매입세액	0	공제세액	0

예정신고를 하였거나 예정고지를 받은 세액이 있는 경우

예정신고(고지) 세액	0

이전   **입력완료**

그림 6-4-10 금액 확인 및 '수령명세서'와 '집계표' 작성하기

⓬ 신용카드&현금영수증 발행금액: ㉮신용카드매출전표+(㉯소득공제+㉰지출증빙)

⓬ 기타: ㉰기타

⓭ '신용카드 매출전표등 수령명세서' 작성 후 '신용카드매출전표등 발행금액 집계표'를 작성한 뒤 '입력완료'를 누른다.

⓮ '신용카드 매출전표등 수령명세서' – '작성하기' 클릭

부가가치세

| Step 1. 세금신고 | Step 2. 신고내역 | Step 3. 삭제내역 |

메뉴펼침 **메뉴접기**

01. 간이과세자 기본정보 입력
⊞ 간이과세자 업종선택 처리
⊟ 간이과세자 무실적신고
⊟ 간이과세자 간편신고 작성 처리

02. 간이과세자 신고내용
03. 과세표준 및 매출세액
04. 매입.경감공제세액
05. 가산세
06. 기타제출서류(영세율)
07. 기타제출서류(영세율 제외)
08. 신고서제출

제출여부 ▸▸▸▸ 작성중입니다.   **부가세 신고 챗봇**   **미리보기**

● 신용카드 매출전표등 수령명세서   **도움말**

• 전산매체 제출용으로 생성한 신용카드매출전표등 수령명세서를 불러오기로 신고할 경우 "변환페이지 이동" 버튼을 클릭하면 됩니다.   **변환페이지 이동**

• 예정신고 누락분은 확정신고시에만 포함해서 입력하십시오.
• 현금영수증, 화물운전자 복지카드, 사업용 신용카드 매입자료는 화면하단의 현금영수증, 화물운전자 복지카드, 사업신용자카드 합계란에만 입력하여야 합니다.
• 법인카드는 사업용신용카드이므로, 사업용신용카드란에 거래건수, 공급가액, 세액만 작성하시면 됩니다. (명세 제출 불필요)
• 미리보기는 500건만 제공됩니다.
• 정기신고분 재제출, 수정신고, 경정청구시 가맹점(공급자)과의 거래내역이 2,000건을 초과하는 경우에는(파일 제출건은 200건 미만) 이미 제출된 내역을 제공할 수 없으므로 화면에서 작성 또는 파일로 제출하여야 합니다.

● 가맹점 정보

카드회원번호		※ ∗,- 없이 입력하십시오.	
공급자(가맹점)사업자등록번호		거래건수	건
공급가액	원	세액	원

※ 거래내역을 추가하려면, 위 항목을 입력한 후 오른쪽의 버튼을 누르십시오.   **입력내용추가**

● 가맹점(공급자)과의 거래내역   (단위:원)

☐	일련번호	카드회원번호	공급자(가맹점)사업자등록번호	거래건수	공급가액	세액

조회된 내역이 없습니다.

1   총0건(1/1)

※ 거래사항기재내용을 삭제하려면, 위의 목록에서 해당내역을 선택한 후 오른쪽의 버튼을 누르십시오.   **선택내용삭제**

● 합계   (단위:원)

구분		거래건수	공급가액	세액
합계				
현금영수증	**조회하기**			
화물운전자복지카드	**조회하기**			
사업용신용카드	**조회하기**			
그 밖의 신용카드 등				

이전   **입력완료**

그림 6-4-11 '수령명세서' 작성 화면

⑮ 현금영수증: '조회하기'

⑯ 사업용신용카드: '조회하기'

⑰ '입력완료'

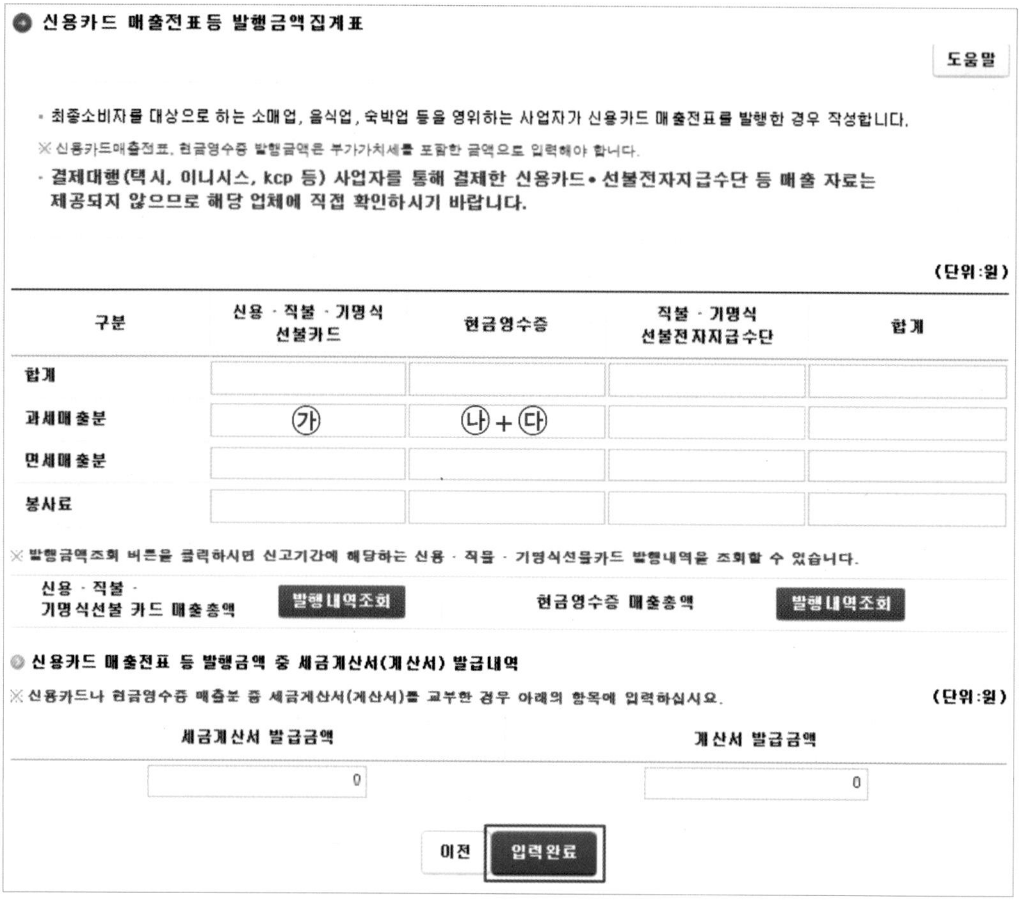

● 신용카드 매출전표등 발행금액집계표

도움말

· 최종소비자를 대상으로 하는 소매업, 음식업, 숙박업 등을 영위하는 사업자가 신용카드 매출전표를 발행한 경우 작성합니다.

※ 신용카드매출전표, 현금영수증 발행금액은 부가가치세를 포함한 금액으로 입력해야 합니다.

· 결제대행(택시, 이니시스, kcp 등) 사업자를 통해 결제한 신용카드 · 선불전자지급수단 등 매출 자료는 제공되지 않으므로 해당 업체에 직접 확인하시기 바랍니다.

(단위 : 원)

구분	신용 · 직불 · 기명식 선불카드	현금영수증	직불 · 기명식 선불전자지급수단	합계
합계				
과세매출분	㉮	㉯ + ㉰		
면세매출분				
봉사료				

※ 발행금액조회 버튼을 클릭하시면 신고기간에 해당하는 신용 · 직불 · 기명식선불카드 발행내역을 조회할 수 있습니다.

신용 · 직불 · 기명식선불 카드 매출총액 **발행내역조회**   현금영수증 매출총액 **발행내역조회**

● 신용카드 매출전표 등 발행금액 중 세금계산서(계산서) 발급내역

※ 신용카드나 현금영수증 매출분 중 세금계산서(계산서)를 교부한 경우 아래의 항목에 입력하십시오.   (단위 : 원)

세금계산서 발급금액	계산서 발급금액
0	0

이전 **입력완료**

그림 6-4-12 집계표 작성 화면

⑱ '신용카드 매출전표등 발행금액집계표' - '작성하기' 클릭

⑲ 신용&직불&기명식선불카드: ㉮신용카드매출전표

⑳ 현금영수증: ㉯소득공제+㉰지출증빙

㉑ '입력완료' 클릭

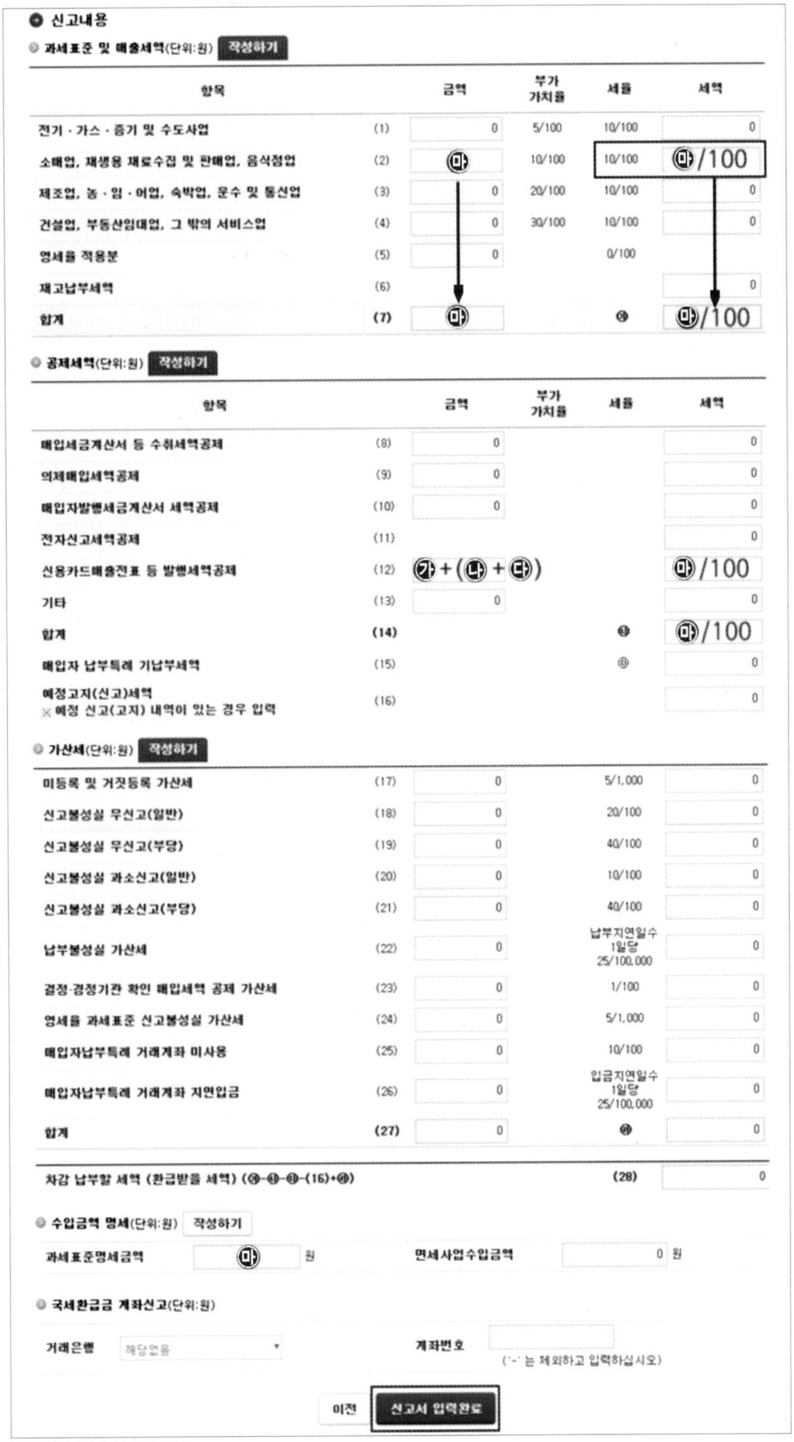

◉ 신고내용

◎ 과세표준 및 매출세액(단위:원) `작성하기`

항목		금액	부가가치율	세율	세액
전기·가스·증기 및 수도사업	(1)	0	5/100	10/100	0
소매업, 재생용 재료수집 및 판매업, 음식점업	(2)	㉺	10/100	10/100	㉺/100
제조업, 농·임·어업, 숙박업, 운수 및 통신업	(3)	0	20/100	10/100	0
건설업, 부동산임대업, 그 밖의 서비스업	(4)	0	30/100	10/100	0
영세율 적용분	(5)	0		0/100	
재고납부세액	(6)				
합계	(7)	㉺		㉰	㉺/100

◎ 공제세액(단위:원) `작성하기`

항목		금액	부가가치율	세율	세액
매입세금계산서 등 수취세액공제	(8)	0			0
의제매입세액공제	(9)	0			0
매입자발행세금계산서 세액공제	(10)	0			0
전자신고세액공제	(11)				0
신용카드매출전표 등 발행세액공제	(12)	㉮ + ㉯ + ㉰			㉺/100
기타	(13)	0			0
합계	(14)			㉯	㉺/100
매입자 납부특례 기납부세액	(15)			㉱	0
예정고지(신고)세액 ※ 예정 신고(고지) 내역이 있는 경우 입력	(16)				0

◎ 가산세(단위:원) `작성하기`

항목		금액		세율	세액
미등록 및 거짓등록 가산세	(17)	0		5/1,000	0
신고불성실 무신고(일반)	(18)	0		20/100	0
신고불성실 무신고(부당)	(19)	0		40/100	0
신고불성실 과소신고(일반)	(20)	0		10/100	0
신고불성실 과소신고(부당)	(21)	0		40/100	0
납부불성실 가산세	(22)	0		납부지연일수 1일당 25/100,000	0
결정·경정기관 확인 매입세액 공제 가산세	(23)	0		1/100	0
영세율 과세표준 신고불성실 가산세	(24)	0		5/1,000	0
매입자납부특례 거래계좌 미사용	(25)	0		10/100	0
매입자납부특례 거래계좌 지연입금	(26)	0		입금지연일수 1일당 25/100,000	0
합계	(27)	0		㉲	0

차감 납부할 세액 (환급받을 세액) (㉰-㉯-㉱-(16)+㉲)				(28)	0

◎ 수입금액 명세(단위:원) `작성하기`

과세표준명세금액 [㉺] 원   면세사업수입금액 [0] 원

◎ 국세환급금 계좌신고(단위:원)

거래은행 [해당없음 ▼]   계좌번호 [   ] ('-' 는 제외하고 입력하십시오)

[이전] **신고서 입력완료**

`그림 6-4-13` 신고내용 확인

❷ 스마트스토어 부가세 자료를 보면서 입력한다.

❸ 모두 입력 후 '신고서 입력완료'

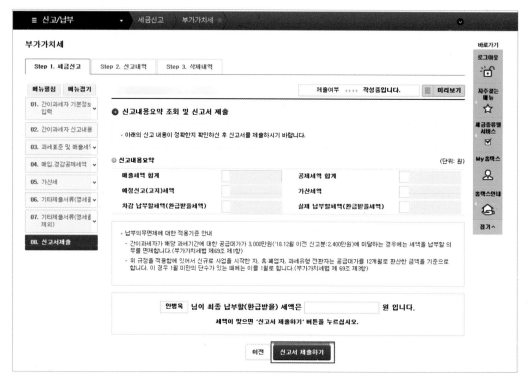

그림 6-4-14 최종 확인

❹ 내용 확인 후 '신고서 제출하기' 클릭

ⓛ 일반과세자의 부가가치세 신고

그림 6-4-15 스마트스토어센터 내 '부가세신고 내역'

❶ 스마트스토어 판매자센터 접속 후 정산관리 > 부가세신고 내역 클릭

그림 6-4-16 기간 설정 후 '검색'

❷ 기간: 1월 신고 시 전년도 7~12월, 7월 신고 시 이번 연도 1~6월 설정

⑪과세매출금액 = ㉮신용카드매출전표+㉯소득공제+㉰지출증빙+㉱기타

그림 6-4-17 홈택스 메인 화면

❸ '홈택스' 접속

❹ '부가가치세 신고' 클릭

그림 6-4-18 일반과세자 '정기신고' 버튼의 위치

❺ 일반과세자 > 정기신고 클릭

그림 6-4-19 사업자등록번호 입력 후 '확인'을 누르면 정보가 자동으로 기재된다

❻ 사업자등록번호 입력 후 '저장 후 다음이동' 클릭

알고가기!	매출이 없는 일반과세자의 세금 신고 방법

실적이 없을 때는 '무실적신고'를 클릭하여 신고한다.

⊕ 입력서식 선택

- 입력할 서식을 선택 하신 후, 신고서 제출까지 내용을 입력하십시오.
- 체크 표시를 하면 왼쪽에 입력할 서식이 메뉴로 나타납니다.
- 주업종코드에 해당하는 서식은 아래와 같이 기본적으로 선택됩니다.

입력서식 도움말

※ "경감.공제내역/가산세/예정고지(신고)"에 해당되는 사항은 반드시 화면하단의 선택사항을 체크하셔야 신고서 입력이 가능합니다.

과세표준 및 매출세액	매입세액/경감 · 공제세액	기타제출서류(영세율 제외)	기타제출서류(영세율)
☑ 매출처별세금계산서 합계표	☑ 매입처별세금계산서 합계표	☐ 동물진료용역 매출명세서	☐ 영세율 매출명세서
☐ 부동산임대공급가액 명세서	☐ 매입처별 세금계산서합계표 (수출기업 수입 납부유예)	☐ 건물관리명세서	☐ 수출실적명세서
☑ 신용카드매출전표등 발행금액 집계표	☐ 건물 등 감가상각자산 취득명세서 (고정자산매입이 있는 경우)	☐ 사업장현황명세서	☐ 내국신용장 · 구매확인서 전자발급명세서
☐ 전자화폐결제 명세서	☐ 매입자발행 세금계산서 합계표	☐ 사업양도신고서	☐ 영세율 첨부서류 제출명세서
☐ 현금매출 명세서	☑ 신용카드매출전표등 수령명세서	☐ 간이과세 전환시의 재고품등 신고서	☐ 관세환급금 등 명세서
☐ 대손세액 공제신고서	☐ 의제매입세액 공제신고서	☐ 매출처별 계산서 합계표	☐ 선박에 의한 운송용역 공급가액 일람표
☑ 기타매출분	☐ 평창동계올림픽 관련 사업자에 대한 의제매입세액 공제신고서	☑ 매입처별 계산서 합계표	☐ 공급가액 확정명세서
☐ 예정신고누락분	☐ 2019 광주 세계수영 선수권대회 의제매입세액 공제신고서	☐ 사업장별 과세표준 및 납부세액 신고명세서	☐ 외항 선박 등에 제공한 재화용역 일람표
☑ 과세표준명세	☐ 재활용폐자원 및 중고 자동차 매입세액 공제신고서	☐ 사업자단위과세 과세표준 및 납부세액 신고명세서	☐ 재화용역 공급기록표
☐ 면세수입금액	☐ 과세사업전환 감가상각 자산 신고서		☐ 외국인 물품판매, 외교관 면세판매 기록표
	☐ 대손세액 변제신고서		☐ 외화획득명세서
	☐ 공제받지못할 매입세액 명세서		☐ 월별 판매액 합계표
	☐ 전자세금계산서 발급세액 공제신고서		☐ 외국인관광객 면세물품 판매 및 환급실적명세서
	☐ 예정신고누락분		☐ 외국인관광객 즉시환급 물품 판매 실적명세서
	☐ 기타공제매입세액		☐ 입국경로에 설치된 보세판매장 공급실적명세서
	☐ 공제받지 못할 매입세액 (대손처분 받은 세액)		
	☐ 그 밖의 경감 · 공제세액		
	☐ 신용카드 매출전표 등 발행공제 등		
	☐ 스크랩등 매입세액 공제신고서		
	☐ 외국인 관광객에 대한 환급 세액		
	☑ 소규모 개인사업자 부가가치세 감면 신청서		

경감 · 공제세액	예정고지 · 예정신고 미환급세액	기납부세액	가산세
☐ 택시운송사업자경감세액	☐ 예정고지세액	☐ 사업양수자의 대리납부 기납부세액	☐ 가산세
☐ 현금영수증사업자세액공제	☐ 예정신고미환급세액	☐ 매입자납부특례기납부세액	
☑ 전자신고공제세액		☐ 신용카드업자의 대리납부 기납부세액	

[이전]　[저장 후 다음이동]

그림 6-4-20 입력서식 선택

❼ 입력서식 선택 : 추가할 내용이 없으면 '저장 후 다음이동' 클릭

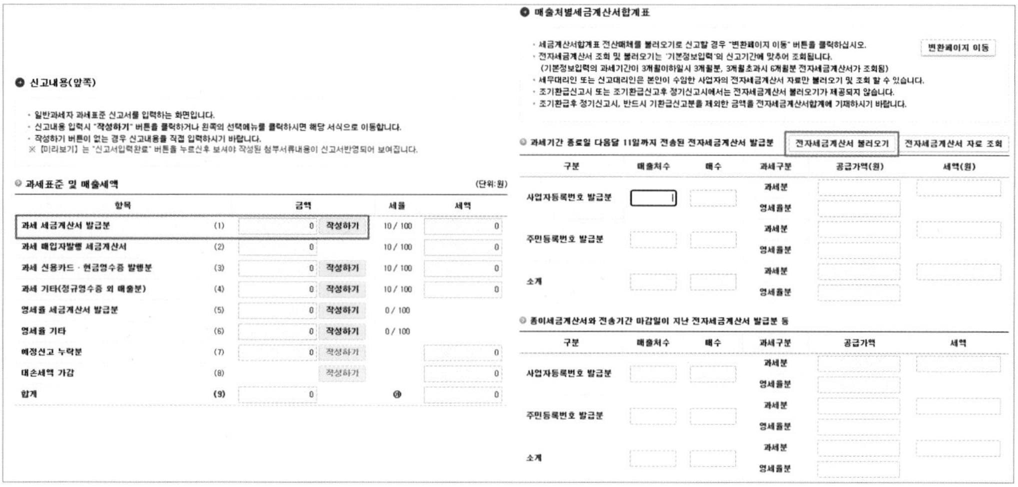

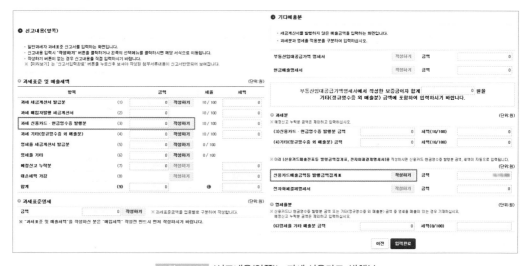

그림 6-4-21　'신고내용(앞쪽)' - 과세 세금계산서 발급분

❽ 과세 세금계산서 발급분 – '작성하기' 클릭

❾ '전자세금계산서 불러오기' 클릭 후 저장

그림 6-4-22　'신고내용(앞쪽)' - 과세 신용카드·발행분

❿ 과세 신용카드·현금영수증 발행분 – '작성하기' 클릭

⓫ 신용카드매출금액등 발행금액집계표 – '작성하기' 클릭

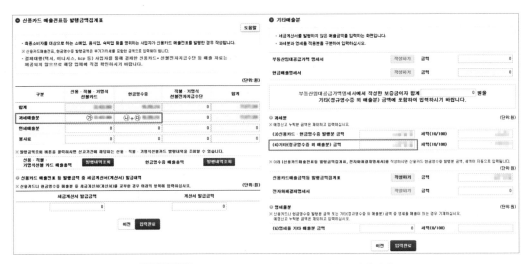

그림 6-4-23 '신용카드 매출전표등 발행금액집계표' 입력 화면

㉤과세매출금액 = ㉮신용카드매출전표+㉯소득공제+㉰지출증빙+㉱기타

❶❷ '㉮신용카드매출전표'를 '신용·직불·기명식 선불카드'에 넣기

❸❸ '㉯소득공제+㉰지출증빙'을 '현금영수증'에 넣기

❹❹ '입력완료' 클릭

❺❺ '㉱기타'를 '(4)기타(정규영수증 외 매출분)금액'에 넣기

◎ 과세표준명세   (단위:원)

| 금액 | | 작성하기 | ※ 과세표준금액을 업종별로 구분하여 작성합니다. |

※ "과세표준 및 매출세액"을 작성하신 분은 "매입세액" 작성전 반드시 먼저 작성하시기 바랍니다.

◎ 매입세액   (단위:원)

항목		금액		세율	세액
세금계산서수취분 일반매입	(10)		작성하기		
세금계산서수취분 수출기업 수입 납부유예	(10-1)		작성하기		0
세금계산서수취분 고정자산 매입	(11)	0	작성하기		0
예정신고 누락분	(12)	0	작성하기		0
매입자발행 세금계산서	(13)	0	작성하기		0
그 밖의 공제매입세액 (신용카드 매입, 의제매입세액공제 등)	(14)		작성하기		
합계 (10)-(10-1)+(11)+(12)+(13)+(14)	(15)				
공제받지 못할 매입세액	(16)	0	작성하기		0
차감계 (15) - (16)	(17)			⑭	
납부(환급)세액 (매출세액 ㉑ - 매입세액 ⑭)				⑮	

◎ 경감 · 공제세액   (단위:원)

항목		금액		세율	세액
그 밖의 경감 · 공제세액	(18)		작성하기		
신용카드매출전표등 발행공제 등	(19)		작성하기		
합계	(20)			㉑	
소규모 개인사업자 부가가치세 감면세액	(20-1)		작성하기	⑭	0

※ 전자신고세액공제는 그밖의 경감 · 공제세액 작성하기를 선택하여 작성하시기 바랍니다.

그림 6-4-24 '과세표준명세', '매입세액', '경감·공제세액' 입력 화면

⑯ 과세표준명세 - '작성하기' 클릭

⑰ '과세표준 및 매출세액'의 합계 금액과 동일하게 입력한다.

여기까지 진행이 되었다면 '세금계산서수취분 일반매입(10), 그 밖의 공제매입세액(14), 그 밖의 경감·공제세액(18), 신용카드매출전표등 발행공제 등(19)'만 남았다.

1) 세금계산서수취분 일반매입(10)

구분	매입처수	매수	과세구분	공급가액(원)	세액(원)
사업자등록번호 발급분	4	18	과세분	░░░░	░░░░
			영세율분	0	
주민등록번호 발급분	0	0	과세분	0	0
			영세율분	0	
소계	4	18	과세분	░░░░	░░░░
			영세율분	0	

◎ 종이세금계산서와 전송기간 마감일이 지난 전자세금계산서 발급분 등

구분	매입처수	매수	과세구분	공급가액	세액
사업자등록번호 발급분			과세분		
			영세율분		
주민등록번호 발급분			과세분		
			영세율분		
소계			과세분		
			영세율분		

그림 6-4-25 '전자세금계산서 불러오기' 화면

❶ 세금계산서수취분 일반매입- '작성하기' 클릭

❷ '전자세금계산서 불러오기' 클릭 후 저장

2) 그 밖의 공제매입세액(14)

그림 6-4-26 '그 밖의 공제매입세액 명세' 입력 화면

❶ 그 밖의 공제매입세액 – '작성하기' 클릭

❷ 신용카드매출전표등 수령명세서 제출분 일반매입 – '작성하기' 클릭

구분		거래건수	공급가액	세액
합계				
현금영수증	조회하기			
화물운전자복지카드	조회하기	0	0	0
사업용신용카드	조회하기	0	0	0
그 밖의 신용카드 등		0	0	0

◎ 합계 (단위:원)

그림 6-4-27 '현금영수증', '사업용신용카드' 조회

❸ 현금영수증 – '조회하기' 클릭한 후 조회 결과를 공급가액에 입력

❹ 사업용 신용카드 – '조회하기' 클릭한 후 조회 결과를 공급가액 입력

3) 그 밖의 경감·공제세액(18)

◎ 경감 · 공제세액 (단위:원)

항목		금액	세율	세액
그 밖의 경감 · 공제세액	(18)	작성하기		10,000

그림 6-4-28 '경감·공제세액' 입력 화면

온라인으로 세금 신고를 할 경우 자동으로 10,000원이 입력되어 있다. '작성하기'를 눌러 해당하는 내용이 있다면 입력하면 된다.

3) 신용카드매출전표등 발행공제 등(19)

● 신용카드매출전표 등 발행공제 등

　· 신용카드매출 등에 대한 공제세액을 입력하는 화면입니다.

신용카드, 현금영수증 매출금액	작성하기	░░░░░	원
전자화폐 매출금액	작성하기	0	원

※ 신용카드매출전표등 발행금액 집계표, 전자화폐결제명세서를 작성하면 공제금액에 자동 반영되며 금액을 수정할 수 있습니다.

공제금액	░░░░░	원
공제세액	░░░░░	원
기공제세액	0	원

※ "신용카드매출전표등 발행공제" 가능한 사업자와 업종
1. 법인납세자 : 공제 불가능
2. 개인납세자 중 간이과세자 : 모든 업종 적용 가능
3. 개인납세자 중 일반과세자 : 최종 소비자와 거래하는 영수증 발행대상에 해당하는 업종만 적용 가능
　【단, 직전연도 공급가액(부가가치세 과세표준)이 10억원 초과하는 사업장은 적용 불가능】

※ 공제세액은 신용카드매출전표등 발행금액(공제금액)의 1.3%이며, 공제한도는 납부한 세액 범위 안에서 연간 1000만원입니다.

※ 신용카드매출전표등발행세액공제는 납부할세액을 한도로 공제되므로 매출·매입을 모두 입력한 후 작성하여야 정확한 계산이 가능합니다.

[이전]　[입력완료]

그림 6-4-29 '신용카드, 현금영수증 매출금액' - '작성하기' 버튼

'신용카드매출전표등 발행공제 등'에서 '작성하기'를 클릭하면 자동으로 계산하여 보여준다. 수기로 입력을 원한다면 '신용카드, 현금영수증 매출금액'에서 '작성하기'를 눌러 다시 작성하면 된다. 작성이 완료되었다면 저장하여 다시 이전 화면으로 나오면 된다.

이렇게 내용 입력은 끝났다. 최종 납부하거나 환급받을 세액을 확인하면 된다. 환급을 받게 된다면 환급받을 계좌번호도 입력해야 한다.

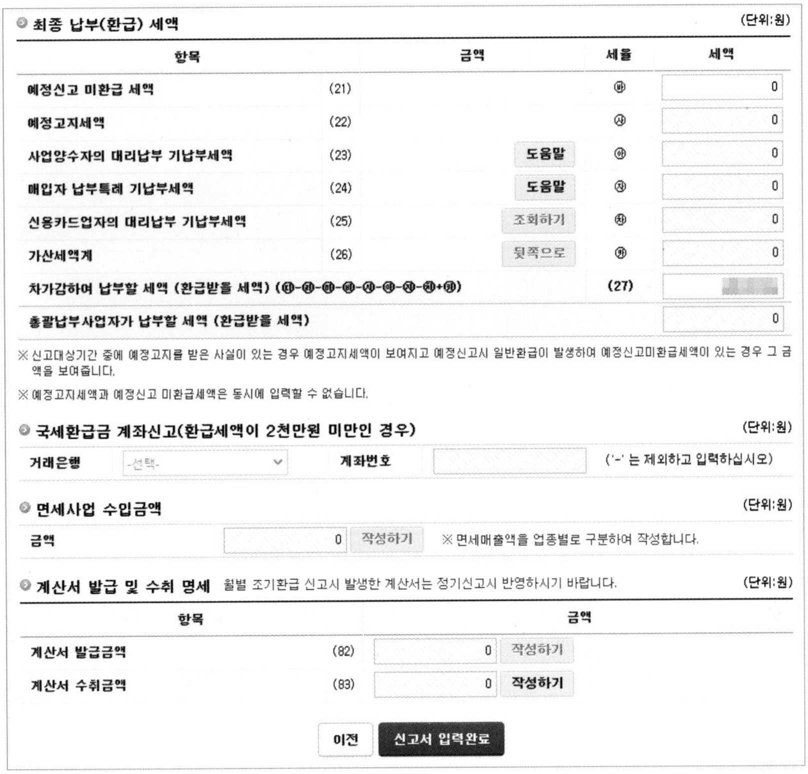
◎ 최종 납부(환급) 세액 (단위:원)

항목		금액	세율	세액
예정신고 미환급 세액	(21)		㉳	0
예정고지세액	(22)		㉴	0
사업양수자의 대리납부 기납부세액	(23)	도움말	㉵	0
매입자 납부특례 기납부세액	(24)	도움말	㉶	0
신용카드업자의 대리납부 기납부세액	(25)	조회하기	㉷	0
가산세액계	(26)	뒷쪽으로	㉸	0
차가감하여 납부할 세액 (환급받을 세액) (㉰-㉱-㉲-㉳-㉴-㉵-㉶-㉷+㉸)			(27)	
총괄납부사업자가 납부할 세액 (환급받을 세액)				0

※ 신고대상기간 중에 예정고지를 받은 사실이 있는 경우 예정고지세액이 보여지고 예정신고시 일반환급이 발생하여 예정신고미환급세액이 있는 경우 그 금액을 보여줍니다.

※ 예정고지세액과 예정신고 미환급세액은 동시에 입력할 수 없습니다.

◎ 국세환급금 계좌신고(환급세액이 2천만원 미만인 경우) (단위:원)

거래은행 -선택- 계좌번호 ('-' 는 제외하고 입력하십시오)

◎ 면세사업 수입금액 (단위:원)

금액 0 작성하기 ※면세매출액을 업종별로 구분하여 작성합니다.

◎ 계산서 발급 및 수취 명세 월별 조기환급 신고시 발생한 계산서는 정기신고시 반영하시기 바랍니다. (단위:원)

항목		금액
계산서 발급금액	(82)	0 작성하기
계산서 수취금액	(83)	0 작성하기

이전 신고서 입력완료

그림 6-4-30 '최종 납부(환급) 세액' 확인

신고서를 제출하기 전에 다시 한번 전체적인 내용을 확인 후 '신고서 입력완료'를 누르면 일반과세자의 부가세 신고는 완료된다.

4-2 종합소득세

1) 종합소득세란?

개인사업자가 개별적으로 매출을 만들거나 3.3%의 원천징수를 하는 프리랜서 또는 연말정산을 하지 못한 직장인이 매년 5월에 신고하는 것이다. 부가세가 고객 대신 신고하는 것이었다면 종합소득세는 전년도 1월 1일부터 12월 31일까지의 1년 치 소득을 신고해야 한다. 5월에 신고를 못한다면 소득을 숨긴 것으로 간주되어 과태료를 물 수 있으니 신고 기간을 반드시 엄수해야 한다. 매년 5월 1일부터 5월 말일까지 신고하면 된다.

2) 종합소득세 신고하기

종합소득세 신고하는 방법도 참고만 하며 실제 세금 신고 시에는 세무서의 도움을 받도록 한다.

그림 6-4-31 홈택스 - '종합소득세 신고' 화면

❶ '홈택스' 접속

❷ '종합소득세 신고' 클릭

❸ 일반신고서 > '정기신고 작성' 클릭

알고가기! 투잡은 어떤 신고서를 선택할까?

투잡은 소득의 종류가 여러 가지여서 '일반신고서'로 신고한다. 사업의 소득만 있다면 '단순경비율 추계신고서'로 신고하게 된다.

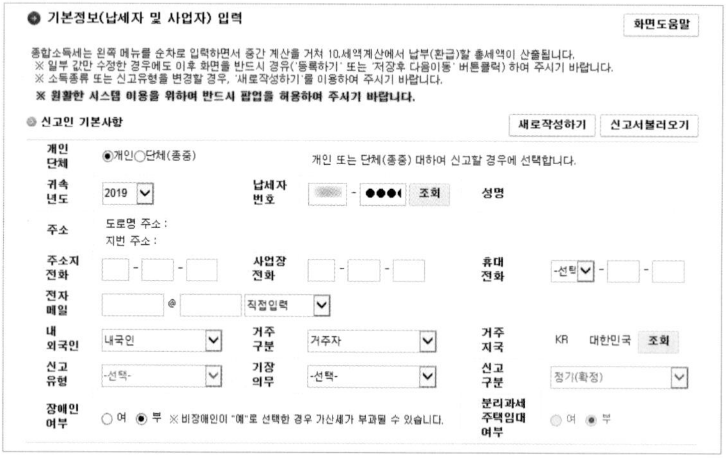

그림 6-4-32 '기본정보 입력' 화면

❹ 기본정보를 입력한다.

나의 소득종류 찾기

- 아래는 귀하의 신고안내 기준으로 제공해드리는 내용입니다.
- 01. 기본사항 화면의 우측 상단 '신고도움 서비스'를 클릭하면 실제 신고 안내내용을 보실 수 있으니, 신고 전 확인하시기 바랍니다.
- 주택임대소득은 총수입금액이 2천만원을 초과할 경우 종합과세하며, 2천만원 이하는 종합과세와 분리과세 중 선택할 수 있습니다.

- 종합과세에 합산할 소득을 선택하시기 바랍니다. 선택을 완료하면 적용하기를 누르세요.

소득 종류	신고안내 기준	선택
부동산임대업의 사업소득		☐
부동산임대업외의 사업소득 (주택임대업 포함)		☑
근로소득	이중근로안내자 또는 소득금액 100만원 이상자	☑
기타소득(종교인소득 포함)	기타소득금액이 300만원 초과자(비과세, 분리과세 제외)	☐
연금소득	공적연금소득의 총연금액 연 5,166,666원(연금소득금액 100만원) 초과자 또는 사적연금소득의 총 연금액 연 1,200만원 초과자	☐
이자소득	종합과세대상 2,000만원 초과자	☐
배당소득		☐

- 분리과세 주택임대소득으로 신고할 경우 선택하시기 바랍니다.

소득 종류	신고안내 기준	선택
주택임대업의 사업소득	주택임대 총수입금액 2천만원 이하자 (종합과세로 신고 가능하며 종합과세로 신고하려는 경우 '부동산임대업외의 사업소득'으로 선택)	☐

- 사업소득 사업장 명세

※ 동일 사업장에 업종이 2개 이상인 경우에는 수입금액이 가장 큰 업종인 주업종을 선택하시기 바랍니다.
  다만, 수입금액은 자동입력해 주지 않으니 신고유형별 해당 화면에서 직접 입력하시기 바라며,
  아래 화면의 수입금액을 참고로 하되 실질 내용에 따라 신고하여 주시기 바랍니다.
※ 주택임대업의 사업소득은 종합과세로 신고할 경우 선택하며, 주택임대 총수입금액 2천만원 이하이지기 분리과세로 신고할 경우에는
  선택하지 않습니다.

☐	소득종류	사업자등록번호	상호	업종코드	수입금액
☑	부동산임대업외의 사업소득				
☑	부동산임대업외의 사업소득				

위 내용대로 적용하기   직접 입력하기

그림 6-4-33 '나의 소득종류 찾기' 화면

❺ 나의 소득종류 찾기: '부동산임대업외의 사업소득', '근로소득' 두 가지 선택
  (근로소득 없이 사업만 운영할 경우는 '부동산임대업외의 사업소득'만 선택한다.)

❻ '위 내용대로 적용하기' 선택

사업소득 사업장 명세

선택내용 수정   선택내용 삭제

☐	소득구분	사업자등록번호	상호	업종코드	신고유형
☑	40				
☐	40				

사업소득 기본사항

- 업종코드 입력 시 인적용역사업자(94로 시작하는 업종코드) 등은 사업자등록번호 "없음"으로 선택 후 (사업자등록번호 없이 등록가능한 업종코드) 버튼을 클릭하여 해당 주업종코드를 확인 후 입력하세요.

  ※ 신고유형이 단순경비율로 동일한 사업장에서 부동산임대업의 사업소득과 부동산임대업 외의 사업소득 둘 다 발생하는 경우에는 동일한 사업자번호로 업종코드를 달리하여 2번 입력하시면 됩니다.(아래의 사업장 명세에 동일한 사업자등록번호로 2건 조회됨).

  ※ 940906(보험모집인), 940907(음료배달원), 940908(방문판매원) 업종은 업종코드 입력하고 신고유형에 단순경비율 입력하여 등록하기 누르고 나서, 다시 동일한 내용을 입력후 기준경비율 등 다르게 입력이 가능함 (아래의 사업장 명세에 동일한 업종코드로 신고유형이 다른 2건 이상이 조회됨)

사업자 등록번호	없음 ▼ ▭ - ▭ - ▭ 조회 **상호** ▭
업종코드	▭ 조회 사업자등록번호 없이 등록 가능한 업종코드 조회

소득구분
- ○ 부동산임대업의 사업소득(30)
- ● 부동산임대업외의 사업소득(40)
- ○ 주택임대업의 사업소득(32)
- ○ 동업기업에서 배분받은 부동산임대업의 사업소득(31)
- ○ 동업기업에서 배분받은 부동산임대업외의 사업소득(41)

업태	도매 및 소매업	**종목**	소매업; 자동차 제외
기장의무	간편장부대상자 ▼	**신고유형**	단순경비율 ▼
주소	도로명 주소 : 지번 주소 :		
소재지	국내 ▼	**소재지국**	KR 대한민국 조회
공동사업자 여부	○ 여 ● 부 ※ "여" 선택 후 대표자를 입력하세요	**비과세농가 부업소득 여부**	○ 여 ● 부

등록하기

그림 6-4-34 '사업소득 기본사항' 입력 화면

❼ 사업소득 사업장 명세: 사업자 체크

❽ 사업자등록번호: 조회

❾ 소득구분: 부동산임대업외의 사업소득

❿ 기장의무: 간편장부대상자

⓫ 신고유형: 단순경비율

⓬ '등록하기' 클릭

단순경비율 사업소득명세서 　화면도움말

◎ **사업장 정보** 　　　　　　　　　　　　　　　　　　業種別 총수입금액 및 소득금액 계산

☐	소득구분	신고유형	사업자등록번호	주업종코드	상호	수입금액	소득금액
☐	40	단순경비율				0	0
☐	40	단순경비율	000-00-00000			0	0

※ 해당 사업장을 선택한 후 오른쪽의 [업종별 총수입금액 및 소득금액 계산하기] 버튼을 클릭하세요.

▶ 합계　　　　　　　　　　　　　　　　　　　　　　　　　　　　　　　　　　(단위:원)

부동산임대업의 사업소득 합계	부동산임대업외의 사업소득 합계	전체 합계
0	0	0

이전　　**저장 후 다음이동**

그림 6-4-35 　'단순경비율 사업소득명세서' 확인

⓭ '저장 후 다음이동' 클릭

업종별 총수입금액 및 소득금액 계산 　　　　　　　　　　　　　　　　　　　　　⊗

· 업종별로 수입금액을 세분화하고, 단순경비율에 의하여 소득금액을 계산하는 단계입니다.
· 기본사항의 장애인여부에 '여'를 체크한 경우에 아래 단순경비율은 장애인에 대한 적용특례가 적용된 율이며, 이 율에 의하여 필요경비가 계산됩니다.
 (단일소득-단순경비를 추계신고서에서의 (15)단순경비율은 기본 율임)

· **업종별 총수입금액 및 소득금액**

* 업종코드		코드조회	94로 시작되는 업종코드(인적용역사업자)는 4000만원까지 기본경비율을 적용하고 나머지는 초과율을 적용합니다.		
업태				종목	
* 단순경비율(%)	◉ 일반율	64.1000 %	○ 초과율	49.7000 %	
* 총수입금액		원	필요경비	0 원	소득금액	0 원

등록하기

· **총수입금액 및 소득금액 명세(업종별)** 　　　　　　　　　　　　　선택내용 입력/수정 　선택내용 삭제

☐	NO	사업자등록번호	업종코드	업태	종목	수입금액	필요경비	소득금액
수입금액 합계				원	필요경비 합계		원	소득금액 합계	원

닫기　입력완료

그림 6-4-36 　'업종별 총수입금액 및 소득금액 계산' 화면

⓮ 업종코드: 525101

⓯ 총수입금액 입력

⓰ '등록하기'

⓱ 내용 확인 후 '입력완료'

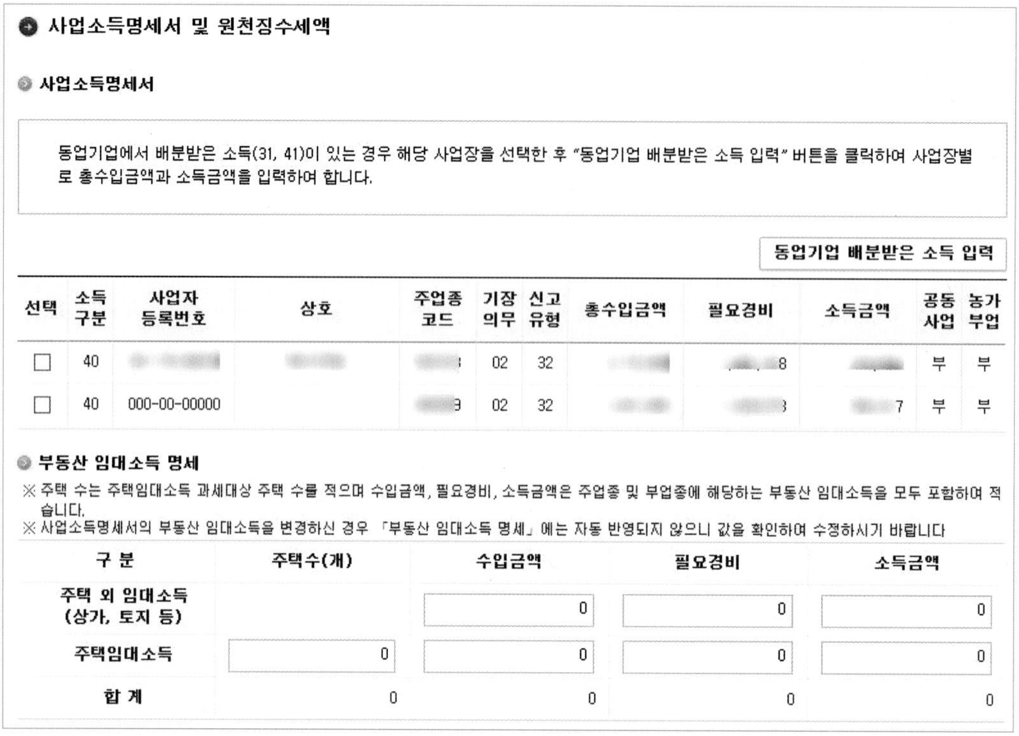

⊙ 사업소득명세서 및 원천징수세액

◎ 사업소득명세서

동업기업에서 배분받은 소득(31, 41)이 있는 경우 해당 사업장을 선택한 후 "동업기업 배분받은 소득 입력" 버튼을 클릭하여 사업장별로 총수입금액과 소득금액을 입력하여 합니다.

동업기업 배분받은 소득 입력

선택	소득구분	사업자등록번호	상호	주업종코드	기장의무	신고유형	총수입금액	필요경비	소득금액	공동사업	농가부업
☐	40				02	32		8		부	부
☐	40	000-00-00000		3	02	32		3	7	부	부

◎ 부동산 임대소득 명세

※ 주택 수는 주택임대소득 과세대상 주택 수를 적으며 수입금액, 필요경비, 소득금액은 주업종 및 부업종에 해당하는 부동산 임대소득을 모두 포함하여 적습니다.
※ 사업소득명세서의 부동산 임대소득을 변경하신 경우 「부동산 임대소득 명세」에는 자동 반영되지 않으니 값을 확인하여 수정하시기 바랍니다

구 분	주택수(개)	수입금액	필요경비	소득금액
주택 외 임대소득 (상가, 토지 등)		0	0	0
주택임대소득	0	0	0	0
합 계	0	0	0	0

그림 6-4-37 '사업소득명세서' 화면

◎ 사업소득에 대한 원천징수 및 납세조합징수 세액

※ 원천징수세액을 입력할 경우, 사업소득에 대한 총수입금액 및 소득금액을 이전 단계에서 입력하였는지 확인하시기 바랍니다.

* 사업자등록번호
(주민등록번호)   ●●●●●●●●●   상호   임***
  확인

* 원천징수 또는
납세조합징수세액 소득세   _____ 원
(지방소득세는 제외)

* 원천징수 또는
납세조합징수세액
농어촌특별세   _____ 원

등록하기

사업소득 원천징수내역 불러오기 | 사업소득 연말정산 불러오기 | **선택내용 삭제** | **선택내용 수정**

☐	NO	사업자(주민)등록번호	상호(성명)	소득세	농어촌특별세
		조회된 내역이 없습니다.			
	합 계				

이전   **저장 후 다음이동**

그림 6-4-38 '원천징수 세액' 화면

❽ 사업자등록번호 입력 후 '확인'

❾ '사업소득 원청징수내역 불러오기'

❿ '저장 후 다음이동'

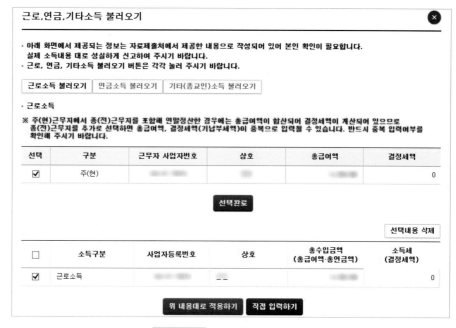

그림 6-4-39 '근로소득 불러오기' 화면

❷❶ '근로소득 불러오기' 및 '선택완료'

❷❷ '위 내용대로 적용하기' (누락된 내용이 있으면 '직접 입력하기'를 누른다.)

그림 6-4-40 납부 세액 확인

여기부터는 공제받을 사항이 있는지 확인하는 내용이다. 공제받을 사항이 있다면 입력한다.

납부할 세액이나 환급받을 세액 확인 후 환급받을 계좌번호를 입력하고 신고를 마치면 된다.

5 투잡 선배님들의 후기

1) 일인분 님 후기

저는 17년에 회사에 입사하여 현재 4년 차 직장을 다니고 있는 사람입니다. 스마트스토어를 시작한 것은 작년 가을쯤인데요. 회사에 다니면서 스마트스토어를 시작한 이유는 점점 회사 업무들이 저에게 어떤 동기를 주는지 찾기가 힘들어졌었고, 월급만으로는 절대 부자가 될 수 없다고 느꼈기 때문이에요.

부업에 대한 생각이 들면서부터는 퇴근하고 부업과 사업에 관한 책, 유튜브를 찾아보기 시작했습니다. 그 중 스마트스토어에 관심이 생기기 시작했는데, 회사를 다니면서 작게 시작할 수 있고, 사업 경험이 없는 저에게 판매 경험을 쌓을 수 있는 적합한 채널이라고 생각했기 때문이에요. 사실 바로 결정하지는 못했습니다. 이게 돈이 될까, 내가 할 수 있을까 사실 해봤자 답이 나올 리가 없는 고민을 6개월 정도 했는데, 나중에는 매일 스마트스토어 성공/실패 후기만 찾아보고 있는 저를 보고 웃음이 나오더라고요. 그래서 "어차피 고민해봤자 답 안 나오니, 성공하든 실패하든 내가 해보고 답을 내리자"라고 생각하고 스마트스토어를 개설했습니다.

진짜 열심히 해보고 안되면, "내가 해봤는데 난 실력이 없어서 안 되더라"라고 시원하게 말할 수 있었을 테니까요.

저는 매출이 40만 원 정도 되는 상태에서 해밀 대표님 강의를 들었고, 그동안 잘못 알고 있던 내용들을 교정받았을 뿐만 아니라 스파르타(?)식의 업무 방법도 듣게 되면서 '아, 저렇게 일해야 하는 거구나' 하고 깨닫게 되었어요. 개인적으로 큰 도움이 되는 강의였고, 친절하게 끝까지 알려주시는 해밀 대표님 덕분에 많이 배울 수 있었습니다. 그 후로 매출이 조금씩 늘기 시작했고, 이익이 아직 크지 않지만 3월 300만 원 매출을 달성하기도 했습니다. 해밀 대표님께서 알려준

내용을 꾸준히 반복하고, 스스로 더 많이 고민해보면서 효율적인 방법을 계획 중입니다.

스마트스토어 업무는 출근 전 2~3시간 정도 해놓고 출근하곤 합니다. 아무래도 퇴근 후에는 예상치 못한 야근이나 회식이 발생할 수 있으니 하루도 빼먹지 말자는 생각으로 아침으로 스마트스토어 업무 시간을 바꾸었기 때문이에요(물론 리듬이 깨져 밤에 하는 때도 있습니다). 하루에 본인이 시간을 투자할 수 있는 최적의 시간대를 찾아서 스마트스토어를 운영한다면, 회사 다니면서도 충분히 스마트스토어를 운영할 수 있다고 생각합니다.

중간중간 들어오는 주문과 CS 문의는 요령껏 휴게실을 잠시 가거나, 점심시간에 처리한다면 문제되는 상황이 많지 않았어요. 때에 따라 스마트폰으로 처리할 수도 있고요. 회사에 없는 동안 반드시 처리해놓아야 할 일과, 회사에서도 할 수 있는 일들을 구분하여 업무를 미리 처리해놓으면 분명 상황에 맞게 방법을 찾으실 수 있을 거라 생각합니다 ^^ 저도 시작한 지 얼마 안 되었지만, 이제 시작하시는 대표님들께 조금이나마 힘이 되기를 바랍니다. 감사합니다.

그림 6-5-01 일인분 님의 5월 매출 소식

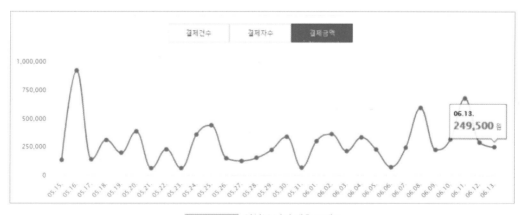

그림 6-5-02 일인분 님의 매출 그래프

그림 6-5-03 일인분 님의 6월 매출 소식

2) 봄날이 님&자몽티티 님 후기(동업)

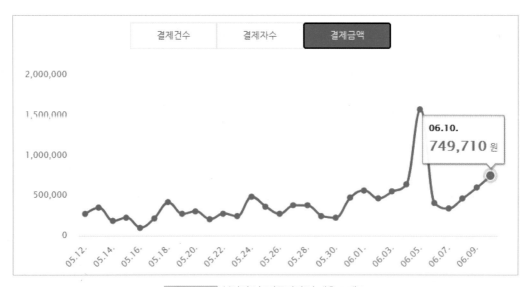

그림 6-5-04 봄날이 님&자몽티티 님 매출 그래프

㉠ 봄날이 님

스마트스토어에 관심을 가지게 된 건 사실 얼마 되지 않았습니다. 항상 부업으로 돈을 더 벌고 싶었었고 여러 가지를 알아보다 관심을 가지게 되었습니다. 말 그대로 잠자는 시간에 돈이 벌리는 경험을 할 수 있을 거라 생각했기 때문입니다. 게다가 리스크도 크지 않고 초기 자본도 많이 들지 않아서 안 할 이유가 없었습니다. 그러던 중 마음이 맞는 친구와 동업을 하게 되었고, 처음에 유튜브 등 많은 채널을 보았으나 갈피가 잡히질 않아 해밀 님의 수업을 듣게 됐고 기초를 탄탄하게 다질 수 있었습니다. 재택근무로 일을 하고 있었기에 다른 분들보다 시간이 상대적으로 많았고 디자인과를 나와서 로고나 상세페이지를 수정할 때 남들보다 유리할 것이라고 생각했습니다. 그러나 시작해보니 디자인 툴을 잘 다룰 필요는 없었습니다.

처음으로 상품이 팔린 건 시작한 지 5일 만이였고 그 뒤로도 적은 금액이지만 꾸준하게 수익이 생기면서 돈 버는 재미를 느꼈습니다. 사실 초기에는 마진을 크게 잡지 않아서 '이렇게 조금 벌어서 언제 돈을 많이 벌지?'라는 생각을 했는데 시간이 지날수록 티끌 모아 태산이라는 말을 몸소 느꼈습니다. 점점 벌리는 돈이 늘어나니 재미가 붙기도 했고 이건 좀 다른 얘기지만 공급가로 제가 필요한 상품을 살 수 있는 점도 좋았습니다. 무엇보다 자고 일어나면 돈이 벌려 있는 일도 경험하게 됐습니다.

의외로 적성에도 맞아서 좋은 리뷰가 적혔을 때나, 매출이 늘었을 때마다 성취감을 느끼게 되었고 꾸준히 진행하면서 스토어가 커지는 것에 만족감을 느꼈습니다.

물론 좋은 일만 있었던 것은 아닙니다. CS를 진행하거나 공급사와 연락하면서 많은 답답함을 느꼈지만 그래도 동업이라 같이 상의할 수 있어서 의지가 더 많이 됐던 것 같습니다. 현재는 스마트스토어를 시작하길 잘했다고 생각하고 있습니다.

가만히 있어서 달라지는 건 없습니다. 여러분도 도전하세요!

㉡ 자몽티티 님

월급만으론 5년 뒤, 10년 뒤… 먼 훗날의 내 통장 잔고가 아주 참담할 것을 예상했기에 뭐라도 해보자 하고 스마트스토어를 시작하게 되었다.

퇴근 후 저녁 아르바이트나 주말 아르바이트를 시작하기엔 체력과 시간적 문제가 있었고, 이것저것 알아보던 참에 스마트스토어를 알게 되었다.

혼자서 부업을 할 자신은 없어서 친구와 함께 해보기로 약속했고, 인터넷 검색, 유튜브만 봐도 많은 정보가 있으므로 유명한 영상들을 하나씩 보기 시작했다. 하지만 무료로 알 수 있는 정보들 중에선 A부터 Z까지 아주 상세하게 알기 어려웠고, 내가 모르는 부분이 많아 무엇부터 찾아봐야 하는지조차 어려웠다.

그래서 스마트스토어 강의를 들어봐야겠다고 생각했고, 친구와 검색하던 중에 해밀 님의 강의를 들어보기로 했다. 강의 비용은 생각보다는 저렴하진 않았지만, 아무것도 모르는 상황에서 시작하는 것보다는 투자를 하여 공부하고 시작하는 게 좋겠다 싶어 수업을 들어보았다. 수업은 몇 시간 동안 진행되었고, 인터넷에 나오지 않았던 아주 기초적인 부분부터 전체적으로 상세한 부분들을 배울 수 있었다. 상품 이름을 짓는 방법과, 스마트스토어의 로직을 활용하는 방법까지 내가 수업을 듣지 않았다면 헤매고 헤맸을 부분을 하루 만에 알 수 있었다.

원데이 수업을 듣고 맨땅의 헤딩까진 아닌 매트리스에 헤딩 정도의 지식으로 스토어를 오픈하고 5일 만에 첫 주문이 들어왔다. 그땐 '오늘은 운이 좋아서일거야, 내일부터 주문이 안 들어와도 실망하지 말자' 하고 생각했다. 하지만 그다음날도 다다음날도 매일 주문이 한 건 이상 들어오기 시작했다. 비록 초반에 올렸던 상품들은 마진이 높은 상품들이 아니라 남들이 봤을 때는 금액이 이게 뭐야 싶을 수 있지만, 적은 월급을 받으며 나이만 먹어왔던 나로서는 한 줄기의 희망이었다. 지금은 하루하루 방문자 수도 늘고 상품이 팔리는 횟수가 많아져 퇴근 후 바쁜 일상을 보내고 있지만, 스토어를 하지 않았다면 퇴근 후 집에 와서 빈둥거리며 시간을 보낼 것이 뻔한 내 일상을 알차게 보내고 있다고 생각한다. 거기다 돈까지 번다니 뭐라도 해보자 했던 과거의 나를 칭찬한다!

3) 냥냥 님

안녕하세요~ 스마트스토어 투잡 후기를 쓰게 된 냥냥입니다^^

먼저 이 책을 열심히 집필해주시고 저에게 스마트스토어를 전수해주신 해밀 님 축하드립니다! 그리고 이 책을 읽고 계신 분들에게 스마트스토어 세계로 오신 걸 환영합니다~

스마트스토어를 시작하고 싶었던 이유는 직장 생활에 대한 염증 때문입니다. 회사에서 열심히 일하는데 분명 제가 하는 일보다 많이 작은 급여에 회의감이 들었고 투잡에 대해서 이것저것 찾아보는 중에 스마트스토어를 알게 되었습니다. 그래서 회사에서 벗어나기 위한 프로젝트의 일환으로 스마트스토어를 시작해보자 마음을 먹게 되었습니다. 스마트스토어 하는 방법에 대해서는 다들 두루뭉술하게 써져있어서 진입이 생각보다 어려웠어요. 스마트스토어를 처음 시작하기엔 유튜브나 블로그 글로는 정확한 정보를 얻기 어려웠고 좋은 기회로 해밀 님과 만나게 되면서 실전 스마트스토어 세계로 뛰어들었고 계속 업데이트되는 정보로 스마트스토어를 운영했습니다.

저는 회사 일하는 중간중간 시간을 내서 뭘 팔아야 수익이 날까 하고 물건을 찾아보기도 하고, 주문이 들어오면 발주를 했어요. 간간이 들어오는 CS를 같이 해도 투잡을 하는 티가 전혀 안 나서 스마트스토어야말로 투잡으로 할 때 좋은 방법 중 하나라고 생각하고 있습니다.

지금 저는 엄청난 수익을 벌지는 못했지만 앞으로의 저를 위해서 차근차근 준비한다는 마음으로 열심히 하고 있습니다. 회사 다니면서 투잡을 한다는 건 생각보다 힘들 수도 있지만 퇴근 후에 티비나 핸드폰으로 보낸 시간들을 생각하니 힘들어도 웃으면서 스마트스토어를 하고 있습니다. 투잡하신다면 좀더 부지런해지시고 잠도 줄이셔야겠지만 노력한 만큼 나오는 스토어를 가지게 되실 거라 믿습니다. 다들 도전하세요!

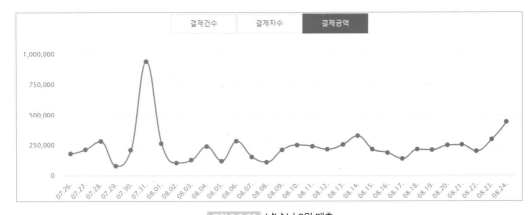

그림 6-5-05 냥냥 님 8월 매출

그림 6-5-06 냥냥 님은 투잡 후기 작성 이후 파워 등급을 달성하였다

4) 어촌 님

"대표님. 1년만 버티세요. 꾸준히 하시면 성과를 이루실 거예요."

이 말은 제가 처음 해밀 님을 만나고 나서 들었던 말입니다. 저는 대한민국의 흔한 자본주의 노예, 월급쟁이였습니다. 정해진 돈을 입금받아서 그보다 더 쓰는 카드깡 노예의 삶을 타파하고자 부업을 알아보던 중에 우연히 해밀 님의 강의를 듣게 되었습니다. 그리고 제가 들었던 첫 마디는 "대표님"이었습니다. 저는 제가 대표가 될 줄 몰랐습니다. 대표의 삶을 생각해본 적이 없으니까요. 그런 저를 해밀 님은 단 한마디로 월급노예에서 개인사업하는 대표님으로 만들었습니다. 그때 처음으로 지금껏 살아온 삶이 이전보다 많이 바뀌겠다는 걸 느꼈습니다.

당시에 저는 스마트스토어가 무엇인지 유통이 무엇인지 알고 강의를 신청한 게 아니어서 생초짜 티를 팍팍 내며 강의를 따라가기 급급했습니다. 다행히도 해밀 님이 온라인 강의안을 주셨고 지속적으로 반복하다 보니 어느덧 개인사업자로 거듭났습니다. 강의하시던 모습은 희미해져도 디지털 영상은 변하지 않아서 필요할 때마다 다시 보고 또 학습했습니다. 그렇게 우여곡절 끝에 만들어진 스토어는 한 달간 주문 무소식이었다가 해밀 님의 또 다른 강의인 심화반과 판매분석반을 통해 급성장하게 됩니다.

성장하면서도 많은 일이 있었습니다. 처음 CS 처리할 때에는 멘탈이 흔들렸지만 같이 수업을 들으셨던 분들의 도움과 온라인 강의 영상으로 해결했습니다. 그리고 해밀 님의 지속적인 피드백과 한 달간 다른 분들과 함께 열심히 제품을 등록하면서 나도 이렇게 꾸준히 무엇인가를 할 수 있다라는 용기를 얻었습니다.

제가 스마트스토어를 시작하고 나서는 하루 일과를 최대한 계획적으로 쓰려 노력했습니다. 출근길에 최대한 상품을 찾고 퇴근길에 키워드를 모아두었습니다. 집에서는 우선 이미지 편집 후에 상품을 한꺼번에 등록했습니다. 키워드가 부족한 상품들은 주말에 차근차근 분석해서 등록했습니다. 시간 단축을 위해 무엇을 할 수 있을까 고민하다가 전공을 살려 프로그램도 제작했습니다.

그렇게 저는 월 매출 340만 원을 기록했습니다. 저는 남들과 비교하지 말고 꾸준히 가야 한다는 해밀 님의 말을 계속 믿었습니다. 그래서 더욱 힘내어 앞으로 전진할 수 있었습니다. 비록 지금은 340만 원이지만 처음 시작하던 때만 해도 10만 원을 넘기지 못하는 매출을 보며 이 길이 내 길인가 싶었으나, 역시 존버는 승리합니다. 아직 승리 지점으로 골인하지 않았지만 중도 포기하

위트 판매 기초 이론 익히기

스마트스토어 오픈 준비하기

매출을 올리는 전략과 실습

특정에 최적화된 상품 등록 전략과 실습

상품 등록 후 CS하기

스마트스토어 운영 TIP!

참고 사이트

타고 후 등록별 계획을 세워보자!

지 않고 지금까지 달려온 제 모습을 되돌아보며 다시 한번 해밀 님께 감사 인사드립니다.

이제 제가 가야 하는 길은 파워 등급입니다. 그 길은 멀고도 험해 보이지만 꾸준하다면 언젠가 도달해 있으리라 믿습니다. 지속적인 카페 활동으로 함께 달리시는 다른 대표님들을 본받아 파워라는 날개를 달고 훨훨 날아다닐 겁니다. 그리고 그 길은 해밀 님의 강의와 지속적인 도움을 바탕으로 만들어졌을 겁니다.

책을 읽으시는 모든 분께 드리고 싶은 말은, 시작하지 않으면 아무 일도 일어나지 않는다는 것입니다. 첫 장을 폈다면 시작할 때입니다. 시작하셨다면 꾸준히 걸어가야 합니다. 이것은 제가 강의를 듣는 순간부터 지금까지 변하지 않는 해밀 님의 말입니다.

미래의 대표님, 시작하세요. 그리고 전진하세요. 새로운 삶을 맞이하세요.

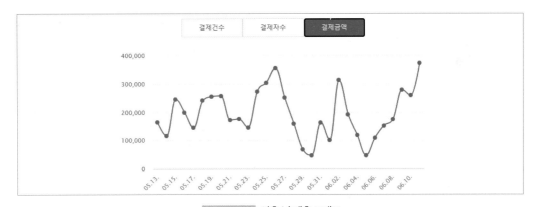

그림 6-5-07 어촌 님 매출 그래프

그림 6-5-08 어촌 님은 투잡 후기 작성 이후 파워 등급을 달성하였다

6 이 책을 읽고 스마트스토어를 시작한 독자님들의 후기

1) 미소로건 님

[책을 보게 된 계기]

평범한 직장에서 평범한 일을 하고 있는 평범한 사람이었습니다.

그냥저냥 일상을 살던 중 당연하게도 본업에서의 급여에 대해 부족함, 미래에 대한 불안감을 느껴 무엇이라도 해봐야겠다고 생각이 들었습니다.

정보의 바닷속에 하나씩 하나씩 찾아봤습니다. 유튜브 블로그 인스타 등, 정보들 사이에선 가려진 실체가 너무나 많았고 자극적인 소재로만 다루고 있기도 했으며, 자기 자랑만 늘여 놓은 콘텐츠에 조금씩 질리기 시작했습니다. 그래서 인터넷 속 카더라 정보가 아닌 검증된 무언가의 가이드라인이 필요하다고 생각이 들어 책을 찾아다녔습니다.

여러 책을 읽게 되었지만 결국 스마트스토어 고객센터의 가이드를 풀어 놓은 설명 글들 밖엔 없었고, 진입장벽이 높게 느껴지는, 자신의 아이템 판매하는 방법을 올려놓은 그다지 특별하지 않은 내용들로 위주로 써진 책들을 보면서 제일 먼저 든 생각이 있었습니다. 현재 본업의 일을 멈추고 새로운 온라인 유통 사업으로 뛰어드는 건 리스크가 너무나도 컸습니다.

결국 손을 놓고 말았습니다. 그렇게 시간이 흘러 관심에서 멀어졌지만 다시금, 돌아오는 미래의 불안감. 분명히 할 수 있는 무언가가 있으리라는 직감으로 다시금 정보를 찾기를 시작했고 운명처럼 이 눈에 들어오는 책이 하나 있었습니다. 제목부터 남다른 '퇴근 후 스마트스토어로 투잡하기!' 게다가 소제목은 딱 나의 이야기를 말하는 것 같았습니다 '월급이 부족한 직장인이여, 시작하라!' 책에 대한 후기 글들을 천천히 읽어보니 스마트스토어 위탁의 바이블이라는 정성스러운 후기 글들... 이미 마음은 움직였습니다. 책을 목차와 대조하면서 간단히 살펴봤습니다. '와 이거

498 퇴근 후 스마트스토어로 투잡하기

이렇게 전부다 가르쳐 줘도 괜찮은 건가?' 그렇게 밑져야 본전이라는 마음으로 책을 구매하게 되었습니다.

[책을 읽기 전과 후 마인드 및 생활패턴의 차이]

저는 사실 무언가를 크게 바라지 않는 사람이었습니다. 욕심조차 없는 그저 그런 사람이었습니다. '될 대로 돼라'는 식의 마인드가 저를 지배하던 시절이었습니다. 그것도 당연한 게 걱정한다고 해서 변화는 것은 없다고, 매스컴에서 하도 떠들어 다니니까 말이죠.

경제적인 부분에 힘듦이 있어도 발전할 생각은 안 하고 안주하며 당연히 힘든 거라 생각할 정도니까요. 하지만 어느 순간 이게 맞는 생각인지에 대한 의구심이 생기기 시작했습니다. 우선 내가 원하고 잘 할 수 있는 걸 찾아보기 시작했고 이 책을 만났으며 책을 읽고 자연스럽게 소통을 위한 카페에 가입을 한 시점으로부터 조금 과장하자면 인생 자체가 달라졌다고 해도 과언은 아니라고 봅니다.

저자 해밀은 네이버 '방구석 비즈니스' 카페를 통해 긍정 마인드의 중요성을 아주 많이 이야기해 주시고 계십니다. 카페에는 경쟁자란 없습니다. 오로지 긍정적인 마인드로 동료애가 가득한 분들이 계십니다. 긍정적인 사람 옆엔 긍정적인 사람이 있다고 하죠.

두려워서 시작조차 못하던 스토어 개설 사업자 등록부터 판매까지 물 흐르듯 자연스럽게 진행되었고, 이제야 내가 무언가를 해내고 있다는 자신감과 만족감이 차오르고 있습니다. 해냈고 할 수 있게끔 가르쳐 주고 지치지 않는 사람들 옆에서 할 수 있는 방법, 할 수 있게끔 생각하는 방법, 지치지 않고 앞으로 나아가는 방법을 배우며 매일 스스로가 그토록 원하고 있는 꿈을 꿀 수 있었습니다.

[목표]

스토어를 시작하는 초기에는 물건 하나라도 내 손으로 팔아 보는 게 목표였습니다. 지금은 목표를 크게 잡고 있습니다. 웃기게 들릴 수도 있지만 저는 경제적 자유를 꿈꾸고 있습니다! 디지털 노마드로 온라인 유통 사업으로 수익을 창출하고 전 세계를 느긋하게 여행하는 나의 모습을 꿈꾸고 있습니다! 이 책을 만나기 전까지는 뜬구름의 이야기라고 생각했습니다.

하지만 더 이상 먼 미래의 이 야기는 아니라고 장담합니다. 이제 상품 등록하고 판매 까지는 더 이상 남의 이야기가 아닙니다.

[이제 시작하신 분들께 하시고 싶은 말씀]

스마트스토어의 장벽은 충분히 뛰어넘을 수 있는 낮은 허들에 불가하다고 생각합니다. 방법을 알면 누구나 쉽게 시작할 수 있고 수익을 창출할 수 있습니다. 정보의 바다를 거세게 항해하는 선장이 되어 스마트스토어라는 배를 꼭 타보세요. 이 책에서는 마치 선장이 될 수 있는 면허시험 교재와 같습니다. 정말 하나부터 열까지 모든 것을 가르쳐 주기에 장담하건대 절대로 어렵지 않습니다!

하지만 배를 원하는 목적지로 도달하게 하는 것은 오로지 선장의 능력에 달려있습니다. 즉 스마트스토어 운영에 있어 올바른 길로 갈지는 사업 대표자에게 달려있습니다. 배를 운전하는 것으로만 만족하지 마시고 꼭 네이버 카페에 가입을 해서 다른 대표님들과 소통을 하시길 적극적으로 권유합니다. 스마트스토어라는 사업은 '어떤 선장이 운영을 하냐'에 따라 사업이 나아갈지 정체할지 정해진다고 봅니다. 처음부터 다 잘 할 수는 없지만 올바른 선장으로 성장할 수 있게 도와주며 이끌어주는 정 말 멋진 카페가 당신을 기다리고 있습니다.

당신은 이 책을 읽고 나면 어느 순간 정보의 바다를 항해하는 배의 키를 잡고 계실 거라 봅니다. 당신의 성공적인 항해를 기원하며. -밋오록언

"항상 가장 큰 노력이 필요한 것이, 바로 모든 일의 시작이다." -제임스 캐시 페니

PS 여보, 이제 우리 캠핑카 타고 느긋한 바람처럼 살자! 하준이 하린이 아빠가 많이 사랑한다❤

2) 슬로우 님

[책을 보게 된 계기]

업무에 스트레스를 많이 받아 아무것도 하기 싫었습니다. 퇴근하면 집에 가서 아이랑 놀다가 아이가 자고 제 몸이 좀 너무 지치니까, 유튜브를 보거나 게임하는 게 다였습니다. 그러다 보니 '이게 뭐 하는 건가' 이런 생각이 갑자기 들면서 자연스럽게 '생산적인 일을 해보자'라는 생각을 하게 되었습니다.

부업을 찾던 중에 처음에는 유튜브 모 채널에 나오신 분이 애기 자고 있을 때 스마트스토어로 하루 2~3개씩 상품등록을 해서 매출을 어마어마하게 올리신 걸 보았습니다. 그때 '이거다!' 라고 생각해서 제대로 할 수 있는 방법을 찾기 시작했습니다.

위탁판매 기초 이론 익히기

스마트스토어 오픈 준비하기

매출을 올리는 전략과 실습

두보에 최적화된 상품등록 전략과 실습

상품 등록 후 CS하기

스마트스토어 운영 TIP!

참고 사이트

퇴근 후로 또 밴 계획을 세워보자!

'퇴근 후 스마트스토어로 투잡하기' 책의 목차를 봤는데, 사업자를 내는 것부터 스토어 입점, 상품등록 및 노하우까지 모든 내용 을 한 책에 담아낸 듯한 느낌이 들어 바로 구매하여 본격적으로 시작하게 되었습니다.

[스마트스토어를 시작하고 느낀 점]

'퇴근 후 스마트스토어로 투잡하기'라는 좋은 책을 만나 운이 좋게 스마트스토어를 시작하게 되어 '성장할 수 있겠다'라는 확신을 갖고 현재 작은 성공들을 해나가고 있습니다. 모든 부업이 마찬가지지만 스마트스토어를 하고 느낀 점은 실행력과 꾸준함이 정말 중요하다는 것입니다.

해밀 님이 운영하시는 '방구석 비즈니스' 카페에, 이미 스토어로 성장하시고 한 단계 한 단계 성공하신 대표님들이 많다는 것에 확신을 가졌습니다. 그분들과 긍정적으로 소통을 하며 제 실행력과 꾸준함을 유지할 수 있었습니다 이미 성공한 사람이 있기 때문에 고민하지 말고 일단 시작해 보는 것. 그게 정답인 것 같습니다.

[전과 후 마인드 및 생활 패턴의 차이]

스토어하기 전에는 어느정도 긍정 마인드였다면 스토어를 하면서는 '어떤 것이든 할 수 있다'라는 자신감과 저에 대한 확신이 많이 생긴 것 같습니다. 현재는 퇴근 후에 무료하거나 불필요한 시간을 소모하지 않고, 스토어 뿐만 아니라 여러 파이프라인을 만들기 위한 시간을 아주 즐겁게 사용하고 있습니다.

[목표]

처음에는 스마트스토어 등급(씨앗→새싹→파워)에 도달하는 게 목표였다면, 현재는 순수익을 50만 원, 100만 원, 150만 원씩 단계별로 나눠서 목표를 설정하여 작은 성공을 해나가는 중입니다. 이런 작은 성공이 쌓여 제 본업을 뛰어넘는 순수익을 얻는 게 현재까지의 제 목표입니다. 그 다음 단계의 목표 설정을 할 날이 얼마 남지 않은 것 같습니다.

[이제 시작하시는 분들께 하시고 싶은 말씀]

책 내용에 따라 하나씩 실천해 보셨다는 것에 일단 한 단계 성공하신 겁니다. 그리고 상품을 하나 씩 등록하실 때 아마 이런 생각이 드실 겁니다. '내가 잘하고 있나?', '남들은 주문이 잘되는 데

나는 왜 안 되지 포기할까?' 이런 불안한 마음이 드는 거 저도 너무나도 잘 압니다. 당연히 그런 마음이 들 수 있습니다.

제가 해드리고 싶은 말씀은 그 순간을 잘 이겨내고 즐길 수 있는 긍정 마인드와 꾸준한 행동 습관을 키우셨으면 좋겠습니다. 책을 완독하시고 '방구석 비즈니스' 카페에 잘 되신 수많은 대표님들의 노하우들을 보시면 분명 꾸준히 하면 잘 되겠다는 확신이 드실 겁니다. 즐거운 마음으로 상품 등록을 해보세요. 자연스럽게 성공하는 대표님 자신을 만나게 될 겁니다.

PS 사랑하는 우리 와이프와 이쁜 딸~ 고마워🖤

3) 남편하나아들둘 님

저는 직장을 다니는 워킹맘이었습니다. 코로나로 집에서 무보수 재택근무를 하며, 우연히 유퀴즈에 나온 신○○○이라는 유튜버를 알게 되어 스마트스토어로 돈을 벌 수 있다는 걸 알게 되었습니다. 당장 하고 싶다 지금 해야겠다는 생각에 인터넷으로 몇 권을 책을 구매하게 되었습니다. 몇 권 중 해밀쌤의 책을 제일 먼저 보게 되었고 너무 쉽게 되어 있어 지금 바로 할 수 있겠다는 자신감이 생겼습니다. 다른 책도 보았으나, 말을 아끼겠습니다. 여러 책 중 해밀 님의 책을 픽!

그날 이후 책과 함께 하나하나 따라 하며 상품 하나를 등록한 그날을 아직도 잊지 못해요. 손에 익지 않아 상품을 하나 등록하는 데 6시간이 걸렸어요. 시간은 오래 걸렸지만 책 하나로 사업자도 내고 가게가 생기고, 상품을 등록할 수 있다는 게 너무 신기하고 재밌었으니까요. 사실 저는 아직 젊은 30대이긴 하지만 타자도 느리고 간단한 인터넷 서핑 정도만 하는 사람이라 스토어 운영은 꿈도 못 꿨는데, 책 하나로 인생이 바뀌었습니다.

책도 책이지만 해밀 스승님 만나고 인생이 바뀐 거죠! 첫 상품 등록 후 여러 궁금한 내용을 해밀 님 카페에 글을 남기면 바로바로 답을 남겨 주시고 초보인 저에겐 너무나 감사하고 감동이었습니다.

그렇게 카페에서 인연이 되어 많은 도움을 받게 되었습니다. 아무것도 모르는 초보 판매자인 저는 어려움이 생길 때마다 카페로 달려가 선배 대표님들과 해밀 님께 도움을 받았고 저 또한 도움이 되고 싶다는 생각이 들었습니다.

스토어에 관련된 내용뿐 아니라 사람 사는 게 다 똑같이 힘든데, 그 힘듦을 같이 공감하고 다독여 주고 불안한 저의 멘탈을 긍정으로 변화시켜 주셨습니다. 정말 감사합니다. 아이를 키우며 직장도 다니고 힘들지만 포기하지 않고 여기까지 오게 된 건 해밀 님과 카페 대표님들 덕분입니다. 지금은 직장을 그만뒀습니다. 순수익을 월급의 두 배를 찍은 날 시원하게 그만두고 나왔습니다. 이 책을 만나고 10개월 만에 일이네요^^ 현재는 전업주부로 하루에 한 시간 이하로 투자하며 편하게 수익을 얻고 있습니다.

저는 학창 시절에도 꿈이 없었어요. 평범하게 학교 졸업하면 취업하고 직장 다니다가 남편 만나 결혼했으니까요. 그런데 이 책때문에 처음으로 서른 넘어 가슴이 뜨거워졌습니다. 하고 싶은 게 생기고 꿈이 생겼어요!

다시 한번 더 해밀쌤 정말 감사합니다. 알라뷰

PS 여보 그때 그랬지? 너처럼 생각하면 개나 소나 다하지…근데 나 이제 몇 백 번 다…. 그때 그 말 사과해. 그리고 사랑해 잘 먹고 건강하게 잘 살자. 여보 이제 일 그만두고 싶으면 그만둬. 내가 벌게.

4) 박카스 님

[책을 보게 된 계기]

회사를 다니던 평범한 사람이었습니다. 문득 생각이 들었습니다. '언제까지 이렇게 다닐 수 있을까? 노예처럼 직장만 다니다가 죽으면 억울하겠지? 빨리 뭐라도 시작해 보자' 부업 관련해서 열심히 찾아보다가 회사 다니면서도 부담 없이 시작할 수 있는 것이 스마트스토어라는 것을 알게 되어 관련 지식이라곤 1도 없는 저에게는 아기 걸음마처럼 뜬구름 잡는 것 없이 구체적으로 하나하나 알려주는 기본서가 필요했습니다. 그건 바로 이 책!

[스마트스토어를 시작하고 느낀 점]

스마트스토어를 시작하고 온라인 판매에는 수많은 셀러들이 여러 가지 방법과 다양한 방식으로 판매하고 있는 것을 느꼈습니다. 정답은 없습니다. 본인에게 맞는 방법과 본인이 잘 팔 수 있는 방법이 정답입니다. 하지만 온라인 판매 세계의 전체적인 플로우와 감을 잡기 가장 좋은 시작은 당연 위탁판매라 생각합니다. 항상 강조하시는 키워드! 및 기본기가 탄탄해야 어떤 방법으로든 확장할 수 있는 것 같습니다.

[전과 후 마인드 및 생활 패턴의 차이]

직장에서는 시킨 것만 하고 점점 지쳐가는 수동적인 삶을 살았고 항상 미래가 불안한 찝찝한 마음을 품고 살았다면 이제는 사업체의 대표로서 능동적으로 생각하는 사람으로 바뀌고 주체적으로 돈이 될 것 같은 방법들을 끊임없이 연구하고 시도하는 사람으로 바뀌고 있습니다.

[목표]

1차 목표인 퇴사의 꿈은 이루었으나 아직도 갈 길이 멀다고 생각합니다. 온라인 판매를 기본으로 그 외에도 여러 개의 현금흐름 파이프라인을 구축하며 확보해 나가는 것, 그리고 결국엔 자동화/반자동화로 유지할 수 있는 시스템을 구축하여 자아실현을 하는 것이 모두들 진정으로 원하는 삶이 아닐까요?

[이제 시작하시는 분들께 하시고 싶은 말씀]

대학교를 나오지 않아도, 심지어는 중학교를 나오지 않아도 누구나 쉽게 시작할 수 있고 열려 있는 것이 온라인 판매입니다. 진입장벽이 낮고 레드오션이라 생각해요. 하지만 레드오션은 즉 시장이 엄청 크다는 뜻이고 수요가 큽니다. 하지만 대부분의 셀러들은 중도 포기하고 떨어져 나갈 것입니다. 1년이 약간 넘는 기간동안 중도 포기하시는 대표님들 수없이 봐왔습니다. 다 필요 없어요, 올바른 방법과 꾸준함만 있으시다면 파워 등급은 무난하게 달성하실 수 있습니다!

PS. 이 책을 접한 모두들 인생을 바꿔 오래오래 행복했으면 좋겠습니다. 엄마 나 책에 나왔어!

5) 꾸기네꿀꿀이 님

안녕하세요 꾸기네 꿀꿀이입니다.

저와 같은 생각을 하신 분들한테 조금이나마 도움이 될까 싶어 이 글을 씁니다. 글을 예쁘게 포장할 줄 몰라서 그냥 제가 하고 싶은 말을 그대로 적어봅니다.

저는 1년 365일 주 6일 야간근무하는 일반 직장인입니다. 몇 년 동안 야근을 하다 보니까 건강 상태가 안 좋아지는 거 같아서 부업이나 할까 아님 나도 나만의 사업이라는 거 할 수 없을까 고민을 참 많이 했습니다. 나는 언제까지 직장 상사 눈치를 보면서 시키는 일만 하면서 살아야 하나 갑자기 이런 제가 너무 싫어졌었어요. 솔직히 저는 야간근무에서 벗어나고 싶었어요. 그러다가 알게 된 것이 바로 스마트스토어였어요.

2021년 초부터 스마트스토어 해볼까 하고 몇몇 저자분의 책을 읽어보기도 했는데 그냥 마음에 와닿지도 않고 할 수 없을 거 같아서 포기했다가 21년 9월에 우연히 해밀 님의 책을 알게 됐어요. 퇴근 후 스마트스토어로 투잡 하기라는 글이 눈에 딱 들어왔어요. '그래 이거다. 딱 내가 지금 하고 싶은 거 퇴근 후 투잡이다.' 바로 구매해서 동시에 카페도 가입하고 2022년 2월에 강의도 신청했어요.

책에는 설명이 잘되어 있어서 왕초보인 저도 쉽게 따라 할 수 있더라고요. 매일매일 상등을 하다 보니 어느 순간 주문도 들어오기 시작하더라고요. 잘하려고 하다 보니 언제부터인가 다른 대표님들과 비교하게 되고 '나는 왜 대표님들처럼 안되지', '나랑 안 맞나' 이런 생각이 들면서 포기하고 싶을 때도 가끔 있었어요. 이럴 때는 저는 항상 해밀 님의 마인드 강의나 대표님들 라이브를 다시 들으면서 도움을 많이 받고 또 카페 대표님들의 글을 읽으면서 긍정의 기운을 받아 가고 있었어요.

그리고 컴퓨터 옆에는 제가 메모해놓은 다른 대표님들과 비교하지 말고 어제의 나보다 뭔가 더 나은 오늘의 나와 비교하라. 나의 속도대로 방향만 잘 잡으면 된다. 속도보다 방향이라고 해주신 해밀 님의 말씀을 되새기면서 다시 마음을 가다듬고 열심히 상등을 했습니다.

저는 스마트스토어 시작하기 전에는 부정적인 마인드가 심했어요. 매사에 '나는 이런 거 못해 내가 할 수 있을까?', '나는 안될 거 같은데' 등등 항상 입에 달고 살았어요. 그런 말이 있잖아요. 어떤 사람을 만나는가에 따라 인생의 방향이 바뀐다고. 저는 해밀 님 책부터 시작해서 카페 가입하면서 해밀 님과 파이팅 넘치는 '방구석 비즈니스' 대표님들 덕분에 스마트스토어만 배운 게 아니라 멘탈까지 강해지면서 부정적인 마인드에서 지금은 점점 긍정적으로 변화되는 거 같고, 또 카페에 독서 '운동 인증글' 보면서 동기부여가 돼서 진짜 삶이 많이 바뀌였어요. 어느덧 퇴근하고 헬스장 가서 한 시간 운동하고 와서 두 시간은 열심히 상등을 하는 게 저의 일상이 되어가고 주말에는 독서와 키워드 수집을 하면서 스마트스토어가 점점 재밌어지더라고요.

저는 진짜 '방구석 비즈니스' 카페와 단톡방(수강생분들 조건이 충족하면 단톡방 초대도 돼요)이 너무 좋아요. 노하우 공유는 물론 제 삶이 바뀌고 있는 게 보여서요.

제가 하고 싶은 말은 저 같은 사람도 할 수 있는데 혹시 '나도 한번 투잡으로 스마트스토어 해볼까 할 수 있을까' 고민되시는 분들이라면 한번 책을 구매해서 따라 해보세요. 책 따라 하시다가 스마트스토어에 더 관심이 생기면 강의까지 신청하세요. 저는 강의만 신청하면 그냥 내가 알아서 강의 듣고 따라 하면 되는구나 하고 생각했었는데, 그게 아니었어요. 해밀 님께서 코칭도 해주시고 또 파워 될 때까지 잘 이끌어주시더라고요. 매일매일 상등도 재밌게 할 수 있게 이벤트도 있을 때가 있고 중간중간 긍정적으로 사업을 할 수 있도록 긍정적인 마인드도 심어주시고요. 그리고 카페 활동까지 같이 하면 파이팅 넘치는 대표님들 덕분에 동기부여가 돼서 더 재밌게 즐기면서 상등을 할 수 있어요. 진짜 저처럼 부정적인 생각을 자주 하시고 멘탈이 약한 분들은 도움이 될 거 같아요.

스마트스토어를 점점 즐기면서 할 수 있게 이끌어 주시고 또 새로운 걸 도전할 수 있도록 도와주신 해밀 님 진심으로 감사드립니다.

PS 아빠 보고싶어요. 엄마~ 고마워요 사랑해요. 강사장! 내가 쓴 글 책에 나왔어. 그리구 그냥씨~ 항상 믿고 응원해줘서 고마워~

6) 뒤집힌양말 님

유명 유튜버의 영상에서 처음 접하게 된 온라인 마켓에 대한 내용을 보면서 '나도 한번 해볼까?' 라는 생각을 했었습니다. 그렇지만 바로 실천하지는 못했습니다. 이미 많은 분들이 경험하시고 레드오션이라고 말하는 곳에 들어가 이제 시작해도 될까? 온라인 마켓에 대해서 아무것도 모르는데 내가 할 수 있을까? 자본금은 많이 필요하지 않을까? 이런저런 것들을 계산하고 있는 제 모습을 보면서 양가 감정을 느끼던 중에 접하게 된 책이 바로 해밀 님의 책입니다. 머리글만 읽어도 내가 이 일을 시작해 봐야겠다는 결심을 하게 된 것 같습니다.

책에 담겨있는 내용들을 읽고 하나하나 수행했더니 주문이 들어오고 그렇게 몇 개월이 지난 후에는 파워 등급에 도달하게 되었습니다. 이렇게 얻은 경험들을 바탕으로 사업을 더욱 키워 나가고 싶어서 상품 제조까지 시작하게 되었고 두 번째 스토어 역시 파워 등급에 도달하게 되었습니다. 저는 앞으로 제가 만든 상품을 브랜드로 잘 키워 나가려고 합니다.

스마트스토어를 시작하면서 저에게는 참 많은 것들이 달라졌습니다. 출산과 함께 경단녀로 지낸 몇 년의 시간 동안 자신감도 많이 떨어졌고, 육아를 핑계 삼아 무언가를 시작하지 못했던 지난 시간에 비해 지금은 시작하면 뭐든 할 수 있다는 자신감이 생겨서 제 자신 또한 많이 성장하였고 저를 더욱 아껴주는 마음이 생긴 것 같습니다.

처음 시작하는 일은 어떤지 몰라서…어떻게 될지 몰라서 불안하고 걱정되는 마음을 가질 수밖에 없는 것 같습니다. 그렇지만 시작하지 않으면 아무런 변화도 없습니다. 한 번 더 성장할 수 있는 기회를 잡고 싶으시다면 이 책에 답이 있습니다.

PS 여보 내가 이렇게 오랫동안 스토어 할 줄 몰랐지? 근데 내가 했네? 그리고 함께해 줘서 고마워!!!

7) 나비 님

처음 해밀 님의 책을 접하게 된 건 나도 내 물건을 스마트스토어에 판매하고 싶다는 결심이 선 순간이었고 그날 바로 책을 구매하게 되었습니다. 만약 제가 고른 이 책의 내용이 아무런 정보도 없던 저에게 어렵게 다가왔거나 알맹이 없이 겉핥기로만 정보를 전달하는 그저 그런 책이었다면 지금쯤 저는 스마트스토어를 제대로 시작하지 못하고 방황하고 있었을지도 모릅니다.

해밀 님의 책은 정말 아무것도 모르는 초보인 저에게 알기 쉽고 중요한 핵심 내용을 콕 집어 설명해준 책이었습니다. 책을 구매하고 바로 사업자등록을 하고 책 그대로 따라 하기 시작하여 '방구석 비즈니스' 카페에 가입 후 좀 더 욕심이 나 강의도 들어서 현재 파워등급을 유지한채 스마트스토어를 운영하고 있습니다.

스마트스토어를 시작하기 전 저는 항상 즉흥적으로 시작한 일들은 많았지만 꾸준하게 계속하여 부수입을 벌어들인다거나 어떤 계획도 꾸준한 적이 없었습니다. 하지만 이 책을 읽고 카페에 가입하게 되고 해밀 님의 강의까지 듣고 나서는 저에게도 꾸준히 재미있게 할 수 있는 일을 찾게 되었고, 수입도 가져다주었습니다. 이로 인해 알 수 없는 자신감과 저도 무언가 할 수 있다는 성취감, 지금 바로 도전할 수 밖에 없게 만드는 도전정신이 생겼습니다.

월급을 단기간에 올리기에는 한계가 있고, 어떤 것 이든 내 것으로 만들어 수입을 내고 싶으시다면 해밀 님을 믿고 이 책과 함께 스마트스토어를 시작해보세요. 부러워하던 사람들의 일들이 바로 나에게도 일어날 수 있습니다.

저는 현재 사입 판매를 공부할 예정이고, 언젠간 제 브랜드를 만들어 유통을 하는 꿈을 꾸고 있습니다. 너무 크게만 느껴지시나요? 저도 불과 일 년 전까지만 해도 이런 생각조차 하지 않았습니다.

우선 시작하게 되면 지금 생각하지 못했던 일들도 생각하게 되는 넓은 시야와 안목을 갖게 될 것입니다. 지금 보이는 것이 전부가 아닌 또 다른 세상을 향해 한걸음 내디딜 수 있습니다.

PS 내가 책에 나오다니...! 최명창 님! 아빠! 뭐든지 할 수 있게 키워 주셔서 고맙습니다. 강인한 고맙다.

미래의 남편아! 앞으로도 늘 응원해줘, 고마워💙 새로 생긴 친구이자 동료인 대표님들 고맙습니다 (˘▽˘)っ♨
해밀 스승님 책 내주서서 고맙습니다!!!!!!!!!!! 책으로 시작해서 사업자 내고 돈도 벌고 집도 얻었어요 💙
진심으로 감사합니다.

8) 매출요정 님

저는 재테크나 부업에 전혀 관심이 없이 지내던 직장인이었습니다.

왜 그랬는지는 모르겠지만 저는 스마트스토어를 생각할 때 '나와는 상관없는 일이야'라고 생각했던 그 단어를 유튜브에 검색을 해 보았습니다. 콘텐츠가 너무 복잡하다 생각되어 잘 정리되어 있는 책을 알아보기 시작했고, 커리큘럼이 탄탄하다 느껴졌었던 바로 그 책! '퇴근 후 스마트스토어로 투잡하기'를 선택하였던 것이 시작이었습니다. 그 후 해밀 선생님의 강의도 들으며 점점 성장하는 것을 느끼게 되었는데요, 방구석 비즈니스를 통해 스토어를 운영하면서 저는 크게 두 가지의 변화가 있었습니다.

1. 고정 수입에서 + @ 수입으로의 변화

저는 직장인이기에 고정적인 수입은 보장되었지만 그것이 전부였습니다.

수입은 제가 첫 상등을 시작하고 일주일 후부터 발생하였고, 꾸준히 상품 등록을 하다 보니 점점 수익금이 늘기 시작하였습니다.

충실하게 하나하나 등록했던 것이 하루에 몇 개씩 판매되기도 하고, 대량 주문으로 이어지기도 했습니다. 플러스 알파라는 미지세계 같은 수입이 생기기 시작하니 점점 재미지기도 했습니다.

2. 삶의 태도의 변화

스토어를 운영하던 초창기 때는 늘 머릿속에 '남들보다 내가 더 잘되어야 돼!' 라는 생각이 있었던 것 같습니다. 그래서 저와 비슷하게 시작했던 대표님들과 끊임없이 비교하면서 저보다도 더 매출이 높다고 생각되는 대표님들이 계시면 의기소침해지기도 했었습니다. 이왕 시작한 거 잘해보자는 생각이 넘쳐서 힘이 많이 들어가기도 했는데, 그런 흐름들은 저에게 큰 마이너스를 주는 요인이었습니다. 긍정적인 파이팅이기보다는 저 스스로가 저를 괴롭히는 그런 마음이었습니다. 그런데 방구석 비즈니스 회원으로 활동하며 여러 대표님들 그리고 해밀 님과 자주 소통하며 자연스럽게 그분들의 유연함과 긍정적인 마인드에 녹아들게 되었습니다.

스토어를 운영하다 보면 매일같이 내 생각대로 잘 안될 수도 있고, 침체기가 올 수도 있지만 우리의 삶도 그렇잖아요? 늘 좋은 일, 행복한 일만 있을 수 없는데 그런 상황을 맞는 저의 모습이 확연히 달라짐을 더욱 단단해지고 쿨해짐을 많이, 매번 느끼게 됩니다. 스토어 매출에 집착하지 않으면서 즐겁게 운영하며 일상생활에서도 긍정적인 변화로 날서 있지 않은 평온한 저를 발견하게 되었습니다.

혼자였다면 진즉이 포기했을 거라 확신합니다. 함께 으쌰으쌰 하며 함께 기쁨과 위로를 나누며 용기를 주시는 같이 가는 여러 대표님들이 계시기에 꾸준히 가며 지금까지 올 수 있었던 것 같습니다.

내가 이런 것도 할 수 있구나, 이렇게도 할 수 있구나 스스로 참 신기하기도 하고 대견하기도 합니다.

방구석 비즈니스와 함께 하기 전인 2년 전에는 이런 삶을 살고 있을지 전혀 몰랐었네요. 또 다른 수입이 생겨서 제가 좋아하는 옷들을 더 고민하지 않고 살수 있는 것도 좋지만 저는 방비의 보석 같은 대표님들을 만나서 훨씬 더 행복하고 좋습니다.

시작하기 전, 잘할 수 있을까? 망설여지고 불안한 마음이 있으시다면 방비와 함께 해 보시길 추천해 드립니다! 꾸준히하기란 쉽지 않지만 방비와 함께라면 가능합니다. 실제 경험이기 때문에 자신 있게 추천해드릴 수 있습니다. 하실 수 있습니다. 파이팅!

그리고 방비 영원하라!!!!

PS 엄마, 이젠 돈 모으고 살껭~ 우리 가족 지금처럼 늘 사랑하고 행복하자 🖤🖤

9) 거상스윌피치 님

안녕하세요 거상스윌피치입니다. 제가 책 후기 글을 남기게 된다니 정말 설레고 너무나도 영광스럽고 감동스럽습니다. 저는 어렸을 적부터 호기심이 너무 많았습니다. 그래서인지 직장 생활을 하면서도 1년 정도 다니다 전 직장과는 다른 분야로 새기 일쑤였습니다. 하고 싶은 일들도 중구난방으로 너무 많았고 인터넷쇼핑몰 창업도 그중 하나였습니다. 그렇지만 내가 인터넷쇼핑몰 창업이라니! 사업이라니! 범접할 수 없어 보이는 무지의 세계에 시작할 엄두가 나지 않았습니다.

그러던 어느 날, 하늘이 도운 것인지 AI 도서 추천으로 저는 운명처럼 '퇴근 후 스마트스토어로 투잡하기'라는 책을 만나게 되었습니다. 이 책을 만나신 여러분도 인생의 변환점에 서 계신다고 말씀드리고 싶네요. 저는 뭔가에 홀린 듯이 바로 이거야! 외치며 구매 후 책의 챕터를 척척 따라갔습니다. 이 책의 가장 큰 장점은 막힘없이 직진할 수 있다는 점입니다. 책에 A부터 Z까지 스마트스토어 가입부터 사업자 개설 방법까지 세세하게 나와 있어 어려움이 없이 책만 보고 다 해낼 수 있기 때문입니다. 그렇게 매일매일 상품을 등록하기 시작했습니다.

첫 주문이 들어온 뒤 계속해서 주문이 들어왔고 중간에 큰 위기를 맞았지만 결국 파워를 달성하여 지금은 두 번째 스토어를 키우고 있습니다. 제가 여러분께 이 책을 추천해 드리는 이유는 단지 수익을 만들어주는 것뿐 아니라 인생을 바꿀 기회가 되기도 하기 때문입니다.

저는 스마트스토어를 운영하면서 주문 하나에 감동하였고 나도 뭐든지 할 수 있다는 자신감 자기 확신을 갖게 되는 긍정적인 심리도 얻게 되었습니다. 새로운 분야의 직장도 다니게 되었고 하고 싶은 일, 공부도 동시에 하며 살고 있습니다. 제가 한 일은 오로지 스마트스토어 책을 따라서 매일 상품 등록을 한 것, 어려운 일이 있을 때 좌절하더라도 포기하지 않은 것, 최대한 즐기며 걸어왔다는 것입니다.

매일 하는 상품 등록이 당장 결과가 나오지 않더라도 마라톤을 달리듯 한걸음 가보다 보면 작은 실행들이 쌓여 큰 결과를 가져다 주는 날이 꼭 오게 됩니다.

마지막으로 최근에 지능형 가게 덕분에 가장 기뻤던 날은 해외여행 다니면서 주문이 들어오고 매일 통장에 정산금이 들어와서 여유롭고 행복하고 뿌듯했습니다. 다들 저와 같은 즐거운 경험 하시길 바랍니다. 다들 시작하세요. 도전하세요. 이겨내세요. 할 수 있습니다. 아자!

그리고 지금 이 책을 보시는 여러분들은 속으로 '내가 너무 늦은 거 아닐까?'라는 생각을 하실 텐데요. 절대로 늦지 않았습니다! 제 글을 읽고 한 분이라도 시작할 희망과 용기를 얻어 가시길 바랍니다.

PS 걱정되어도 잔소리 안 하고 내 결정을 믿어주는 가족들 너무 감사합니다! 덕분에 여기까지 올 수 있었어요. 항상 즐거운 날들이 많기를! 🤍

07

참고 사이트

1 '방구석 비즈니스' 카페(https://cafe.naver.com/1inschool)

그림 7-1-01 '방구석 비즈니스' 카페 메인 화면

필자가 운영하는 카페이다. 다른 것보다는 초보 판매자가 피해를 볼 수 있는 광고 사기와 필리핀 무역 사기에 대한 내용이 있으니 그 내용을 꼭 읽어보고 조심하였으면 좋겠다.

위드판매 기초 이론 익히기

스마트스토어 오픈 준비하기

매출을 올리는 전략과 실습

투정에 최적화된 상품 등록 전략과 실습

상품 등록 후 CS하기

스마트스토어 운영 TIP!

참고 사이트

픽그 후 트렌드 별 계획을 세워보자!

2 아이템스카우트(https://www.itemscout.io)

그림 7-2-01 아이템스카우트 사이트

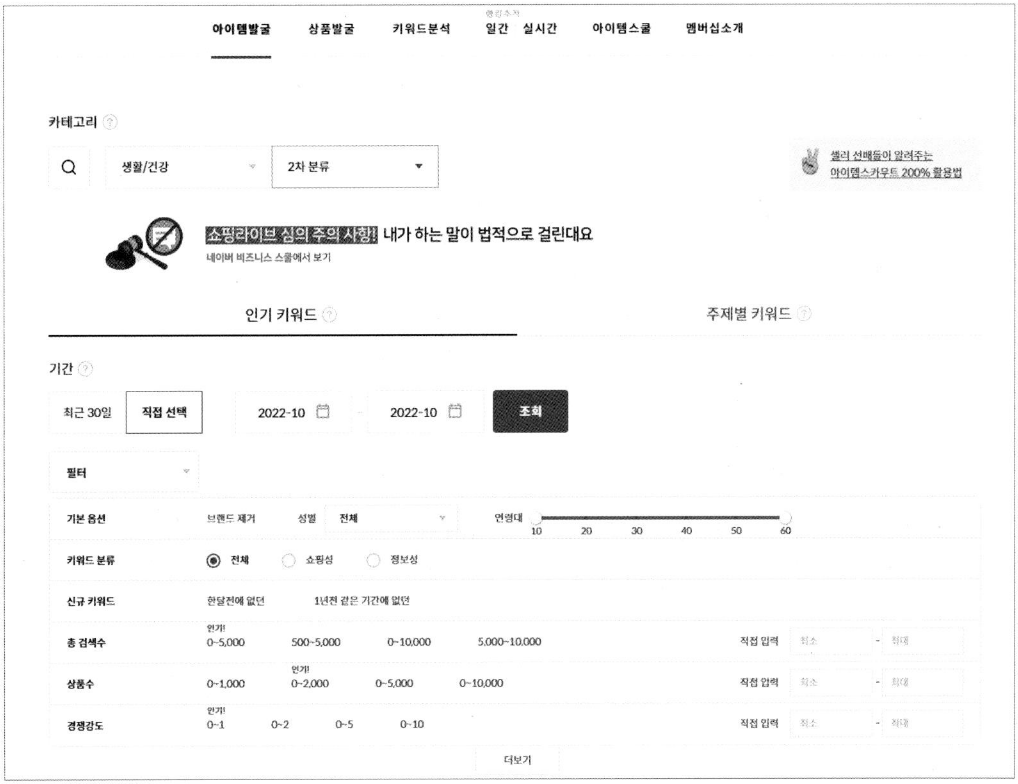

그림 7-2-02 '아이템 발굴' 화면

스마트스토어 관련 사이트 중에서 인지도가 높은 사이트이며, 카테고리별 경쟁률(경쟁강도)이 적은 키워드를 볼 수 있다. PART 3에서 다뤘듯 경쟁률 함정에 빠지지 말고 전환율을 봐야 한다. 간혹 어떤 키워드들은 설정한 카테고리에 소속되어 있지 않은 경우가 있고 속도가 매우 느리지만 많은 도움을 주는 사이트이다.

3 썸트렌드(https://some.co.kr)

그림 7-3-01 썸트렌드 검색 결과 화면

썸트렌드는 SNS를 분석하는 사이트이다. 입력한 키워드의 언급량이나 연관검색어, SNS 원문을 볼 수 있다. 스마트스토어를 인스타나 블로그로 홍보하고 싶은 판매자에게 유용하다.

4 블랙키위(https://blackkiwi.net)

블랙키위 사이트

키워드 최초 등장일 ⑦	키워드 등급 ⑦	성인 키워드 여부	검색 광고 효율 ⑦
2016-01-01	D-	비성인 키워드	베이직 플랜

월간 검색량 ⑦

🖥	📱	➕
120	320	440
PC	Mobile	Total

월간 콘텐츠 발행량 ⑦ NEW 🔽 🔀

📄	📄	📄
2,370	1,420	3,800
블로그	카페	VIEW

11월 예상 검색량 ⑦

🔍	📶
420	550
8.97%↓	12.24%↑
11월 23일까지 검색량	11월 30일까지 예상되는 검색량

콘텐츠 포화 지수 ⑦

⬙	⬙	⬙
500%이상	322.50%	500%이상
매우 높음	매우 높음	매우 높음
블로그	카페	VIEW

그림 7-4-02 키워드 분석 결과 화면

여러 가지 항목을 종합적으로 볼 수 있는 사이트이다. 입력한 키워드의 연관키워드, 유사키워드, 월간 검색량을 보여주며, 1년간의 검색량 그래프를 보여준다. 성별, 연령대, 평일/주말 검색량 등 여러 가지 정보를 볼 수 있어 타겟을 잡을 수 있다. 해당 키워드가 정보성인지 상업성인지 보여주며 쇼핑판까지 보여주는 사이트이다.

위탁매개 기초 이론 익히기

스마트스토어 오픈 준비하기

매출을 올리는 전략과 실습

특정에 최적화된 상품 등록 전략과 실습

상품 등록 후 CS하기

스마트스토어 운영 TIP!

참고 사이트

퇴근 후 돈 벌 계획은 세우자!

08

퇴근 후
돈 벌 계획을 세워보자!

1 키워드 분석을 기준 삼기

키워드를 많이 모으는 것에 집중하여 시간 계획을 짜면 된다. 책에서 다룬 키워드 분석 실습은 처음에는 익숙치 않아서 한 상품당 1~2시간 정도 소요되며 시작한 지 2주 후에는 한 상품당 최대 1시간이 소요될 수 있도록 손을 빠르게 익혀야 한다. 그리고 한 달 차에는 최대 30분을 넘지 않도록 하면 좋다. 강의 때 실습을 같이 해보면 설명을 하면서 실습하는데도 불구하고 1시간 정도 걸린다. 손에 익으면 30분 동안 충분히 할 수 있다.

개인차가 있지만 빠른 사람은 1시간 동안 3~5개의 키워드를 분석한다. 이 정도까지는 아니더라도 키워드 분석에서 시간을 줄이는 것을 목표로 해야 하며 이것이 가장 중요하다. 처음부터 키워드 분석과 상품 등록을 하게 되면 하루하루 여유가 없으므로 시작하기 전에 미리 키워드를 모아두고 이미지도 편집하여 모아둔 뒤 평일에는 바로 상품 등록할 수 있도록 재료를 모으는 시간을 가져보자.

주의해야 할 것은 수기등록이 처음에 어렵게 느껴지고 시간이 걸린다고 하여 대량등록만으로 상품을 등록하면 절대 안 된다. 대량등록은 상위노출에 최적화되어 있지 않고 최신성 점수만 받기 때문이다. 처음부터 대량등록으로만 운영하면 스토어 매출 올리기가 어려워진다. 분명히 할 수 있다. 겁 먹지 말고 차근차근하면 된다.

✔ 퇴근 후 1시간 동안 할 수 있어요!

- 시작한 지 2주차까지

  쉬는 날에 키워드 총 10개 모으기, 평일에 2개씩 상품 등록

- 시작한 지 한 달 차까지

  쉬는 날에 키워드 총 15개 모으기, 평일에 3개씩 상품 등록

- 시작한 지 두 달 차까지

  쉬는 날에 키워드 총 25개 모으기, 평일에 5개씩 상품 등록

- 이후에 하루 3~5개 수기등록 + 대량등록 50개씩 한다.

위탁판매 기초 이론 익히기

스마트스토어 오픈 준비하기

매출을 올리는 전략과 실습

투잡에 최적화된 상품 등록 전략과 실습

상품 등록 후 CS하기

스마트스토어 운영 TIP!

참고 사이트

퇴근 후 돈 벌 계획을 세워보자!

✅ 퇴근 후 2시간 동안 할 수 있어요!

- 시작한 지 2주차까지의 키워드 개수

  평일 하루 1개(5일) + 쉬는 날에 키워드 총 10개 모으기, 총 키워드 15개 / 평일에 3개씩 상품 등록

- 시작한 지 한 달 차까지 키워드 개수

  평일 하루 1개(5일) + 쉬는 날에 키워드 총 15개 모으기, 총 키워드 20개 / 평일에 4개씩 상품 등록

- 시작한 지 두 달 차까지 키워드 개수

  평일 하루 2개(5일) + 쉬는 날에 키워드 총 15개 모으기, 총 키워드 25개 / 평일에 5개씩 상품 등록

- 이후에 하루 3~5개 수기등록 + 대량등록 50개씩 한다.
- 두 달 차부터는 1시간 활용하는 사람과 개수는 똑같아지지만 그 전까지는 하루 업로드 개수 가 달라서 성장 속도와 매출의 차이가 난다. 그러니 되도록 시간을 많이 투자하자.

✅ 퇴근 후 3~4시간 동안 할 수 있어요!

- 시작한 지 2주차까지의 키워드 개수

  평일 하루 2개(5일) + 쉬는 날에 키워드 총 10개 모으기, 총 키워드 20개 / 평일에 4개씩 상품 등록

- 시작한 지 한 달 차까지 키워드 개수

  평일 하루 2개(5일) + 쉬는 날에 키워드 총 15개 모으기, 총 키워드 25개 / 평일에 5개씩 상품 등록

- 시작한 지 두 달 차까지 키워드 개수

  평일 하루 4개(5일) + 쉬는 날에 키워드 총 15개 모으기, 총 키워드 35개 / 평일에 7개씩 상품 등록

- 이후에 하루 5~7개 수기등록 + 대량등록 50개씩 한다.

✔ 퇴근 후 5시간 동안 할 수 있어요!

- 시작한 지 2주차까지의 키워드 개수

  평일 하루 3개(5일) + 쉬는 날에 키워드 총 10개 모으기, 총 키워드 25개 / 평일에 5개씩 상품 등록

- 시작한 지 한 달 차까지 키워드 개수

  평일 하루 3개(5일) + 쉬는 날에 키워드 총 15개 모으기, 총 키워드 30개 / 평일에 6개씩 상품 등록

- 시작한 지 두 달 차까지 키워드 개수

  평일 하루 6개(5일) + 쉬는 날에 키워드 총 15개 모으기, 총 키워드 45개 / 평일에 9개씩 상품 등록

- 이후에 하루 7개 이상 수기등록 + 대량등록 50개씩 한다.

- 개인차가 있기에 개수는 절댓값이 아니다. 상황에 맞게 조금씩 바꿔서 하면 된다.
- 자본이 들어가지 않기에 시간과 노동력이 들어간다.
- 키워드 하나가 5만 원이라고 생각하면 좋겠다.
- 필자는 시작 전 키워드를 모아두고 시작 후에도 매일매일 키워드를 모아서 하루 10개 이상은 꼭 등록하였다.
- 매출은 키워드 분석을 잘했다는 전제 하에 등록 개수 대비하여 나온다고도 볼 수 있다.
- 우리는 몸이 재산이기에 절대로 무리하면 된다 (e.g 밤을 새서 한다.)

"성공하고 못하고는 하늘에 맡겨두는 게 좋다.
모든 일은 망설이기보다는 불완전한 채로 시작하는 것이 한걸음 앞서는 것이 된다."

-B.러셀

저를 비롯하여 현재 스마트스토어를 운영하는 모든 사람들의 공통점은 완전하지 않아도 시작부터 했다는 것입니다. 시작하는 것은 참으로 어려운 일이지만 한 번 시작하고 나면 아무것도 아닌 일이 많습니다. 스마트스토어가 그 중 하나입니다. 직장생활하면서 조그마한 숨구멍을 만들기 위해 이 책을 읽으셨을 거라 생각합니다. 그럼 무엇을 망설이시나요? 지금 바로 숨구멍을 만들어보세요. 아는 것만으로는 충분하지 않습니다. 적용을 해야 합니다. 또한 의지만으로 충분하지 않습니다. 실행을 해야 합니다. 혼자가 어렵다면 카페에 오셔서 많은 분들과 소통해보세요. 저도 함께 하겠습니다.

저는 아주 평범한 사람입니다. 엑셀도 스마트스토어를 하면서 처음 다뤄보고 워드도 10년 만에 다뤄봅니다. 쳇바퀴 같은 삶이 싫어서 이직하는 것이 습관이 되었지만 돈 때문에 회사는 다녀야 하는 그냥 그런 회색빛의 사람이었습니다. 그러다가 스마트스토어를 하게 되었는데 몸은 힘들지만 참 재미있습니다. 언제 주문이 들어올까 설레이기도 하고 내일 정산은 얼마 들어올까 두근거리면서 점점 생기가 도는 초록빛의 사람이 되었습니다. 빡빡한 일상 속에서 숨통이 트이는 기분이었죠. 이렇게 평범한 제가 좋은 결과를 낼 수 있었던 노하우와 경험을 담은 이 책이 힘든 하루를 살아가는 어느 직장인에게 힘이 되기를 바랍니다.

이 책을 쓸 수 있도록 좋은 기회를 주신 김수민 편집자님께 감사인사를 드립니다. 이동원 편집자님 감사합니다. 사랑하는 할머니와 아버지, 그리고 하나뿐인 동생 서준(수암)이와 힘이 되어준 성일, 도혜, 민정, DK를 비롯하여 응원해주신 모든 분들 고맙습니다. 그리고 제 몸과 마음을 건강하게 해주시는 (세계 최고의) 트레이너 박재현 선생님께도 감사드립니다.

leimei 님, 감사행복축복 님, 거상스윗피치 님, 건들면터짐 님, 고트 님, 공서기 님, 광팡 님, 꾸기네꿀꿀이 님, 나비 님, 남편하나아들둘 님, 냥냥 님, 달콤 님, 데헷 님, 동글땡글맘 님, 뒤집힌양말 님, 따론디 님, 라라99 님, 라미씨 님, 라온 님, 레옹 님, 룰루 님, 룰루러르 님, 리미 님, 매출요정 님, 미소로건 님, 박카스 님, 봄날 님, 봄날이 님, 불꽃맹지 님, 삼돌소원맘 님, 상큼솔솔 님, 새봄 님, 새샘 님, 서봄 님, 소매신 님, 소휴 님, 솔나무 님, 수국 님, 스스달려 님, 슬로우 님, 시스템 님, 시쿠은제마 님, 신아 님, 아자아자 님, 아츄 님, 안전 님, 어촌 님, 에스포맘 님, 엠켈리 님, 유기농오이 님, 은찬호맘 님, 일인분 님, 자몽티티 님, 제니1 님, 집중 님, 채송화7 님, 천우신조님, 초록깔라만시 님, 최선의1 님, 츄리킴 님, 칭따오나드시칭 님, 캔디1004 님, 코코 님, 클로이로이 님, 투현 님, 튤립7 님, 핑핑쓰 님, 하채아 님, 하하신나라 님, 한걸음 님, 한울 님, 행복한부자맘 님, 현수당 님, 호혜성 님, 홍자떠나 님, 화니야 님, 흔적 님, 홍하라 님, 홍혜롱 님, 흰디 님, 힐링트리 님을 비롯한 방구석 인스타 스터디단, 방구석 자문단, 방구석 테스터, 방구석 멘토님들 외 약 8000여 명의 대표님들 모두 방구석 비즈니스라는 공간에서 함께 의지하며 열심히 해주셔서 정말 고맙습니다.

'베풂은 100m 달리기에선 쓸모가 없지만 마라톤 경주에서는 진가를 발휘한다.' 라는 말처럼 꾸준히 오랫동안 베푸는 사람이 되는 게 저의 목표입니다. '방구석 비즈니스' 대표님들께서 함께 이뤄주시고 있는 것 같아 매일매일이 행복하고 감사한 삶을 살고 있다 느낍니다.

앞으로도 변치않는 모습 보여드리겠습니다. 감사합니다!

PS 개정판 담당해주신 최규리 편집자님 고생 많으셨습니다. 감사합니다!

한글

ㄱ

ㄴ

ㄷ

ㄹ

ㅁ

INDEX

INDEX

퇴근 후 스마트스토어로 투잡하기(개정증보판)
월급이 부족한 직장인이여, 시작하라!

출간일	2023년 10월 20일 1판 2쇄
지은이	해밀(박하나)
펴낸이	김범준
기획·책임편집	김수민, 최규리
교정교열	이현혜
편집디자인	김민정, 나은경
표지디자인	배진웅
발행처	(주)비제이퍼블릭
출판신고	2009년 05월 01일 제300-2009-38호
주 소	서울시 중구 청계천로 100 시그니처타워 서관 9층 949호
주문·문의	02-739-0739 **팩스** 02-6442-0739
홈페이지	http://bjpublic.co.kr **이메일** bjpublic@bjpublic.co.kr

가 격 29,500원
ISBN 979-11-6592-246-7 (93000)
한국어판 © 2023 (주)비제이퍼블릭